Preparazione Spirituale per
un Mondo Emergente

⌘

Passi verso
La Conoscenza

⌘

Il libro del
Sapere Interiore

PREPARAZIONE SPIRITUALE PER
UN MONDO EMERGENTE

PASSI VERSO LA CONOSCENZA

IL LIBRO DEL
SAPERE INTERIORE

∞

Marshall Vian Summers

PASSI VERSO LA CONOSCENZA: *Il libro del Sapere Interiore*

Copyright © 1999 by The Society for the New Message.
Tutti i diritti riservati. Nessuna parte di questa pubblicazione può essere riprodotta, memorizzata in un sistema di ricerca o trasmessa in qualsiasi forma o con qualsiasi mezzo, elettronico, meccanico, di fotocopiatura, registrazione, o in qualsiasi altro modo senza il previo permesso scritto dell'editore.

Redazione a cura di Darlene Mitchell
Design del libro a cura di Argent Associates, Boulder, CO.

ISBN: 978-1-884238-77-2 *PASSI VERSO LA CONOSCENZA: Il libro del Sapere Interiore*

NKL POD Version 4.55
Numero di Catalogo della Library of Congress: 00551019
Questa è la terza edizione di *Passi verso La Conoscenza*

IL TITOLO ORIGINALE È PUBBLICATO IN INGLESE

Publisher's Cataloging-in-Publication
(Provided by Quality Books, Inc.)

Summers, Marshall Vian.
  Steps to knowledge : the book of inner knowing : spiritual preparation for an emerging world / Marshall Vian Summers—third edition.
    pages cm
    LCCN 00551019
    978-1-884238-18-5 (English print legacy)
    978-1-884238-77-2 (English print pod)
    978-1-942293-83-5 (Italian print)
    978-1-884238-67-3 (English ebook)
    978-1-942293-84-2 (Italian ebook)

  1. Society for The Greater Community Way of Knowledge. 2. Spiritual exercises. I. Title

BP605.S58S84 2014   299'.93
                                     QBI14-334

Passi verso La Conoscenza è il Libro di Pratiche del Nuovo Messaggio che serve per l'apprendimento e l'applicazione della Via della Conoscenza della Comunità Più Grande. *Passi verso La Conoscenza* è un libro del Nuovo Messaggio da Dio ed è pubblicato dalla New Knowledge Library, l'impresa editoriale della Society for the New Message (Società per il Nuovo Messaggio). La Society è un'organizzazione religiosa senza fine di lucro dedicata alla presentazione e all'insegnamento di un Nuovo Messaggio per l'umanità. I libri della New Knowledge Library possono essere ordinati presso www.newknowledgelibrary.org, oppure nella vostra libreria locale e presso molti altri rivenditori online.

Il Nuovo Messaggio è studiato in più di 30 lingue in oltre 90 paesi. *Passi verso La Conoscenza* è in corso di traduzione nelle numerose lingue del nostro mondo grazie a un gruppo di studenti traduttori volontari provenienti da tutto il mondo. Queste traduzioni saranno tutte disponibili online all'indirizzo www.newmessage.org.

The Society for the New Message
P.O. Box 1724 • Boulder, CO 80306-1724
(303) 938-8401 • (800) 938-3891 011
303 938 84 01 (International). (303) 938-1214 (fax)
www.newknowledgelibrary.org society@newmessage.org
www.newmessage.org www.newmessage.org/it

Introduzione

Passi verso La Conoscenza è il Libro del Sapere Interiore. Il suo curriculum di studi della durata di un anno è suddiviso in 365 "passi" o lezioni ed è studiato per consentire agli studenti di imparare a vivere l'esperienza della loro Conoscenza del Sé, o Potere Spirituale, e applicarla nel mondo. *Passi verso La Conoscenza* si propone di realizzare questo compito secondo il criterio del "passo per passo", durante il quale gli studenti vengono introdotti alle idee e alle pratiche essenziali che rendono possibile un simile impegno. La pratica quotidiana fornisce un solido fondamento esperienziale e sviluppa il pensiero, la percezione e l'auto-motivazione necessari sia per il successo nel mondo sia per l'avanzamento spirituale.

Cos'è La Conoscenza?

Passi verso La Conoscenza descrive La Conoscenza nel seguente modo:

> "La Conoscenza rappresenta il tuo Vero Sé, la tua Vera Mente e le tue vere relazioni nell'universo. Possiede anche la tua chiamata superiore nel mondo e un perfetto utilizzo della tua natura, di tutte le tue abilità e dei tuoi talenti innati, anche dei tuoi limiti—il tutto per essere donato al mondo per il bene." (Passo 2)

La Conoscenza è la mente spirituale più profonda che il Creatore ha dato ad ogni persona. È la fonte di tutte le azioni, i contributi e le relazioni significative. È il nostro sistema naturale di Guida Interiore. La sua realtà è misteriosa, ma la sua Presenza può essere vissuta in modo diretto. La Conoscenza è notevolmente saggia ed efficace nel guidare ogni persona a trovare le giuste relazioni, il giusto lavoro ed il giusto contributo. È allo stesso modo efficace nel preparare le persone a riconoscere i pericoli e gli inganni che esistono lungo la via. È la base per vedere, sapere ed agire con certezza e con forza. È il fondamento della vita.

A CHI È DESTINATO PASSI VERSO LA CONOSCENZA?

Passi verso La Conoscenza è stato dato come Via per coloro che sentono che una chiamata spirituale, ed uno scopo, stanno emergendo nella loro vita, ma che hanno bisogno di un approccio nuovo per comprendere pienamente il loro significato. Generalmente queste persone hanno sentito questo richiamo per molto tempo. *Passi* fornisce un fondamento sulla base del quale possono iniziare a rispondere a questa chiamata. L'unico prerequisito per entrare è la determinazione a conoscere il proprio scopo, il proprio significato e la propria direzione.

CHE COSA È STATO PROGETTATO PER COMPIERE?

Passi verso La Conoscenza rappresenta un cammino verso Dio ed anche un cammino di contribuzione al mondo. Impegna lo studente nel dare una risposta a due domande fondamentali della vita: "Chi sono?" e "Perché sono qui?" *Passi* affronta queste domande nell'ambito del contesto di scopo, relazioni e comunità. *Passi* enfatizza il fatto che tutti nel mondo stanno cercando questo e che questa ricerca sta alla base di tutti i desideri e di tutti gli sforzi considerati significativi in questo luogo. L'esperienza di scopo, unione nelle relazioni e comunità, dà ad ogni persona il proprio senso di significato e di identità in un dato momento. *Passi* indica il fatto che queste necessità sono intrinseche in ognuno di noi e che ognuno ha portato con sé la risposta a queste necessità dalla propria Antica Casa. Dunque dice che ogni persona, inconsciamente, porta dentro di sé la propria realizzazione, interiormente, in se stessa, nell'intimo della propria Conoscenza di Sé.

Attraverso la pratica e la rivelazione, *Passi verso La Conoscenza* fornisce agli studenti la struttura necessaria a trovare La Conoscenza, ad impegnarsi nella Conoscenza ed a seguire La Conoscenza in ogni situazione. In questo modo, iniziano a trovare la loro vera direzione nella vita. Studiare ogni giorno costruisce la capacità e la sicurezza ottenibili solo attraverso una costante auto-applicazione.

La riconquista e l'applicazione della Conoscenza di Sé è lo scopo di questo libro di pratica spirituale e dei suoi insegnamenti. La priorità in ogni passo è sviluppare allo stesso tempo la vita interiore ed esteriore di ogni studente, perché La Conoscenza (Auto-Realizzazione) e La Saggezza (Auto-Applicazione) devono emergere insieme. Ne consegue che attraverso lo studio e l'applicazione della Via per La Conoscenza, lo studente sviluppa naturalmente pazienza, oggettività, intuito, tolleranza ed un costante senso di autostima.

COME È STATO DATO

Passi verso La Conoscenza fu rivelato all'insegnante Marshall Vian Summers nella primavera del 1989. Fu ricevuto nel corso di un periodo di quattordici giorni in stato di rivelazione. *Passi verso La Conoscenza* fu dato da un gruppo di maestri spirituali non visibili che si descrivono come i Maestri della Comunità Più Grande. Il loro messaggio è universale ma i loro metodi sono specifici per il nostro tempo e il nostro mondo.

PERCHÉ E STATO SCRITTO

Il nostro mondo si trova sulla soglia del proprio esordio in una Comunità Più Grande di vita intelligente nell'universo circostante. Pertanto, in questo momento sono necessarie una comprensione più universale ed una visione più universale delle relazioni, della spiritualità e dell'avanzamento del genere umano. *Passi verso La Conoscenza* è destinato a coloro che si mostrano promettenti di essere i principali contributori durante il prossimo grande periodo della storia dell'umanità, nel quale l'umanità inizia ad incontrare altre razze intelligenti provenienti dalla Comunità Più Grande. Questa è la più importante soglia da noi mai varcata. È tuttavia evidente, da un punto di vista della Comunità Più Grande, che l'umanità non è pronta. Questo ha creato le premesse per far ricevere al mondo una nuova comprensione e formazione spirituale, perché il Creatore non ci abbandonerebbe soli ed impreparati nell'emergere in questa Comunità Più Grande. Ne consegue che ci è stata impartita una preparazione spirituale di un genere davvero unico, che può consentire a uomini e donne di ottenere la potenza, la misericordia e le capacità necessarie al fine di servire un mondo in transizione. Per preparare questi individui a trovare il loro richiamo più importante nella loro vita, *Passi verso La Conoscenza* e gli altri libri di questa serie sono stati forniti come guida e come risorsa.

COME LAVORARE CON *PASSI*

Considerate, per favore, le seguenti raccomandazioni per poter ricevere il massimo beneficio dal vostro studio di *Passi verso La Conoscenza*:

    Passi verso La Conoscenza è un programma di studio completo. Ogni passo ti porta più in alto e più vicino alla scoperta di te stesso.

    Preparati pertanto ad andare fino in fondo. Se non ti fermerai andrai avanti.

    Anche se *Passi verso La Conoscenza* è un programma autodidattico, ti raccomandiamo di trovare altre persone con le quali condividere i tuoi esercizi e le tue esperienze. Questo massimizza la tua opportunità di apprendimento e fornisce una valida base per formare nuove relazioni.

    Segui i "passi" in *Passi verso La Conoscenza* esattamente come ti vengono dati. Non alterare in alcun modo le pratiche. Questo è molto importante. Puoi rimanere su una lezione per più di un giorno se lo desideri, ma non fermarti troppo tempo su una lezione perché perderesti il ritmo del curriculum.

⚭ Non saltare avanti o alterare la sequenza al fine di esercitarti con lezioni che trovi più allettanti. Ogni lezione è studiata per farti procedere un passo alla volta. Questo assicura un passaggio sicuro e di successo, nel tuo approccio alla Conoscenza. Segui e utilizza il passo del giorno. È perfetto per quel giorno.

⚭ Leggi le lezioni la mattina quando ti svegli e più tardi nel corso della giornata. Puoi anche leggere le lezioni utilizzando la prima persona singolare, in una di queste occasioni, se desideri personalizzare il messaggio per te.

⚭ *Passi verso La Conoscenza* ti insegnerà a praticare ed a sviluppare abitudini di studio efficaci. Troverai alle volte che seguire le pratiche può essere piuttosto impegnativo. Ricorda però che *Passi* svilupperà la tua forza e la tua consapevolezza di te stesso attraverso i suoi esercizi. Tu sei in grado di fare questi esercizi, e farli armonizzerà e trasformerà la tua vita.

⚭ Riserva del tempo per praticare regolarmente ogni giorno. Non permettere alle circostanze di dettare la tua disponibilità a praticare. La pratica è essenziale per costruire un ambiente dove La Conoscenza può emergere. I periodi di pratica sono indicati alla fine di ogni passo per assisterti nell'integrare la pratica nella tua giornata.

⚭ Mantenere un diario è una prassi estremamente valida al fine di seguire il tuo progresso e vedere come ogni passo gioca il suo ruolo nel servirti ogni giorno. Il diario è uno strumento potente per scoprire te stesso e ti assisterà nell'applicazione dei passi. Mantenere un diario ti aiuterà molto anche nell'utilizzare gli esercizi di Ripasso che si incontrano nel corso del curriculum.

⚭ Sii paziente e consenti ai passi di lavorare per te. È incredibilmente potente se segui la sequenza dei passi nel modo in cui viene impartita. Ci vuole tempo. Un grande viaggio è fatto di molti piccoli passi. Ognuno di essi è necessario.

⚭ Se manchi un giorno, semplicemente ritorna ai tuoi esercizi. Non fartene una colpa (o non farne al programma). Devi solo continuare nei *Passi* per riceverne il pieno beneficio.

☞ *Passi verso La Conoscenza* potrebbe sfidare convinzioni e supposizioni alle quali sei attaccato. Se questo accade, accetta la sfida e vedi che cosa ti riserva. Devi vedere oltre un punto di vista limitato se vuoi ottenerne uno più vasto. È qui che si ottiene soddisfazione.

☞ *Passi verso La Conoscenza* è un dono che ti arriva da Dio attraverso i maestri invisibili che servono l'umanità. È un dono a te affinché tu lo riceva e lo dia.

In Conclusione

La forza ed il raggio d'azione di *Passi verso La Conoscenza* sono grandi come il suo scopo. La sua Fonte è al di là di questo mondo. Insegna che il mondo sta per entrare a far parte di una Comunità Più Grande di Mondi. Offre una nuova comprensione spirituale ed una preparazione che sono necessarie al fine di attivare i poteri spirituali di ogni persona e le loro capacità terrene. Questo redimerà il loro passato e li preparerà per il loro futuro. *Passi verso La Conoscenza* promuove un punto di vista che, nella comprensione di eventi nel mondo ed oltre, è più vasto di un punto di vista meramente umano. Sarebbe giusto dire che il curriculum di *Passi verso La Conoscenza* rappresenta La Saggezza Universale nel senso più autentico.

Come spesso indica *Passi*, la verità, a prescindere da come viene concettualizzata, deve essere vissuta pienamente per poter essere compresa ed applicata correttamente. Questo è un processo passo dopo passo. Per servire coloro che sono chiamati per realizzare il loro retaggio spirituale ed il loro scopo nel mondo in questo tempo, è stato dato *Passi verso La Conoscenza*.

Passi verso La Conoscenza

Parte Prima

PASSO 1:   IO SONO SENZA CONOSCENZA ADESSO.
PASSO 2:   LA CONOSCENZA È CON ME. IO DOVE SONO?
PASSO 3:   COSA SO VERAMENTE?
PASSO 4:   IO VOGLIO CIÒ CHE PENSO DI SAPERE.
PASSO 5:   IO CREDO CIÒ CHE VOGLIO CREDERE.
PASSO 6:   IO HO UN VERO FONDAMENTO NEL MONDO.
PASSO 7:   RIPASSO

PASSO 8:   OGGI SARÒ CALMO.
PASSO 9:   NELLA CALMA TUTTE LE COSE POSSONO ESSERE CONOSCIUTE.
            MA ALLA FINE, PERCHÉ STO FACENDO QUESTO?
PASSO 10:   COS'È LA CONOSCENZA?
PASSO 11:   IO NON SONO SEPARATO DALLA VITA.
PASSO 12:   LA MIA INDIVIDUALITÀ HA LO SCOPO DI ESPRIMERE LA VITA STESSA.
PASSO 13:   IO VOGLIO ESSERE SEPARATO PER ESSERE UNICO.
PASSO 14:   RIPASSO

PASSO 15:   OGGI ASCOLTERÒ LA MIA ESPERIENZA.
PASSO 16:   OLTRE LA MIA MENTE C'È LA CONOSCENZA.

PASSO 17:	**OGGI VOGLIO ASCOLTARE LA VERITÀ.**
PASSO 18:	**OGGI SENTO LA VERITÀ CHE EMERGE DENTRO DI ME.**
PASSO 19:	**OGGI DESIDERO VEDERE.**
PASSO 20:	**NON PERMETTERÒ AL DUBBIO E ALLA CONFUSIONE DI RALLENTARE IL MIO PROGRESSO.**
PASSO 21:	**RIPASSO**

∞

PASSO 22:	**SONO CIRCONDATO DAI MAESTRI DI DIO.**
PASSO 23:	**SONO AMATO, CIRCONDATO E SUPPORTATO DAI MAESTRI DI DIO.**
PASSO 24:	**SONO DEGNO DELL'AMORE DI DIO.**
PASSO 25:	**SONO TUTT'UNO CON LA PIÙ GRANDE VERITÀ DELLA VITA.**
PASSO 26:	**DAI MIEI ERRORI NASCE LA CONOSCENZA.**
PASSO 27:	**POSSIEDO UNA SAGGEZZA CHE VOGLIO SCOPRIRE.**
PASSO 28:	**RIPASSO**

∞

PASSO 29:	**OGGI OSSERVERÒ ME STESSO PER IMPARARE LA CONOSCENZA.**
PASSO 30:	**OGGI OSSERVERÒ IL MIO MONDO.**
PASSO 31:	**DESIDERO VEDERE UN MONDO CHE NON HO MAI VISTO PRIMA.**
PASSO 32:	**LA VERITÀ È CON ME. LA POSSO SENTIRE.**
PASSO 33:	**HO UNA MISSIONE DA COMPIERE NELLA MIA VITA.**
PASSO 34:	**IO SONO UNO STUDENTE PRINCIPIANTE DELLA CONOSCENZA.**

PASSO 35:	**RIPASSO**	

∞

PASSO 36:	**LA MIA VITA È UN MISTERO DA ESPLORARE.**
PASSO 37:	**ESISTE UNA VIA VERSO LA CONOSCENZA.**
PASSO 38:	**DIO CONOSCE LA VIA VERSO LA CONOSCENZA.**
PASSO 39:	**LA POTENZA DI DIO È CON ME.**
PASSO 40:	**OGGI SENTIRÒ LA POTENZA DI DIO.**
PASSO 41:	**IO NON HO PAURA DELLA POTENZA DI DIO.**
PASSO 42:	**RIPASSO**

∞

PASSO 43:	**LA MIA VOLONTÀ È CONOSCERE DIO.**
PASSO 44:	**DESIDERO CONOSCERE LA MIA FORZA.**
PASSO 45:	**DA SOLO NON POSSO FARE NULLA.**
PASSO 46:	**DEVO ESSERE PICCOLO PER ESSERE GRANDE.**
PASSO 47:	**PERCHÉ HO BISOGNO DI MAESTRI?**
PASSO 48:	**UNA VERA PREPARAZIONE È A MIA DISPOSIZIONE.**
PASSO 49:	**RIPASSO**

∞

PASSO 50:	**OGGI SARÒ CON LA CONOSCENZA.**
PASSO 51:	**POSSA IO RICONOSCERE LE MIE PAURE PER POTER VEDERE LA VERITÀ CHE STA OLTRE.**
PASSO 52:	**SONO LIBERO DI TROVARE LA FONTE DELLA MIA CONOSCENZA.**
PASSO 53:	**I MIEI DONI SONO PER GLI ALTRI.**
PASSO 54:	**IO NON VIVRÒ NELL'IDEALISMO.**
PASSO 55:	**IO ACCETTERÒ IL MONDO COSÌ COM'È.**

PASSO 56:	**R**IPASSO

☙

PASSO 57:	**L**A LIBERTÀ È CON ME.
PASSO 58:	**L**A **C**ONOSCENZA È CON ME.
PASSO 59:	**O**GGI IMPARERÒ LA PAZIENZA.
PASSO 60:	**O**GGI NON GIUDICHERÒ IL MONDO.
PASSO 61:	**L**'AMORE DONA DA SE STESSO ATTRAVERSO ME.
PASSO 62:	**O**GGI IMPARERÒ AD ASCOLTARE LA VITA.
PASSO 63:	**R**IPASSO

☙

PASSO 64:	**O**GGI ASCOLTERÒ GLI ALTRI.
PASSO 65:	**S**ONO VENUTO NEL MONDO PER LAVORARE.
PASSO 66:	**S**METTERÒ DI LAMENTARMI DEL MONDO.
PASSO 67:	**N**ON SO CHE COSA VOGLIO PER IL MONDO.
PASSO 68:	**O**GGI NON PERDERÒ LA FIDUCIA IN ME STESSO.
PASSO 69:	**O**GGI MI ESERCITERÒ NELLA CALMA.
PASSO 70:	**R**IPASSO

☙

PASSO 71:	**S**ONO QUI PER SERVIRE UNO SCOPO SUPERIORE.
PASSO 72:	**O**GGI MI FIDERÒ DELLE MIE INCLINAZIONI PIÙ PROFONDE.
PASSO 73:	**P**ERMETTERÒ AI MIEI ERRORI DI ISTRUIRMI.
PASSO 74:	**O**GGI LA PACE DIMORA CON ME.
PASSO 75:	**O**GGI ASCOLTERÒ IL MIO **S**É.
PASSO 76:	**O**GGI NON GIUDICHERÒ IL PROSSIMO.
PASSO 77:	**R**IPASSO

PASSO 78:	**Non posso fare nulla da solo.**
PASSO 79:	**Oggi permetterò all'incertezza di esistere.**
PASSO 80:	**Io posso solo praticare.**
PASSO 81:	**Oggi non ingannerò me stesso.**
PASSO 82:	**Oggi non giudicherò gli altri.**
PASSO 83:	**Io dò valore alla Conoscenza sopra ogni cosa.**
PASSO 84:	**Ripasso**

PASSO 85:	**Oggi troverò la felicità nelle piccole cose.**
PASSO 86:	**Io onoro coloro che mi hanno dato.**
PASSO 87:	**Non avrò paura di quello che so.**
PASSO 88:	**Il mio Sé Superiore non è un individuo.**
PASSO 89:	**Le mie emozioni non possono dissuadere la mia Conoscenza.**
PASSO 90:	**Oggi non farò supposizioni.**
PASSO 91:	**Ripasso**

PASSO 92:	**Esiste un ruolo che devo giocare nel mondo.**
PASSO 93:	**Sono stato mandato qui per uno scopo.**
PASSO 94:	**La mia libertà è trovare il mio scopo.**
PASSO 95:	**Come potrei mai realizzarmi?**
PASSO 96:	**È la volontà di Dio che io sia senza fardelli.**

PASSO 97:	IO NON SO CHE COSA SIA LA REALIZZAZIONE.
PASSO 98:	RIPASSO

⸺

PASSO 99:	OGGI NON INCOLPERÒ IL MONDO.
PASSO 100:	OGGI IO SONO UNO STUDENTE PRINCIPIANTE DELLA CONOSCENZA.
PASSO 101:	IL MONDO HA BISOGNO DI ME, MA IO ASPETTERÒ.
PASSO 102:	HO MOLTO DA DISIMPARARE.
PASSO 103:	IO SONO ONORATO DA DIO.
PASSO 104:	DIO SA PIÙ COSE DI ME DI QUANTE NE SO IO.
PASSO 105:	RIPASSO

⸺

PASSO 106:	NON CI SONO MAESTRI CHE VIVONO NEL MONDO.
PASSO 107:	OGGI IMPARERÒ AD ESSERE FELICE.
PASSO 108:	LA FELICITÀ È QUALCOSA CHE DEVO IMPARARE DI NUOVO.
PASSO 109:	OGGI NON AVRÒ FRETTA.
PASSO 110:	OGGI SARÒ ONESTO CON ME STESSO.
PASSO 111:	OGGI SARÒ A MIO AGIO.
PASSO 112:	RIPASSO

⸺

PASSO 113:	IO NON SARÒ PERSUASO DAGLI ALTRI.
PASSO 114:	I MIEI VERI AMICI SONO CON ME. IO NON SONO SOLO.
PASSO 115:	OGGI ASCOLTERÒ LA POTENZA DELLA CONOSCENZA.

PASSO 116:	OGGI SARÒ PAZIENTE CON LA CONOSCENZA.
PASSO 117:	È MEGLIO ESSERE SEMPLICE CHE ESSERE POVERO.
PASSO 118:	OGGI NON EVITERÒ IL MONDO.
PASSO 119:	**RIPASSO**

∞

PASSO 120:	OGGI MI RICORDERÒ DELLA MIA CONOSCENZA.
PASSO 121:	OGGI SONO LIBERO DI DARE.
PASSO 122:	OGGI DÒ SENZA PERDERE.
PASSO 123:	OGGI NON COMMISERERÒ ME STESSO.
PASSO 124:	OGGI NON FINGERÒ DI ESSERE FELICE.
PASSO 125:	OGGI NON HO BISOGNO DI ESSERE QUALCUNO.
PASSO 126:	**RIPASSO**

∞

PASSO 127:	OGGI NON CERCHERÒ DI PAREGGIARE I CONTI CON DIO.
PASSO 128:	I MIEI MAESTRI SONO CON ME. NON DEVO AVERE PAURA.
PASSO 129:	I MIEI MAESTRI SONO CON ME. IO SARÒ CON LORO.
PASSO 130:	LE RELAZIONI ARRIVERANNO A ME QUANDO SARÒ PREPARATO.
PASSO 131:	OGGI CERCHERÒ L'ESPERIENZA DEL VERO SCOPO NELLA VITA.
PASSO 132:	CHE IO POSSA IMPARARE AD ESSERE LIBERO AFFINCHÉ IO MI POSSA UNIRE.
PASSO 133:	**RIPASSO**

∞

PASSO 134:	NON DEFINIRÒ UNO SCOPO PER ME STESSO.
PASSO 135:	OGGI NON DEFINIRÒ IL MIO DESTINO.
PASSO 136:	IL MIO SCOPO È QUELLO DI RITROVARE LA MIA CONOSCENZA E DI CONSENTIRLE DI ESPRIMERE SE STESSA NEL MONDO.
PASSO 137:	ACCETTERÒ IL MISTERO DELLA MIA VITA.
PASSO 138:	HO SOLO BISOGNO DI SEGUIRE I PASSI NEL MODO IN CUI SONO DATI.
PASSO 139:	SONO VENUTO NEL MONDO PER SERVIRE.
PASSO 140:	RIPASSO

⌘

PASSO 141:	OGGI SARÒ CERTO.
PASSO 142:	OGGI SARÒ COSTANTE.
PASSO 143:	OGGI SARÒ CALMO.
PASSO 144:	OGGI ONORERÒ ME STESSO.
PASSO 145:	OGGI ONORERÒ IL MONDO.
PASSO 146:	OGGI ONORERÒ I MIEI MAESTRI.
PASSO 147:	RIPASSO

⌘

PASSO 148:	LA MIA PRATICA È IL MIO DONO A DIO.
PASSO 149:	LA MIA PRATICA È IL MIO DONO AL MONDO.
PASSO 150:	OGGI IMPARERÒ A IMPARARE.
PASSO 151:	NON UTILIZZERÒ LA PAURA PER SOSTENERE I MIEI GIUDIZI.
PASSO 152:	NON SEGUIRÒ LA PAURA NEL MONDO.
PASSO 153:	LA MIA FONTE DESIDERA ESPRIMERE SE STESSA ATTRAVERSO ME.
PASSO 154:	RIPASSO

∽

PASSO 155:	IL MONDO MI BENEDICE QUANDO RICEVO.
PASSO 156:	OGGI NON SARÒ PREOCCUPATO PER ME STESSO.
PASSO 157:	NON SONO SOLO NELL'UNIVERSO.
PASSO 158:	SONO RICCO PER POTER DARE.
PASSO 159:	I POVERI NON POSSONO DARE. IO NON SONO POVERO.
PASSO 160:	IL MONDO È POVERO, MA IO NON LO SONO.
PASSO 161:	**RIPASSO**

∽

PASSO 162:	OGGI NON AVRÒ PAURA.
PASSO 163:	OGGI SENTIRÒ LA CONOSCENZA.
PASSO 164:	OGGI ONORERÒ CIÒ CHE SO.
PASSO 165:	I MIEI COMPITI SONO PICCOLI. LA MIA MISSIONE È GRANDE.
PASSO 166:	LA MIA MISSIONE È GRANDE. DUNQUE, SONO LIBERO DI FARE PICCOLE COSE.
PASSO 167:	CON LA CONOSCENZA SONO LIBERO NEL MONDO.
PASSO 168:	**RIPASSO**

∽

PASSO 169:	IL MONDO È DENTRO DI ME. QUESTO LO SO.
PASSO 170:	OGGI STO SEGUENDO L'ANTICO RITO DI PREPARAZIONE.
PASSO 171:	IL MIO DARE È UN'ATTESTAZIONE DELLA MIA RICCHEZZA.
PASSO 172:	DEVO RICONQUISTARE LA MIA CONOSCENZA.
PASSO 173:	OGGI FARÒ CIÒ CHE È NECESSARIO.

PASSO 174:   La mia vita è necessaria.
PASSO 175:   Ripasso

∞

PASSO 176:   Oggi seguirò La Conoscenza.
PASSO 177:   Oggi imparerò ad essere onesto.
PASSO 178:   Oggi ricorderò coloro che mi hanno dato.
PASSO 179:   Oggi ringrazierò il mondo perché mi insegna ciò che è vero.
PASSO 180:   Io mi lamento perché mi manca La Conoscenza.
PASSO 181:   Oggi ricevo l'amore della Conoscenza.
PASSO 182:   Ripasso

Parte Seconda

∞

PASSO 183:   Io cerco esperienza, non risposte.
PASSO 184:   Le mie domande sono più grandi di quanto mi ero reso conto.
PASSO 185:   Sono venuto nel mondo per uno scopo.
PASSO 186:   Sono nato da un antico retaggio.
PASSO 187:   Sono un cittadino della Comunità Più Grande dei mondi.
PASSO 188:   La mia vita in questo mondo è più importante di quanto mi sia mai reso conto prima.
PASSO 189:   La mia Famiglia Spirituale esiste in tutti i luoghi.

PASSO 190:	IL MONDO STA EMERGENDO NELLA COMUNITÀ PIÙ GRANDE DEI MONDI ED È PER QUESTO CHE SONO VENUTO.
PASSO 191:	LA MIA CONOSCENZA È PIÙ GRANDE DELLA MIA UMANITÀ.
PASSO 192:	OGGI NON TRASCURERÒ LE PICCOLE COSE.
PASSO 193:	OGGI ASCOLTERÒ GLI ALTRI SENZA GIUDICARE.
PASSO 194:	OGGI ANDRÒ DOVE C'È BISOGNO DI ME.
PASSO 195:	LA CONOSCENZA È PIÙ POTENTE DI QUANTO IO MI RENDA CONTO.
PASSO 196:	**RIPASSO**

∽

PASSO 197:	LA CONOSCENZA DEVE ESSERE VISSUTA PER ESSERE CAPITA.
PASSO 198:	OGGI SARÒ FORTE.
PASSO 199:	IL MONDO CHE VEDO STA EMERGENDO NELLA COMUNITÀ PIÙ GRANDE DEI MONDI.
PASSO 200:	I MIEI PENSIERI SONO TROPPO PICCOLI PER CONTENERE LA CONOSCENZA.
PASSO 201:	LA MIA MENTE È STATA CREATA PER SERVIRE LA CONOSCENZA.
PASSO 202:	OGGI CONTEMPLO LA COMUNITÀ PIÙ GRANDE.
PASSO 203:	LA COMUNITÀ PIÙ GRANDE STA INFLUENZANDO IL MONDO CHE VEDO.
PASSO 204:	OGGI SARÒ IN PACE.
PASSO 205:	OGGI NON GIUDICHERÒ IL MONDO.
PASSO 206:	ORA L'AMORE FLUISCE DA ME.
PASSO 207:	IO PERDONO QUELLI CHE PENSO MI ABBIANO FATTO DEL MALE.
PASSO 208:	TUTTE LE COSE CHE PER ME HANNO VALORE SI ESPRIMERANNO ATTRAVERSO LA CONOSCENZA.
PASSO 209:	OGGI NON SARÒ CRUDELE CON ME STESSO.

PASSO 210:   **RIPASSO**

PASSO 211:   **IO HO GRANDI AMICI AL DI LÀ DI QUESTO MONDO.**

PASSO 212:   **IO RICEVO FORZA DA TUTTI COLORO CHE PRATICANO CON ME.**

PASSO 213:   **IO NON CAPISCO IL MONDO.**

PASSO 214:   **IO NON CAPISCO ME STESSO.**

PASSO 215:   **I MIEI MAESTRI SONO CON ME. IO NON SONO SOLO.**

PASSO 216:   **C'È UNA PRESENZA SPIRITUALE NELLA MIA VITA.**

PASSO 217:   **OGGI DONO ME STESSO ALLA CONOSCENZA.**

PASSO 218:   **OGGI TERRÒ LA CONOSCENZA DENTRO DI ME.**

PASSO 219:   **OGGI NON LASCERÒ CHE L'AMBIZIONE MI INGANNI.**

PASSO 220:   **OGGI USERÒ MODERAZIONE AFFINCHÉ LA GRANDEZZA POSSA CRESCERE DENTRO DI ME.**

PASSO 221:   **OGGI SONO LIBERO DI ESSERE CONFUSO.**

PASSO 222:   **IL MONDO È CONFUSO. IO NON LO GIUDICHERÒ.**

PASSO 223:   **IO RICEVERÒ LA CONOSCENZA IN QUESTO GIORNO.**

PASSO 224:   **RIPASSO**

PASSO 225:   **OGGI SARÒ SERIO E SPENSIERATO ALLO STESSO TEMPO.**

PASSO 226:   **LA CONOSCENZA È CON ME. IO NON AVRÒ PAURA.**

PASSO 227:   **OGGI NON PENSERÒ DI SAPERE.**

PASSO 228:   **OGGI NON SARÒ POVERO.**

PASSO 229:	Non darò la colpa al prossimo per il mio dolore.
PASSO 230:	La mia sofferenza nasce dalla confusione.
PASSO 231:	Io ho una chiamata in questo mondo.
PASSO 232:	La mia chiamata nella vita richiede lo sviluppo di altri.
PASSO 233:	Io faccio parte di una Forza Superiore per il bene nel mondo.
PASSO 234:	La Conoscenza serve l'umanità in tutti i modi.
PASSO 235:	La potenza della Conoscenza mi sta diventando evidente.
PASSO 236:	Con La Conoscenza saprò cosa fare.
PASSO 237:	Sto appena iniziando a comprendere il significato della mia vita.
PASSO 238:	Ripasso

⁂

PASSO 239:	Oggi la libertà è mia.
PASSO 240:	Le piccole idee non possono colmare il mio bisogno di Conoscenza.
PASSO 241:	La mia rabbia è ingiustificata.
PASSO 242:	Il mio dono più grande al mondo è la mia Conoscenza.
PASSO 243:	Io non ho bisogno di essere speciale per poter dare.
PASSO 244:	Io sono onorato quando gli altri sono forti.
PASSO 245:	Quando gli altri falliscono, mi viene ricordato il bisogno di Conoscenza.
PASSO 246:	Non c'è giustificazione per non riuscire a ritrovare La Conoscenza.

PASSO 247:	Oggi ascolterò i miei Maestri Interiori.
PASSO 248:	Io mi affiderò alla saggezza dell'universo affinché mi istruisca.
PASSO 249:	Da solo non posso fare nulla.
PASSO 250:	Oggi non mi manterrò separato.
PASSO 251:	Se resto con La Conoscenza, non ci sarà confusione nelle mie relazioni.
PASSO 252:	Ripasso

∞

PASSO 253:	Tutte le cose delle quali ho veramente bisogno mi saranno fornite.
PASSO 254:	Mi fido dei miei Maestri che mi sono vicini.
PASSO 255:	Gli errori di questo mondo non mi dissuaderanno.
PASSO 256:	Il mondo sta emergendo nella Comunità Più Grande dei mondi.
PASSO 257:	La vita è più grande di quanto mi sia mai reso conto.
PASSO 258:	Chi sono i miei amici oggi?
PASSO 259:	Sono venuto nel mondo per insegnare.
PASSO 260:	Oggi sono un amico del mondo.
PASSO 261:	Devo imparare a dare con discernimento.
PASSO 262:	Come posso giudicarmi quando non so neppure chi sono?
PASSO 263:	Con La Conoscenza tutte le cose diventano chiare.
PASSO 264:	In questo giorno, imparerò della libertà.
PASSO 265:	C'è una libertà più grande che mi attende.
PASSO 266:	Ripasso

PASSO 267: C'È UNA SOLUZIONE SEMPLICE PER TUTTI I PROBLEMI CHE OGGI HO DI FRONTE A ME.

PASSO 268: OGGI NON SARÒ INGANNATO DALLA COMPLESSITÀ.

PASSO 269: LA POTENZA DELLA CONOSCENZA SI ESTENDERÀ DA ME.

PASSO 270: CON IL POTERE VIENE LA RESPONSABILITÀ.

PASSO 271: OGGI ACCETTERÒ LA RESPONSABILITÀ.

PASSO 272: I MIEI MAESTRI MI GUIDERANNO MENTRE PROCEDO.

PASSO 273: I MIEI MAESTRI CONSERVANO PER ME LA MEMORIA DELLA MIA ANTICA CASA.

PASSO 274: OGGI CERCO LA LIBERTÀ DALL'AMBIVALENZA.

PASSO 275: OGGI CERCO LA LIBERTÀ DALL'INCERTEZZA.

PASSO 276: LA CONOSCENZA È LA MIA SALVEZZA.

PASSO 277: LE MIE IDEE SONO PICCOLE, MA LA CONOSCENZA È GRANDE.

PASSO 278: CIÒ CHE È IMMUTABILE SI ESPRIMERÀ ATTRAVERSO ME.

PASSO 279: IO DEVO VIVERE L'ESPERIENZA DELLA MIA LIBERTÀ PER COMPRENDERLA.

PASSO 280: RIPASSO

PASSO 281: AL DI SOPRA DI OGNI COSA IO CERCO LA CONOSCENZA.

PASSO 282: IMPARERÒ AD ACCETTARE LA RESPONSABILITÀ DI PORTARE LA CONOSCENZA NEL MONDO.

PASSO 283: IL MONDO È AMBIVALENTE, MA IO NON LO SONO.

PASSO 284: LA CALMA È IL MIO DONO AL MONDO.

PASSO 285:	NELLA CALMA TUTTE LE COSE POSSONO ESSERE CONOSCIUTE.
PASSO 286:	OGGI PORTO CON ME LA CALMA NEL MONDO.
PASSO 287:	CON LA CONOSCENZA NON POSSO ESSERE IN GUERRA.
PASSO 288:	I NEMICI SONO SOLO AMICI CHE NON HANNO IMPARATO AD UNIRSI.
PASSO 289:	OGGI SONO UNO STUDENTE DELLA CONOSCENZA.
PASSO 290:	POSSO SOLO ESSERE UNO STUDENTE. PERTANTO, IO SARÒ UNO STUDENTE DELLA CONOSCENZA.
PASSO 291:	SONO GRATO VERSO I MIEI FRATELLI E LE MIE SORELLE CHE COMMETTONO ERRORI CONTRO DI ME.
PASSO 292:	COME POSSO ESSERE IN COLLERA CON IL MONDO QUANDO MI STA SOLO SERVENDO?
PASSO 293:	OGGI NON DESIDERO SOFFRIRE.
PASSO 294:	RIPASSO

∞

PASSO 295:	STO ORA PENETRANDO IL MISTERO DELLA MIA VITA.
PASSO 296:	NASI NOVARE CORAM
PASSO 297:	NOVRE NOVRE COMEY NA VERA TE NOVRE
PASSO 298:	MAVRAN MAVRAN CONAY MAVRAN
PASSO 299:	NOME NOME CONO NA VERA TE NOME
PASSO 300:	OGGI RICEVO TUTTI COLORO CHE SONO LA MIA FAMIGLIA SPIRITUALE.
PASSO 301:	OGGI NON MI PERDERÒ NELL'ANSIA.
PASSO 302:	OGGI NON RESISTERÒ AL MONDO.
PASSO 303:	OGGI FARÒ UN PASSO INDIETRO DALLE PERSUASIONI DEL MONDO.

PASSO 304:	OGGI NON SARÒ UNO STUDENTE DELLA PAURA.
PASSO 305:	OGGI SENTO IL POTERE DELL'AMORE.
PASSO 306:	OGGI RIPOSERÒ NELLA CONOSCENZA.
PASSO 307:	LA CONOSCENZA STA VIVENDO CON ME ADESSO.
PASSO 308:	RIPASSO

PASSO 309:	IL MONDO CHE VEDO STA CERCANDO DI DIVENTARE UNA COMUNITÀ.
PASSO 310:	IO SONO LIBERO PERCHÉ DESIDERO DARE.
PASSO 311:	IL MONDO MI STA CHIAMANDO. MI DEVO PREPARARE PER SERVIRLO.
PASSO 312:	CI SONO PROBLEMI PIÙ GRANDI CHE DEVO RISOLVERE NEL MONDO.
PASSO 313:	CHE IO POSSA RICONOSCERE CHE CIÒ CHE È COMPLESSO È SEMPLICE.
PASSO 314:	OGGI NON AVRÒ PAURA DI SEGUIRE.
PASSO 315:	OGGI NON SARÒ SOLO.
PASSO 316:	OGGI MI FIDERÒ DELLE MIE INCLINAZIONI PIÙ PROFONDE.
PASSO 317:	DEVO SOLO ABBANDONARE LA MIA AMBIVALENZA PER CONOSCERE LA VERITÀ.
PASSO 318:	C'È UNA POTENZA SUPERIORE ALL'OPERA NEL MONDO.
PASSO 319:	PERCHÉ DOVREI AVER PAURA QUANDO UNA POTENZA SUPERIORE È NEL MONDO?
PASSO 320:	IO SONO LIBERO DI LAVORARE NEL MONDO.
PASSO 321:	IL MONDO STA ASPETTANDO IL MIO CONTRIBUTO.
PASSO 322:	RIPASSO

PASSO 323:	IL MIO RUOLO NEL MONDO È TROPPO IMPORTANTE PER ESSERE TRASCURATO.
PASSO 324:	OGGI NON GIUDICHERÒ IL PROSSIMO.
PASSO 325:	IL MONDO STA EMERGENDO NELLA COMUNITÀ PIÙ GRANDE DEI MONDI. DUNQUE, DEVO PRESTARE ATTENZIONE.
PASSO 326:	LA COMUNITÀ PIÙ GRANDE È QUALCOSA CHE POSSO SENTIRE MA CHE NON POSSO COMPRENDERE.
PASSO 327:	OGGI SARÒ IN PACE.
PASSO 328:	OGGI ONORERÒ COLORO CHE MI HANNO DATO.
PASSO 329:	OGGI SONO LIBERO DI AMARE IL MONDO.
PASSO 330:	IO NON TRASCURERÒ LE PICCOLE COSE NELLA MIA VITA.
PASSO 331:	CIÒ CHE È PICCOLO ESPRIME CIÒ CHE È GRANDE.
PASSO 332:	STO APPENA INIZIANDO A COMPRENDERE IL SIGNIFICATO DELLA CONOSCENZA NELLA MIA VITA.
PASSO 333:	C'È UNA PRESENZA CON ME. LA POSSO SENTIRE.
PASSO 334:	LA PRESENZA DEI MIEI MAESTRI È CON ME OGNI GIORNO.
PASSO 335:	IL FUOCO DELLA CONOSCENZA È CON ME OGNI GIORNO.
PASSO 336:	RIPASSO

PASSO 337:	DA SOLO NON POSSO FARE NULLA.
PASSO 338:	OGGI SARÒ ATTENTO.
PASSO 339:	LA PRESENZA DELL'AMORE È ORA CON ME.
PASSO 340:	IL MIO ESSERE STUDENTE È IL MIO CONTRIBUTO AL MONDO.

PASSO 341:	Io sono felice, perché ora posso ricevere.
PASSO 342:	Oggi sono uno studente di Conoscenza.
PASSO 343:	Oggi onorerò la fonte della mia preparazione.
PASSO 344:	La mia Conoscenza è il dono che io dò al mondo.
PASSO 345:	La mia Conoscenza è il mio dono alla mia Famiglia Spirituale.
PASSO 346:	Io sono nel mondo per lavorare.
PASSO 347:	Oggi consento alla mia vita di dischiudersi.
PASSO 348:	Oggi sarò testimone del mondo che si dischiude.
PASSO 349:	Sono felice di poter finalmente servire la verità.
PASSO 350:	Ripasso

Lezioni Finali

∞

PASSO 351:	Io servo uno scopo superiore, che sto adesso incominciando a sentire.
PASSO 352:	Oggi sono un vero studente della Conoscenza.
PASSO 353:	La mia Vera Casa è in Dio.
PASSO 354:	Devo vivere l'esperienza della mia Vera Casa mentre sono nel mondo.
PASSO 355:	Io posso essere in pace nel mondo.
PASSO 356:	Oggi troverò il mio Sé.
PASSO 357:	Io sono nel mondo per esprimere il mio Sé.
PASSO 358:	Desidero essere a casa nel mondo.

PASSO 359:	Io sono presente per servire il mondo.
PASSO 360:	Devo imparare a rivelare la grandezza nel mondo.
PASSO 361:	Oggi sono condotto nella luce della Conoscenza.
PASSO 362:	Io sto imparando a imparare perché oggi porto dentro di me La Conoscenza.
PASSO 363:	La Conoscenza è il mio vero desiderio perché sono uno studente della Conoscenza.
PASSO 364:	La Conoscenza mi porta perché sono uno studente della Conoscenza.
PASSO 365:	Sono impegnato ad imparare ad imparare. Sono impegnato a dare quello che sono destinato a dare. Sono impegnato perché sono parte della vita. Sono parte della vita perché sono tutt'uno con La Conoscenza.

Indice Analitico

Il Processo di Traduzione

La Storia del Messaggero

La Voce della Rivelazione

La Society for the New Message from God

La Comunità Mondiale del Nuovo Messaggio da Dio

I Libri del Nuovo Messaggio da Dio

Come rivelato a
MARSHALL VIAN SUMMERS
26 Maggio – 14 Giugno, 1989
in Albany, New York

DEDICA

"Questo metodo viene donato a tutti gli studenti della Conoscenza nel mondo con gratitudine e grandi aspettative dalla vostra Famiglia Spirituale.
Seguite le istruzioni nel modo in cui esse vi sono date.
In questo modo, la forza e l'efficacia di questo lavoro vi saranno rivelate e, pertanto, il Nostro dono per voi sarà stato dato.
È con grande emozione che lo conferiamo a voi ed attraverso voi al vostro mondo."

PASSI VERSO LA CONOSCENZA

PARTE PRIMA

Passo 1

IO SONO SENZA CONOSCENZA ADESSO.

CI DEVE ESSERE UN PUNTO DI PARTENZA a qualsiasi stadio di sviluppo. Devi iniziare da dove sei, non da dove vorresti essere. Inizi da qui, con il comprendere che sei senza Conoscenza. Ciò non significa che La Conoscenza non è con te. Vuole solo dire che tu non sei con La Conoscenza. La Conoscenza sta aspettando che tu proceda. La Conoscenza sta aspettando di donarsi a te. Pertanto, adesso stai iniziando la preparazione per essere in rapporto con La Conoscenza, l'aspetto superiore della mente che hai portato con te dalla tua Antica Casa.

TRE VOLTE OGGI PASSA 10 MINUTI pensando a cos'è La Conoscenza, non semplicemente applicando le tue stesse idee, non semplicemente applicando la tua comprensione passata, ma pensando a cos'è veramente La Conoscenza.

PRATICA 1: *Tre periodi di 10 minuti di pratica.*

Passo 2

LA CONOSCENZA È CON ME. IO DOVE SONO?

La Conoscenza è con te, completamente, ma risiede in una parte della tua mente alla quale non hai ancora ottenuto accesso. La Conoscenza rappresenta il tuo Vero Sé, la tua vera mente e le tue vere relazioni nell'universo. Lei possiede anche la tua chiamata superiore nel mondo ed un perfetto utilizzo della tua natura, di tutte le tue abilità e dei tuoi talenti innati, anche dei tuoi limiti—il tutto per essere donato al mondo nel bene.

La Conoscenza è con te ma tu dove sei? Oggi pensa a dove ti trovi. Se tu non sei con La Conoscenza, dove sei? Perciò, tre volte oggi, per 10 minuti alla volta, pensa a dove sei, non solo fisicamente o geograficamente, ma dove sei in termini della tua consapevolezza di te stesso nel mondo. Pensa molto, molto attentamente. Non permettere alla tua mente di distrarti da questo orientamento. È essenziale adesso, all'inizio della tua preparazione, che ti poni molto seriamente queste domande.

PRATICA 2: *Tre periodi di 10 minuti di pratica.*

Passo 3

COSA SO VERAMENTE?

OGGI CHIEDI A TE STESSO CHE COSA VERAMENTE sai e distingui quello che sai da quello che pensi o speri o desideri per te stesso o per il tuo mondo, quello di cui hai paura, quello in cui credi, quello che apprezzi e quello che per te ha significato. Distingui al meglio delle tue possibilità questo interrogativo da tutti questi orientamenti e chiediti, "che cosa so veramente?" Devi esaminare in continuazione qualsiasi risposta che dai a questa domanda per vedere se le risposte rappresentano le tue convinzioni o supposizioni o le convinzioni o supposizioni di altra gente o forse di tutta l'umanità.

TRE VOLTE OGGI, PER 10 MINUTI OGNI VOLTA, poniti questa domanda e pensa molto seriamente alla tua risposta ed al significato della domanda "che cosa so veramente?"

PRATICA 3: *Tre periodi di 10 minuti di pratica.*

Passo 4

IO VOGLIO CIÒ CHE PENSO DI SAPERE.

Tu DESIDERI CIÒ CHE PENSI DI SAPERE, e questo rappresenta la base della tua comprensione di te stesso e del tuo mondo. In verità, questo è ciò che costituisce la base della tua completa identità. Scoprirai, tuttavia, da un onesto esame, che la tua comprensione si basa principalmente su supposizioni, e che queste supposizioni non sono, per la maggior parte se non addirittura per niente, fondate sulla tua esperienza.

OGGI NEI TUOI TRE BREVI PERIODI DI PRATICA, durante i quali dedicherai tutta la tua attenzione all'esame delle tue supposizioni, pensa alle cose che credi veramente di sapere, includendo cose che non avevi mai messo in dubbio prima—le cose che pensi di sapere. La pratica di oggi, pertanto, procede dai passi precedenti, dove hai iniziato a vedere la differenza tra quello che credi di sapere e la vera Conoscenza stessa e la relazione tra quello che tu consideri Conoscenza e le tue personali supposizioni, convinzioni e speranze nelle cose.

PERTANTO, IN OGNI SESSIONE DI PRATICA È VERAMENTE essenziale che tu pensi alle cose che credi di sapere. Quando ti rendi conto che sono basate principalmente sulle tue supposizioni, capirai quanto debole sia il tuo fondamento nel mondo. La comprensione di questo potrebbe far male e portare sconforto, ma è assolutamente essenziale per darti l'impeto e il desiderio di scoprire il tuo vero fondamento nel mondo.

PRATICA 4: *Tre periodi di 10 minuti di pratica.*

Passo 5

IO CREDO CIÒ CHE VOGLIO CREDERE.

Questa frase rappresenta la grande follia dell'umanità e la forma più pericolosa di auto-inganno dell'umanità. Le convinzioni sono fondate principalmente su ciò che si desidera, non su ciò che sta veramente accadendo e ciò che è autentico. Esse possono anche rappresentare i grandi ideali dell'umanità e in questo senso portano un riflesso autentico; ma nella realtà quotidiana e nella maggior parte delle questioni pratiche, la gente basa le proprie convinzioni sulle cose in cui spera, non su cose che esistono veramente. Devi avere una solida comprensione che l'approccio a qualsiasi risoluzione e qualsiasi base costruttiva deve partire dalla realtà presente. Quello che sei e quello che hai oggi deve essere il tuo punto di partenza.

Pertanto, nei tuoi tre periodi di pratica oggi, pensa a questa dichiarazione. Esamina quello in cui credi e poi esamina quello che tu vorresti. Scoprirai che anche quelle tue convinzioni che sono basate sulla paura e le convinzioni negative sono associate alle tue ambizioni. Solo un'attenta applicazione della pratica di oggi te lo rivelerà.

Pratica 5: *Tre periodi di 10 minuti di pratica.*

Passo 6

IO HO UN VERO FONDAMENTO NEL MONDO.

OLTRE LE CONVINZIONI E LE SUPPOSIZIONI che mascherano la tua paura ed incertezza, esiste per te un vero fondamento nel mondo. Questo fondamento è costruito sulla base della tua vita oltre questo mondo, perché è da là che sei venuto ed è là che ritornerai. Sei venuto da un luogo al quale ritornerai, e non sei venuto a mani vuote.

DUE VOLTE OGGI, TRASCORRI DUE PERIODI PIÙ LUNGHI, di 15-20 minuti, considerando quello che potrebbe essere il tuo vero fondamento. Pensa a tutte le idee che hai al riguardo. Questa è una domanda molto importante. Ti devi rendere conto del tuo grande bisogno di questo fondamento e devi porti la domanda con sincerità e penetrante profondità.

SENZA UN VERO FONDAMENTO, I TUOI VERI successi e progressi sarebbero senza speranza. È una grande benedizione, dunque, che tu ne abbia uno, anche se ti è sconosciuto.

PRATICA 6: *Due periodi di 15-20 minuti di pratica.*

Passo 7

RIPASSO

Nei due periodi di pratica di oggi, ripassa tutto quello che abbiamo trattato fino ad ora, iniziando con il primo passo e proseguendo includendo il passo del giorno precedente. Dopo di che prendi in considerazione l'intera sequenza di passi nel suo insieme. È molto importante in questa fase che tu non pretendi delle conclusioni, ma che poni domande e ti rendi conto di quanto hai bisogno della vera Conoscenza. Se intraprendi oggi questa pratica con sincerità, diventerà molto evidente il fatto che hai questo grande bisogno. Senza le tue supposizioni sei vulnerabile, ma sei anche nella posizione di ricevere verità e certezza nella vita.

Oggi prenditi due periodi di pratica, ciascuno di 30 minuti, per prendere in considerazione queste cose.

Pratica 7: *Due periodi di 30 minuti di pratica.*

Passo 8

OGGI SARÒ CALMO.

OGGI NEI TUOI DUE ESERCIZI DI MEDITAZIONE, esercita la calma[1] per 15 minuti. Inizia con 3 respiri profondi e poi focalizzati su un punto interiore. Può essere un punto immaginario o può essere un punto nel tuo corpo fisico. Con gli occhi chiusi, semplicemente offri a questo tutta la tua attenzione, senza giudizio o valutazione. Non scoraggiarti se i primi tentativi si dimostrano difficili. Iniziare qualcosa di importante nella vita può essere dapprima difficile, ma se perseveri, raggiungerai questo grande traguardo, perché nella calma tutte le cose possono essere conosciute.

PRATICA 8: *Due periodi di pratica di 15 minuti.*

---

(1) stillness

Passo 9

NELLA CALMA TUTTE LE COSE POSSONO ESSERE CONOSCIUTE.

LA CALMA DELLA MENTE CONSENTE alla mente superiore di emergere e di rivelare la sua saggezza. Coloro che coltivano la calma con un desiderio di Conoscenza si preparano per l'emergere di una rivelazione più grande e di una vera intuizione. L'intuizione può emergere durante la pratica o durante qualsiasi normale attività. Qui l'aspetto importante è che venga eseguita la preparazione.

DUE VOLTE OGGI ESERCITATI NELLA PRATICA della calma di ieri, ma pratica senza l'aspettativa di un risultato. Non utilizzare questa pratica per porre alcuna sorta di domanda perché stai esercitando la calma, nella quale tutte le speculazioni, tutte le domande e tutte le ricerche hanno fine. Per 15 minuti, due volte oggi, esercita di nuovo la calma.

PRATICA 9: *Due periodi di pratica di 15 minuti.*

Ma alla fine, perché sto facendo questo?

Ottima domanda! Ma perché stai facendo questo? Perché stai ponendo simili domande? Perché sei alla ricerca di cose più grandi? Perché intraprendere un simile sforzo? Queste domande sono inevitabili. Noi le anticipiamo. Perché stai facendo questo? Stai facendo questo perché è essenziale. Se desideri vivere qualcosa che sia più grande di una vita puramente superficiale ed instabile, devi penetrare più in profondità e non sentirti sicuro sulla base di deboli supposizioni e speranzose aspettative. C'è un dono più grande che ti aspetta, ma ti devi preparare mentalmente, emotivamente e fisicamente. Senza Conoscenza, sei ignaro del tuo scopo. Sei ignaro della tua origine e del tuo destino, e passerai attraverso questa vita come se fosse un sogno tormentato e nulla di più.

Passo 10

COS'È LA CONOSCENZA?

Diciamo che La Conoscenza non è quelle cose che in genere vengono associate ad essa. Non è un corpus di informazioni. Non è un sistema di credenze. Non è un processo di autovalutazione. È il grande mistero della tua vita. Le sue manifestazioni esteriori sono intuito profondo, grande acume ispiratore, conoscenza inesplicabile, saggia percezione nel presente e nel futuro e saggia comprensione del passato. Ma a parte queste grandi conquiste della mente, La Conoscenza è più di questo. È il tuo Vero Sé, un Sé che non è separato dalla vita.

PRATICA 10: *Leggi la lezione tre volte oggi.*

Passo 11

IO NON SONO SEPARATO DALLA VITA.

INDIPENDENTEMENTE DALLE GRANDI STRUTTURE costruite sulla tua individualità e tutto ciò che è associato a te personalmente—il tuo corpo, le tue idee, le tue difficoltà, le tue forme specifiche di espressione, le tue idiosincrasie, i tuoi talenti—tu non sei separato dalla vita. Questo è talmente ovvio se guardi te stesso con semplicità e ti rendi conto che la stessa composizione del tuo corpo, la vera e propria struttura della tua vita fisica, è completamente costituita da ciò che è la vita nello stato fisico. È piuttosto evidente che sei fatto della stessa "cosa" di cui è fatto tutto quello che ti circonda. Quello che è misterioso è la tua mente. Sembra essere un punto di comprensione distinto, ma è tanto parte della vita quanto lo è la tua struttura fisica. Tu sei un individuo ignaro della tua fonte e della tua totale inclusione nella vita. La tua individualità al momento è un fardello, ma sarà una grande felicità per te quando potrà esprimere la vita stessa.

PRATICA 11: *Leggi la lezione tre volte oggi.*

Passo 12

LA MIA INDIVIDUALITÀ HA LO SCOPO DI ESPRIMERE LA VITA STESSA.

Qui la tua unicità è una grande risorsa ed una fonte di gioia, non una fonte di dolorosa alienazione e non una fonte di doloroso giudizio contro te stesso o gli altri. Questa distinzione non ti eleva al di sopra o non ti pone al di sotto degli altri. Indica semplicemente il vero scopo della tua individualità e la sua grande promessa per il futuro. Tu sei qui per esprimere qualcosa. Quello è il vero significato dato alla tua individualità perché non vuoi più essere separato.

In due occasioni oggi, pratica due periodi di silenzio, esercitandoti nella pratica che abbiamo illustrato.

Pratica 12: *Due periodi di pratica di 15 minuti.*

Passo 13

IO VOGLIO ESSERE SEPARATO PER ESSERE UNICO.

Questo pensiero rappresenta il vero motivo per la separazione, però non è necessario. Qui non lo diamo come un'affermazione ma come un'espressione del tuo stato attuale. Tu vuoi essere separato perché questo definisce il tuo essere; il tuo essere è definito in termini di separazione, non in termini di inclusione. La separazione è la fonte di tutto il tuo dolore e la confusione della mente. La tua vita fisica dimostra una vita separata ma solo da un certo punto di vista. Dato un altro punto di vista, non dimostra affatto separazione. Dimostra un'espressione unica di una realtà più grande.

In due occasioni oggi, trascorri 15 minuti concentrandoti su quest'idea per questo giorno. Pensa seriamente al significato di questa lezione e richiama la tua esperienza personale per riflettere sulla sua attinenza nella tua vita. Rifletti su quanto il tuo desiderio di separazione ti è costato in termini di tempo, energia e dolore. Renditi conto della tua motivazione per la separazione e capirai che vuoi esserne libero.

Pratica 13: *Due periodi di pratica di 15 minuti.*

Passo 14

RIPASSO

Ancora una volta ripassa tutte le lezioni precedenti che ti sono state date. In questo Ripasso rileggi le istruzioni che sono state impartite in ogni passo. Rivedi anche tutte le tue sessioni di pratica per determinare la profondità del tuo coinvolgimento negli esercizi pratici ed i risultati che hai riscontrato. Durante tutto il tuo piano di studio investigherai il contenuto di questa tua esperienza. Tutto questo si costruirà da sé e a un certo punto ti rivelerà la realizzazione della tua Conoscenza.

Dedica un periodo di pratica oggi di circa 45 minuti al ripasso di tutte le istruzioni, dei risultati e della qualità delle tue pratiche. Domani inizieremo il prossimo stadio della nostra preparazione insieme.

Pratica 14: *Un periodo di pratica di 45 minuti.*

Passo 15

OGGI ASCOLTERÒ LA MIA ESPERIENZA.

OGGI ASCOLTERÒ LA MIA ESPERIENZA PER SCOPRIRE il contenuto della mia mente.

RENDITI CONTO CHE IL VERO CONTENUTO della tua mente è seppellito sotto tutto ciò che hai aggiunto sin dal giorno della tua nascita. Questo vero contenuto desidera esprimersi nel contesto della tua attuale vita e nella tua attuale situazione. Per discernere questo devi ascoltare attentamente e, nel tempo, concepire la differenza tra il vero contenuto della tua mente ed i suoi messaggi per te, in opposizione a tutti gli altri impulsi e desidèri che provi. Separare i pensieri dalla Conoscenza è uno dei grandi traguardi che avrai occasione di comprendere in questo corso.

IL SINGOLO PERIODO DI PRATICA DI OGGI DI 45 MINUTI sarà dedicato all'ascolto interiore. Questo richiederà che ascolti senza alcun giudizio su te stesso, anche se il contenuto dei tuoi pensieri è inquietante. Anche se il contenuto dei tuoi pensieri è sgradevole, devi ascoltare senza giudizio e permettere alla tua mente di aprirsi. Stai ascoltando qualcosa di più profondo della mente, ma devi attraversare la mente per arrivarci.

PRATICA 15: *Un periodo di pratica di 45 minuti.*

Passo 16

OLTRE LA MIA MENTE C'È LA CONOSCENZA.

Oltre la tua mente c'è La Conoscenza, il vero nucleo del tuo essere, del tuo Vero Sé, non l'essere che hai costruito per negoziare con il mondo, ma il tuo Vero Sé. Da questo Vero Sé provengono pensieri ed impressioni, inclinazioni e direzione. La maggior parte di quello che il tuo Vero Sé ti comunica non lo puoi ancora sentire, ma col tempo imparerai a sentire, man mano che la tua mente diventa calma e raffini il tuo ascolto ed il tuo discernimento.

Oggi pratica in tre periodi di 15 minuti ciascuno. Ascolta più attentamente del giorno precedente. Ascolta per sentire le inclinazioni più profonde. Ancora una volta devi ascoltare senza giudizio. Non devi modificare nulla. Devi ascoltare profondamente per imparare ad ascoltare.

Pratica 16: *Tre periodi di 15 minuti di pratica.*

Passo 17

Oggi voglio ascoltare la verità.

Il desiderio di ascoltare la verità è qualcosa che si può definire un processo ed allo stesso tempo il risultato di una vera preparazione. Sviluppare la capacità di ascoltare ed il desiderio di sentire produrrà ciò che cerchi. La verità è assolutamente benefica per te, ma all'inizio può essere piuttosto sconvolgente e deludente per i tuoi altri progetti e traguardi. Questo è un rischio che ti devi assumere se vuoi ricevere la certezza ed il potenziamento che la verità ti porterà. La verità porta sempre la risoluzione di conflitti, fornisce sempre un'esperienza del proprio sé, ti dà sempre una percezione della realtà corrente e fornisce sempre una direzione che ti consente di avanzare.

Oggi, nella tua pratica di tre periodi di 15 minuti ciascuno, esercita l'ascolto della verità, cercando di ascoltare oltre la mente e le emozioni. Ancora una volta, non preoccuparti se tutto ciò che senti è lo scorrere frenetico dei tuoi pensieri. Ricordati, stai sviluppando l'ascolto. Quella è la cosa più importante. Come esercitare un muscolo nel corpo, stai esercitando la facoltà mentale chiamata ascolto. In questo giorno, pertanto, pratica l'ascolto, dedicandoti in questi periodi di pratica a sentire la verità che emerge dentro di te.

Pratica 17: *Tre periodi di 15 minuti di pratica.*

Passo 18

OGGI SENTO LA VERITÀ CHE EMERGE DENTRO DI ME.

LA VERITÀ DEVE ESSERE SPERIMENTATA PIENAMENTE. Non è semplicemente un'idea; non è semplicemente un'immagine, anche se immagini ed idee la possono accompagnare. È un'esperienza, pertanto è qualcosa che viene sentita profondamente. Si può manifestare in modi leggermente diversi per coloro che stanno iniziando a penetrarla, ma in ogni caso emergerà. È qualcosa che devi sentire. Per essere orientata al sentire, la tua mente deve essere calma. La verità è qualcosa che sentirai con tutto il tuo corpo, con tutto il tuo essere.

LA CONOSCENZA NON TI PARLA IN OGNI MOMENTO, ma ha sempre un messaggio per te. Accostarsi alla Conoscenza significa diventare sempre più come La Conoscenza stessa—più completo, più consistente, più onesto, più devoto, più concentrato, più autodisciplinato, più indulgente e più amorevole verso se stesso. Tutte queste qualità si sviluppano quando ti avvicini alla fonte di queste qualità.

LA TUA PRATICA CONSISTERÀ nel muoverti in questa direzione oggi mentre sentirai la verità che si eleva dentro te stesso. Questo unirà tutti gli aspetti di te, dandoti un'esperienza uniforme di te stesso. Nei tuoi tre periodi di 15 minuti di pratica, dai la tua piena attenzione all'atto di sentire la verità emergere dentro di te. Pratica la calma e non scoraggiarti se all'inizio è difficile. Semplicemente pratica e procederai.

ANCHE DURANTE IL GIORNO, senza dubbio o esitazione, segui il tuo vero traguardo nella vita. Da questo vero traguardo arriveranno tutte le cose importanti che dovrai realizzare e la grande forza di visione e discernimento che ti consentirà di trovare quegli individui che sei venuto al mondo per trovare.

Pratica 18: *Tre periodi di 15 minuti di pratica.*

Passo 19

OGGI DESIDERO VEDERE.

Il desiderio di vedere è come il desiderio di conoscere. Anch'esso richiede un affinamento delle tue facoltà mentali. Vedere con una visione chiara significa che non stai vedendo sulla base di preferenze. Significa che sei in grado di percepire ciò che sta veramente accadendo e non quello che desideri vedere. C'è qualcosa che effettivamente sta accadendo e che va oltre i tuoi desideri. Questo è molto vero. Il desiderio di vedere, allora, è il desiderio di vedere una verità più grande. Questo richiede una più grande onestà ed una maggiore apertura mentale.

Oggi nelle tue due sessioni di pratica, esercitati guardando un banale oggetto della vita quotidiana. Non distogliere gli occhi da quell'oggetto, ma guardalo e pratica il guardare molto coscienziosamente. Non stai cercando di vedere niente di particolare. Stai semplicemente guardando con apertura mentale. Quando la mente è aperta, la mente fa esperienza della propria profondità, e sente la profondità di ciò che sta percependo.

Scegli un semplice oggetto che ha per te un significato molto limitato e fissalo oggi per almeno 15 minuti. Consenti alla tua mente di divenire estremamente calma. Respira profondamente e regolarmente mentre fissi questo oggetto. Consenti alla tua mente di calmarsi in se stessa.

Pratica 19: *Due periodi di 15 minuti di pratica.*

Passo 20

NON PERMETTERÒ AL DUBBIO E ALLA CONFUSIONE DI RALLENTARE IL MIO PROGRESSO.

CHE COSA PUÒ RALLENTARE IL TUO PROGRESSO se non la tua stessa indecisione, e che cosa può partorire l'indecisione salvo ciò che produce la confusione della mente? Tu hai un traguardo più grande che è illustrato in questo programma di preparazione. Non permettere che il dubbio e la confusione ti ostacolino. Essere un vero studente significa che dai molto poco per scontato e che ti stai orientando in modo da non prescrivere per te stesso nulla all'infuori di ciò che ti viene dato da una forza superiore. La forza superiore desidera elevarti al suo livello di abilità. In questo modo, tu ricevi il dono della preparazione affinché tu possa donarlo ad altri. In questo modo, ti viene dato ciò che non potresti procurarti da solo. In questo modo ti rendi conto del tuo potere individuale e della tua abilità perché essi devono essere sviluppati affinché tu possa seguire un programma di questo genere; ti rendi anche conto della tua inclusione nella vita mentre essa si sforza per servirti nel corso della tua vera evoluzione.

PERTANTO, ESERCITATI NELLA STESSA PRATICA che hai tentato il giorno precedente nei tuoi due periodi di pratica, e non permettere al dubbio o alla confusione di dissuaderti. Sii uno studente vero oggi. Consenti a te stesso di concentrarti nella tua pratica. Dona te stesso alla pratica. Sii un vero studente oggi.

PRATICA 20: *Due periodi di 15 minuti di pratica.*

Passo 21

RIPASSO

Nel tuo terzo Ripasso, rivedi tutte le lezioni della scorsa settimana ed i risultati di quelle lezioni. Allenati oggi a non trarre conclusioni, ma semplicemente a riconoscere la linea di sviluppo e prendere nota del progresso che hai conseguito ad oggi. È troppo presto per trarre vere conclusioni, anche se potresti essere molto tentato di farlo. Gli studenti neofiti non sono in una posizione da poter giudicare il proprio curriculum. Questo diritto va guadagnato ed arriva più tardi se vuoi che i tuoi giudizi abbiano un effetto reale e siano saggi.

Pertanto, nel corso del tuo singolo periodo di pratica, ripassa l'ultima sessione di pratica e tutto quello di cui hai fatto esperienza ad oggi.

Pratica 21: *Un periodo di pratica di 45 minuti.*

Passo 22

SONO CIRCONDATO DAI MAESTRI DI DIO.

Sei davvero circondato dai Maestri di Dio, che hanno intrapreso una preparazione simile, in molti aspetti, a quella che stai intraprendendo adesso. Anche se impartita in molte forme diverse, in diverse epoche, in mondi diversi, una preparazione molto simile a questa fu data loro, adattandola saggiamente al loro stato mentale ed alle loro circostanze di vita precedenti.

Oggi, in due periodi di 15 minuti di pratica, senti la presenza dei Maestri di Dio. Non sei ancora in grado di vederli con i tuoi occhi, e non li puoi ancora sentire con le tue orecchie perché queste tue facoltà sensoriali non sono ancora state affinate sufficientemente, ma puoi sentire la loro presenza, perché la loro presenza ti circonda e ti protegge. Nella tua pratica, non permettere ad altri pensieri di interferire. Non cedere al dubbio o alla confusione, perché ti devi preparare ad avere la ricompensa che ambisci, e devi sapere che non sei il solo al mondo ad avere la forza, la certezza e la risorsa della saggezza necessarie per conseguire quello che sei venuto qua a realizzare.

Tu sei circondato dai Maestri di Dio. Essi sono qua per amarti, supportarti e indirizzarti.

Pratica 22: *Due periodi di 15 minuti di pratica.*

Passo 23

SONO AMATO, CIRCONDATO E SUPPORTATO DAI MAESTRI DI DIO.

LA VERITÀ CONTENUTA IN QUESTA FRASE DIVENTERÀ evidente da sola nel corso della tua preparazione, ma per ora potrebbe richiedere una grande fede. Quest'idea potrebbe sfidare idee e convinzioni preesistenti, ciononostante è vera. Il piano di Dio è invisibile ed è riconosciuto da pochissimi perché pochissimi hanno l'apertura mentale e la qualità d'attenzione che consentirà loro di vedere ciò che sta palesemente accadendo intorno a loro, che però in questo momento per loro non è per niente palese. I tuoi Maestri ti amano, ti circondano e ti supportano, perché stai emergendo nella Conoscenza. Questo li chiama al tuo fianco. Tu sei uno dei pochi che possiedono la speranza e l'opportunità di emergere dal sonno dell'immaginazione alla grazia della realtà.

PERTANTO, NEI TUOI DUE PERIODI DI PRATICA OGGI, senti questo amore, supporto e direzione. È una sensazione. Non sono idee. È una sensazione. È qualcosa che devi sentire. L'amore è qualcosa che devi sentire per poterlo conoscere. Sei veramente amato, circondato e supportato dai tuoi Maestri, e sei veramente degno del dono che ti porgono.

PRATICA 23: *Due periodi di pratica di 15 minuti ciascuno.*

Passo 24

SONO DEGNO DELL'AMORE DI DIO.

Tu SEI VERAMENTE DEGNO DELL'AMORE DI DIO. In verità, tu davvero sei l'amore di Dio. Senza alcuna presunzione, nel nucleo di te stesso, questo è il tuo Vero Sé. Non è l'essere che stai vivendo adesso come esperienza, e fino a quando non lo vivi non fingere che faccia parte della tua attuale esperienza. Tieni però, nella tua vera consapevolezza, la cognizione che quello è il tuo essere. Tu sei una persona, ma sei più di una persona. Come potresti non essere degno dell'amore di Dio se quello è ciò che sei? I tuoi Maestri ti circondano e ti danno quello che sei, affinché tu possa vivere l'esperienza di te stesso e della tua vera relazione con la vita.

OGGI NEI TUOI DUE PERIODI DI PRATICA, allenati a ricevere di nuovo l'amore, il supporto e la direzione dei tuoi Maestri, e se dei pensieri ostacolano questo, se delle sensazioni lo impediscono, ricorda a te stesso il tuo grande valore. Tu sei degno non per quello che hai fatto nel mondo. Tu sei degno per quello che sei, per la tua provenienza e per la direzione in cui stai andando. La tua vita può essere piena di errori ed inesattezze, decisioni sbagliate e scelte infelici, ma comunque tu sei venuto dall'Antica Casa alla quale tu tornerai. Il tuo valore agli occhi di Dio è immutato. C'è solo un grande sforzo in atto per riparare i tuoi errori allo scopo di farti vivere l'esperienza del tuo Vero Sé affinché egli possa essere offerto al mondo.

PERTANTO, NEI TUOI PERIODI DI PRATICA, allena la tua ricettività e allenati a sentirti veramente degno. Non lasciare che alcun pensiero si metta in conflitto con la più grande verità della vita.

PRATICA 24: *Due periodi di pratica di 15 minuti.*

Passo 25

SONO TUTT'UNO CON LA PIÙ GRANDE VERITÀ DELLA VITA.

CHE COSA È LA PIÙ GRANDE VERITÀ DELLA vita? È qualcosa che deve essere sperimentato, perché nessuna grande verità può essere contenuta solamente in un'idea, anche se le idee possono darne un riflesso nella tua attuale esperienza. La grande verità è il prodotto di un grande rapporto di unione. Tu hai una grande relazione che ti unisce alla vita. Tu hai una grande relazione con i tuoi veri Maestri che sono dentro di te. A tempo debito vivrai l'esperienza di grandi relazioni con quelli nella tua vita esteriore, ma prima devi vivere l'esperienza della fonte della tua grande relazione già nella sua vera origine. Dopo di che sarà solo questione di trasferirla al mondo esterno, cosa che farai naturalmente col tempo.

NEI TUOI DUE PERIODI DI PRATICA OGGI, esercitati a sentire questa relazione. Di nuovo ti viene chiesto di ricevere perché devi ricevere questo per poterlo donare. Una volta ricevuto, si donerà prelevando da se stesso naturalmente. In questo processo il tuo valore viene ristabilito perché esso è di certo evidente. Non hai bisogno di dare una falsa rappresentazione di te stesso o della tua esperienza. Condividere onestamente un grande amore significa viverne l'esperienza. Questa è l'esperienza che ti vogliamo donare oggi.

PRATICA 25: *Due periodi di pratica di 15 minuti.*

Passo 26

DAI MIEI ERRORI NASCE LA CONOSCENZA.

*N*ON HA SENSO GIUSTIFICARE GLI ERRORI, ma l'errore può condurti a dare valore alla verità, e così facendo ti può condurre alla vera Conoscenza. Questo è l'unico suo possibile valore. Noi non condoniamo l'errore, ma se succede, il nostro desiderio è di fare in modo che possa servire il tuo più vero bisogno affinché tu possa imparare da esso e non ripeterlo più. Non è per farti semplicemente dimenticare i tuoi errori, perché non lo puoi fare. Non è semplicemente per farti giustificare i tuoi errori, perché questo ti renderebbe disonesto. Non è per farti vedere i tuoi errori solo come un servizio a te reso, perché sono stati veramente dolorosi. Il vero significato di questo è che riconosci che un errore è un errore e quindi lo utilizzi a tuo beneficio. Il dolore dell'errore e la tribolazione dell'errore devono essere accettati, perché questo ti insegnerà ciò che è vero e ciò che non lo è, a cosa dare valore e a cosa non darlo. Utilizzare il tuo errore per evolvere significa che hai accettato l'errore, ed ora stai tentando di utilizzarlo per derivarne valore perché finché non viene tratto valore dall'errore, esso rimane un errore e sarà una fonte di dolore e sconforto per te.

OGGI, NEI TUOI DUE PERIODI DI 30 MINUTI DI PRATICA, osserva certi errori che hai commesso e che ti hanno portato molto dolore. Non cercare di respingere il dolore che ne è derivato, ma vedi come nelle tue attuali circostanze di vita li puoi utilizzare a tuo beneficio. Utilizzare gli errori in questo modo ti può dimostrare quello che hai bisogno di fare e quali correzioni od aggiustamenti serve fare al fine di aumentare la qualità della tua vita. Ricordati che qualsiasi risoluzione di un errore porta sempre ad un vero riconoscimento e un vero discernimento in una relazione.

Nei tuoi periodi di pratica rivedi gli errori che ti vengono in mente mentre sei seduto da solo nella pace, e poi vedi come ognuno di loro può essere utilizzato a tuo beneficio. Che cosa si deve imparare da loro? Che cosa si deve fare che non è stato fatto prima? Che cosa non si deve fare che è stato fatto prima? Come possono essere riconosciuti in anticipo gli errori? Quali sono stati i segnali che li hanno preceduti e come possono tali segnali essere riconosciuti per anticipare l'errore in futuro?

Utilizza questi periodi di pratica per questo processo introspettivo e quando hai finito, non parlare con nessuno dei risultati, ma consenti all'indagine di andare avanti naturalmente, perché naturalmente procederà.

Pratica 26: *Due periodi di 30 minuti di pratica.*

Passo 27

POSSIEDO UNA SAGGEZZA CHE VOGLIO SCOPRIRE.

QUESTA AFFERMAZIONE RAPPRESENTA LA TUA VERA VOLONTÀ. Se non stai prendendo coscienza di questo, significa che stai portando avanti qualcosa che è falso e non ha un vero fondamento nel tuo essere. Se ti è capitato di pensare che la verità ti avesse tradito, allora non hai riconosciuto il suo vero valore. Forse ha deluso i tuoi progetti e i tuoi traguardi. Forse hai perso qualcosa che veramente volevi. Forse ti ha impedito di cercare qualcosa che era desiderabile. In tutti i casi però ti ha salvato dal dolore e dalla miseria. Fino a quando non sarà individuata la tua vera funzione, non potrai apprezzare quanto la verità ti abbia servito, perché fino a quando la tua funzione non sarà individuata, cercherai di dichiarare e giustificare altre funzioni. Se queste altre funzioni, saranno scoraggiate o negate dalla verità, potrà sorgere grande confusione e conflitto. Ricorda però, la verità ti ha sempre salvato da un errore più grande che altrimenti avresti commesso.

LE PERSONE NON SANNO VIVERE l'esperienza della Conoscenza perché sono occupate in pensieri e giudizi. Questi pensieri e questi giudizi creano per un individuo un mondo che si chiude da solo entro se stesso, un mondo chiuso dal quale non riescono a vedere l'esterno. Essi riescono solo a vedere il contenuto dei propri pensieri e questo colora completamente la loro esperienza della vita, tanto che non riescono a vedere la vita per niente.

PERTANTO, NEI TUOI DUE PERIODI DI PRATICA di 30 minuti, guarda e vedi come la verità ti ha servito. Guarda le esperienze che sono state felici. Guarda le esperienze che sono state dolorose. In modo particolare nelle esperienze dolorose, vedi come la verità ti ha reso un servizio. Guarda apertamente. Non difendere una precedente posizione anche se sei tentato di farlo. Se esiste ancora dolore da una precedente perdita, accetta il dolore e il suo scoraggiamento, ma cerca di guardare e vedere come in verità quella perdita ti ha reso un servizio.

Questo punto di vista, quello di essere servito dalla tua esperienza, è qualcosa che devi coltivare. Non giustifica l'esperienza in sé. Questo devi comprendere. Semplicemente ti dà l'opportunità di usare la tua esperienza per il tuo avanzamento e il tuo potenziamento. La verità opera nel mondo delle illusioni per aiutare coloro che stanno rispondendo alla verità nelle loro vite. Tu stai rispondendo alla verità, altrimenti non saresti qua a intraprendere questo programma di sviluppo. Dunque sei arrivato al punto in cui la verità sembra entrare in competizione con altre cose, pertanto è molto difficile riconoscerla. In questo programma di sviluppo, la verità sarà distinta da tutto il resto in un modo tale che la potrai vivere direttamente e non sarai confuso dalla sua comparsa o dalla sua presenza benefica nella tua vita. Perché la verità è qua per servire te e tu sei qua per servire la verità.

Pratica 27: *Due periodi di 30 minuti di pratica.*

Passo 28

RIPASSO

*I*NIZIEREMO IL NOSTRO QUARTO PERIODO di Ripasso con una preghiera speciale.

"Io accetto la mia Conoscenza come un dono di Dio. Io accetto i miei Maestri come i miei fratelli e le mie sorelle più anziani. Io accetto il mondo come un luogo dove La Conoscenza può essere riconquistata e portata in contributo. Io accetto il mio passato come una dimostrazione della vita senza La Conoscenza. Io accetto i miracoli della mia vita come una dimostrazione della presenza della Conoscenza ed ora io dono me stesso al fine di coltivare ciò che fa parte del più grande bene dentro di me, per poterlo donare al mondo."

ANCORA UNA VOLTA RIPASSEREMO LA SCORSA SETTIMANA DI PRATICA, rileggendo tutte le istruzioni e rivedendo ad ogni passo quello che è emerso nel corso degli esercizi. Assicurati di chiedere a te stesso quanto profondo è stato il tuo coinvolgimento nelle sessioni di pratica—quanto hai voluto ricercare e indagare, quanto attentamente hai esaminato la tua esperienza e in quale misura ti sei sentito motivato a penetrare qualsiasi barriera che potrebbe esistere.

IL NOSTRO PERIODO DI PRATICA DI RIPASSO di 45 minuti inizierà a darti una visuale del tuo sviluppo nella presente preparazione. Questo porta beneficio non solo a te stesso ma anche a quelli che servirai in futuro, perché come stai ricevendo ora, desidererai poi donare, nella forma e nel contesto che sarà più opportuno per te. Devi capire come le persone imparano e come le persone evolvono. Questo deve venire dalla tua esperienza e deve rappresentare amore e misericordia, che sono le emanazioni naturali della tua Conoscenza. Di nuovo, non lasciare che alcun dubbio o che la confusione ti dissuadano dalla tua vera applicazione.

PRATICA 28: *Un periodo di pratica di 45 minuti.*

Passo 29

OGGI OSSERVERÒ ME STESSO PER IMPARARE LA CONOSCENZA.

IN QUESTO GIORNO SPECIALE DI PRATICA, osserva te stesso nel corso della giornata, mantenendo il più possibile la consapevolezza dei tuoi pensieri e del tuo comportamento. Per sviluppare questa qualità di auto-osservazione, devi essere il più possibile libero da giudizi, perché giudicare ti rende incapace di osservare. Devi studiare te stesso come se tu fossi qualcun altro con il quale riesci ad essere più obiettivo.

OGGI CI ESERCITEREMO OGNI ORA. Ogni ora dovrai fare un controllo durante il quale guarderai i tuoi pensieri ed osserverai il tuo comportamento corrente. Questo costante auto-controllo ti consentirà di essere molto più coinvolto nella tua attuale esperienza e consentirà alla tua Conoscenza di esercitare in modo molto più forte un'influenza benefica su di te. La Conoscenza sa di cosa hai bisogno e sa come servirti, ma tu devi imparare a riceverlo. Nel tempo, devi imparare anche a dare in modo da poter ricevere di più. Il tuo ricevere è importante perché ti consente di dare, e dare è l'essenza della realizzazione in questo mondo. Non puoi però dare trovandoti in uno stato impoverito. Pertanto, il tuo dare deve essere autentico, nato dalla ricettività che fluisce oltre gli argini e da te coltivata in te stesso, nell'ambito delle tue relazioni con gli altri e con la vita.

OGNI PERIODO DI PRATICA OGGI NECESSITA SOLO DI ALCUNI MINUTI, ma deve ricevere la tua piena attenzione. Non serve che chiudi gli occhi per farlo, ma se è opportuno, può essere d'aiuto. Puoi anche esercitarti nel mezzo di una conversazione con qualcuno. Infatti, ci sono veramente poche circostanze che ostacolerebbero questo momento di introspezione. In pratica semplicemente ti chiedi, "come mi sento?" E "che cosa sto facendo adesso?" Tutto qui. Dopo di che senti se c'è qualcosa che devi fare e che non stai facendo.

Se non ci sono correzioni da apportare, vai avanti con quello che stai facendo. Se ci sono correzioni da apportare, fallo il più velocemente possibile. Consenti alla tua guida interiore di influenzarti, cosa che farà se non sei governato da impulsi, paura o ambizione. Osservati in questo giorno.

PRATICA 29: *Pratica oraria.*

Passo 30

OGGI OSSERVERÒ IL MIO MONDO.

IN QUESTO GIORNO OSSERVA IL TUO MONDO, seguendo lo stesso schema di pratica che hai intrapreso il giorno precedente. Osserva il tuo mondo senza giudizio. Dopo di che senti se c'è qualcosa che è necessario fare. Di nuovo, i tuoi esercizi orari richiedono solo minuti, e mentre ti eserciti, diventeranno più rapidi, più coinvolgenti e più efficaci.

NOI DESIDERIAMO CHE TU VEDA il mondo senza giudizio, perché ciò ti consentirà di vedere il mondo come veramente è. Non credere di aver visto il mondo come veramente è, perché quello che hai visto è il tuo giudizio sul mondo. Il mondo che vedrai senza giudizio è un mondo diverso da quello che hai mai visto prima.

PRATICA 30: *Pratica oraria.*

Passo 31

DESIDERO VEDERE UN MONDO CHE NON HO MAI VISTO PRIMA.

Questo rappresenta il tuo desiderio di Conoscenza. Rappresenta il tuo desiderio di pace. È tutto lo stesso desiderio. Questo desiderio è un'emanazione della tua Conoscenza. Potrebbe competere con altri desideri. Potrebbe minacciare altre cose, anche se non deve necessariamente essere così. Pertanto l'affermazione di oggi riflette la tua vera volontà nella vita. Mentre questo viene affermato, diventa per te più evidente e riesci a viverlo sempre di più nel tempo.

Oggi, ogni ora, senti il tuo desiderio di vedere un mondo diverso. Guarda il mondo senza giudizio e ripeti a te stesso, "desidero vedere un mondo diverso." Fai questo ogni ora. Cerca di non mancare le tue sessioni di pratica. Esercitati a prescindere da come ti senti e da ciò che sta succedendo. Tu sei più dei tuoi stati emotivi perciò non hai bisogno di negarli, anche se col tempo sarà necessario che tu li controlli. Tu sei più delle immagini che vedi intorno a te, perché esse per la maggior parte rappresentano il tuo giudizio sul mondo. Esercitati in questo giorno guardando senza giudizio e sentendo mentre guardi.

PRATICA 31: *Pratica oraria.*

Passo 32

LA VERITÀ È CON ME. LA POSSO SENTIRE.

LA VERITÀ È CON TE. La puoi sentire ed essa può splendere nella tua mente e nelle tue emozioni se le consenti di farlo. Oggi continua la tua preparazione nello sviluppare il desiderio per la verità e la capacità di vivere l'esperienza della verità.

NEI TUOI DUE PERIODI PIÙ LUNGHI DI PRATICA, ognuno dalla durata di 30 minuti, siediti tranquillamente con gli occhi chiusi, respirando profondamente e regolarmente, cercando di sentire la verità oltre la costante inquietudine della tua mente. Utilizza il respiro per farti portare più in profondità, perché il tuo respiro ti porterà sempre oltre i tuoi pensieri se mantieni te stesso in costante contatto con esso. Non lasciare che nulla ti distragga o ti scoraggi. Se qualcosa permea la tua mente e tu hai difficoltà a lasciarla andare, dì a te stesso che le darai retta un po' più tardi, ma che ora ti stai prendendo una piccola vacanza dalla tua mente. Esercitati a sentire la verità. Non pensare la verità. Esercitati a sentire la verità.

PRATICA 32: *Due periodi di 30 minuti di pratica.*

Passo 33

HO UNA MISSIONE DA COMPIERE NELLA MIA VITA.

HAI UNA MISSIONE DA COMPIERE NELLA VITA, una missione che ti fu data prima di arrivare qua, una missione che riesaminerai una volta che te ne sarai andato. Riguarda la riconquista della Conoscenza e il giusto coinvolgimento con gli altri al fine di produrre specifici risultati nel mondo. In questo momento non è così importante che tu valuti la tua attuale vita per vedere se riflette questo scopo più grande, perché ora sei impegnato nel riconquistare La Conoscenza. Quando la tua Conoscenza diventerà più forte, il suo beneficio splenderà su di te e attraverso te. Le tue attività allora saranno riadattate secondo necessità. Ne consegue che non hai bisogno di incolpare o condonare il passato o le tue attività correnti, perché tu ora stai aderendo ad una forza più grande dentro di te.

NEI TUOI DUE PERIODI LUNGHI DI PRATICA OGGI, soffermati sull'idea che c'è una grande missione che hai nella vita. Pensa a questo. Non convincerti subito delle tue stesse prime risposte. Pensaci attentamente. Pensa a cosa questo può significare. Pensa ai momenti nella tua vita in cui hai pensato a questo o hai considerato questa possibilità in precedenza. Nei tuoi due periodi di pratica, avrai l'opportunità di prendere ciò in considerazione, ma attento—non trarre ancora delle conclusioni.

PRATICA 33: *Due periodi di 30 minuti di pratica.*

Passo 34

IO SONO UNO STUDENTE PRINCIPIANTE DELLA CONOSCENZA.

TU SEI UNO STUDENTE PRINCIPIANTE DELLA CONOSCENZA. A prescindere da quanto intuitivo ti puoi considerare, a prescindere da quanto mentalmente capace ti puoi considerare, a prescindere da quanto emotivamente onesto ti puoi considerare, non ha importanza quali siano i tuoi progressi riconosciuti, tu sei uno studente principiante della Conoscenza. Sii felice che è così, perché gli studenti principianti sono nella posizione giusta per imparare tutto e non hanno bisogno di difendere i loro conseguimenti. Noi non sottovalutiamo i tuoi conseguimenti, vogliamo invece far splendere la luce della verità sulla grandezza che aspetta di essere scoperta dentro di te, una grandezza che ti darà la giusta corrispondenza nella vita e nel tempo rivelerà che cosa esattamente sei venuto a fare qui.

NEI TUOI DUE PERIODI DI PRATICA, inizia a prendere atto che sei uno studente principiante della Conoscenza e ricorda a te stesso di non trarre conclusioni premature in merito a questo curriculum o alle tue abilità come studente. Tali giudizi sono prematuri e raramente riflettono in qualche modo la verità. Generalmente sono una forma di auto-scoraggiamento e ne consegue che sono futili.

DOPO AVER DICHIARATO A TE STESSO l'idea di oggi e ricordandoti di non giudicare, esercitati in 15 minuti di calma interiore nei tuoi due periodi di pratica. Cerca di sentire la verità dentro di te. Focalizza la tua mente su un punto, un punto fisico o un punto immaginario se necessario. Lascia che tutto si calmi interiormente. Diventa il più calmo possibile, e non ti scoraggiare se incontri difficoltà. Sei uno studente principiante della Conoscenza dunque puoi imparare ogni cosa.

PRATICA 34: *Due periodi di 15 minuti di pratica.*

Passo 35

RIPASSO

Questo Ripasso ti darà l'opportunità di imparare qualcosa che riguarda la Via della Conoscenza della Comunità Più Grande. Nel corso di due periodi di pratica di 30 minuti, ripassa le tue istruzioni della settimana precedente e le tue esperienze nella pratica. Fallo giudicando il meno possibile. Guarda semplicemente e vedi le istruzioni che ti sono state date, quello che hai fatto ed il relativo risultato. Questo Ripasso oggettivo ti darà il massimo accesso all'ispirazione e alla comprensione con il minimo dolore ed auto-abuso. Stai ora imparando a diventare oggettivo in merito alla tua vita, senza reprimere il contenuto delle tue emozioni. Anziché cercare di distruggere un aspetto di te stesso, stai semplicemente cercando di coltivarne un altro.

Pertanto, nel tuo Ripasso, usa questa frase come una guida: "Io guarderò ma non giudicherò." In questo modo sarai in grado di riconoscere le cose. Ricordati quanto più facile è avere una visuale oggettiva della vita di un altro e quanto è più difficile averla della tua vita. Una maggiore oggettività è possibile con gli altri perché non stai cercando di utilizzare la loro vita per uno scopo specifico, e se tu lo facessi saresti meno capace di capire loro, la loro natura, il loro sviluppo ed il loro destino. Pertanto, meno cerchi di usare la tua vita, più riuscirai a capirla, apprezzarla e lavorare con il suo meccanismo intrinseco per il tuo progresso.

Pratica 35: *Due periodi di 30 minuti di pratica.*

Passo 36

LA MIA VITA È UN MISTERO DA ESPLORARE.

Veramente la tua vita è un mistero e, sì, serve veramente che tu la esplori se vuoi comprendere il suo scopo, il suo significato e la sua direzione. Ciò è essenziale per la tua felicità e la tua realizzazione nel mondo, perché se hai osservato attentamente la tua vita, ti renderai conto che non sei mai stato soddisfatto dalle piccole cose. A te che cerchi La Conoscenza, qualcosa di più grande deve essere dato. Tu devi penetrare la mera superficie delle cose, che invece sembra stimolare adeguatamente la maggior parte della gente. Tu devi accettare il tuo desiderio più profondo altrimenti causerai a te stesso dolore e conflitto che non sono necessari. Non ha importanza a cosa attribuiscono valore gli altri. È importante ciò a cui tu dai valore. Se cerchi un significato più grande, che è il vero significato, devi penetrare oltre la superficie della tua mente.

Nei tuoi due periodi di pratica oggi, di nuovo concentrati in meditazione nel sentire la presenza dei tuoi Maestri Spirituali. Questo non è qualcosa che devi cercare di fare. Significa semplicemente rilassarti, respirare e permettere alla tua mente di aprirsi. La qualità del tuo rapporto con i Maestri è essenziale al fine di darti forza e incoraggiamento, perché potresti giustamente dubitare delle tue capacità, ma hai un buon motivo per fidarti pienamente delle capacità dei tuoi Maestri che sono passati di qui in precedenza, nel loro cammino verso La Conoscenza. Essi conoscono la via, che è la via che ora cercano di condividere con te.

Pratica 36: *Due periodi di 15 minuti di pratica.*

Passo 37

ESISTE UNA VIA VERSO LA CONOSCENZA.

Come può non esserci una via verso La Conoscenza quando essa è il tuo Vero Sé? Come può non esserci una via attraverso la quale La Conoscenza esprime se stessa, quando è la più naturale forma di espressione? Come può non esserci una via attraverso la quale La Conoscenza ti può guidare nelle relazioni, quando è La Conoscenza la fonte perfetta di tutte le relazioni? Esiste una via verso La Conoscenza. Richiede capacità e desiderio. Entrambi impiegheranno del tempo a svilupparsi. Devi imparare a dare valore al vero e non al falso, ci vuole però tempo per imparare a separare le due cose e per imparare a riconoscerle. Ci vuole tempo per imparare che il falso non ti soddisfa e che il vero ti soddisfa. Questo deve essere imparato attraverso tentativi falliti e per contrasto. Quando ti avvicini alla Conoscenza, la tua vita diventa più piena, più certa e più diretta. Quando ti allontani da lei, entri di nuovo nella confusione, nella frustrazione e nella rabbia.

Nei tuoi due periodi di pratica oggi, che non saranno esercizi di meditazione, trascorri almeno 15 minuti pensando a tutti i modi possibili per avere accesso alla Conoscenza. Scrivi su un pezzo di carta tutti i modi per raggiungere La Conoscenza. Trascorri entrambi i periodi di pratica facendo questo ed esaurisci tutte le possibilità che riesci ad immaginare. Cerca di essere molto specifico. Usa la tua immaginazione ma traccia percorsi che ti appaiono ben reali e che hanno un significato per te. In questo modo capirai cosa pensi in merito a come trovare una via verso La Conoscenza e da questo ti renderai conto che Dio conosce la via verso La Conoscenza.

Pratica 37: *Due periodi di 15 minuti di pratica.*

Passo 38

DIO CONOSCE LA VIA VERSO LA CONOSCENZA.

COME PUOI TROVARE LA VIA QUANDO TI SEI PERSO? Come fai a conoscere la certezza quando dai così tanto valore a quello che è temporaneo? Come fai a conoscere il potere della tua stessa vita quando sei così intimidito da minacce di perdita e distruzione? La vita è gentile con te, perché ti offre non solo la ricompensa ma anche la via verso la ricompensa. Se fosse lasciato a te, sarebbe veramente crudele, perché dovresti tentare ogni possibilità che riesci a concepire, e dopo verrebbero le possibilità di raggiungere La Conoscenza che altri hanno utilizzato con successo, ma che potrebbero nella realtà non funzionare bene per te. Come faresti, nel breve arco della tua vita nel mondo, a conseguire qualcosa, riuscendo nel contempo a mantenere il tuo vigore? Quando sarai deluso in così tanti modi, come potrai mantenere un atteggiamento incoraggiante nei confronti della Conoscenza?

ABBI FEDE OGGI NEL SAPERE CHE DIO conosce la via verso La Conoscenza, e tu hai solo bisogno di seguire la via che viene indicata. In questo modo, La Conoscenza semplicemente emerge in te perché ne prendi coscienza, perché solo Dio conosce La Conoscenza in te, e solo La Conoscenza in te conosce Dio. Come i due entrano in reciproca risonanza, questo diventa più evidente. In questo tu trovi la pace.

NEI TUOI DUE PERIODI DI PRATICA OGGI, di 30 minuti ciascuno, esercitati a sentire la presenza di Dio, silenziosamente, nella calma. Non farlo pensando a Dio, non farlo speculando, ponendoti domande o dubitando, ma semplicemente sentendo. Non è frutto della fantasia quello su cui ti stai concentrando ora, anche se sei abituato a concentrarti sulla fantasia. Nella calma e nella quiete, tutto diventa evidente. Dio è molto calmo, perché Dio non va da nessuna parte. Diventando calmo, sentirai la potenza di Dio.

PRATICA 38: *Due periodi di 30 minuti di pratica.*

Passo 39

LA POTENZA DI DIO È CON ME.

LA POTENZA DI DIO È CON TE. È all'interno della tua Conoscenza. Impara allora a riconquistare la tua Conoscenza, imparerai così a rinvenire la potenza che Dio ti ha dato e riconquisterai anche la tua potenza, perché la tua potenza sarà necessaria affinché tu possa approcciare la potenza di Dio. Ne consegue che tutto ciò che è autenticamente potente e buono sarà confermato dentro di te e dentro Dio. Lascia allora che questo giorno sia un giorno donato all'esperienza di vivere questa presenza e questa potenza nella tua vita. Non hai bisogno di immaginare Dio nella fantasia. Non hai bisogno di avere raffigurazioni o immagini per rafforzare la tua comprensione o il tuo credo. Hai solo bisogno di utilizzare le pratiche che qui ti vengono date.

NEI TUOI DUE ESERCIZI DI MEDITAZIONE PROFONDA DI 30 minuti ognuno, ancora una volta entra nella calma e consenti a te stesso di sentire la potenza di Dio. Utilizza il tuo potere personale per indirizzare la tua mente, e non permettere a dubbi o paure di dissuaderti. La potenza di Dio rappresenta il mistero della tua vita, perché rappresenta la potenza che hai portato con te da Dio al fine di utilizzarla nel modo giusto nel mondo, in accordo con il disegno superiore. Consenti a te stesso, allora, di entrare nella tua pratica con dedizione, con semplicità e con umiltà affinché tu possa sentire la potenza di Dio.

PRATICA 39: *Due periodi di 30 minuti di pratica.*

Passo 40

OGGI SENTIRÒ LA POTENZA DI DIO.

LA POTENZA DI DIO È COSÌ COMPLETA e così inclusiva che permea tutto. Solo quelle menti che sono separate e che si perdono dando valore ai propri pensieri possono essere separate dalla grande benevolenza di Dio. Coloro che hanno risposto a Dio diventano i Messaggeri di Dio in tempo per poter impartire i doni di Grazia su quelli che rimangono indietro in confusione.

TUTTE LE APPARENTI FORZE DEL TUO MONDO — le forze della natura, l'inevitabilità della tua morte, la sempre presente minaccia della malattia, della perdita e della distruzione e tutte le manifestazioni del conflitto — sono tutti movimenti temporanei nell'ambito della grande calma di Dio. È questa grande calma che ti chiama a ritornare alla pace ed alla piena gioia di Dio, ma ti devi preparare.

OGGI TI PREPARERAI NEI TUOI DUE PERIODI DI 30 MINUTI di pratica. In silenziosa meditazione, cerca di sentire la potenza di Dio. Non serve che tu evochi immagini magiche, perché questa potenza è qualcosa che puoi sentire, perché è dappertutto. Non importa in quali circostanze o condizioni ti trovi, e se esse sono favorevoli al tuo sviluppo o no, oggi puoi sentire la potenza di Dio.

PRATICA 40: *Due periodi di 30 minuti di pratica.*

Passo 41

Io non ho paura della potenza di Dio.

Questa affermazione è così importante per la tua felicità, perché devi imparare a fidarti di nuovo della potenza dell'amore e della potenza di Dio. Per questo devi abbandonare le tue idee precedenti, le tue supposizioni e le valutazioni delle tue dolorose esperienze passate. È doloroso essere separati da ciò che si ama sopra ogni cosa, e l'unico modo di mantenere questa separazione è malignare ciò che si ama, attribuirgli un intento malvagio e dunque generare colpa in se stessi. Per sentire ed accettare la potenza di Dio bisogna abbandonare il male e la colpa. Ti devi avventurare oltre per esplorare ciò che è più naturale. È come aprire una nuova strada ed allo stesso tempo tornare a casa.

Nella calma, allora, esercitati due volte oggi nel sentire la potenza di Dio. Non cercare risposte da Dio. Non serve che tu parli ma sii solo presente, perché quando impari ad essere in relazione con ciò che è la fonte di tutte le tue relazioni, le informazioni di cui hai bisogno ti possono pervenire facilmente per guidarti, confortarti e correggerti quando necessario. Devi però prima sentire la potenza di Dio, ed in questo troverai la tua forza.

Pratica 41: *Due periodi di 30 minuti di pratica.*

Passo 42

RIPASSO

Nel tuo Ripasso oggi, rivedi tutte le istruzioni date nella settimana passata e rivedi le tue esperienze vissute nel corso della pratica. Poni particolare cura oggi nel vedere quanto profondamente e quanto attentamente ti stai esercitando. Assicurati di non modificare o adattare le lezioni per adeguarle ai tuoi gusti o alle tue aspettative. Ricordati che devi solo seguire il curriculum per ricevere le sue vere ricompense. La tua parte è piccola. La nostra parte è grande. Noi ti diamo i mezzi. Tu devi solo seguirli, in fede e in sincera aspettativa. Così facendo svilupperai pazienza, discernimento, fiducia, consistenza e autostima. Perché autostima? Perché devi avere un'alta opinione di te stesso per consentire a te stesso di approcciare i grandi doni della Conoscenza. Nulla può cancellare il risentimento verso se stessi ed il dubbio di sé più velocemente e completamente del ricevere i doni che a te sono destinati.

Perciò, nel tuo periodo lungo di pratica di oggi, rivedi l'ultima settimana di pratica. Senza giudizio guarda e vedi quello che è stato offerto, quello che tu hai fatto e che cosa può essere eventualmente fatto per approfondire la tua pratica affinché tu possa ricevere i suoi benefici in modo più diretto. Se stai avendo difficoltà, riconosci i problemi e cerca di correggerli. Dona maggiore coinvolgimento da parte tua alla settimana che verrà. Così facendo, correggerai i dubbi che hai su te stesso e sistemerai la confusione, semplicemente reindirizzando la tua volontà.

Pratica 42: *Un periodo lungo di pratica.*

Passo 43

LA MIA VOLONTÀ È CONOSCERE DIO.

LA TUA VOLONTÀ È CONOSCERE DIO. Quella è la tua vera volontà. Qualsiasi altro desiderio o motivazione è una fuga da questo, da questo che rappresenta la tua vera volontà. È la tua volontà che è diventata una cosa che ti spaventa. Tu hai paura di ciò che sai di sentire profondamente. Questo ti porta a cercare rifugio in altre cose che non ti rappresentano, così perdi la tua vera identità e cerchi di costruirti un'identità in relazione a quelle cose che hai cercato al fine di fuggire. Nell'isolamento ti senti infelice, ma nell'unione ritrovi la felicità.

LA TUA VOLONTÀ È CONOSCERE DIO. Non avere paura della tua volontà. Tu sei stato creato da Dio. La volontà di Dio è di conoscerti. La tua volontà è conoscere Dio. Non esiste altra volontà. Tutte le motivazioni al di fuori di questa nascono dalla confusione e dalla paura. Conoscere Dio dà potere a Dio e ne dà anche a te.

NEI TUOI DUE PERIODI DI PRATICA OGGI, in silenziosa meditazione, esercitati a sentire la forza della tua volontà. Non permettere alla paura o al dubbio di offuscare la tua mente. Non serve che cerchi di sentire la volontà di Dio. Quella semplicemente c'è. Serve solo la tua attenzione affinché tu la riconosca. Pertanto, esercitati profondamente essendo semplicemente presente per questa esperienza.

PRATICA 43: *Due periodi di 30 minuti di pratica.*

Passo 44

DESIDERO CONOSCERE LA MIA FORZA.

QUESTA AFFERMAZIONE LA PUOI TROVARE MOLTO ACCETTABILE per via del tuo immediato bisogno di ciò nelle attuali circostanze, ma questa affermazione è molto più profonda di quanto possa sembrare inizialmente. Tu hai molta più forza di quanta tu ne abbia rivendicata, ma non la puoi pienamente realizzare fino a quando non viene indirizzata in modo da rigenerarti e da tirare fuori le tue vere capacità.

COME PUOI APPROCCIARE LA TUA FORZA QUANDO ti senti debole e senza speranza, quando ti senti indegno, quando ti porti dietro il fardello della colpa o della confusione o sei in collera e attribuisci colpe agli altri per i tuoi apparenti fallimenti? Riconquistare la tua forza significa liberarti di tutto quello che ti trattiene. Non ti liberi dei tuoi ostacoli affermando che non esistono. Ti liberi di loro quando dai valore a qualcosa di più grande. Il fatto che ti blocchino è semplicemente il segnale che devi attraversarli e superarli. Così si coltiva la propria forza. Tu cerchi la tua forza, e la usi per trovare la tua forza. Noi desideriamo che tu conosca la tua forza e che la utilizzi per il tuo bene.

NEI TUOI DUE ESERCIZI DI MEDITAZIONE OGGI, nel silenzio e nella calma, cerca di sentire la tua forza interiore. Non permettere che i pensieri da soli ti distolgano, perché le paure e i dubbi sono solo pensieri — oggetti vaporosi che attraversano la tua mente come nuvole. Oltre le nuvole della tua mente c'è il grande universo della Conoscenza. Perciò non permettere alle nuvole di ostruire la visuale delle stelle che stanno oltre.

PRATICA 44: *Due periodi di 30 minuti di pratica.*

Passo 45

DA SOLO NON POSSO FARE NULLA.

Da solo non puoi fare nulla. Nulla è mai stato fatto da uno solo, neanche nel tuo mondo. Nulla è mai stato creato da uno solo, neanche nella tua mente. Non vi è alcun credito per le cose fatte da soli. Tutto è uno sforzo comune. Tutto è il prodotto dell'unione.

Dovrebbe questo degradarti in qualità di individuo? Certamente no. Ti dà l'ambiente e la comprensione necessari a capire i tuoi veri traguardi. Tu sei più grande della tua individualità, dunque ti puoi sentire libero dai suoi limiti. Tu lavori attraverso l'individuo che ti rappresenta personalmente, ma tu sei più grande di questo. Accetta i limiti di un individuo limitato, e non richiedere ad un individuo limitato di essere Dio, altrimenti imporrai su di lui grandi fardelli e grandi aspettative per poi punirlo per i suoi fallimenti. Questo porta al risentimento verso se stessi. Questo ti porta a detestare la tua vita fisica e ad abusare te stesso personalmente, emotivamente e fisicamente. Accetta i tuoi limiti affinché tu possa accettare la grandezza nella tua vita.

Perciò, nei tuoi due periodi di pratica oggi, con gli occhi aperti, concentrati questa volta sui tuoi limiti. Riconoscili. Non giudicarli buoni o cattivi. Semplicemente riconoscili. Questo ti dà umiltà, e nell'umiltà sei nella posizione di ricevere la grandezza. Se difendi i tuoi limiti, come fai a ricevere ciò che ti consente di superarli?

Pratica 45: *Due periodi di 15 minuti di pratica.*

Passo 46

DEVO ESSERE PICCOLO PER ESSERE GRANDE.

È UNA CONTRADDIZIONE DIRE CHE DEVI ESSERE PICCOLO per essere grande? Non è una contraddizione se comprendi il suo significato. Riconoscere i tuoi limiti ti permette di lavorare con molto successo in un contesto limitato. Questo dimostra una realtà più grande di quanto potevi concepire prima. La tua grandezza non si deve semplicemente basare sulla speranza o su aspettative ambiziose. Non deve essere fondata su ideali ma su esperienza vera. Permetti a te stesso di essere piccolo e sentirai che la grandezza è con te e che la grandezza è parte di te.

NEI TUOI DUE PERIODI DI PRATICA OGGI, consenti a te stesso di essere limitato ma senza giudizio. Non c'è condanna. Impegna attivamente la tua mente nel mettere a fuoco i tuoi limiti. Mettili a fuoco senza condannarli. Guarda con oggettività. Sei designato ad essere un veicolo affinché una realtà più grande si esprima in questo mondo. Il tuo veicolo d'espressione è piuttosto limitato, ma è pienamente adeguato per portare a termine con successo il compito che spetta a te portare a termine. Nell'accettare le sue limitazioni, riesci a capire il suo meccanismo e a imparare a lavorare con lui in maniera costruttiva. A quel punto non è più una limitazione ma è per te una forma gioiosa di espressione.

PRATICA 46: *Due periodi di 15 minuti di pratica.*

Passo 47

PERCHÉ HO BISOGNO DI MAESTRI?

PRIMA O POI FARAI QUESTA DOMANDA e forse la farai in molte occasioni. Il fatto che faresti questa domanda nasce dalle tue aspettative di te stesso. Se però guardi con attenzione la tua vita, vedi che hai avuto bisogno di istruzioni in tutto ciò che hai imparato. Certe cose che hai sentito dentro forse ti sono sembrate una tua creazione, ma anche loro sono il risultato dell'insegnamento. Sei stato preparato, attraverso l'unione nelle relazioni, per tutto quello che hai imparato, che fosse un talento pratico o un'intuizione più profonda. Rendersi conto di questo genera un grande apprezzamento per l'unità delle relazioni e una piena conferma della forza dell'impegno congiunto nel mondo.

SE TU VOLESSI ONESTAMENTE APPROCCIARE L'APPRENDIMENTO di qualsiasi abilità, dovresti prima riconoscere quanto non sai, dopo di che riconoscere quanto ti serve imparare, e poi cercare la migliore forma possibile di insegnamento. Questo va applicato nel riconquistare La Conoscenza. Ti devi rendere conto di quanto poco sai e quanto ti serve sapere per poi ricevere l'insegnamento messo a disposizione. È una debolezza avere bisogno di un Maestro? No. È un onesto riconoscimento basato su un'onesta valutazione. Se ti rendi conto di quanto poco sai, di quanto ti serve sapere e del potere della Conoscenza stessa, capirai quanto è ovvio tutto questo. Come puoi dare qualcosa a quelli che pensano già di avere, quando in realtà sono poveri? Non lo puoi fare. La loro povertà sarà auto-inflitta ed auto-mantenuta.

PERCHÉ TI SERVE UN MAESTRO? Perché ti serve imparare. E ti serve disimparare ciò che hai imparato e che ti sta trattenendo. Nei tuoi due periodi di pratica di oggi, con gli occhi chiusi in meditazione, pensa al perché ti serve un Maestro. Osserva qualsiasi pensiero che sembrerebbe indicare che potresti farcela da solo se tu fossi intelligente abbastanza o forte abbastanza, oppure grazie a qualche altra qualificazione. Se emergono queste aspettative, riconoscile per quelle che sono. Esse rappresentano l'insistenza che ti vuole far rimanere ignorante proclamando te stesso un istruttore adeguato. Non puoi insegnare a te stesso quello che non sai, e il tentativo di farlo rimette in circolo le vecchie informazioni che ti legano, tenendoti più vicino a dove sei adesso.

ALLORA, NELLA TUA PRATICA OGGI RICONOSCI il tuo bisogno di una vera preparazione e la tua resistenza, se ce n'è, nei confronti della vera istruzione che è a tua disposizione adesso.

PRATICA 47: *Due periodi di 30 minuti di pratica.*

Passo 48

UNA VERA PREPARAZIONE È A MIA DISPOSIZIONE.

UNA VERA PREPARAZIONE È DISPONIBILE. Ha aspettato che tu raggiungessi il punto di maturità dove ti rendi conto della sua necessità nella vita. Questo genera una vera motivazione per imparare. Nasce dal riconoscimento dei tuoi limiti alla luce di quella che è la tua vera necessità. Devi amare te stesso per poter diventare uno studente della Conoscenza e continuare ad amarti per procedere. Non ci sono altri ostacoli per l'apprendimento oltre a questo. Senza l'amore c'è la paura, perché null'altro può sostituire l'amore. Ma l'amore non è stato sostituito e una vera assistenza è disponibile per te.

NEI TUOI DUE ESERCIZI DI MEDITAZIONE OGGI, cerca di sentire la presenza di quella vera assistenza. Nella calma e nel silenzio, sentila nella tua vita e intorno a te. Queste pratiche di meditazione inizieranno ad aprire in te una maggiore sensibilità, un senso del tutto nuovo. Inizierai a discernere le cose che sono presenti, anche se non le puoi vedere. Sarai in grado di rispondere a idee e informazioni anche se non puoi, per ora, sentire la fonte del messaggio. Questo è, di fatto, il processo del pensiero creativo, perché le persone ricevono le idee, non le creano. Tu fai parte di una vita più grande. La tua vita personale è il veicolo per la sua espressione. La tua individualità, allora, diventa più intensamente coltivata e più gioiosa, non più una prigione per te, ma la forma della tua espressione gioiosa.

VERA ASSISTENZA È A TUA DISPOSIZIONE. Esercitati questo giorno sentendo la sua presenza duratura nella tua vita.

PRATICA 48: *Due periodi di 30 minuti di pratica.*

Passo 49

RIPASSO

Questo segna il completamento della tua settima settimana di pratica. In questo Ripasso, ti viene chiesto di ripassare tutte le sette settimane di pratica, rivedendo tutte le istruzioni e richiamando le tue esperienze nell'utilizzo di ognuna di loro. Questo può richiedere diversi periodi di pratica più lunghi, ma è veramente essenziale affinché tu ottenga una comprensione di che cosa significa essere uno studente e come il processo di apprendimento è di fatto realizzato.

Sii molto attento a non giudicare te stesso come studente. Tu non sei nella posizione di giudicare te stesso come studente. Non ne possiedi il criterio, perché non sei un Maestro di Conoscenza del Sé. Troverai, mentre procedi, che molti dei tuoi fallimenti porteranno a più grandi successi, e che alcune cose che consideravi dei successi potrebbero portare a dei fallimenti. Questo evidenzierà tutto il tuo sistema di valutazione e ti condurrà verso una maggiore cognizione. Questo ti renderà compassionevole verso te stesso e verso gli altri che oggi giudichi in base ai loro successi e ai loro fallimenti.

Ripassa, allora, le prime quarantotto lezioni di pratiche. Cerca di ricordare come hai risposto allo stimolo di ogni passo e quanto profondamente hai coinvolto te stesso. Cerca di guardare i tuoi successi, i tuoi traguardi e i tuoi ostacoli. Sei arrivato fin qui. Congratulazioni! Hai superato la prima prova. Sii ora incoraggiato a procedere, perché La Conoscenza è con te.

Pratica 49: *Diversi periodi lunghi di pratica.*

Passo 50

OGGI SARÒ CON LA CONOSCENZA.

Sii con La Conoscenza oggi affinché tu possa avere la certezza e la forza della Conoscenza a tua disposizione. Permetti alla Conoscenza di darti la calma. Permetti alla Conoscenza di darti la forza e la competenza. Permetti alla Conoscenza di insegnarti. Permetti alla Conoscenza di rivelarti l'universo per come veramente esiste, non come tu giudichi che esso sia.

Nei tuoi due periodi di pratica, esercitati nella calma sentendo la potenza della Conoscenza. Non fare domande. Non è necessario farle ora. Non sindacare con te stesso la veridicità della tua ricerca, perché farlo è una perdita di tempo e non ha significato. Non puoi conoscere finché non ricevi, e per ricevere devi avere fede nella tua inclinazione a conoscere.

Oggi sii con La Conoscenza. Nei tuoi periodi di pratica, non lasciare che nulla ti dissuada. Ti devi solo rilassare ed essere presente. Da queste pratiche riconoscerai una presenza superiore, e questo inizierà a dissipare le tue paure.

Pratica 50: *Due periodi di 30 minuti di pratica.*

Passo 51

POSSA IO RICONOSCERE LE MIE PAURE PER POTER VEDERE LA VERITÀ CHE STA OLTRE.

TUOI OSTACOLI DEVONO ESSERE riconosciuti affinché tu possa vedere oltre. Se essi sono ignorati o negati, se vengono protetti o chiamati con altri nomi, non capirai la natura dei tuoi vincoli. Non capirai quello che ti opprime. La tua vita non nasce dalla paura. La tua fonte non nasce dalla paura. Essere capace di riconoscere la tua paura significa che ti devi rendere conto di essere parte di qualcosa di più grande. Renderti conto di questo ti permette di conoscere la tua vita e di capire le tue attuali circostanze senza condannare te stesso, perché è nell'ambito di queste circostanze che devi coltivare te stesso. Devi partire da dove sei. Per fare questo devi inventariare le tue forze e le tue debolezze.

NEI TUOI DUE PERIODI DI PRATICA OGGI, valuta l'esistenza delle tue paure e ricorda a te stesso che la tua realtà va oltre esse, ma che le devi riconoscere per capire la loro presenza dannosa nella tua vita. Chiudi gli occhi e ripeti a te stesso quest'idea oggi; dopo di che prendi in considerazione tutte le paure che emergono nella tua mente. Ricorda a te stesso che la verità sta oltre quella paura specifica. Consenti a tutte le tue paure di emergere e di essere valutate in questo modo.

PER ESSERE SENZA PAURA, DEVI CAPIRE LA PAURA—i suoi meccanismi, la sua influenza sulla gente e il suo risultato nel mondo. Devi riconoscere tutto questo, senza mistificazioni e senza preferenze. Tu sei un grande essere che lavora in un contesto limitato, in un ambiente limitato. Comprendi le limitazioni del tuo ambiente e comprendi le limitazioni del tuo veicolo, così non odierai più te stesso per il fatto di essere limitato.

PRATICA 51: *Due periodi di 30 minuti di pratica.*

Passo 52

SONO LIBERO DI TROVARE LA FONTE DELLA MIA CONOSCENZA.

LA FONTE DELLA TUA CONOSCENZA ESISTE DENTRO di te e anche al di fuori di te. Per la fonte della Conoscenza non c'è distinzione in merito a dove esiste, perché è dappertutto. La tua vita è stata salvata perché Dio ha impiantato La Conoscenza dentro di te. Tu però non ti renderai conto della tua salvezza fino a quando La Conoscenza non avrà potuto emergere e riversare i suoi doni su di te. Quale altra libertà è veramente libera, se non quella che ti consente di ricevere il dono della tua vera vita? Ogni altra libertà è la libertà di essere caotici, la libertà di farsi male. La grande libertà consiste nel trovare la propria Conoscenza e consentirle di esprimere se stessa attraverso te. Oggi tu hai la libertà di trovare la fonte della tua Conoscenza.

NEI TUOI DUE PERIODI DI PRATICA, nella calma, ricevi la fonte della tua Conoscenza. Rammenta e te stesso che sei libero di fare questo. A prescindere dalla paura o dall'ansia, a prescindere da qualsiasi senso di colpa o vergogna, consenti a te stesso di ricevere la fonte della tua Conoscenza. Tu sei libero di ricevere la fonte della tua Conoscenza oggi.

PRATICA 52: *Due periodi di 30 minuti di pratica.*

Passo 53

I MIEI DONI SONO PER GLI ALTRI.

I tuoi doni sono destinati ad essere dati agli altri, ma devi prima riconoscere i tuoi doni e separarli dalle idee che li vincolano, li alterano o li negano. Come puoi capire te stesso se non nel contesto del contributo che puoi dare agli altri? Da solo non puoi fare nulla. Da solo non hai significato. Questo perché non sei solo. Questo sarà visto come un fardello e come una minaccia fino a quando non ti renderai conto del suo grande significato e di quale dono sia in realtà. È la salvezza della tua vita, quando la vita ti recupera e tu recuperi la vita e ricevi tutte le sue ricompense, che eccedono di molto qualsiasi cosa che potresti mai dare a te stesso. Il valore della tua vita viene compiuto e pienamente dimostrato attraverso il tuo contributo agli altri, perché finché non c'è contributo puoi realizzare solo parzialmente te stesso, il tuo valore, il tuo scopo, il tuo significato e la tua direzione.

Nei tuoi due periodi di pratica oggi, senti il tuo desiderio di dare il tuo contributo agli altri. Non serve che determini ora come vuoi contribuire. Questo non è importante quanto il tuo desiderio di contribuire, la forma del contributo diventerà evidente nel tempo e nel contempo si evolverà. È il tuo desiderio di contribuire che nasce da una motivazione vera, che ti darà gioia oggi.

Pratica 53: *Due periodi di 30 minuti di pratica.*

Passo 54

IO NON VIVRÒ NELL'IDEALISMO.

CHE COS'È L'IDEALISMO SE NON DELLE idee sulle cose in cui si spera sulla base delle proprie delusioni? Il tuo idealismo include te stesso, le tue relazioni e il mondo in cui vivi. Include Dio e la vita e tutti i campi di esperienza che ti puoi immaginare. Senza l'esperienza c'è l'idealismo. L'idealismo può al principio essere d'aiuto, perché può iniziare a farti muovere in una giusta direzione, ma non devi poggiare le tue conclusioni o la tua identità su di esso, perché solo l'esperienza ti può dare quello che ti si addice e che puoi accettare pienamente. Non lasciare che l'idealismo ti guidi, perché La Conoscenza è qui per guidarti.

NEI TUOI DUE PERIODI DI PRATICA OGGI, riconosci la dimensione del tuo idealismo. Osserva attentamente quello che vorresti essere, come vorresti che fosse il tuo mondo e come vorresti che fossero le tue relazioni. Ripeti a te stesso l'idea di oggi e, con gli occhi chiusi, esamina ogni tuo ideale. Anche se i tuoi ideali potrebbero sembrare benèfici e sembrerebbero rappresentare il tuo desiderio di amore ed armonia, essi in realtà ti trattengono, perché sostituiscono quello che ti potrebbe dare veramente i doni che cerchi.

PRATICA 54: *Due periodi di 30 minuti di pratica.*

Passo 55

IO ACCETTERÒ IL MONDO COSÌ COM'È.

L'IDEALISMO È IL TENTATIVO DI NON ACCETTARE IL mondo così com'è. Giustifica la colpa e la condanna. Definisce aspettative per una vita che non esiste ancora e di conseguenza ti rende esposto a gravi delusioni. Il tuo idealismo fortifica il tuo biasimo.

ACCETTA IL MONDO OGGI COSÌ COM'È, non come lo vorresti. Insieme all'accettazione arriva l'amore, perché non puoi amare un mondo che vorresti che esistesse. Puoi solo amare, così com'è, un mondo che esiste. Accetta ora te stesso per come sei, e un sincero desiderio di cambiamento e di avanzamento emergerà in te naturalmente. L'idealismo giustifica la condanna. Riconosci questa grande verità, ed inizierai ad avere un'esperienza della vita più immediata e più profonda e vivrai ciò che è autentico e non basato sulla speranza o sulle aspettative, ma su un impegno vero.

PERTANTO, NEI TUOI DUE PERIODI DI PRATICA DI 30 MINUTI, oggi, concentrati sull'accettare le cose esattamente come sono. Nel fare questo non stai condonando la violenza, il conflitto e l'ignoranza. Stai semplicemente accettando le condizioni esistenti al fine di poter lavorare con loro in modo costruttivo. Senza quest'accettazione, non hai alcun punto di partenza per un sincero impegno. Allora permetti al mondo di essere esattamente com'è, perché è questo il mondo che sei venuto a servire.

PRATICA 55: *Due periodi di 30 minuti di pratica.*

Passo 56

RIPASSO

Nel Ripasso di oggi, rivedi la scorsa settimana di lezioni e il tuo coinvolgimento con esse. Cerca di capire che anche se il progresso può sembrare inizialmente lento, quello che è lento e lineare progredirà notevolmente. Un coinvolgimento applicato costantemente ti darà la via diretta al tuo traguardo.

Nel tuo Ripasso, nuovamente ti rammentiamo di astenerti dal giudicare te stesso se non hai soddisfatto le tue aspettative. Renditi semplicemente conto di che cosa serve per seguire le istruzioni così come vengono date e impegnati in esse nel modo più completo possibile. Ricordati che stai imparando a imparare, e ricordati che stai imparando a redimere il tuo valore personale e le tue vere abilità.

Pratica 56: *Un periodo lungo di pratica.*

Passo 57

LA LIBERTÀ È CON ME.

LA LIBERTÀ DIMORA DENTRO DI TE, lei aspetta di nascere dentro di te, aspetta di essere riscattata ed accettata, aspetta di essere vissuta ed applicata e di essere onorata e seguita. Tu che hai vissuto sotto il peso della tua stessa immaginazione, tu che sei stato un prigioniero dei tuoi stessi pensieri e dei pensieri degli altri, tu che sei stato intimidito e minacciato dalle apparenze di questo mondo, adesso hai speranza, perché la vera libertà dimora dentro di te. Ti aspetta. Tu l'hai portata con te dalla tua Antica Casa. Tu la porti con te ogni giorno, ogni momento.

NELL'AMBITO DI QUESTO PROGRAMMA DI SVILUPPO, stai ora imparando a dirigerti verso la libertà e lontano dalla paura e dall'oscurità della tua stessa immaginazione. Nella libertà troverai stabilità e costanza. Questo ti darà il fondamento sul quale costruirai il tuo amore e il tuo senso di valore personale e questo fondamento non sarà scosso dal mondo, perché è più grande del mondo. Non nasce dal timore della separazione. Nasce dalla verità della tua totale inclusione nella vita.

OGNI ORA OGGI RIPETI A TE STESSO L'IDEA di oggi e prenditi un momento per sentire che la libertà è con te. Mentre ti avvicinerai sempre di più alla libertà durante il giorno, riuscirai a riconoscere sempre più chiaramente quello che ti trattiene. Ti renderai conto che è soltanto la tua adesione ai tuoi stessi pensieri che ti trattiene. È il tuo interesse nella tua stessa immaginazione che ti trattiene. Questo alleggerirà il tuo fardello e ti accorgerai che una vera scelta è a tua disposizione. Questa presa di coscienza ti darà la forza di arrivare, oggi, alla libertà.

NEI TUOI DUE ESERCIZI DI MEDITAZIONE, ripeti a te stesso l'idea di oggi e cerca di permettere alla tua mente di raggiungere la calma, che è l'inizio della sua libertà. Questa pratica della calma consentirà alla tua mente di sbarazzarsi delle catene che la legano—la sua incapacità di perdonare il passato, la sua ansia per il futuro e il suo evitare il presente. Nella calma, la tua mente si eleva sopra tutto quello che la mantiene piccola, nascosta e isolata nella propria oscurità. Quanto vicina a te è la libertà oggi, a te che hai bisogno di stare nella calma. Quanto grande è la tua ricompensa, a te che sei venuto nel mondo, perché la libertà è con te.

PRATICA 57: *Due periodi di 30 minuti di pratica.*
 Pratica oraria.

Passo 58

LA CONOSCENZA È CON ME.

OGGI AFFERMIAMO LA PRESENZA DELLA CONOSCENZA nella tua vita. Ogni ora della tua giornata esprimi questa affermazione, dopo di che prenditi un momento per tentare di sentire questa presenza. La devi sentire. Non la puoi solamente concepire perché La Conoscenza deve essere sperimentata. A prescindere dalle circostanze nelle quali ti troverai durante la giornata, ripeti questa affermazione una volta ogni ora e cerca di sentire il suo significato. Troverai che ci sono molte situazioni che ritenevi inadatte a questa pratica, nelle quali invece puoi praticare. In questo modo, scoprirai di avere la forza di governare la tua esperienza in modo che corrisponda alle tue vere inclinazioni e troverai che qualsiasi circostanza è un contesto adatto per una sincera preparazione ed auto-applicazione.

CERCA DI ESERCITARTI OGNI ORA. Rimani cosciente del tuo tempo. Se salti un'ora non preoccuparti, ma torna a dedicarti alla pratica nelle ore che restano mentre procedi. La Conoscenza è con te oggi. Oggi sii con La Conoscenza.

PRATICA 58: *Pratica oraria.*

Passo 59

OGGI IMPARERÒ LA PAZIENZA.

È MOLTO DIFFICILE PER UNA MENTE CHE È TORMENTATA essere paziente. È molto difficile per una mente inquieta essere paziente. È molto difficile, per una mente che ha cercato tutto il proprio valore nelle cose temporanee, essere paziente. Solo nella ricerca di qualcosa più grande è necessaria la pazienza perché serve una maggiore applicazione. Pensa alla tua vita in termini di uno sviluppo a lungo termine, non in termini di sensazioni immediate e profitto. La Conoscenza non è semplicemente uno stimolo. È la profondità della potenza che è universale ed eterna, e la sua grandezza ti viene data per ricevere e per dare.

ESERCITATI OGNI ORA OGGI affermando che imparerai ad essere paziente e che osserverai la tua vita anziché criticarla. Afferma che diventerai oggettivo in merito alle tue capacità e alle tue circostanze al fine di dare loro una maggiore certezza.

IMPARA LA PAZIENZA OGGI E PAZIENTEMENTE IMPARA. In questo modo, ti muoverai più velocemente, con più certezza e più amorevolmente.

PRATICA 59: *Pratica oraria.*

Passo 60

OGGI NON GIUDICHERÒ IL MONDO.

*S*ENZA I TUOI GIUDIZI, La Conoscenza ti può indicare quello che devi fare e quello che devi capire. La Conoscenza rappresenta un giudizio superiore, ma è un giudizio che è molto diverso dal tuo, perché non nasce dalla paura. Non possiede rabbia. Ha sempre lo scopo di servire e di nutrire. È un giudizio giusto, perché dà un vero riconoscimento allo stato attuale di ogni persona senza sminuire il loro significato o il loro destino.

NON GIUDICARE OGGI il mondo, affinché tu possa vedere il mondo così com'è. Non giudicare il mondo oggi, affinché tu possa accettarlo così com'è. Permetti al mondo di essere esattamente com'è, affinché tu possa riconoscerlo. Una volta che il mondo è stato riconosciuto, capirai quanto ha bisogno di te e quanto ti vorrà dare. Il mondo non ha bisogno di colpa. Ha bisogno di servizio. Ha bisogno di verità. Soprattutto ha bisogno di Conoscenza.

OGNI ORA OGGI, PRENDITI UN MOMENTO e guarda il mondo senza giudizio. Ripeti l'affermazione di oggi e trascorri un momento guardando il mondo senza giudizio. Non importa quale aspetto vedrai, se ti farà piacere o dispiacere, se lo troverai bello o brutto, se lo riterrai degno o indegno, guardalo senza giudizio.

PRATICA 60: *Pratica oraria.*

Passo 61

L'AMORE DONA DA SE STESSO ATTRAVERSO ME.

L'AMORE DONA DA SE STESSO ATTRAVERSO te quando sei pronto per essere il veicolo della sua espressione. Non serve che cerchi di essere amorevole per placare un tuo senso di inadeguatezza o di colpa. Non serve che cerchi di essere amorevole per vincere l'approvazione degli altri. Non rafforzare il tuo senso di inadeguatezza o di indegnità cercando di placarli con un sentimento di felicità o di benevolenza. L'amore dentro di te si esprimerà da sé, perché nasce dalla Conoscenza che sta dentro di te, della quale fa parte.

OGNI ORA OGGI, MENTRE GUARDI IL MONDO, riconosci il fatto che l'amore dentro di te parlerà da sé. Se sarai privo di giudizi, se sarai capace di essere insieme al mondo per come lui è veramente e se sarai capace di essere presente con gli altri per come essi sono veramente, l'amore dentro di te parlerà da sé. Non cercare di fare in modo che sia l'amore a parlare per te. Non cercare di fare in modo che sia l'amore a esprimere i tuoi desideri e le tue necessità, perché l'amore stesso parlerà attraverso te. Se sei presente all'amore, sarai presente al mondo, e l'amore parlerà attraverso te.

PRATICA 61: *Pratica oraria.*

Passo 62

OGGI IMPARERÒ AD ASCOLTARE LA VITA.

Se sei presente al mondo, sarai in grado di ascoltare il mondo. Se sei presente alla vita, potrai ascoltare la vita. Se sei presente a Dio, potrai ascoltare Dio. Se sei presente a te stesso, sarai capace di ascoltare te stesso.

Oggi allora esercitati ad ascoltare. Ogni ora pratica l'ascolto del mondo intorno a te e del mondo interiore. Ripeti l'affermazione e dopo averlo fatto esercitati in questo modo. Ci vuole solo un momento. Noterai che a prescindere dalle circostanze, oggi ci sarà un modo per te di riuscire a praticare questo. Non lasciare che le circostanze ti dominino. Ti puoi esercitare nel loro ambito. Puoi trovare un modo in cui esercitarti senza produrre imbarazzo o situazioni inappropriate per gli altri. Puoi essere da solo o essere impegnato con gli altri, e puoi esercitarti oggi. Esercitati ogni ora. Esercitati ad ascoltare. Esercitati ad essere presente. Ascoltare veramente significa non giudicare. Significa che stai osservando. Ricordati, stai sviluppando una facoltà della mente che ti servirà al fine di poter dare e ricevere la grandezza della Conoscenza.

PRATICA 62: *Pratica oraria.*

Passo 63

RIPASSO

Come in precedenza, nel tuo Ripasso, rivedi la scorsa settimana di pratica e prendi atto dell'ampiezza del tuo coinvolgimento e di come questo può essere aumentato e migliorato. Questa settimana la tua pratica è stata ampliata, è stata portata nel mondo con te per essere applicata in situazioni di ogni genere, prescindendo dai tuoi stati emotivi o dagli stati emotivi di coloro che ti influenzano e prescindendo da dove ti trovi e da cosa stai facendo. In questo modo, tutto diventa parte della tua pratica. Il mondo, così, anziché essere un luogo spaventoso che ti opprime, diventa un posto utile per coltivare La Conoscenza.

Prendi atto della forza che ti viene data quando sei in grado di esercitarti prescindendo dai tuoi stati emotivi, perché tu sei più grande delle tue emozioni, e non hai bisogno di reprimerle per renderti conto di questo. Diventare oggettivo nei confronti dei tuoi stati interiori significa operare da una posizione dalla quale puoi osservarli e dove non sei dominato da essi. Questo ti consentirà di diventare presente a te stesso e ti darà vera misericordia e comprensione. In questo modo non sarai un tiranno con te stesso, e la tirannia nella tua vita finirà.

Nel tuo periodo lungo di pratica, valuta la precedente settimana più attentamente possibile, senza condannare. Ricordati che stai imparando come praticare. Ricordati che stai imparando a sviluppare le tue capacità. Ricordati che tu sei uno studente. Sii uno studente principiante, perché uno studente principiante non fa supposizioni e desidera imparare tutto.

Pratica 63: *Un periodo lungo di pratica.*

Passo 64

OGGI ASCOLTERÒ GLI ALTRI.

In tre occasioni distinte oggi, esercitati ad ascoltare un'altra persona. Ascolta senza fare valutazioni e senza esprimere giudizi. Ascolta senza che la tua mente sia distratta da altre cose. Semplicemente ascolta. Esercitati con tre persone diverse oggi. Esercitati ad ascoltare. Sii calmo quando ascolti. Cerca di sentire oltre le loro parole. Cerca di guardare oltre il loro aspetto. Non proiettare immagini su di loro. Semplicemente ascolta.

Esercitati oggi nell'ascoltare gli altri. Non farti coinvolgere in quello che dicono. Se stanno parlando direttamente con te non devi rispondere loro in modo inopportuno per esercitarti con loro. Sarà tutta la tua mente ad essere coinvolta nella conversazione. Prendi tempo, allora, per esercitarti ad ascoltare senza parlare. Consenti agli altri di esprimersi con te. Scoprirai che hanno una comunicazione per te che è più grande di quanto non credevi inizialmente. Non hai bisogno di capire questo, semplicemente oggi esercitati ad ascoltare, affinché tu possa sentire la presenza della Conoscenza.

PRATICA 64: *Tre periodi di pratica.*

Passo 65

SONO VENUTO NEL MONDO PER LAVORARE.

TU SEI VENUTO NEL MONDO PER LAVORARE. Sei venuto nel mondo per imparare e per contribuire. Sei venuto da un luogo di riposo a un luogo di lavoro. Quando il lavoro è terminato, torni a casa in un luogo di riposo. Solo questo è dato sapere, e la tua Conoscenza te lo rivelerà quando sarai pronto.

PER ADESSO, ESERCITATI OGNI ORA. Dì a te stesso che sei venuto nel mondo per lavorare, e poi prenditi un momento per sentire la realtà di questo. Il tuo lavoro è più grande del tuo attuale impiego. Il tuo lavoro è più grande di quello che al momento stai cercando di fare con la gente e per la gente. Il tuo lavoro è più grande di quello che stai cercando di fare per te stesso. Comprendi che non sai che cosa sia il tuo lavoro. Ti sarà rivelato e si evolverà con te, ma comprendi oggi che sei venuto nel mondo per lavorare. Questo affermerà la tua forza, il tuo scopo e il tuo destino. Questo affermerà la realtà della tua vera casa, dalla quale hai portato i tuoi doni.

PRATICA 65: *Pratica oraria.*

Passo 66

SMETTERÒ DI LAMENTARMI DEL MONDO.

LAMENTARSI DEL MONDO SIGNIFICA CHE esso non sta soddisfacendo il tuo idealismo. Lamentarsi del mondo significa che non riconosci che sei venuto qua per lavorare. Lamentarsi del mondo non aiuta a capire le sue difficoltà. Lamentarsi del mondo significa non capire il mondo per quello che è. Le tue lamentele indicano che qualche tua aspettativa è stata delusa. Queste delusioni sono necessarie affinché tu inizi a capire il mondo così com'è ed a capire te stesso come sei.

OGNI ORA OGGI PRESENTA QUEST'AFFERMAZIONE a te stesso e poi mettila in pratica. Ogni ora trascorri un minuto senza lamentarti del mondo. Non lasciare che le ore passino senza attenzione, ma sii presente alla pratica. Riconosci quanto gli altri si stiano lamentando del mondo e quanto poco questo dia a loro e al mondo. Il mondo è già stato condannato da quelli che dimorano in esso. Se deve essere amato e coltivato, i suoi problemi devono essere riconosciuti e le sue opportunità devono essere accettate. Chi si può lamentare quando viene messo a disposizione un ambiente dove La Conoscenza può essere riconquistata e dove ad essa si può contribuire? Il mondo ha solo bisogno di Conoscenza e delle espressioni della Conoscenza. Come può meritarsi condanne?

PRATICA 66: *Pratica oraria.*

Passo 67

NON SO CHE COSA VOGLIO PER IL MONDO.

TU NON SAI CHE COSA VUOI PER IL MONDO PERCHÉ tu non capisci il mondo, e non sei ancora stato capace di capire la sua difficile condizione. Quando ti renderai conto che non sai che cosa vuoi per il mondo, avrai la motivazione e l'opportunità di osservare il mondo, di guardare di nuovo. Questo è essenziale per la tua comprensione. È essenziale per il tuo benessere. Il mondo ti potrà solo deludere se non sarà da te compreso. Tu stesso potrai solo deluderti se non comprenderai te stesso. Tu sei venuto nel mondo per lavorare. Riconosci l'opportunità che ti viene data da questo.

ESERCITATI OGNI ORA OGGI, IN TUTTE LE CIRCOSTANZE. Pronuncia l'affermazione e cerca di concepire la sua verità. Tu non sai che cosa vuoi per il mondo, ma la tua Conoscenza sa con che cosa devi contribuire. Senza che tu cerchi di sostituire La Conoscenza con i tuoi progetti sul mondo, La Conoscenza si esprimerà libera e senza ostruzioni, e tu stesso ed il mondo sarete i grandi beneficiari dei suoi doni.

PRATICA 67: *Pratica oraria.*

Passo 68

OGGI NON PERDERÒ LA FIDUCIA IN ME STESSO.

Non perdere la fiducia in te stesso oggi. Mantieni attiva la tua pratica. Mantieni la tua intenzione di imparare. Sii senza conclusioni. Abbi questa apertura e questa vulnerabilità. Senza il tuo tentativo di rafforzare le tue difese la verità esiste. Permetti a te stesso di esserne il destinatario.

Ogni ora oggi esercitati ricordando a te stesso che non perderai fiducia in te stesso oggi. Non perdere la fiducia nella Conoscenza, nella presenza dei tuoi Maestri, nella benevolenza della vita e nella tua missione nel mondo. Consenti a queste cose di essere affermate affinché si possano pienamente rivelare a te nel tempo. Se tu sei presente ad esse, esse ti diventeranno così ovvie che le vedrai e le sentirai in tutte le cose. La tua visione del mondo sarà trasformata. La tua esperienza del mondo sarà trasformata. Tutta la tua potenza e la tua energia si uniranno per esprimersi.

Non perdere la fiducia in te stesso oggi.

Pratica 68: *Pratica oraria.*

Passo 69

OGGI MI ESERCITERÒ NELLA CALMA.

Nei tuoi due periodi di 30 minuti di pratica oggi, pratica la calma. Consenti alla tua meditazione di essere profonda. Donale te stesso. Non entrare in meditazione con pretese e richieste. Entra nella meditazione per donarle te stesso. È al tempio del Vero Spirito dentro di te che porti te stesso. Nei tuoi periodi di pratica, dunque, sii presente e sii calmo. Permetti a te stesso di immergerti nel privilegio del vuoto. La presenza di Dio si vive inizialmente come vuoto perché non ha movimento, dopo di che all'interno di questo vuoto, inizi a sentire la presenza che permea tutte le cose e dà tutto il significato che c'è nella vita.

PRATICA LA CALMA, OGGI, affinché tu possa sapere.

PRATICA 69: *Due periodi di 30 minuti di pratica.*

Passo 70

RIPASSO

Oggi culminano dieci settimane di pratica. Congratulazioni! Sei arrivato fin qui. Essere un vero studente significa che stai seguendo i passi nel modo in cui ti sono dati. Per fare questo devi imparare a onorare te stesso, onorare la fonte della tua istruzione, riconoscere i tuoi limiti e dare valore alla tua grandezza. Dunque che questo sia per te un giorno di onore e un giorno di riconoscimento.

Ripassa le ultime tre settimane di esercizi. Rileggi le istruzioni e richiama ogni periodo di pratica. Ricorda quello che hai dato e ricorda quello che non hai dato. Onora la tua partecipazione e cerca oggi di rafforzarla. Rendi più profonda la tua determinazione ad avere La Conoscenza e rendi più profonda la tua esperienza di essere un vero seguace così che in futuro tu possa imparare ad essere un vero leader. Rendi più profonda la tua esperienza di essere un vero beneficiario per essere un vero contributore.

Lascia che questo giorno di ripasso, pertanto, sia per te un giorno di onore e che sia un giorno che rafforza il tuo impegno. Valuta onestamente la tua partecipazione. Valuta i tuoi apparenti successi e insuccessi. I tuoi successi ti incoraggeranno, e i tuoi insuccessi ti indicheranno quello che hai bisogno di fare per rendere più profonda la tua esperienza. Oggi è un giorno di onore per te che sei onorato.

Pratica 70: *Diversi lunghi periodi di pratica.*

Passo 71

SONO QUI PER SERVIRE UNO SCOPO SUPERIORE.

TU SEI QUI PER SERVIRE UNO SCOPO SUPERIORE, oltre la semplice sopravvivenza e la gratificazione di avere le cose che puoi pensare di desiderare. Questo è vero perché tu hai una natura spirituale. Tu hai un'origine spirituale e un destino spirituale. La tua mancanza in questa vita è il non rispondere alla tua natura spirituale, che è stata distorta e danneggiata dalle religioni del tuo mondo, che è stata trascurata e negata dalla scienza del tuo mondo. Tu hai una natura spirituale. Tu hai uno scopo più grande da servire. Quando ti fiderai dalla tua inclinazione verso questo scopo, riuscirai ad avvicinarti ad esso. Quando ti sentirai sicuro che questo scopo rappresenta una fonte genuina di amore, allora inizierai ad aprirti ad esso, e questo sarà per te un grande ritorno a casa.

NELLE TUE PRATICHE DI MEDITAZIONE OGGI, consenti a te stesso di aprirti alla presenza dell'amore nella tua vita. Rimanendo seduto in silenzio, respirando profondamente, concediti di sentire veramente la presenza dell'amore, che è il segno della presenza di uno scopo più grande nella tua vita.

PRATICA 71: *Due periodi di 30 minuti di pratica.*

Passo 72

OGGI MI FIDERÒ DELLE MIE INCLINAZIONI PIÙ PROFONDE.

FIDATI DELLE TUE INCLINAZIONI più profonde perché esse sono affidabili, ma devi imparare a discernerle e distinguerle dai molti altri desideri, altre costrizioni e aspirazioni che senti e che hanno un effetto su di te. Questo lo puoi solo imparare attraverso l'esperienza. Lo puoi imparare perché le tue inclinazioni più profonde ti portano sempre verso relazioni significative e lontano dall'isolamento o da legami che dividono. Devi esercitarti in questo per poterlo imparare, e richiederà del tempo ma ogni passo che farai in questa direzione ti porterà più vicino alla fonte dell'amore nella tua vita e ti dimostrerà la forza superiore che dimora in te, che devi servire e imparare a ricevere.

NEI TUOI DUE PERIODI DI PRATICA OGGI, in silenzio e nella calma, ricevi questa forza superiore e nel farlo, fidati delle tue inclinazioni più profonde. Consenti a te stesso di dare la tua piena attenzione a questi due periodi di pratica, mettendo da parte tutto il resto per prenderlo in considerazione più tardi. Consenti a te stesso di riconoscere le tue inclinazioni più profonde, delle quali devi imparare a fidarti.

PRATICA 72: *Due periodi di 30 minuti di pratica.*

Passo 73

PERMETTERÒ AI MIEI ERRORI DI ISTRUIRMI.

PERMETTERE AI TUOI ERRORI DI ISTRUIRTI DARÀ loro valore. Essi non avrebbero valore senza di questo e sarebbero per tua stessa valutazione un marchio negativo su di te. Utilizzare gli errori per istruirti, allora, significa utilizzare i tuoi stessi limiti facendo sì che loro stessi ti indichino la via della grandezza. Dio desidera che tu impari dai tuoi errori affinché tu possa imparare della grandezza di Dio. Questo non viene fatto per sminuirti ma per innalzarti. Ci sono tanti errori che hai commesso, e ci sono errori che ancora farai. È per proteggerti dalla ripetizione di errori dannosi e per farti imparare dagli errori che desideriamo istruirti oggi.

OGNI ORA DI QUESTO GIORNO, ripeti a te stesso che vuoi imparare dai tuoi errori e, per un momento, senti quello che questo significa. Ne conseguirà che attraverso molti periodi di pratica oggi, inizierai a comprendere quanto stai affermando e allora forse percepirai come può essere realizzato. Se tu sei disponibile ad imparare dai tuoi errori, non sarai così spaventato all'idea di riconoscerli. Vorrai allora capirli, non negarli, non rendere falsa testimonianza contro di loro, non chiamarli con altri nomi, ma ammetterli a tuo stesso beneficio. Grazie a questo riconoscimento, potrai assistere gli altri nel ritrovare La Conoscenza, perché anch'essi devono imparare a imparare dai loro errori.

PRATICA 73: *Pratica oraria.*

Passo 74

OGGI LA PACE DIMORA CON ME.

Oggi la pace dimora con te. Resta con la pace e ricevi le sue benedizioni. Vieni alla pace con tutto quello che ti tormenta. Vieni con il tuo pesante fardello. Vieni senza cercare risposte. Vieni senza cercare comprensione. Vieni cercando le sue benedizioni. La pace non può intervenire in una vita di conflitto, ma tu puoi entrare in una vita di pace. Vieni alla pace, che ti sta aspettando, e in essa ti libererai del fardello che porti.

Nei tuoi due lunghi periodi di pratica di oggi, esercitati, nella calma, a ricevere la pace. Permetti a te stesso di avere questo dono, e se qualsiasi pensiero viene a te per dissuaderti, ricorda a te stesso il tuo grande valore—il valore della tua Conoscenza e il valore del tuo essere. Sappi che sei disponibile a imparare dai tuoi errori e che non hai bisogno di identificarti con essi, ma di usarli come una valida risorsa per la tua evoluzione, perché tali possono diventare per te.

Esercitati, dunque, a ricevere. Oggi apriti un po' di più. Metti da parte tutte le cose che ti preoccupano per prenderle in considerazione più tardi, se necessario. La pace dimora con te oggi. Dimora oggi nella pace.

Pratica 74: *Due periodi di 30 minuti di pratica.*

Passo 75

OGGI ASCOLTERÒ IL MIO SÉ.

OGGI ASCOLTA IL TUO SÉ, non il piccolo sé in te che si lamenta e si preoccupa e si pone domande e desidera, ma il Sé Superiore in te. Ascolta l'Essere Superiore in te, che è La Conoscenza, che è unito ai tuoi Maestri spirituali, che è unito alla tua Famiglia Spirituale e che contiene il tuo scopo e la tua chiamata nella vita. Non ascoltare per fare domande, ma per imparare ad ascoltare. Mano a mano che il tuo ascolto diventa più profondo nel tempo, il tuo Vero Sé ti parlerà ogni qualvolta sarà necessario, e sarai allora capace di sentire e di rispondere senza confusione.

NEI TUOI DUE PERIODI DI PRATICA DI OGGI, esercitati nell'ascoltare il tuo Essere. Non ci sono domande da fare. Non è necessario. C'è da sviluppare l'ascolto. Ascolta il tuo Vero Sé oggi affinché tu possa imparare di ciò che Dio conosce ed ama.

PRATICA 75: *Due periodi di 30 minuti di pratica.*

Passo 76

OGGI NON GIUDICHERÒ IL PROSSIMO.

SENZA GIUDIZIO SEI IN GRADO DI VEDERE. Senza giudizio puoi imparare. Senza giudizio la tua mente diventa aperta. Senza giudizio capisci te stesso. Senza giudizio puoi capire gli altri.

OGNI ORA OGGI, ripeti questa affermazione mentre diventi testimone di te stesso e del mondo intorno a te. Ripeti questa affermazione e senti il suo impatto. Abbandona i tuoi giudizi per qualche momento, e poi senti il contrasto e l'esperienza che questo ti procurerà. Non giudicare gli altri oggi. Consenti agli altri di rivelarsi a te. Senza giudicare non soffrirai per via della tua stessa corona di spine. Senza giudicare sentirai la presenza dei tuoi Maestri che ti assistono.

CONSENTI ALLA TUA PRATICA AD OGNI ORA, di essere consistente. Se salti un'ora, perdonati e applicati nuovamente. Gli errori ti devono insegnare, rafforzare e mostrarti quello che hai bisogno di imparare.

A PRESCINDERE DA QUELLO CHE STANNO facendo gli altri, a prescindere da come lui o lei potrebbero offendere la tua sensibilità, le tue idee o i tuoi valori, non giudicare il tuo prossimo oggi.

PRATICA 76: *Pratica oraria.*

Passo 77

RIPASSO

Nel tuo Ripasso oggi, ancora una volta rivedi l'ultima settimana di esercizi ed istruzioni. Ancora una volta esamina le tue qualità personali che ti aiutano nella tua preparazione e le tue qualità personali che rendono la tua preparazione più difficile. Osserva queste cose in modo oggettivo. Impara a rafforzare quegli aspetti di te stesso che incoraggiano e rafforzano la tua preparazione nel riconquistare La Conoscenza, ed impara a modificare o correggere le qualità che interferiscono. Devi riconoscere entrambe per avere saggezza. Devi imparare la verità e devi imparare l'errore. Devi fare questo per progredire e devi fare questo per servire gli altri. Se non hai imparato a capire l'errore ed a guardarlo oggettivamente, capendo come è avvenuto e come può essere abbandonato—fino a quando non avrai imparato queste cose—non saprai come servire gli altri e i loro errori ti porteranno collera e frustrazione. Con La Conoscenza le tue aspettative saranno in armonia con la natura degli altri. Con La Conoscenza imparerai a servire e dimenticherai come condannare.

Pratica 77: *Un periodo lungo di pratica.*

Passo 78

NON POSSO FARE NULLA DA SOLO.

Tu NON PUOI FARE NULLA DA SOLO, perché tu non sei solo. Non troverai una verità più grande di questa. E allo stesso tempo non troverai una verità che richiede così tanta riflessione ed analisi. Non prenderla alla lettera, perché questa verità è ancora più grande. È necessario che tu la studi.

OGNI ORA RIPETI QUESTA AFFERMAZIONE E CONSIDERA il suo impatto. Fallo in tutte le circostanze, perché nel tempo scoprirai come imparare in tutte le circostanze, come esercitarti in tutte le circostanze. Imparerai come ogni circostanza può portare beneficio alla tua pratica e come la tua pratica può portare beneficio a tutte le circostanze.

TU NON PUOI FARE NULLA DA SOLO, e nella tua pratica oggi riceverai l'assistenza dei tuoi Maestri spirituali, che ti presteranno la loro forza. Lo sentirai quando anche tu presterai la tua forza. Troverai che una forza più grande della tua ti consentirà di andare avanti, di penetrare il grande velo dell'incomprensione e di concepire la fonte della tua Conoscenza e la fonte delle tue relazioni nella vita. Accetta i tuoi limiti, perché da solo non puoi fare nulla, ma con la vita tutte le cose ti sono date per servire. Con la vita, la tua vera natura si valuta e si glorifica nel servizio agli altri.

PRATICA 78: *Pratica oraria.*

Passo 79

OGGI PERMETTERÒ ALL'INCERTEZZA DI ESISTERE.

PERMETTERE ALL'INCERTEZZA DI ESISTERE significa che c'è una grande fede. Questo significa che un'altra forma di certezza sta emergendo. Quando permetti all'incertezza di esistere, significa che stai diventando onesto, perché in verità tu sei incerto. Nel permettere che esista l'incertezza, stai diventando paziente, perché serve pazienza per ritrovare la tua certezza. Nel permettere che esista l'incertezza, stai diventando tollerante. Stai facendo un passo indietro dal giudicare e stai diventando un testimone della vita dentro di te e della vita intorno a te. Accetta l'incertezza oggi affinché tu possa imparare. Senza presunzione, tu cercherai La Conoscenza. Senza giudicare, ti renderai conto del tuo vero bisogno.

OGNI ORA OGGI, ripeti l'affermazione di oggi ed esamina quello che significa. Esamina questo alla luce dei tuoi sentimenti e alla luce di quello che vedi nel mondo intorno a te. L'incertezza esiste fin quando tu non sei certo. Se permetti che questo esista, puoi permettere a Dio di servirti.

PRATICA 79: *Pratica oraria.*

Passo 80

IO POSSO SOLO PRATICARE.

PUOI SOLO PRATICARE. La vita è una pratica. Noi stiamo solo reindirizzando la tua pratica affinché ti possa servire e possa servire gli altri. Pratichi tutto il tempo, ripetitivamente, in continuazione. Pratichi la confusione, il giudizio, la proiezione della colpa, il tuo senso di colpa, la dissociazione e l'inconsistenza. Rinforzi i tuoi giudizi continuando ad applicarli. Eserciti le tue incertezze continuando a enfatizzarle. Eserciti il tuo odio verso te stesso continuando ad influenzarlo.

SE GUARDI LA TUA VITA IN MODO OGGETTIVO per un solo momento, vedrai che tutta la tua vita è una pratica. Allora, vuol dire che praticherai a prescindere dalla presenza di un curriculum che ti possa portare o meno un beneficio. Ti diamo noi, dunque, un curriculum di pratica. Sostituirà le pratiche che ti hanno confuso o sminuito, che ti hanno messo in conflitto e che ti hanno portato nell'errore e nel pericolo. Noi ti diamo una pratica più grande affinché tu possa evitare di praticare quelle cose che danneggerebbero il tuo valore e la tua certezza.

NEI TUOI DUE PERIODI DI PRATICA MEDITATIVA OGGI, ripeti l'affermazione che puoi solo praticare, dopo di che pratica la calma e la ricettività. Rafforza la tua pratica, così confermerai ciò che stiamo dicendo. Puoi solo praticare, allora pratica per il bene.

PRATICA 80: *Due periodi di 30 minuti di pratica.*

Passo 81

OGGI NON INGANNERÒ ME STESSO.

OGNI ORA ESERCITATI FACENDO QUESTA AFFERMAZIONE E SENTENDO il suo impatto. Rafforza il tuo impegno verso La Conoscenza. Non cadere nell'apparente agio dell'auto-inganno. Non ti accontentare appena delle supposizioni e delle credenze degli altri. Non accettare delle generalizzazioni come delle verità. Non accettare le apparenze come qualcosa che rappresenta la realtà del tuo prossimo. Non accettare la mera apparenza di te stesso. Fare queste cose dimostra che non dai valore a te stesso o alla tua vita e che sei troppo indolente per portare avanti uno sforzo nel tuo stesso interesse.

DEVI ENTRARE NELL'INCERTEZZA PER TROVARE LA CONOSCENZA. Che cosa significa questo? Significa semplicemente che stai rinunciando alle false supposizioni, alle idee che ti confortano e al lusso dell'auto-condanna. Perché è un lusso l'auto-condanna? Perché è facile e non ti richiede di esaminare la verità. Tu la accetti perché è accettabile in questo mondo e perché ti dà molto di cui parlare con gli amici. Suscita simpatia, per questo è facile e debole.

NON IMBROGLIARE TE STESSO OGGI. Consenti a te stesso di esaminare il mistero e la verità della tua vita. Ogni ora di oggi ripeti l'idea odierna e senti il suo significato. In aggiunta, oggi, nei tuoi periodi più lunghi di pratica, ripeti l'affermazione e poi dedicati alla calma e alla ricettività. Oramai stai iniziando a imparare come prepararti per la calma—utilizzando il respiro, concentrando la tua mente, abbandonando i pensieri e ricordando a te stesso che sei degno di un tale impegno. Ricorda a te stesso il traguardo che stai cercando di raggiungere. Non imbrogliare te stesso oggi. Non cedere a ciò che è facile e doloroso.

Pratica 81:   *Due periodi di 30 minuti di pratica.*
              Pratica oraria.

Passo 82

OGGI NON GIUDICHERÒ GLI ALTRI.

Di nuovo ci esercitiamo in questa lezione, che ripeteremo in diversi intervalli mentre procedi. Il giudizio è una decisione di non sapere. È una decisione di non guardare. È una decisione di non ascoltare. È una decisione di non essere calmo. È una decisione che segue una forma di pensiero comoda, che mantiene assopita la tua mente e ti mantiene perso nel mondo. Il mondo è pieno di errori. Come potrebbe essere altrimenti? Per questo non ha bisogno della tua condanna ma della tua assistenza costruttiva.

NON GIUDICARE UN ALTRO OGGI. Rammenta questo a te stesso ogni ora e ponderalo brevemente. Ricordalo a te stesso nelle tue due pratiche meditative, dove farai quest'affermazione e poi entrerai nella calma e nella ricettività. Non giudicare un'altra persona oggi così che tu possa essere felice.

PRATICA 82: *Due periodi di 30 minuti di pratica.*
Pratica oraria.

Passo 83

IO DÒ VALORE ALLA CONOSCENZA SOPRA OGNI COSA.

SE TU POTESSI SENTIRE LA PROFONDITÀ E LA POTENZA di questa affermazione, ti libererebbe da qualsiasi forma di schiavitù. Cancellerebbe tutte le conflittualità nel tuo modo di pensare. Porrebbe completamente fine a tutto quello che ti tormenta e ti rende perplesso. Non guarderesti le relazioni umane come una forma di dominio o una forma di punizione. Ti darebbe una base di comprensione interamente nuova nel tuo coinvolgimento con gli altri. Ti darebbe un quadro di riferimento nell'ambito del quale saresti in grado di sviluppare te stesso mentalmente e fisicamente, mantenendo, nel farlo, una visuale più ampia. Che cos'è che ti ha deluso se non l'indebita appropriazione delle tue capacità? Che cosa ti addolora e ti manda in collera se non l'indebita appropriazione delle capacità degli altri?

DAI VALORE ALLA CONOSCENZA. Sta oltre la tua comprensione. Segui La Conoscenza. Ti guida in modi che non hai mai provato. Fidati della Conoscenza. Ti restituisce a te stesso. La fiducia viene prima della comprensione, sempre. La partecipazione viene prima della fiducia, sempre. Dunque, partecipa alla Conoscenza.

RICORDA A TE STESSO QUESTA AFFERMAZIONE OGNI ORA. Cerca di essere molto affidabile. Non ti dimenticare oggi di enfatizzare il fatto che dai valore alla Conoscenza sopra ogni altra cosa. Nei tuoi due esercizi di meditazione, pronuncia questa frase facendone un'affermazione e poi, nella calma, permetti a te stesso di ricevere. Non utilizzare questi esercizi per ottenere risposte o informazioni, ma consenti a te stesso di divenire calmo, perché una mente calma può imparare tutte le cose e sapere tutte le cose. Le parole sono solo una forma di comunicazione. Tu stai ora imparando a comunicare, perché la tua mente ora si sta aprendo a una più grande unione.

PRATICA 83:   *Due periodi di 30 minuti di pratica.*
              Pratica oraria.

Passo 84

RIPASSO

Ripassa le pratiche e le istruzioni della precedente settimana. Rivedi il tuo progresso in modo oggettivo. Prendi atto di quanto grande deve essere il tuo apprendimento. I tuoi passi ora sono piccoli, ma significativi. Piccoli passi ti portano fino in fondo. Non ci si aspetta che tu faccia grandi salti in avanti, però ogni passo sembrerà un grande salto, perché ti darà tanto di più di quanto hai mai avuto prima. Consenti alla tua vita esteriore di risistemarsi mentre la tua vita interiore inizia ad emergere e a far splendere la sua luce su di te. Mantieni la tua concentrazione e accetta il cambiamento nella tua vita esteriore, perché è per il tuo bene. Solo se sarà violata La Conoscenza, l'indicazione dell'errore ti sarà evidente. Questo ti condurrà ad agire efficacemente. Se La Conoscenza non è offesa dal cambiamento intorno a te, allora non serve che neanche tu lo sia. Col tempo, raggiungerai la pace della Conoscenza. Potrai condividere nella pace, la sua certezza e i suoi veri doni.

Pertanto, porta avanti il tuo Ripasso oggi in un periodo lungo di pratica. Ripassa con grande enfasi e discernimento. Non permettere che ti sfugga la comprensione del tuo processo di apprendimento.

Pratica 84: *Un periodo lungo di pratica.*

Passo 85

OGGI TROVERÒ LA FELICITÀ NELLE PICCOLE COSE.

Tu TROVERAI LA FELICITÀ NELLE piccole cose perché la felicità è con te. Troverai felicità nelle piccole cose perché stai imparando a essere calmo e attento. Troverai felicità nelle piccole cose perché la tua mente sta diventando ricettiva. Sentirai la felicità nelle piccole cose perché sei presente alle tue attuali circostanze. Le piccole cose possono portare grandi messaggi se presti loro attenzione. Allora le piccole cose non ti opprimeranno.

UNA MENTE CALMA È UNA MENTE CONSAPEVOLE. Una mente calma è una mente che sta imparando ad essere in pace. La pace non è uno stato passivo. È uno stato di massima attività, perché impegna la tua vita in un grande scopo e con grande intensità, attivando tutti i tuoi poteri, dando loro una direzione uniforme. Questo proviene dalla pace. Dio è calmo, ma tutto ciò che viene da Dio genera un'azione costruttiva e uniforme. Questo è quello che dona forma e direzione a tutte le relazioni significative. Per questo i tuoi Maestri sono con te, perché esiste un disegno.

ESERCITATI OGGI DUE VOLTE IN PROFONDA MEDITAZIONE. Dichiara l'affermazione della lezione di oggi ogni ora e ponderala brevemente. Consenti alla tua giornata di essere donata alla pratica, affinché la pratica possa infondere se stessa in ogni tua altra attività.

PRATICA 85:   *Due periodi di 30 minuti di pratica.*
              Pratica oraria.

Passo 86

IO ONORO COLORO CHE MI HANNO DATO.

ONORARE COLORO CHE TI HANNO DATO genera gratitudine, che è l'inizio del vero amore e della riconoscenza. Oggi nei tuoi due periodi di pratica profonda, ti viene chiesto di pensare alle persone che ti hanno dato, di pensare a loro e a nient'altro durante il tuo periodo di pratica. Ti viene chiesto di considerare molto profondamente quello che hanno fatto per te. Con coloro verso i quali provi rabbia e sconforto, cerca di vedere come anche loro ti hanno servito nella riscoperta della Conoscenza. Non rendere falsa testimonianza contro i tuoi sentimenti, ma prescindi dai tuoi sentimenti verso di loro e se c'è del rancore, cerca comunque di riconoscere il servizio che ti hanno reso. Perché effettivamente è possibile che qualcuno, seppure riconosci che ti ha reso un servizio, ti faccia andare in collera o ti provochi turbamento e spesso è proprio questo il caso. Forse sarai anche in collera con questo curriculum che cerca solo di servirti. Perché saresti arrabbiato con questo curriculum? Perché La Conoscenza spazza via tutto quello che la intralcia. È per questo che alle volte sei arrabbiato e non sai neanche il perché.

PERMETTI AI TUOI DUE PERIODI DI PRATICA DI ESSERE VERAMENTE FOCALIZZATI. Concentrati. Utilizza il potere della tua mente. Pensa alle persone che ti hanno servito. Se ti vengono in mente persone che non hai considerato come persone che ti hanno servito, pensa a come anche loro ti hanno servito. Lascia che questo giorno sia un giorno di riconoscimento. Lascia che questo sia un giorno di restituzione.

PRATICA 86: *Due periodi di 30 minuti di pratica.*

Passo 87

NON AVRÒ PAURA DI QUELLO CHE SO.

Ogni ora oggi esercitati ripetendo questa affermazione e pondera il suo significato. Ogni ora imparerai a liberare la tua vita dalla paura, perché La Conoscenza disperderà ogni paura, e tu disperderai la paura per dare alla Conoscenza il suo diritto di esprimersi. Fidati di ciò che sai. È per un bene supremo. Puoi anche provare la più grande rabbia e sfiducia verso te stesso, ma ciò non è diretto verso La Conoscenza. Ciò è diretto verso la tua mente personale, che non può in nessun modo capire il tuo scopo più grande. Non può in nessun modo dare una risposta alle tue domande più grandi o darti certezza, scopo, significato e direzione nella tua vita. Perdona ciò che è fallibile. Onora ciò che è infallibile e impara a distinguere le due cose.

Nei tuoi due periodi più lunghi di pratica di oggi, esercitati a lasciar andare la paura affinché tu possa sapere. Consentire alla tua mente di essere calma e ricettiva, senza esprimere richieste, sarà una dimostrazione che ti stai fidando della Conoscenza. Ti porterà sollievo da ciò che ti affligge e dalle animosità di questo mondo. In questo modo, inizierai a vedere un mondo diverso.

PRATICA 87: *Due periodi di 30 minuti di pratica.*
Pratica oraria.

Passo 88

IL MIO SÉ SUPERIORE NON È UN INDIVIDUO.

Spesso esiste confusione in merito al tuo Sé Superiore e ai tuoi Maestri spirituali. È una questione difficile da risolvere da un punto di vista di separazione. Quando però pensi alla vita in termini di una rete inclusiva di relazioni che si evolvono, allora incominci a sentire e a riconoscere che il tuo Sé Superiore è veramente parte di un tessuto più grande di relazioni. È la parte di te stesso che non è separata ma è legata in modo significativo agli altri. Ne consegue che il tuo Sé Superiore è legato al Sé Superiore dei tuoi Maestri. Essi ora sono senza dualità, perché non hanno un altro sé. Tu hai due sé: il Sé che è stato creato e il sé che hai creato tu. Portare quel sé, quello che tu hai creato, a servizio del tuo Vero Sé, li unisce in un significativo matrimonio di scopo e di servizio, ponendo fine per sempre al conflitto interiore.

Oggi ripeti ogni ora questa affermazione e senti il suo impatto. Nei tuoi più lunghi periodi di pratica, utilizza l'affermazione come un'introduzione alla tua pratica in completa calma e ricettività.

Pratica 88:   Due periodi di 30 minuti di pratica.
              Pratica oraria.

Passo 89

LE MIE EMOZIONI NON POSSONO DISSUADERE LA MIA CONOSCENZA.

Le emozioni ti trascinano come un forte vento. Ti sballottano da un posto all'altro. Forse col tempo sarai in grado di capire più profondamente il loro meccanismo. La nostra pratica di oggi enfatizza il fatto che esse non controllano La Conoscenza. La Conoscenza non ha bisogno di distruggere le tue emozioni. Vuole solo portare loro un contributo. Nel tempo capirai molto di più in merito alle tue emozioni, e ti renderai conto che possono servire uno scopo più grande, così come la tua mente e il tuo corpo. Tutte le cose che sono state una fonte di dolore, sconforto e dissociazione, quando sono portate a servizio di una potenza—che è la vera potenza—diventeranno un veicolo di espressione al servizio di uno scopo superiore. Anche la rabbia serve uno scopo superiore, perché ti dimostra che hai violato La Conoscenza. Anche se la tua collera può non essere diretta verso il prossimo, è semplicemente un segnale che qualcosa è andato storto e che va apportata una correzione. Nel tempo capirai la fonte del dolore, e capirai la fonte di tutte le emozioni.

Pratica ogni ora e all'inizio dei tuoi periodi più lunghi di meditazione, ripeti l'idea di oggi e poi entra nella calma. Oggi impara a dare valore a ciò che è certo e a capire ciò che è incerto, al fine di riconoscere ciò che è la causa e ciò che ostacola la causa ma col tempo può servire la causa stessa.

Pratica 89:   *Due periodi di 30 minuti di pratica.*
              Pratica oraria.

Passo 90

OGGI NON FARÒ SUPPOSIZIONI.

Non fare supposizioni oggi mentre dedichi un altro giorno a riconquistare La Conoscenza. Non fare supposizioni circa il tuo progresso nell'apprendimento. Non fare supposizioni circa tuo mondo. Esercitati oggi ad avere una mente aperta che è testimone di eventi e che cerca di imparare. Godi della libertà che arriva quando non ci sono supposizioni, perché il mistero sarà una fonte di grazia per te, anziché essere una fonte di paura e di ansia, quando impari a riceverlo.

Nella tua pratica di ogni ora e nelle tue due pratiche di meditazione di oggi, dove eserciti la calma e la ricettività, potrai sentire il valore e la potenza di queste parole. Non fare supposizioni in questo giorno. Ricorda questo a te stesso durante il giorno, perché fare supposizioni è semplicemente un'abitudine e quando questa abitudine viene abbandonata, la mente può esercitare la sua funzione naturale senza i vincoli di prima.

Pratica 90: Due periodi di 30 minuti di pratica.
Pratica oraria.

Passo 91

RIPASSO

Il nostro Ripasso ancora una volta si concentrerà sulle istruzioni e sui tuoi esercizi della scorsa settimana. Dedica questo tempo a rivivere l'esperienza di quello che è successo ogni singolo giorno ed a vedere il tutto anche dal punto di vista della tua attuale esperienza. Impara ad imparare. Impara il processo di apprendimento. Non utilizzare l'apprendimento come una forma di esibizione. Non utilizzare l'apprendimento per cercare di dimostrare a te stesso il tuo valore. Non sei in grado di dimostrare il tuo valore. Dimostrarlo è al di sopra degli sforzi che puoi fare. Il tuo valore si dimostrerà da solo quando glielo permetterai, cosa che ora stai imparando a fare. Esercitati a praticare. Alcuni giorni saranno più facili, altri saranno più difficili. Alcuni giorni vorrai praticare, altri potresti non voler praticare. Ogni giorno pratichi perché stai rappresentando una volontà superiore. Questo dimostra costanza, che è una dimostrazione di potere. Questo dimostra una dedizione superiore. Questo ti dà certezza e stabilità e ti consente di affrontare in maniera compassionevole tutte le cose che hanno minore forza.

IL TUO LUNGO RIPASSO OGGI sarà una presa in esame del tuo processo di apprendimento. Ricorda di non giudicare te stesso affinché tu possa imparare.

PRATICA 91: *Un periodo lungo di pratica.*

Passo 92

ESISTE UN RUOLO CHE DEVO GIOCARE NEL MONDO.

Sei venuto nel mondo in un tempo cruciale. Sei venuto a servire il mondo nelle sue attuali necessità. Tu sei venuto per preparare le cose per le generazioni future. Può tutto questo avere significato per te personalmente ora? Forse no, perché stai lavorando per il presente e per il futuro. Tu stai lavorando per la vita che vivrai e per le vite che seguiranno la tua. Questo ora ti realizza, perché questo è il dono che sei venuto a dare. Senza pretesa e senza incertezza, questo emergerà da te naturalmente e si donerà al mondo. L'intrecciare la tua vita con altre vite in modo molto specifico, ha lo scopo di elevare te e tutti coloro con i quali vieni a contatto. Il disegno è più grande della tua ambizione personale, e solo la tua ambizione personale può annebbiare la tua visione di ciò che devi fare. Sii grato oggi, allora, perché c'è un ruolo che devi svolgere nel mondo. Tu sei venuto nel mondo per svolgere questo ruolo—per la tua personale realizzazione, per l'avanzamento del tuo mondo e per servire la tua Famiglia Spirituale.

Nei tuoi due periodi di pratica oggi, concentrati e afferma che c'è un ruolo che devi giocare. Non cercare di riempirlo con le tue idee e i tuoi desideri, ma consenti a quel ruolo di realizzarsi da solo, perché La Conoscenza dentro di te lo realizzerà appena tu sarai preparato.

Nella calma e nell'accettazione, afferma che c'è un ruolo per te da giocare nel mondo e senti la potenza e la verità di questa grande idea.

Pratica 92: *Due periodi di 30 minuti di pratica.*

Passo 93

SONO STATO MANDATO QUI PER UNO SCOPO.

*S*EI STATO MANDATO NEL MONDO PER UNO SCOPO, per contribuire con i tuoi doni che emaneranno dalla Conoscenza. Sei venuto qui per uno scopo, per ricordare la tua Vera Casa mentre sei nel mondo. Il grande scopo che porti con te è con te in questo momento, ed emergerà in varie fasi mentre ti sottoponi alla preparazione che noi ti stiamo fornendo. Questo scopo è superiore a qualunque scopo tu ti sia mai immaginato per te stesso. È più grande di qualunque scopo tu abbia mai tentato di vivere per te stesso. Non ha bisogno della tua immaginazione o delle tue creazioni, perché si compirà attraverso te e ti integrerà perfettamente mentre lo farà. C'è uno scopo che devi adempiere nel mondo. Ora ti stai preparando passo per passo all'esperienza e all'accettazione di questo, affinché ti possa elargire i suoi grandi doni.

NEI TUOI DUE PERIODI DI PRATICA, afferma la realtà di questa asserzione. Nella calma e nella ricettività, consenti alla tua mente di insediarsi nella sua vera funzione. Consenti a te stesso di essere uno studente, che significa consentire a te stesso di essere ricettivo e responsabile per l'uso di quanto ti viene fornito. Lascia che questo giorno sia una conferma della tua vera vita nel mondo, non la vita che hai costruito per te stesso.

PRATICA 93: *Due periodi di 30 minuti di pratica.*

Passo 94

LA MIA LIBERTÀ È TROVARE IL MIO SCOPO.

CHE VALORE POTREBBE AVERE LA LIBERTÀ se non quello di metterti in grado di trovare il tuo scopo e di compierlo? Senza scopo, la libertà è solo il diritto di essere caotici, il diritto di vivere senza vincoli esteriori. Senza vincoli esteriori, però, ti troverai semplicemente a dare forma all'asprezza dei tuoi vincoli interiori. È un miglioramento questo? Complessivamente non è un miglioramento, anche se potrebbe portare verso opportunità di scoperta di se stessi.

NON CHIAMARE LIBERTÀ IL CAOS, perché quella non è la libertà. Non pensare, solo perché gli altri non ti limitano, di essere in uno stato di esaltazione. Renditi conto che la tua libera è fatta per metterti in grado di scoprire il tuo scopo e di compierlo. Capire il concetto di libertà in questo modo ti metterà in grado di utilizzare tutti gli aspetti della tua vita—la tua attuale situazione, le tue relazioni, i tuoi impegni, i tuoi successi, i tuoi errori, i tuoi elementi distintivi e i tuoi limiti—tutto per la scoperta del tuo scopo. Perché quando uno scopo superiore inizia ad esprimere se stesso attraverso te, in un modo che puoi riconoscere e accettare, sentirai finalmente che la tua vita si sta completamente integrando. Non sarai più due individui separati nell'ambito del tuo essere, ma un individuo, intero e unificato, con tutti gli aspetti di te impegnati a servire questo unico scopo.

LA LIBERTÀ DI COMMETTERE ERRORI NON TI REDIMERÀ. Gli errori possono essere commessi in qualunque circostanza, e la libertà può essere trovata in qualunque circostanza. Cerca allora di imparare la libertà. La Conoscenza si esprimerà quando sarà libera da vincoli e quando tu come persona ti sarai sufficientemente evoluto da essere in grado di portare nel mondo la sua grande missione. I tuoi Maestri Spirituali, che ti sono vicini al di là della tua visuale, sono qui per iniziarti alla Conoscenza. Essi hanno il loro metodo personale per farlo, perché capiscono il vero significato della libertà ed il suo vero scopo nel mondo.

PERTANTO, NEI TUOI PERIODI DI PRATICA confermiamo ancora una volta la potenza di questa affermazione e ti diamo due opportunità di provare quest'esperienza nel profondo di te stesso. Non hai bisogno di speculare su questo, semplicemente rilassati così da poterne fare esperienza. Focalizza completamente la tua mente per consentirle di provare la grandezza della presenza di Dio che è con te e dentro di te, perché questo significa guardare nella direzione della libertà dove la libertà esiste veramente.

PRATICA 94: *Due periodi di 30 minuti di pratica.*

Passo 95

COME POTREI MAI REALIZZARMI?

COME POTRESTI MAI REALIZZARTI quando non sai chi sei, quando non sai da dove sei venuto o dove stai andando, quando non sai chi ti ha mandato e chi ti aspetterà quando tornerai? Come potresti mai realizzarti da solo, quando fai parte della vita stessa? Ti puoi realizzare separato dalla vita? Solo nella fantasia e nell'immaginazione puoi anche solo vagheggiare l'idea di realizzarti. Qua non c'è realizzazione, solo confusione in aumento. Come passeranno gli anni sentirai dentro di te una tenebra crescente, come se una grande opportunità fosse andata perduta. Non perdere questa opportunità di vedere la vita come esiste veramente e di ricevere la sua realizzazione come ti viene veramente offerta.

SOLO NELL'IMMAGINAZIONE TI PUOI realizzare diversamente, ma l'immaginazione non è la realtà. Accettare questo può inizialmente sembrare una limitazione o una delusione, perché tu hai già dei progetti e delle motivazioni per la tua realizzazione personale, che siano già stati sperimentati o meno. L'intera tua agenda per la tua realizzazione deve ora essere messa in discussione, non per privarti di qualcosa di valore, ma per liberarti da una schiavitù che nel tempo ti potrebbe solo ingannare e deludere. Accettare allora che il tuo tentativo di realizzarti è senza speranza, finalmente ti apre a ricevere il grande dono che è disponibile per te e che ti sta aspettando. Questo grande dono è inteso per essere dato al mondo attraverso te, in un modo che è specifico per la tua felicità e per la felicità di quelli che saranno attratti da te.

COME POTRESTI MAI REALIZZARTI? Ogni ora oggi, ripeti questa domanda e dalle seriamente considerazione per un momento, a prescindere dalle tue circostanze. Esercitandoti ogni ora, guarda fuori, nel mondo, e vedi come le persone cercano di realizzarsi, sia in situazioni che esistono sia in situazioni in cui sperano. Comprendi quanto questo li separa dalla vita per com'è veramente. Comprendi come questo li separa dal mistero della loro esistenza e dalla meraviglia della vita che sono liberi di incontrare in ogni momento di ogni giorno. Non permettere a te stesso di esserne privato. La fantasia dipingerà sempre un quadro grandioso per te, ma non ha fondamento nella realtà. Solo coloro che cercano di confermare a vicenda le rispettive fantasie, si azzarderanno ad avere insieme una relazione ed il loro disappunto sarà reciproco, per cui tenderanno ad incolparsi a vicenda. Non cercare, allora, quello che ti potrà solo portare infelicità e potrà solo distruggere la grande opportunità che le relazioni rappresentano per te.

RIPETI QUESTA AFFERMAZIONE OGNI ORA. Nei tuoi due periodi di pratica, entra nella calma e nella ricettività, affinché tu possa imparare a ricevere la realizzazione, come esiste veramente.

PRATICA 95:   *Due periodi di 30 minuti di pratica.*
             Pratica oraria.

Passo 96

È LA VOLONTÀ DI DIO CHE IO SIA SENZA FARDELLI.

IL PRIMO PASSO CHE FA DIO PER la tua redenzione e per il tuo potenziamento è di alleggerirti delle cose che non sono necessarie per la tua felicità, dalle cose che non possono in alcun modo soddisfarti, dalle cose che ti causano soltanto dolore, e di levare dal tuo capo la corona di spine che porti, che rappresenta il tuo tentativo di realizzarti nel mondo. Esiste dentro di te una volontà più grande che vuole esprimere se stessa. Quando proverai questa esperienza, finalmente sentirai di essere conosciuto da te stesso. Finalmente proverai la felicità vera, perché finalmente la tua vita sarà stata integrata. Devi essere sgravato dai tuoi fardelli per poter fare questa scoperta. Nulla che abbia valore ti sarà portato via. L'intenzione di Dio non è renderti solo e abbandonato, ma è darti l'opportunità di realizzare la tua vera speranza al fine di poter procedere con forza e con vera motivazione.

ACCETTA ALLORA QUESTA PRIMA GRANDE OFFERTA di sgravarti dai conflitti privi di speranza che stai cercando di risolvere, dalle insignificanti aspirazioni che non ti portano da nessuna parte, dalle false promesse di questo mondo e dal tuo stesso idealismo che dipinge un quadro che il mondo non può in alcun modo sostenere. La grandezza della vita sorgerà su di te con semplicità ed umiltà, e capirai che hai dato via il nulla in cambio di qualcosa del massimo valore.

OGNI ORA RIPETI QUESTA AFFERMAZIONE e riflettici. Osserva il suo significato alla luce delle tue attuali circostanze. Osserva la sua dimostrazione nelle vite delle persone intorno a te. Osserva la sua realtà in termini della tua stessa esistenza, della quale stai imparando ad essere un testimone obiettivo.

Nei tuoi periodi più lunghi di pratica oggi, cerca di concentrarti su quest'idea e di applicarla in modo specifico alla tua vita. Impegna attivamente la tua mente nel cercare di pensare al significato di questa affermazione in termini delle tue attuali ambizioni, dei tuoi attuali progetti e così via. Molte cose potrebbero essere messe in dubbio mentre fai questo, ma renditi conto che La Conoscenza non è influenzata dai tuoi schemi e dai tuoi progetti, o dalle tue speranze e dalle tue delusioni. Sta solo aspettando il momento in cui potrà emergere dentro di te naturalmente, e tu sarai il primo beneficiario dei suoi grandi doni.

Pratica 96:   *Due periodi di 30 minuti di pratica.*
              Pratica oraria.

Passo 97

IO NON SO CHE COSA SIA LA REALIZZAZIONE.

È QUESTA AFFERMAZIONE UN'AMMISSIONE di debolezza? È rassegnarsi ad essere senza speranza? No, non lo è. È l'inizio della vera onestà. Quando ti renderai conto di quanto poco capisci ma allo stesso tempo ti renderai conto della grande offerta della Conoscenza che è disponibile per te, solo allora afferrerai questa opportunità con grande incoraggiamento e dedizione. La realizzazione la puoi solo immaginare, ma La Conoscenza di che cosa è la realizzazione vive e arde dentro di te. È un fuoco che non puoi spegnere. È un fuoco che esiste dentro di te adesso. Rappresenta il tuo grande desiderio di realizzazione, unione e contribuzione. Sepolto nella profondità delle tue speranze e delle tue paure, nella profondità dei tuoi progetti e delle tue ambizioni, il fuoco sta bruciando adesso. Abbandona quindi le tue idee sulla realizzazione, ma non essere privo di speranza, perché stai mettendo te stesso nella posizione di ricevere i doni che a te sono destinati. Hai portato tu questi doni con te nel mondo. Sono nascosti dentro di te, dove non li puoi trovare.

TU NON SAI CHE COSA SIA LA REALIZZAZIONE. Gli stimoli della felicità, da soli non possono essere la realizzazione, perché la realizzazione è uno stato di calma. È uno stato di accettazione interiore. È uno stato di totale integrazione. È uno stato fuori dal tempo che si esprime nel tempo. Come potrebbero anche gli stimoli più felici darti quello che puoi avere con te in qualunque circostanza e che non cessa quando lo stimolo è terminato? Noi non vogliamo privarti degli stimoli felici, perché possono essere molto buoni, ma sono temporanei e ti possono solo dare un barlume della possibilità più grande. Qui vogliamo portarti direttamente alla possibilità più grande coltivando le grandi risorse della tua mente e insegnandoti un modo di vedere il mondo affinché tu possa apprendere il suo vero scopo.

Pertanto, ogni ora di oggi, ripeti l'idea odierna e prendila seriamente in considerazione in relazione a te stesso ed al mondo intorno a te. Oggi, nei tuoi due periodi di pratica, ancora una volta dedica del tempo a considerare seriamente quest'idea. Ricordati di pensare alla tua stessa vita, in questi periodi di pratica, ed applica l'idea odierna ai progetti che conosci, che riguardano la tua realizzazione. Queste meditazioni basate sul ragionamento richiedono un lavoro mentale. Qui non sarai calmo. Indagherai, esplorerai, utilizzerai attivamente la tua mente per penetrare le cose delle quali riconoscerai l'esistenza. È un momento di seria introspezione. Quando ti accorgerai che quello che credevi di sapere è solo una forma di immaginazione, capirai il tuo grande bisogno di Conoscenza.

Devi capire ciò che possiedi per poter ricevere di più. Se pensi di avere di più di quello che in effetti hai, allora ti sei impoverito senza neppure rendertene conto e non capirai il grande progetto che è stato creato per te. Devi iniziare da dove sei, perché solo così procederai, ogni passo sarà certo, ogni passo sarà un passo in avanti, costruito sul passo precedente. Qui non ci saranno passi indietro, perché sarai fermamente determinato nel tuo percorso verso La Conoscenza.

Pratica 97: *Due periodi di 30 minuti di pratica.*
Pratica oraria.

Passo 98

RIPASSO

Nel tuo Ripasso, ancora una volta rivedi tutte le istruzioni delle lezioni e tutto quello che hai sperimentato fino ad ora nella scorsa settimana di pratica. Valuta onestamente il tuo impegno in queste lezioni e riconosci quello che ti hanno portato in termini di comprensione. Cerca di essere molto onesto nella tua valutazione. Ricordati che sei uno studente. Non pretendere di aver realizzato più di quanto hai realmente sperimentato.

La semplicità di questo approccio potrebbe sembrare ovvia, ma per molte persone è molto difficile da capire, perché sono così abituate a pensare di avere di più di quello che hanno, o di avere meno di quello che hanno, che è molto difficile per loro determinare le loro circostanze reali, anche se esse sono piuttosto ovvie.

Nel tuo periodo lungo di pratica, dunque, rivisita le tue lezioni e pondera ognuna di loro profondamente, ricordando la tua attività con esse nel giorno in cui sono state date e la tua comprensione di esse in quel momento. Ripassa ognuno dei precedenti passi molto attentamente e stai attento a non trarre conclusioni che non rappresentano la tua vera esperienza. È meglio essere incerti che trarre conclusioni errate.

Pratica 98: *Un periodo lungo di pratica.*

Passo 99

OGGI NON INCOLPERÒ IL MONDO.

OGGI ESERCITATI A NON INCOLPARE IL MONDO, a non giudicare i suoi ovvi errori ed anche a non rivendicare o addossare la responsabilità di questi errori sugli altri. Guarda il mondo in silenzio. Consenti alla tua mente di essere calma.

PRATICA QUESTO OGNI ORA E GUARDA il mondo con gli occhi aperti. Anche nei tuoi due periodi di pratica più lunghi, pratica con gli occhi aperti guardando il mondo. Non ha importanza cosa guardi, perché fa lo stesso. Oggi ti concentrerai nel guardare senza giudicare, perché questo svilupperà le vere facoltà della tua mente.

DUNQUE, NEI TUOI DUE PERIODI DI PRATICA, esercitati a guardare con gli occhi aperti, guardando senza giudicare. Guarda nell'ambiente circostante. Guarda solo quello che c'è. Non farti prendere dall'immaginazione. Non lasciar vagare i tuoi pensieri nel passato o nel futuro. Sii testimone solo di ciò che è presente. Quando emergono pensieri che sono dei giudizi, semplicemente abbandonali senza prenderli in considerazione, perché oggi stai esercitando il vedere—vedere senza giudicare, così che tu possa vedere quello che è veramente presente.

PRATICA 99:   *Due periodi di 30 minuti di pratica.*
                Pratica oraria.

Passo 100

OGGI IO SONO UNO STUDENTE PRINCIPIANTE DELLA CONOSCENZA.

TU SEI UNO STUDENTE PRINCIPIANTE DELLA CONOSCENZA. Accetta questo punto di partenza. Non pretendere più di questo, perché non conosci la strada verso La Conoscenza. Nel tuo percorso verso altre più grandi supposizioni, puoi aver raccolto grandi ricompense, ma questo porta in una direzione diversa da quella della strada per La Conoscenza, lungo la quale tutte le cose che non sono reali vengono abbandonate e tutte le cose che sono autentiche vengono abbracciate. La strada per La Conoscenza non è una strada che le persone hanno immaginato per loro stesse, perché non nasce dall'immaginazione.

DUNQUE, SII UNO STUDENTE PRINCIPIANTE DELLA CONOSCENZA. Ripeti questa affermazione ogni ora e ponderala seriamente. Prescindi dalla visuale che hai di te stesso, sia essa esaltata o riduttiva, non importa quello che hai fatto prima, non importa quali siano i traguardi che pensi di aver raggiunto, tu sei uno studente principiante della Conoscenza. In qualità di studente principiante vorrai imparare tutto quello che può essere imparato, e non avrai l'onere di dover difendere quello che credi di avere già conseguito. Questo alleggerirà considerevolmente il tuo peso nella vita e ti darà la possibilità di avere vera motivazione ed entusiasmo, che ora mancano.

SII UNO STUDENTE PRINCIPIANTE DELLA CONOSCENZA. Inizia i tuoi periodi di pratica più lunghi con questa affermazione e consenti a te stesso di sederti nella calma e di ricevere. Senza suppliche, senza domande e senza aspettative e richieste, consenti alla tua mente di essere calma, perché sei uno studente principiante della Conoscenza e non sai ancora che cosa chiedere e che cosa aspettarti.

PRATICA 100: *Due periodi di 30 minuti di pratica.*
Pratica oraria.

Passo 101

IL MONDO HA BISOGNO DI ME, MA IO ASPETTERÒ.

PERCHÉ ASPETTARE QUANDO IL MONDO HA BISOGNO DI TE? Non sembra incongruente, questo, con l'insegnamento che stiamo presentando? In verità non è per niente incongruente, se comprendi il suo significato. Visto che il mondo ha bisogno di te, aspettare sembrerebbe un'ingiustizia ed un'irresponsabilità. Non è contraddittorio, questo, con quanto stiamo insegnando? No, non è contraddittorio se capisci il suo significato. Se hai preso seriamente in considerazione quello che ti abbiamo impartito fino ad oggi nella tua preparazione, ti renderai conto che da sola, La Conoscenza dentro di te risponderà al mondo, e ti sentirai indotto a dare in certi luoghi e indotto a non dare in altri. Questa grande risposta dentro di te non nascerà da debolezza personale, insicurezza personale o dal bisogno di accettazione o riconoscimento. Non sarà una forma di negazione o di colpa. In effetti, non avrà assolutamente nulla a che fare con te. Per quello è veramente grande, perché non è destinata a rimediare alla tua piccolezza, ma a dimostrare la potenza della Conoscenza che esiste nel mondo affinché tu possa essere il suo testimone ed essere un veicolo per la sua espressione.

PERCHÉ ASPETTARE QUANDO IL MONDO HA BISOGNO DI TE? Perché non sei ancora pronto a dare. Perché aspettare quando il mondo ha bisogno di te? Perché non capisci ancora il suo bisogno. Perché aspettare quando il mondo ha bisogno di te? Perché daresti per i motivi sbagliati e rafforzeresti il tuo dilemma. Il momento per dare arriverà, la tua vita darà da sé e tu sarai preparato per accettarlo, per reagire e seguire la guida della Conoscenza che è dentro di te. Se devi dare un vero servizio al mondo, devi essere preparato, e questo è quanto stiamo intraprendendo ora.

Non lasciare che le tribolazioni del mondo ti provochino grande ansia. Non lasciare che le minacce di distruzione stimolino la tua paura. Non lasciare che le ingiustizie del mondo stimolino la tua rabbia, perché se lo fanno, significa che stai guardando senza Conoscenza. Stai vedendo il tuo idealismo infranto. Non è questo il modo di vedere, e quindi non è il modo di dare. Sei stato inviato per dare, e il tuo dare ti è intrinseco. Non serve che lo controlli, perché darà da sé quando sarai preparato. Pertanto, il tuo servizio al mondo in questo momento è la tua preparazione per diventare un contributore e anche se questo non darà immediata gratificazione alla tua necessità di dare, preparerà la strada per poter rendere un servizio più grande.

Nei tuoi due periodi di pratica oggi, pensa attivamente all'idea di oggi e considerala alla luce del tuo comportamento, delle tue inclinazioni, delle tue idee e delle tue convinzioni.

Pratica 101: *Due periodi di 30 minuti di pratica.*

Passo 102

HO MOLTO DA DISIMPARARE.

La tua vita è piena delle tue necessità e delle tue idee personali, è piena delle tue richieste e delle tue ambizioni, piena delle tue paure e delle tue personali complicazioni. Di conseguenza, il tuo veicolo per dare è appesantito e ingombro e la tua energia è in larga misura sottratta. Ecco perché il primo passo di Dio è alleggerirti. Fino a quando questo non accade, cercherai solo di risolvere la tua situazione senza sapere che cosa fare, senza capire il tuo dilemma e senza accettare l'assistenza che nel tempo sicuramente ti servirà. Accetta, pertanto, il tuo disimparare, perché questo ti alleggerirà dai tuoi pesi e ti rassicurerà sul fatto che una vita più grande è possibile ed inevitabile per te che sei venuto qua per dare.

Ripeti ogni ora questa affermazione e ponderala. Vedi la sua realtà nei termini della tua percezione del mondo. Nei tuoi più lunghi periodi di pratica, ancora una volta esercita in silenzio la calma della mente, dove nulla è tentato e nulla è evitato. Stai solo impegnando la tua mente ad essere calma affinché possa imparare a rispondere da sola a ciò che la chiama a sé. Per ogni passo che fai nel disimparare, La Conoscenza riempirà ciò che l'aveva sostituita. È una cosa istantanea, perché ti stai solo spostando in una posizione dove puoi ricevere affinché il tuo dare possa essere generoso, autentico ed appagante per te.

Pratica 102: *Due periodi di 30 minuti di pratica.*
Pratica oraria.

Passo 103

IO SONO ONORATO DA DIO.

Tu sei onorato da Dio, e tuttavia questa affermazione può accendere il tuo senso di incertezza, suscitare il tuo senso di colpa, confondere il tuo senso di orgoglio e stimolare ogni genere di conflitto che al momento esiste dentro di te. In passato hai cercato di essere qualcosa di inverosimile, ed è stato un fallimento. Ora hai paura di essere qualsiasi cosa per la paura che il fallimento ti perseguiti di nuovo. Ne consegue che la grandezza appare come piccolezza e la piccolezza appare come grandezza, e tutte le cose vengono viste al contrario o rovesciate rispetto al loro vero significato.

Tu sei onorato da Dio che tu lo possa accettare o no. È vero a prescindere dal giudizio umano, perché solo le cose che vanno oltre il giudizio sono vere. Noi ti stiamo portando a ciò che sta oltre il giudizio, che sarà la più grande scoperta possibile in questa vita o in qualsiasi vita.

Ripeti ogni ora questa affermazione e prendila seriamente in considerazione. Nei tuoi due periodi di pratica, consenti alla tua mente ancora una volta di essere calma e ricettiva affinché tu possa imparare a ricevere l'onore che Dio ha in serbo per te. Certamente questo onore deve essere diretto verso una parte di te della quale sei a malapena a conoscenza. Non è il tuo comportamento che viene onorato. Non è il tuo idealismo che viene onorato. Non sono le tue convinzioni, le tue supposizioni, le tue pretese e le tue paure. Queste possono essere per il bene o per il male. Queste ti possono servire o ti possono tradire, ma l'onore è riservato a qualcosa di superiore, che ora stai imparando a riconoscere.

Pratica 103: *Due periodi di 30 minuti di pratica.*
Pratica oraria.

Passo 104

DIO SA PIÙ COSE DI ME DI QUANTE NE SO IO.

DIO SA PIÙ COSE DI TE DI QUANTE NON NE SAPPIA TU. Questo dev'essere ovvio se hai considerato te stesso onestamente. In ogni caso, considerane le conseguenze. Se Dio sa di te più di quanto ne sappia tu, allora non sarebbe la valutazione di Dio qualcosa che vorresti imparare ad esplorare? Certo che lo sarebbe. Non sarebbero allora necessariamente in errore le tue valutazioni di te stesso? Solo in questo hai peccato, perché il peccato è solamente errore. L'errore richiede correzione, non una condanna. Condanneresti te stesso e penseresti che allora Dio seguirebbe il tuo esempio emettendo una condanna ancora più grande. È per questo che le persone hanno creato Dio a loro immagine, ed è per questo che devi disimparare quello che hai costruito, affinché tu possa trovare quello che conosci e affinché le tue creazioni in questo mondo siano per il bene ed abbiano valore duraturo.

DIO SA PIÙ COSE DI TE DI QUANTE NON NE SAPPIA TU. Non fingere di poter creare te stesso, perché sei già stato creato e ciò che è stato autenticamente creato è di gran lunga superiore e più felice della vita che hai realizzato fino ad ora. È la tua infelicità che ti sta portando alla verità, perché ti sta guidando a una vera decisione. Questo, naturalmente, è vero.

RIPETI OGNI ORA QUESTA AFFERMAZIONE e prendila seriamente in considerazione. Nel fare ciò, osserva il mondo intorno a te, per cercare di imparare il significato dell'idea di oggi in relazione al mondo. Nelle tue sessioni più lunghe di pratica nella calma, consenti alla tua mente di divenire calma affinché possa imparare a godere della sua grandezza. Dalle quest'opportunità di libertà e lei in cambio darà libertà a te.

PRATICA 104: *Due periodi di 30 minuti di pratica.*
Pratica oraria.

Passo 105

RIPASSO

Nel tuo Ripasso, segui gli esempi precedenti e rivedi la settimana di istruzioni e la settimana di esercizi. Dai una considerazione speciale oggi alle idee che abbiamo presentato. Comprendi che queste idee devono essere ponderate e vissute attraverso molti stadi di sviluppo. Il loro significato è troppo profondo e troppo grande per poterti risultare interamente ovvio ora, tuttavia serviranno a rammentarti che La Conoscenza è con te e che tu sei venuto a dare La Conoscenza nel mondo.

Il nostro insegnamento dunque semplificherà ogni cosa, risolvendo tutti i conflitti che adesso ti porti dietro e renderà superfluo il conflitto in futuro. Perché fintanto che sei con La Conoscenza, il conflitto non esiste. Una vita priva di conflitto è il contributo più grande che può essere dato nel mondo, perché questa è una vita che accenderà la scintilla dell'inizio della Conoscenza in tutti, una scintilla che può spingersi nel futuro ben oltre la tua vita individuale. È la grande scintilla che sei destinato a dare nel mondo, perché allora il tuo vero dare non avrà fine e servirà la tua attuale generazione e le generazioni che verranno.

Le benedizioni che stai vivendo oggi nel tuo mondo sono il risultato di questi riverberi che si passano di generazione in generazione mentre La Conoscenza è mantenuta viva nel mondo. L'opportunità che hai di avere La Conoscenza nasce dal dare di quelli che hanno vissuto prima, così come il tuo dare porterà l'opportunità di libertà a quelli che seguiranno. Questo è il tuo più grande scopo nella vita: mantenere viva La Conoscenza nel mondo. Ma prima devi imparare La Conoscenza—imparare a riconoscerla, imparare ad accettarla, imparare a discernerla dagli altri impulsi della tua mente e imparare i vari stadi di sviluppo che saranno necessari per seguire La Conoscenza verso il suo grande compimento. È per questo che sei uno studente principiante della Conoscenza.

Nel tuo unico periodo lungo di pratica, intraprendi il tuo Ripasso più dettagliatamente possibile. Consenti alla confusione e all'incertezza di esistere, perché ciò è necessario in questa fase dell'indagine. Sii felice, allora, per tutte le cose che possono essere veramente riconosciute e sappi che La Conoscenza è con te, perciò sei libero di essere incerto.

Pratica 105: *Un periodo lungo di pratica.*

Passo 106

NON CI SONO MAESTRI CHE VIVONO NEL MONDO.

NON CI SONO MAESTRI CHE VIVONO NEL MONDO, perché la Maestria la si raggiunge oltre il mondo. Ci sono studenti progrediti. Ci sono studenti dai grandi risultati. Ma non ci sono grandi Maestri che vivono nel mondo. Qui non si trova la perfezione, solo il contributo. Chiunque rimane nel mondo vi rimane per imparare le lezioni del mondo. Le lezioni del mondo devono essere imparate non solo nella tua vita individuale, ma anche in una vita di contribuzione. La tua genuina istruzione eccede di gran lunga quello che hai conseguito fino ad oggi. Non è la semplice correzione degli errori. È la contribuzione dei doni.

NON CI SONO GRANDI MAESTRI CHE VIVONO NEL MONDO. Perciò ti devi liberare del grande peso di tentare o esigere la Maestria da te stesso. Tu non puoi essere un grande Maestro, perché la vita è il grande Maestro. Questa è la grande differenza, che farà tutta la differenza per te quando arriverai a capire il suo vero significato e il suo beneficio.

NEI TUOI DUE PERIODI DI PRATICA OGGI, pensa a tutti gli individui che hai considerato essere dei grandi Maestri—individui che hai conosciuto, dei quali hai sentito parlare o che hai immaginato, individui del passato e individui attualmente in vita. Pensa a tutte le qualità che li hanno resi dei Maestri ed a come li hai utilizzati per giudicare te stesso e per valutare la tua vita e il tuo comportamento. Non è lo scopo degli studenti progrediti diventare il criterio secondo il quale basare l'auto-condanna per quelli che hanno capacità inferiori. Non è quello il loro dono, anche se essi col tempo dovranno capire che i loro doni saranno travisati in quel modo.

Accetta di essere alleggerito dei tuoi fardelli mentre ti ricordiamo che non ci sono grandi Maestri che vivono nel mondo. Nei tuoi più lunghi periodi di pratica, cerca di comprenderlo. Cerca di capire il sollievo che ti viene dato. Non fare però lo sbaglio di pensare che questo porti a passività da parte tua, perché il tuo coinvolgimento sarà più grande che mai nel riconquistare La Conoscenza. Più grande che mai sarà il tuo impegno nell'emergere della Conoscenza. Ora il tuo coinvolgimento e il tuo impegno possono andare avanti più rapidamente, perché si sono alleggeriti del peso del tuo idealismo, che ti può solo portare fuori strada.

Pratica 106: *Due periodi di 30 minuti di pratica.*

Passo 107

OGGI IMPARERÒ AD ESSERE FELICE.

*I*MPARARE AD ESSERE FELICE significa semplicemente imparare ad essere naturale. Imparare ad essere felice significa imparare ad accettare La Conoscenza oggi. La Conoscenza è felice oggi. Se non sei felice, non sei con La Conoscenza. Felicità non significa sempre avere il sorriso sulle labbra. Non è un comportamento. La felicità genuina è un senso di sé, un senso di completezza e di soddisfazione. Se una perdita ha avuto luogo nella tua vita, la perdita di una persona amata, puoi comunque essere felice, anche se puoi versare lacrime. Non è sbagliato versare lacrime, perché questo non significa tradire una felicità più grande dentro di te, perché le lacrime possono anche essere lacrime di felicità. La felicità non è una forma di comportamento. Lascia che te lo rammentiamo. È un senso di soddisfazione interiore. La Conoscenza ti darà questo perché semplificherà la tua vita e consentirà alla tua mente di concentrarsi su quello che realmente le è stato dato da fare. Questo ti rafforzerà, ti semplificherà e ti darà un'armonia superiore a quella che puoi aver conosciuto prima.

ALLORA, NEI TUOI DUE PERIODI DI PRATICA OGGI, consenti alla tua mente di entrare nella calma un'altra volta. Questo è un momento di calma. Questa non è una pratica di indagine mentale, ma una pratica di calma mentale.

PRATICA 107: *Due periodi di 30 minuti di pratica.*

Passo 108

LA FELICITÀ È QUALCOSA CHE DEVO IMPARARE DI NUOVO.

TUTTE LE COSE ORA DEVONO ESSERE RIVALUTATE. Tutte le cose adesso devono essere viste di nuovo, perché c'è un guardare con La Conoscenza e c'è un guardare senza La Conoscenza. Portano risultati diversi. Incoraggiano valutazioni diverse e reazioni diverse. Abbiamo detto che la felicità non è una forma di comportamento, perché è molto più profonda. Non cercare allora di utilizzare quest'idea per avere favori dagli altri o per dimostrare a te stesso che sei più felice di quanto tu non sia veramente. Non vogliamo mettere un comportamento di facciata sulla tua attuale esperienza. Noi vogliamo guidarti verso quell'esperienza che è autentica rispetto alla la tua natura, che esprime la tua natura e che contribuisce alla vita con la tua natura.

IMPARA DI NUOVO, ALLORA, LA FELICITÀ. Nei tuoi due periodi di pratica, impegna la tua mente in un'indagine. Pondera le tue idee sulla felicità e sulle forme di comportamento che credi che esse debbano rappresentare. Pensa a tutti i modi in cui hai cercato di essere più felice di quanto tu non lo sia. Pensa a tutte le aspettative e alle richieste che hai caricato su te stesso per essere felice e per dimostrare a te stesso e agli altri il tuo valore. Mentre riconosci queste cose, prendi atto che senza questo tentativo la felicità emergerà da sola, senza le tue imposizioni sulla tua mente e sul tuo corpo. Senza la tua imposizione, la felicità emergerà da sola. Pensa a questo oggi, ma non accontentarti di semplici conclusioni, perché tu sei uno studente principiante di Conoscenza e le grandi conclusioni arrivano dopo.

PRATICA 108: *Due periodi di 30 minuti di pratica.*

Passo 109

OGGI NON AVRÒ FRETTA.

OGGI FAI OGNI PASSO CON ARMONIA. Non avere fretta. Non hai bisogno di avere fretta perché sei con La Conoscenza. Puoi rispettare i tuoi appuntamenti nel mondo e mantenerli in orario, ma dentro di te non essere affrettato. Puoi cercare La Conoscenza, la realizzazione e la contribuzione, ma non essere affrettato. Quando hai fretta, stai trascurando il passo attuale per altri passi che trovi preferibili, ma come possono dei passi essere preferibili ad altri quando stai ignorando il passo che sta di fronte a te? Devi solo fare il passo che sta di fronte a te, poi il prossimo passo emergerà naturalmente. Non avere fretta. Non puoi andare più veloce del tuo limite. Non perderti tutto quello che ti stiamo dando da praticare, che richiederà che tu non abbia fretta.

DURANTE LA GIORNATA DI OGGI RICORDA A TE STESSO ogni ora di non avere fretta. Ripeti a te stesso, "Io oggi non avrò fretta," e rifletti per un momento su questo. Puoi assolvere le tue responsabilità nel mondo senza essere di fretta. Puoi rispettare i tuoi traguardi senza essere di fretta. Trova conforto nel fatto che sei uno studente principiante, perché gli studenti principianti non sanno dove stanno andando, perché sono nella posizione di ricevere, non di governare. Questa ora è una grande benedizione per te e col tempo ti darà la forza per governare la tua mente e le tue vicende personali con La Conoscenza. Sarai un sovrano gentile che non condannerà l'errore e non punirà i peccatori, come oggi immagini che faccia Dio.

LA CONOSCENZA NON HA FRETTA. Perché allora dovresti averne tu? La Conoscenza si può spostare velocemente o lentamente. Dunque ti puoi muovere velocemente o lentamente, ma dentro di te non hai fretta. Questa è una parte della Maestria della vita che ora puoi imparare a scoprire.

PRATICA 109: *Pratica oraria*.

Passo 110

OGGI SARÒ ONESTO CON ME STESSO.

OGGI SARÒ PERFETTAMENTE ONESTO, riconoscendo quello che veramente so e quello che invece credo o spero solamente. Non fingerò di sapere cose che non so. Non fingerò di essere più ricco o più povero di quello che sono. Oggi cercherò di essere esattamente dove sono.

CERCA DI ESSERE ESATTAMENTE DOVE SEI OGGI. Sii semplice. Sii a tuo agio. Osserva il mondo intorno a te. Porta avanti i tuoi doveri terreni. Non ti esaltare. Non ti sminuire. In questo giorno lascia che tutto funzioni come veramente funziona, senza tentare di governare o condizionare te stesso. L'unica eccezione a questo è l'utilizzare la tua auto-disciplina per portare a termine la pratica di oggi.

NEI TUOI DUE PERIODI PIÙ LUNGHI di pratica, ripeti l'affermazione di oggi ed entra nella calma. Qui devi esercitare il potere della tua mente. Qui non stai tentando nulla di illusorio o di irreale. Stai consentendo alla tua mente di entrare nel suo stato naturale, in uno stato di pace.

PRATICA 110:   *Due periodi di 30 minuti di pratica.*
                  Pratica oraria.

Passo 111

OGGI SARÒ A MIO AGIO.

SII A TUO AGIO OGGI, SAPENDO CHE La Conoscenza è con te, sapendo che i tuoi Maestri sono con te e sapendo che la tua Famiglia Spirituale è con te. Non lasciare che le ansie e il peso della preoccupazione ti distolgano dalla tua pratica oggi.

MENTRE TRASCORRI LA GIORNATA, durante la tua pratica ad ogni ora, ricorda a te stesso di essere a tuo agio, perché La Conoscenza adesso è la tua guida. Se non è preoccupata, tu non devi essere preoccupato. Liberati dalle preoccupazioni abituali, dalla schiavitù abituale. Rafforza la tua determinazione nel farlo e col tempo diventerà più facile. Dopo tutto avverrà da sé naturalmente. La tua mente ha abitudini di pensiero. Sono solamente questo. Quando verranno sostituite con abitudini nuove, La Conoscenza inizierà a splendere attraverso la struttura che hai imposto su di lei. Qui La Conoscenza inizierà a risplendere per guidare le tue azioni, per condurti verso l'intuizione e verso importanti scoperte e per darti forza e certezza maggiori di quanto tu non abbia mai conosciuto.

NELLE TUE PRATICHE DI OGNI ORA, allora, utilizza la tua auto-disciplina per il tuo scopo. Nelle tue due pratiche di meditazione, rimani molto allerta ma calmo nella mente.

PRATICA 111: *Due periodi di 30 minuti di pratica.*
Pratica oraria.

Passo 112
RIPASSO

Oggi per il tuo Ripasso faremo qualcosa di leggermente diverso. Ogni ora rammenta a te stesso di ricordare La Conoscenza. Ripeti a te stesso, "Io mi ricorderò della Conoscenza, io mi ricorderò della Conoscenza," tenendo in mente durante il giorno che tu non sai ancora che cosa sia La Conoscenza, e tuttavia avendo la certezza che è con te. Nasce da Dio. È la volontà di Dio dentro di te. È il tuo Vero Sé. Ne consegue che imparerai a seguire ciò che è grande. Nell'ambito del tuo stato limitato, ottieni accesso a ciò che non ha limiti. Dunque, diventi un ponte per La Conoscenza oggi.

Ripeti allora ogni ora che ti ricorderai della Conoscenza. Non ti dimenticare oggi la tua pratica affinché tu possa rafforzare e potenziare te stesso.

Pratica 112: *Pratica oraria.*

Passo 113

IO NON SARÒ PERSUASO DAGLI ALTRI.

QUALSIASI MENTE CHE È PIÙ DETERMINATA della tua ti può persuadere ed influenzare. Non c'è nulla di troppo misterioso in questo. È semplicemente il risultato di una mente che è più concentrata o focalizzata di un'altra. Le menti hanno vari livelli di influenza tra di loro, dipende dalla loro concentrazione e dal genere di influenza che esercitano. Lascia che La Conoscenza ti persuada, perché è la grandezza che porti con te. Non lasciare che le opinioni o la volontà degli altri ti persuadano. Lascia che solo la loro Conoscenza ti influenzi, perché solo questo può influenzare la tua Conoscenza. Questo sarà molto diverso dal sentirsi dominati, manipolati o persuasi dagli altri.

ALLORA SII RISERVATO. SEGUI LA CONOSCENZA. Se un'altra persona stimola la tua Conoscenza, allora dai a quell'individuo la tua attenzione affinché tu possa imparare il vero potere della persuasione. Non lasciare però che le persuasioni di questo mondo—le sue lagnanze, i suoi amati ideali, la sua moralità, le sue esigenze o i suoi compromessi—ti influenzino, perché tu stai seguendo La Conoscenza, e non hai bisogno di seguire le persuasioni del mondo.

RICORDA A TE STESSO L'IDEA DI OGGI ogni ora e pratica la calma profondamente nei tuoi due esercizi di meditazione di oggi. Lascia che solo La Conoscenza ti persuada, perché è tutto ciò che hai bisogno di seguire nel mondo.

PRATICA 113: *Due periodi di 30 minuti di pratica.*
Pratica oraria.

Passo 114

I MIEI VERI AMICI SONO CON ME. IO NON SONO SOLO.

COME POTRESTI ESSERE SOLO quando i tuoi Maestri sono con te? Quale amicizia hai tu più vera di chi sta vicino alla tua Conoscenza? Queste amicizie non nascono in questo mondo. Sono state create al di là del mondo, ed esistono per servirti adesso. Sentirai la presenza di coloro che sono con te, quando la tua mente si calmerà. Quando cesserai di essere preoccupato dai tuoi ferventi desideri e dalle tue paure, inizierai a sentire questa presenza che è così garbata, così gentile e rassicurante.

OGNI ORA OGGI, ricorda a te stesso che i tuoi amici sono con te. Nei tuoi due profondi periodi di pratica, permetti alla tua mente di ricevere la loro presenza affinché tu possa capire la vera natura delle relazioni nel mondo. Con la pratica, questa comprensione diventerà così forte che sarai in grado di ricevere le idee, l'incoraggiamento e la correzione da coloro che sono più potenti di te, che esistono per servirti nella tua vera funzione nel mondo. Sono loro che ti iniziano alla Conoscenza, e sono in relazione con la tua Conoscenza, perché la tua Conoscenza contiene la tua vera relazione con il tutto della vita.

PRATICA 114: *Due periodi di 30 minuti di pratica.*
Pratica oraria.

Passo 115

OGGI ASCOLTERÒ LA POTENZA DELLA CONOSCENZA.

OGGI ASCOLTA LA POTENZA DELLA CONOSCENZA. Richiede la tua attenzione. Richiede il tuo desiderio. Richiede l'abbandono delle cose che ti preoccupano e ti turbano, cose che non puoi risolvere da solo. Ascolta La Conoscenza oggi affinché ti possa confortare e rimanere con te. Nel suo silenzio, troverai una solida rassicurazione e anche fiducia. Perché se La Conoscenza è silenziosa, non ti serve avere ansie per la tua vita, e se La Conoscenza parla, devi solo seguirla affinché tu possa imparare la potenza della Conoscenza per te.

TU DIVENTI CALMO PERCHÉ LA CONOSCENZA È CALMA. Tu diventi capace di agire perché La Conoscenza è capace di agire. Tu puoi imparare a parlare con semplicità perché La Conoscenza parla con semplicità. Tu impari ad essere a tuo agio perché La Conoscenza è a suo agio. Tu impari a dare perché La Conoscenza dà. È per impegnarti di nuovo nel rapporto con la tua Conoscenza che sei ora impegnato in questo programma di sviluppo.

OGNI ORA OGGI, ricorda a te stesso di ascoltare La Conoscenza e prenditi un momento per farlo in qualsiasi circostanza ti trovi. La tua prima attività nell'ascolto è la calma. Pratica questo con maggiore profondità nelle tue due pratiche di meditazione di oggi, dove eserciti la calma e la ricettività perché oggi desideri ascoltare La Conoscenza.

PRATICA 115: *Due periodi di 30 minuti di pratica.*
Pratica oraria.

Passo 116

OGGI SARÒ PAZIENTE CON LA CONOSCENZA.

Sii paziente con La Conoscenza affinché tu possa seguire La Conoscenza. La Conoscenza è molto più calma di quanto non lo sia tu. È molto più potente di quanto non lo sia tu. È molto più certa di quanto non lo sia tu e tutte le sue azioni sono profonde e significative. C'è un contrasto tra te e La Conoscenza solo perché tu vivi nell'essere che hai creato per te stesso, e hai temporaneamente perso il contatto con La Conoscenza. La Conoscenza rimane con te, perché non la puoi mai lasciare. Sarà sempre là per redimerti, per salvarti e per riscattarti in lei, perché è il tuo Vero Sé. Non lasciare che opinioni e supposizioni si mascherino da Conoscenza. Consenti alla tua mente di diventare sempre più calma mentre intraprendi le attività della giornata.

Ripeti quest'idea ogni ora e, nei tuoi due esercizi di meditazione profonda, consenti a te stesso di entrare nella calma e nella certezza che La Conoscenza possiede per te. In questo modo la tua mente sarà in risonanza con l'universo e inizierai a rinvenire le tue antiche abilità e le tue antiche memorie. Qua l'idea della Famiglia Spirituale inizierà ad avere significato per te, e ti renderai conto che sei venuto nel mondo per servire.

Pratica 116: *Due periodi di 30 minuti di pratica.*
Pratica oraria.

Passo 117

È MEGLIO ESSERE SEMPLICE CHE ESSERE POVERO.

La semplicità ti consente di accedere alla vita e di godere in ogni momento dei suoi benefici. La complessità è uno stato di dissociazione che ti rende incapace di godere della vita e di percepire il tuo ruolo in essa. Questa è la fonte di ogni grande povertà, perché nessun traguardo terreno e nessun possedimento terreno può eliminare il senso di isolamento e di povertà che accompagnano tale dissociazione.

Oggi allora, esercitati più profondamente di prima, affinché tu possa sentire la potenza della Conoscenza che è con te. Consenti a te stesso di essere semplice, perché nella semplicità tutte le cose ti possono essere date. Se ti consideri complicato, o consideri complicati i tuoi problemi, è perché stai guardando te stesso ed i tuoi problemi senza La Conoscenza e di conseguenza sei perso nelle tue valutazioni. Qui stai confondendo le cose di maggior valore con quelle di minor valore, cose di priorità superiore con cose di priorità inferiore. La verità deve sempre portare semplicità, perché la semplicità porta la soluzione, la giusta comprensione e stabilisce pace e fiducia in coloro che la sanno ricevere.

Esercitati profondamente oggi. Ripeti l'idea di oggi ogni ora, e nei tuoi due esercizi di meditazione, ricorda a te stesso che La Conoscenza è con te, quindi entra nella calma. Consenti a te stesso di essere semplice e confida nel fatto che La Conoscenza ti guiderà in ogni modo.

Pratica 117: *Due periodi di 30 minuti di pratica.*
Pratica oraria.

Passo 118

OGGI NON EVITERÒ IL MONDO.

Non c'è alcun bisogno di evitare il mondo perché il mondo non ti può dominare quando sei con La Conoscenza. Quando sei con La Conoscenza, sei qui per servire il mondo. Allora il mondo non è più una prigione. Non è più una fonte continua di sconforto e disappunto. Ti dà l'opportunità di dare e l'opportunità di ristabilire la tua vera comprensione. Non cercare rifugio nelle cose spirituali, perché il tuo scopo è quello di dare al mondo. Consenti al mondo di essere così com'è, e il tuo biasimo per lui non tornerà indietro a perseguitarti. Perché senza condanna esiste solo l'opportunità del dare. Questo dare attingerà alla tua Conoscenza, che darà del suo, e tu sarai il veicolo del suo dare.

Pensa a questo adesso. Nei tuoi due periodi di pratica consenti a te stesso di vivere la presenza della Conoscenza nella tua vita. Non farle alcuna richiesta. Non cercare di farle domande. Consenti solo a te stesso di sentirla, perché così tutto quello che cerchi ritorna a te naturalmente senza sforzo da parte tua. Utilizza la tua auto-disciplina solo per orientare la tua mente nella direzione giusta. Quando è impegnata in tal senso, tornerà spontaneamente alla Conoscenza. Perché quella è la sua destinazione, quello è il suo amore, quello è il suo vero compagno e il suo vero matrimonio nella vita.

Pratica 118: *Due periodi di 30 minuti di pratica.*

Passo 119

RIPASSO

In questo speciale Ripasso, rivedi le ultime due settimane di pratica, ripassando ogni istruzione e ricordando ogni giorno di pratica. Cerca di ricordare quanto seriamente hai dedicato il tuo pensiero a ogni giorno di pratica e quanto hai utilizzato bene quella pratica. Non credere di poterti giustamente lamentare di questa preparazione se non la stai utilizzando al massimo delle sue possibilità. Il tuo ruolo qui è solo quello di seguire i passi nel modo in cui vengono dati e di non alterarli in base alle tue preferenze. In questo modo, ti metti nella posizione di poter ricevere, che è la posizione che hai bisogno di assumere.

Nei tuoi due lunghi periodi di pratica di oggi, uno per ogni settimana di pratica, rivedi le ultime due settimane. Cerca di essere molto gentile con te stesso, ma riconosci se non hai soddisfatto i requisiti e non imbrogliare te stesso su questo aspetto. Dedicati nuovamente a rendere più profonde le tue pratiche e la tua determinazione, ricordando a te stesso della semplicità della tua vita e del vero valore che ti viene dato. In questo modo imparerai un nuovo modo di vivere. Imparerai a ricevere ed a dare, e la tua vita sarà libera dall'oscurità della complessità. Perché la semplicità deve sempre appartenere alla luce, deve sempre appartenere al bene.

Dona allora tutto te stesso a questo Ripasso, affinché tu possa capire come imparare. Questi ripassi ti mostreranno le tue facoltà di apprendimento e la tua predisposizione all'apprendimento. Ti insegneranno le cose necessarie che dovrai conoscere in futuro quando sarai in grado di aiutare anche gli altri ad imparare.

Pratica 119: *Due lunghi periodi di pratica.*

Passo 120

OGGI MI RICORDERÒ DELLA MIA CONOSCENZA.

RICORDA LA TUA CONOSCENZA OGGI. Ricorda che ti è vicina a prescindere da dove vai o da cosa stai facendo. Ricorda che ti è stata data per servirti, per nutrirti e anche per elevarti. Ricordati che non devi essere arrabbiato con il mondo, perché lo puoi accettare così com'è. Ricordati che tu accetti il mondo così com'è al fine di potergli dare, perché il mondo si sta sviluppando come ti stai sviluppando tu. Ricordati che La Conoscenza è con te e ti basta essere con La Conoscenza per sentire il suo pieno impatto.

RICORDA A TE STESSO OGNI ora di oggi che La Conoscenza è con te e dai a questo pensiero un momento di riflessione. Non lasciare che emozioni furibonde o una profonda depressione gettino un'ombra sulla tua pratica, perché la tua pratica è superiore ai tuoi stati emotivi, che cambiano come i venti e le nuvole ma non possono mascherare l'universo sopra di loro.

RENDITI CONTO ALLORA DELLA PICCOLEZZA dei tuoi stati emotivi e della grandezza della Conoscenza. In questo modo, La Conoscenza bilancerà i tuoi stati emotivi e ti rivelerà la fonte delle tue stesse emozioni, che è la fonte della tua espressione nel mondo. Questo è il mistero della vita che stai ora imparando a esplorare.

PRATICA 120: *Pratica oraria.*

Passo 121

OGGI SONO LIBERO DI DARE.

Oggi sei libero di dare perché la tua vita sta diventando semplice e le tue necessità vengono soddisfatte. Questo ti libera affinché tu possa dare, perché una volta che avrai ricevuto, vorrai solo dare.

Avrai un pratica speciale due volte oggi dove dovrai pensare a qualcuno che ha bisogno e poi dovrai dargli una qualità che vorresti ricevere tu stesso. Manda a quell'individuo quella qualità. Mandagli amore o forza o fede o incoraggiamento, oppure determinazione o arrendevolezza, accettazione o auto-disciplina—qualsiasi cosa gli serva per apportare una risoluzione nella sua vita. Oggi sei libero di dare questo, perché le tue necessità vengono soddisfatte.

Allora, in ognuno dei tuoi due esercizi pratici, con gli occhi chiusi, fatti venire in mente delle persone e dai loro quello che sai che serve loro. Non cercare di risolvere i loro problemi. Non cercare di rafforzare un esito preferibile, perché in genere non puoi sapere l'esito giusto per una persona. Puoi sempre però dare forza di carattere e rafforzare le loro facoltà mentali. Questo darà un senso alla tua intenzione e riconfermerà quelle qualità dentro di te, perché le devi possedere al fine di poterle dare, e dandole ti rendi conto che già le possiedi.

Come tua pratica oggi, non avere dubbi che quello che eserciti per gli altri sarà ricevuto da parte loro.

Pratica 121: *Due periodi di 30 minuti di pratica.*

Passo 122

OGGI DÒ SENZA PERDERE.

Quello che ti viene chiesto di dare può solo crescere mentre lo dai. Non è una cosa fisica che dai, anche se cose fisiche possono essere date per il bene. Non è qualcosa che puoi quantificare, perché non hai idea della sua dimensione. Tu stai dando forza e incoraggiamento.

Oggi nei tuoi due periodi di pratica, continua il tuo dare ad altri. Questa è una forma di preghiera attiva. Non pensare che la sua potenza non venga ricevuta da quelli sui quali ti sei concentrato. Ricordati oggi di non cercare di determinare l'esito del loro dilemma o il loro bisogno, ma semplicemente incoraggiali e potenziali affinché possano andare avanti con le loro capacità. Tu desideri stimolare La Conoscenza dentro di loro come La Conoscenza ora viene stimolata dentro di te. Questo dare, allora, non avrà l'aspettativa di un ritorno, perché stai dando quello che permette agli altri di essere forti nella loro vita. Non sei nella posizione di poterne giudicare l'esito, perché l'esito del tuo dare sarà rivelato dopo, quando il dono sarà stato accettato e avrà trovato il suo posto dentro chi riceve. Dai liberamente, allora, senza aspettativa, e dai per sperimentare oggi l'esperienza della potenza del tuo dono.

PRATICA 122: *Due periodi di 30 minuti di pratica.*

Passo 123

OGGI NON COMMISERERÒ ME STESSO.

Come puoi commiserare te stesso quando La Conoscenza è con te? La commiserazione deve solo riconfermare una vecchia idea di te stesso, che è priva di verità, priva di speranza e di un fondamento significativo. Non compatire te stesso oggi, perché non sei da compatire. Se questo giorno è triste o confuso, è solo perché hai perso contatto con La Conoscenza, e oggi puoi praticare per riottenerla.

Mentre ti eserciti oggi, sii conscio delle molteplici forme insidiose di auto compatimento che mantieni. Sii consapevole delle molteplici forme insidiose di manipolazione che tenti sugli altri per piacere loro o farti accettare, secondo un'immagine di te stesso che stai cercando di affermare. Quando sei con La Conoscenza, non hai bisogno di dichiararti; non hai bisogno di mostrarti; non hai bisogno di controllare gli altri per fare sì che ti apprezzino o accettino, perché La Conoscenza è con te.

Allora non ti commiserare, perché non sei patetico. Oggi sii uno studente principiante di Conoscenza, perché ciò non è per nulla patetico. Non potresti immaginare una posizione più vantaggiosa.

Ogni ora, perciò, ripeti quest'idea. Permettile di entrare nella tua mente e ponderala per un momento. Nei tuoi due periodi di pratica, ripeti questa affermazione e poi entra nella calma. Nessun essere patetico può entrare nel silenzio, perché il silenzio è l'esperienza della profonda relazione e la calma è l'accettazione dell'amore profondo. Chi potrebbe essere patetico in tali circostanze?

Pratica 123: *Due periodi di 30 minuti di pratica.*
Pratica oraria.

Passo 124

OGGI NON FINGERÒ DI ESSERE FELICE.

NON HAI BISOGNO DI FARE FINTA DI ESSERE FELICE, perché questo può solo mascherare il tuo senso di auto commiserazione, aumentare la tua confusione e rendere più profondo il tuo dilemma. Oggi sii te stesso ma sii osservatore di te stesso, tenendo a mente che La Conoscenza è con te, mentre tu esiti, fai avanti e indietro, vai nella sua direzione e ti allontani da lei. Perché La Conoscenza non vacilla, è una fonte di certezza, di consistenza e di stabilità per te. Poiché non ha paura del mondo, è per te una fonte di coraggio. Tu non sei patetico, perciò non ti serve fingere.

NON FINGERE DI ESSERE FELICE OGGI, perché chi è veramente soddisfatto può proiettare qualsiasi espressione sul mondo, ma nella sua espressione ci sarà la potenza della Conoscenza. Questa è la cosa più importante. La Conoscenza non è una forma di comportamento. È un'intensa esperienza di vita. Non cercare allora di persuadere te stesso o gli altri con una dimostrazione di comportamento, perché non è necessario.

RIPETI QUESTA AFFERMAZIONE OGNI ORA e senti la sua forza e il suo dono di libertà. Consenti a te stesso oggi di essere esattamente così come sei. Nelle tue pratiche di profonda meditazione, consenti a te stesso di entrare nella calma, perché quando non cerchi di essere qualcuno, puoi avere il lusso della calma, che è il lusso dell'amore.

PRATICA 124: *Due periodi di 30 minuti di pratica.*
Pratica oraria.

Passo 125

OGGI NON HO BISOGNO DI ESSERE QUALCUNO.

TU SEI GIÀ QUALCUNO, allora perché cercare di essere qualcuno? È meglio essere la persona che già sei. La persona che già sei è la potenza della Conoscenza trasportata nel veicolo della natura di un individuo. Questo è già stabilito, ed è in corso di sviluppo proprio adesso. Perché cercare di essere qualcosa oggi quando sei già qualcosa? Perché non essere ciò che sei? Scopri quello che sei. Questo richiede grande coraggio perché rischi di deludere la tua visione idealistica di te stesso e del mondo. Questo necessita di incoraggiamento perché devi rischiare di rinunciare al tuo rancore verso te stesso, che è un modo con cui separi te stesso dalla vita.

PERTANTO, IN QUESTO GIORNO SII ESATTAMENTE COME SEI. Ricordalo a te stesso ogni ora e nei tuoi due esercizi di meditazione oggi, consenti a te stesso di essere calmo e di ricevere, perché oggi non stai cercando di essere qualcuno.

PRATICA 125: *Due periodi di 30 minuti di pratica.*
Pratica oraria.

Passo 126

RIPASSO

Il Ripasso di oggi si concentrerà sulla scorsa settimana di addestramento. Ancora una volta enfatizzerà il fatto che stai imparando a imparare. Stai imparando a capire come imparare. Stai imparando a capire le tue forze e le tue debolezze. Stai imparando a capire le tue predisposizioni—quelle qualità in te stesso che devi coltivare e le altre che invece devi fermare e portare sotto un controllo cosciente. Stai imparando a essere osservatore di te stesso. Dunque, stai imparando a essere oggettivo con te stesso. Quest'oggettività è particolarmente importante, perché ti consente di utilizzare quello che è presente per servirti senza condannare. In questo modo, il tuo servizio verso te stesso diventa immediato ed efficace.

Se sei in grado di imparare a essere oggettivo con te stesso, allora puoi imparare a essere oggettivo con il mondo. Questo consentirà alla Conoscenza di splendere attraverso te, perché non cercherai di far diventare il mondo come vorresti che fosse, e non tenterai di modellare te stesso come vorresti essere. Questo è l'inizio di una vera determinazione e di vera felicità ma ancora più grande di questo è il fatto che questo è l'inizio del vero contribuire.

Nel tuo periodo lungo di pratica, oggi, rivisita l'ultima settimana, tenendo a mente queste cose. Rafforza la tua esperienza della Conoscenza oggi supportando le sue manifestazioni esteriori e non dubitare del potere di questa preparazione di portarti alla Conoscenza stessa.

Pratica 126: *Un periodo lungo di pratica.*

Passo 127

OGGI NON CERCHERÒ DI PAREGGIARE I CONTI CON DIO.

Non cercare di pareggiare i conti con Dio essendo una persona infelice, perché Dio ti conosce come una parte del creato. Non cercare di pareggiare i conti con Dio rendendo misero il mondo, perché Dio ha creato un mondo di bellezza e di opportunità. Non cercare di pareggiare i conti con Dio rifiutando di amarti e di accettarti, perché Dio comunque ti conosce per come sei. Non cercare di pareggiare i conti con Dio oggi rovinando le tue relazioni per i tuoi scopi egoistici, perché Dio capisce le tue relazioni per come esse sono veramente e capisce anche la loro promessa più grande. Non puoi pareggiare i conti con Dio. Puoi solo nuocere a te stesso.

Accetta allora di avere perso la battaglia contro Dio. Nella tua sconfitta c'è la più grande vittoria, perché Dio non ti ha mai perso, anche se tu hai perso Dio, solo temporaneamente, nella tua immaginazione. Il tuo amore per Dio è così profondo che ti fa ancora paura, perché rappresenta la più grande forza interiore che tu possa in assoluto possedere. Questo devi impararlo attraverso l'esperienza diretta. Allora non cercare di pareggiare i conti con Dio oggi, rafforzando un'idea di te stesso che si basa solo sull'errore e sulla supposizione, perché La Conoscenza è con te. Sei il felice vincitore nella tua stessa sconfitta.

Nei tuoi due periodi di pratica oggi, ripeti quest'idea e poi cerca di pensarci sopra. I nostri esercizi oggi impegneranno la mente nell'esplorazione e nell'analisi. Questa è un'utile applicazione della tua mente. Pensa a questo messaggio ed a tutte le tue idee che lo riguardano, e inizierai a comprendere il tuo attuale sistema di credenze. Sarai in grado di comprenderlo oggettivamente. Sarai allora in grado di lavorare con esso, perché la mente è fissata su una struttura specifica fino a quando non viene utilizzata per altri scopi. Non accettare questa struttura come la tua realtà, perché la manifestazione esteriore della tua mente è una struttura che hai imposto su di essa. Allo stesso tempo, la sua vera armonia e natura interiore cerca solo di essere espressa. Per consentire a ciò di accadere devi avere un'adeguata struttura mentale che le consenta di esprimere se stessa nel mondo fisico senza vincoli o distorsioni. È in questa direzione, allora, che lavorerai oggi.

PRATICA 127: *Due periodi di 30 minuti di pratica.*

Passo 128

I MIEI MAESTRI SONO CON ME. NON DEVO AVERE PAURA.

I TUOI MAESTRI INTERIORI SONO CON te e non devi avere paura. Se hai sufficiente fiducia nella Conoscenza, sulla base di un'esperienza reale, e hai sufficiente fiducia nella presenza dei tuoi Maestri, sulla base di un'esperienza reale, questo ti darà una certezza e una fede nella vita che neutralizzerà tutta la paura che non è necessaria. Questo lascerà la tua mente a suo agio.

SOLO LA PREOCCUPAZIONE CHE LA TUA CONOSCENZA sia violata emanerà dalla Conoscenza, ed in tal caso solo per indicarti che hai bisogno di rivalutare le tue azioni e le tue idee. La Conoscenza ha un principio di auto-correzione. Per questo è la tua guida interiore. Se ti stai muovendo contro la tua Conoscenza, non ti sentirai bene con te stesso, e questo genererà ansia. Molta della paura che vivi, momento dopo momento, è semplicemente una tua creazione, una creazione della tua immaginazione negativa. C'è però la paura che nasce dalla violazione della Conoscenza. Questo è più un senso di disagio che una paura, perché raramente porta con sé qualche genere di raffigurazione, anche se poi delle idee possono presentarsi nella tua mente come una forma di allarme nel caso tu stessi tentando di mettere in atto un comportamento o una forma di pensiero pericolosi o distruttivi.

LA PAURA CHE NASCE DALL'IMMAGINAZIONE negativa comprende la vasta maggioranza della paura che nutri. Questo devi imparare a contrastarlo, perché è un utilizzo non appropriato della tua mente. Qui ti crei un'esperienza, la vivi e poi la chiami realtà. Nel frattempo non sei stato per niente presente alla vita. Sei solo stato nella fantasia dentro te stesso. L'immaginazione negativa ti prosciuga emotivamente, fisicamente e mentalmente. Può aumentare a tali livelli che può dominare tutto il tuo pensiero. In quale altro modo ti puoi separare dall'universo se non nei tuoi pensieri? In verità non puoi essere separato da Dio. Non puoi veramente essere separato dalla Conoscenza. Ti puoi solo nascondere dentro i tuoi pensieri e intrecciarli per crearti un'identità e un'esperienza separate che però, anche se piuttosto dimostrative, sono, di fatto, completamente illusorie.

Nelle tue due pratiche di meditazione oggi, ancora una volta entra nella calma. Oggi non ci sarà alcuna speculazione o attività mentale, perché la mente ancora una volta arriverà a riposarsi così da poter fare esperienza della propria realtà. Non lasciare che la paura o l'ansia ti dissuadano. Ricorda, sono solo parte della tua immaginazione negativa. Solo La Conoscenza ti può indicare se stai facendo qualcosa di inappropriato, e questo sarà solo di fronte ad eventi immediati. Scoprirai che questo è molto diverso dall'immaginazione negativa e ciò richiederà una risposta differente da parte tua.

Pratica 128: *Due periodi di 30 minuti di pratica.*

Passo 129

I MIEI MAESTRI SONO CON ME. IO SARÒ CON LORO.

TUOI MAESTRI SONO CON TE. Essi non stanno parlando con te, salvo in rarissime occasioni e peraltro solo se sei in grado di sentire. Di volta in volta invieranno i loro pensieri nella tua mente, e tu sperimenterai questo come una tua scintilla di ispirazione. Sei ancora inconsapevole di come la tua mente sia unita con tutte le altre menti, ma col tempo inizierai a farne esperienza nel contesto del tuo stesso mondo. La dimostrazione di questo diventerà così ovvia che ti chiederai come hai mai potuto dubitarne.

I TUOI MAESTRI SONO CON TE e oggi nei tuoi periodi più lunghi di pratica, esercitati a essere con loro. Non serve che crei un'immagine di essi per avere questa esperienza. Non ti serve udire una voce o vedere un volto, perché la loro presenza è capace di darti un'esperienza completa del fatto che siete effettivamente insieme. Se sarai calmo, respirerai profondamente e non tesserai fantasie—né fantasie felici, né fantasie spaventose—inizierai a vivere l'esperienza di quello che realmente c'è. I tuoi Maestri ci sono veramente e oggi puoi esercitarti ad essere con loro.

PRATICA 129: *Due periodi di 30 minuti di pratica.*

Passo 130

LE RELAZIONI ARRIVERANNO A ME QUANDO SARÒ PREPARATO.

PERCHÉ SFORZARSI PER AVERE RELAZIONI nel mondo quando le vere relazioni arriveranno a te quando sarai preparato? Per capire questo, devi avere grande fede nella potenza della Conoscenza che è dentro te stesso e gli altri. Quando questa tua consapevolezza crescerà, ciò che sta alla base dei tuoi sforzi e delle tue ricerche senza speranza cadrà, rendendo possibili per te la pace e la vera realizzazione.

LE PERSONE ARRIVERANNO A TE attraverso vie misteriose perché tu stai coltivando La Conoscenza. Così come avete relazioni gli uni con gli altri a livello personale, così avete relazioni al livello della Conoscenza. Questo è il livello che comincerai a sentire, inizialmente in piccoli incrementi. Col tempo, se seguirai correttamente le tue preparazioni, quest'esperienza crescerà e diventerà per te molto profonda.

NON HAI BISOGNO DI CERCARE RELAZIONI. Devi solo dare te stesso alla tua preparazione e avere fiducia che le persone arriveranno a te quando avrai bisogno di loro. Questo fatto richiede che tu riesamini le tue necessità in contrasto con i tuoi desideri. Se i tuoi desideri non rappresentano le tue vere necessità, confonderai terribilmente la tua vita. Imporrai un peso su te stesso e su coloro con i quali sei coinvolto, un peso che può solo opprimere loro e anche te. Senza questa oppressione, le persone saranno libere di venire a te nel modo in cui tu avrai veramente bisogno di loro.

RICORDA QUESTO A TE STESSO OGNI ORA OGGI e anche nei tuoi due periodi di pratica più lunghi. Permetti a te stesso di sentire la presenza dei tuoi Maestri. Non esasperare te stesso con desideri di relazioni e con la richiesta di persone, oppure di quello che esse possono possedere. Abbi fiducia oggi che La Conoscenza attirerà a te tutte le persone nel modo in cui hai veramente bisogno di loro.

PRATICA 130: *Due periodi di 30 minuti di pratica.*
Pratica oraria.

Passo 131

OGGI CERCHERÒ L'ESPERIENZA DEL VERO SCOPO NELLA VITA.

CERCA L'ESPERIENZA DEL VERO SCOPO. Questo porta il fondamento di tutte le relazioni significative. Non cercare relazioni al di fuori di questo contesto, perché mancherà loro un fondamento e, anche se sembreranno molto allettanti, si dimostreranno per te molto difficili. Non importa se quello che stai cercando è il matrimonio, una grande amicizia o qualcuno che ti aiuti nel tuo lavoro, ricordati che La Conoscenza attirerà a te tutte le persone nel modo in cui tu hai bisogno di loro.

OGGI ALLORA CONCENTRATI SULLO SCOPO e non sulle relazioni. Più sarà grande la tua esperienza dello scopo e più sarà grande la tua comprensione delle relazioni. Anche se vedrai la gente che sta insieme per divertimento e per gli stimoli, nel loro incontro c'è una componente di gran lunga maggiore. In pochi riconoscono questo, ma ti viene data la possibilità di riconoscerlo attraverso la pratica e l'esperienza. Puoi stare certo che se non starai cercando di far corrispondere le persone alla tua idea di scopo, aprirai te stesso alla genuina esperienza dello scopo stesso. Quando inizierai ad osservarti oggettivamente, inizierai a vedere le manifestazioni della tua volontà in contrasto con La Conoscenza e questo sarà veramente essenziale per il tuo apprendimento.

OGGI RICORDA A TE STESSO, OGNI ORA, del tuo intento di realizzare il tuo scopo. Lascia che oggi sia un passo in quella direzione—un passo che ti risparmierà anni e anni di tempo, un passo che ti farà procedere definitivamente verso il tuo traguardo di Conoscenza, perché La Conoscenza ti sta attraendo. Nei tuoi due periodi più profondi di pratica, consenti alla Conoscenza di attrarti. Senti l'attrazione più forte dentro di te, la sentirai in modo naturale se non sarai preoccupato con cose da poco.

PRATICA 131: *Due periodi di 30 minuti di pratica.*
Pratica oraria.

Passo 132

CHE IO POSSA IMPARARE AD ESSERE LIBERO AFFINCHÉ IO MI POSSA UNIRE.

LA TUA INDIPENDENZA DAL PASSATO—dai tuoi giudizi passati, associazioni passate, dolori passati, ferite passate e difficoltà passate—ti dà l'indipendenza nel presente. Questo non è per consolidare la tua separazione o per renderla più completa, ma è per consentirti di unirti nelle relazioni in modo significativo. Che questa sia una tacita intesa: non puoi fare nulla nel mondo senza la relazione. Non puoi concludere nulla; non puoi procedere in alcuna direzione; non puoi realizzare alcuna verità; non puoi dare alcun contributo di valore senza la relazione. Allora come cresce la tua indipendenza dal passato, così cresce anche la tua speranza di inclusione nel presente e nel futuro perché la libertà ha lo scopo di darti la forza di partecipare.

RICORDA QUEST'IDEA OGNI ORA e dalle oggi considerazione alla luce di tutte le tue esperienze. Nei tuoi due esercizi di meditazione consenti all'attrazione della Conoscenza di trascinarti più profondamente dentro te stesso. Consenti a te stesso di avere quest'esperienza di libertà.

PRATICA 132: *Due periodi di 30 minuti di pratica. Pratica oraria.*

Passo 133

RIPASSO

Oggi ripasseremo la scorsa settimana di preparazione. Ripassala oggettivamente e senza recriminare, prendendo atto ancora una volta dei tuoi progressi e delle tue limitazioni, rafforzando la tua determinazione perché è il tuo desiderio di Conoscenza che vogliamo coltivare insieme alle tue capacità. Saranno il giusto modo di pensare, le giuste azioni e la vera motivazione che ti faranno procedere naturalmente nella direzione in cui devi andare. Ogni passo in avanti ti darà un maggiore senso di scopo, di significato e di direzione nella vita, inoltre ti libererà dai tuoi tentativi di risolvere faccende che non richiedono una risoluzione e dai tentativi di comprendere le cose dettati dalla paura e dell'ansia. Più sei in pace con la tua natura e più la tua natura è in grado di esprimere la grandezza che hai portato con te. In questo modo diventerai una luce che splenderà su tutto quello che ti sta intorno e ti meraviglierai degli eventi della tua vita, che sarà lei stessa un miracolo.

Nel tuo periodo lungo di pratica oggi, intraprendi il tuo Ripasso con profondità e sincerità. Oggi non lasciare che nulla ti dissuada dalla tua pratica. È la tua pratica il tuo dono a Dio, perché tu doni te stesso alla tua pratica e allo stesso tempo ricevi il tuo dono.

Pratica 133: *Un periodo lungo di pratica.*

Passo 134

NON DEFINIRÒ UNO SCOPO PER ME STESSO.

Non hai bisogno di definire il tuo scopo quando nel tempo il tuo scopo semplicemente emergerà e sarà da te conosciuto. Non vivere di definizioni. Vivi di esperienza e di comprensione. Non hai bisogno di definire il tuo scopo e, se cerchi di farlo, ricordati che è solo un espediente temporaneo. Non dargli troppa credibilità. In questo modo il mondo non ti può far troppo arrabbiare perché che cosa può farti il mondo se non sminuire la tua definizione di te stesso? Ma se tu non stai vivendo sulla base delle tue definizioni, allora il mondo non ti può nuocere perché non può toccare il luogo di Conoscenza che è dentro di te. Solo La Conoscenza può toccare La Conoscenza. Solo La Conoscenza in un altro può toccare La Conoscenza dentro di te. Solo La Conoscenza dentro di te può toccare La Conoscenza in un altro.

Allora, oggi, non definire il tuo scopo. Sii senza definizioni affinché l'esperienza di scopo possa crescere e mentre cresce ti darà il contenuto del tuo scopo, senza distorsioni o mistificazioni. Non avrai bisogno di difenderlo nel mondo, ma solo portarlo come un gioiello nel tuo cuore.

Ogni ora ricorda a te stesso di non definire il tuo scopo e inizia a pensare al costo del farlo in termini della tua precedente esperienza. Nei tuoi esercizi di meditazione, consenti a te stesso di essere calmo. Ogni volta che espiri, pronuncia la parola RAHN. RAHN. RAHN. Devi solo pronunciare la parola RAHN quando espiri, nella tua meditazione. Lascia che questo abbia la tua totale attenzione. Questa parola servirà a stimolare la tua antica Conoscenza dentro di te e ti darà la forza di cui hai bisogno in questo momento.

Pratica 134: *Due periodi di 30 minuti di pratica.*
Pratica oraria.

Passo 135

OGGI NON DEFINIRÒ IL MIO DESTINO.

COME IL TUO SCOPO, COSÌ ANCHE IL TUO DESTINO rimane una cosa che sta al di là delle tue definizioni. Basta che fai un solo passo nella sua direzione e puoi sentire la crescente presenza della Conoscenza nella tua vita. Più sarai vicino alla Conoscenza, più ne vivrai l'esperienza. Più ne vivi l'esperienza, più vorrai essere vicino a lei perché si tratta di un'attrazione naturale. Questo è vero amore, l'attrazione da simile a simile. Questo è quello che dà all'universo tutto il suo significato. Questo è ciò che riunifica la vita completamente. In questo giorno sii libero dalle definizioni, e consenti alla tua mente di assumere la sua conformazione naturale. Consenti al tuo cuore di seguire il suo corso naturale. Consenti alla Conoscenza di esprimersi attraverso la tua mente, la quale ha ora una struttura esteriore che sta diventando aperta e libera.

RICORDA A TE STESSO OGNI ORA DELLA TUA PRATICA. Nelle tue due profonde meditazioni di oggi, continua la tua pratica RAHN, pronunciando la parola RAHN ad ogni espirazione. Consenti a te stesso di sentire la presenza della tua vita, la presenza dei tuoi Maestri e la profondità della tua Conoscenza. Consenti alla tua autodisciplina di essere esercitata oggi in modo significativo, per impegnare in questo modo la tua mente, perché quando la mente sarà portata in prossimità della sua vera destinazione, risponderà di conseguenza e tutto seguirà il suo corso naturale. Allora sentirai che la grazia è con te.

PRATICA 135: *Due periodi di 30 minuti di pratica.*
Pratica oraria.

Passo 136

IL MIO SCOPO È QUELLO DI RITROVARE LA MIA CONOSCENZA E DI CONSENTIRLE DI ESPRIMERE SE STESSA NEL MONDO.

QUESTO RISPONDERÀ ALLE TUE DOMANDE sul tuo scopo. Mentre segui questo scopo, la tua chiamata nella vita—che è un ruolo specifico che ti sarà chiesto di intraprendere—emergerà naturalmente passo dopo passo. Non richiederà le tue definizioni. Semplicemente emergerà, e la comprenderai più profondamente e più completamente ad ogni passo, perché ogni passo la realizzerà ancora di più.

LA TUA CONOSCENZA È IL TUO SCOPO. Ricorda questo a te stesso ogni ora, e sii contento che una risposta è stata data. La risposta, però, non è semplicemente un'idea. È un'opportunità per una preparazione, perché tutte le vere risposte alle vere domande sono una forma di preparazione. È la preparazione che ti serve e non le risposte da sole. La tua mente è già piena di risposte, e cos'hanno fatto se non appesantire ulteriormente il fardello del tuo pensare? Segui, allora, la preparazione data in questo giorno e in ogni giorno nell'ambito del nostro programma, così che tu possa ricevere la risposta alla tua domanda. Il tuo scopo è riconquistare la tua Conoscenza, ed è ciò che intraprenderemo oggi.

DI NUOVO, RICORDA A TE STESSO LA TUA AFFERMAZIONE ogni ora. Pensaci sopra durante la giornata affinché oggi possa essere il fulcro della tua comprensione. Nelle tue due pratiche più lunghe di meditazione, continua a ripetere la parola RAHN, che stimolerà l'Antica Conoscenza dentro di te. Non serve che tu capisca la potenza di questa pratica perché tu possa riceverne il pieno beneficio. Per riceverne il pieno beneficio ti devi solo esercitare come ti viene indicato.

Pratica 136: *Due periodi di 30 minuti di pratica.*
Pratica oraria.

Passo 137

ACCETTERÒ IL MISTERO DELLA MIA VITA.

LA TUA VITA È UN MISTERO. La tua origine, il tuo scopo qui e la tua destinazione quando te ne andrai sono molto misteriosi. Possono solo essere sperimentati per essere capiti. Come puoi tu, in questo momento, capire il mistero della tua vita? Dovresti essere alla fine della tua vita per capire che cosa è accaduto finora, e tu non sei alla fine della tua vita nel mondo. Dovresti vedere il mondo dalla tua Antica Casa per capire il vero significato del mondo. Tu sei nel mondo ora, perciò devi essere presente per il mondo. Tuttavia, questo mistero può essere vissuto e deve essere vissuto. In questo momento non lo puoi capire, ma lo puoi vivere pienamente. Nell'ambito di quest'esperienza, ti elargirà tutte le cose che ti servono per fare il passo vitale che sta aspettando di essere fatto.

ALLORA NON APPESANTIRE LA TUA MENTE con la richiesta della comprensione, perché sarebbe cercare l'impossibile e ti confonderesti soltanto, appesantiresti ulteriormente il fardello del tuo pensare. Piuttosto, dona te stesso all'esperienza del mistero della tua vita, fallo con meraviglia e riconoscimento del fatto che il mondo è molto più grande di quanto i tuoi sensi ti abbiano riportato finora e che la tua vita è molto più grandiosa di quanto le tue valutazioni abbiano determinato.

RIPETI QUEST'IDEA OGNI ORA e pratica la tua meditazione RAHN due volte oggi con grande profondità e sincerità. Consenti alla tua pratica di riaffermare il tuo impegno nei confronti della Conoscenza, perché devi solo seguire i passi nel modo in cui sono dati.

PRATICA 137: *Due periodi di 30 minuti di pratica.*
Pratica oraria.

Passo 138

HO SOLO BISOGNO DI SEGUIRE I PASSI NEL MODO IN CUI SONO DATI.

LA VERITÀ DI CIÒ È DAVVERO COSÌ OVVIA, se pensi alle tante cose che hai imparato semplicemente seguendo i passi nella preparazione. È assolutamente inutile cercare di capire senza partecipare, è assolutamente frustrante e senza un risultato che sia in qualche modo felice o soddisfacente. Noi ti stiamo preparando a partecipare alla vita, non a giudicarla, perché la vita serba una promessa più grande di quanto i tuoi giudizi ti possano mai rivelare. La tua comprensione nasce dalla partecipazione ed è il risultato della partecipazione. Impara allora a partecipare e poi a capire, perché questo è la vera sequenza delle cose.

IN QUESTO GIORNO RICORDATI dei tuoi esercizi ogni ora e consenti alle tue due meditazioni nella calma di diventare più profonde. Non permettere ad alcun pensiero di paura, ansia o dubbio su te stesso di dissuaderti dalla tua attività più grande. La tua abilità di esercitarti prescindendo dai tuoi stati emotivi dimostra che la presenza della Conoscenza è dentro di te, perché La Conoscenza sta oltre ed è libera da qualsiasi stato emotivo. Se tu vuoi vedere le stelle, devi guardare oltre le nuvole. Cosa sono le tue paure se non nuvole che attraversano la tua mente? Cambiano solo il carattere della superficie della tua mente, ma la profondità della tua mente rimane per sempre immutata.

PRATICA 138: *Due periodi di 30 minuti di pratica.*
Pratica oraria.

Passo 139

SONO VENUTO NEL MONDO PER SERVIRE.

TU SEI VENUTO NEL MONDO PER SERVIRE, ma prima devi ricevere. Prima devi disimparare quello che hai insegnato a te stesso affinché tu possa riconquistare quello che hai portato con te. Questa preparazione è essenziale per il tuo successo e anche per la tua felicità. Non pensare che solo con la tua comprensione delle cose saresti in grado di riconoscere e dare i tuoi veri doni. La tua partecipazione è la tua preparazione, perché stai venendo preparato per partecipare alla vita. Ne consegue che ti attiriamo sempre di più dentro al mistero della vita e della manifestazione della vita. In questo modo sarai in grado di gestire la manifestazione della vita in modo pratico e con oggettività. Con questo, sarai in grado di essere un ponte tra la tua Antica Casa e il mondo manifesto. Attraverso questo ponte la Saggezza della Conoscenza si può esprimere, e tu puoi trovare la tua massima realizzazione.

PRATICA LA TUA MEDITAZIONE RAHN DUE VOLTE OGGI con grande profondità e concentrazione, e ricorda questa tua idea ogni ora affinché tu possa utilizzare a tuo favore tutte le circostanze di oggi.

PRATICA 139: *Due periodi di 30 minuti di pratica.*
Pratica oraria.

Passo 140

RIPASSO

Oggi stai completando venti settimane di pratica. Sei arrivato fino a qui, e da qui procederai con maggiore forza e certezza, perché La Conoscenza inizierà a guidarti ed a motivarti sempre di più, mentre diventi attento nei suoi confronti. Tu desideri essere allo stesso tempo il servitore ed il padrone perché il servitore è in te ed il padrone è in te. Tu personalmente non sei il padrone, ma il padrone è in te. Tu personalmente sei il servitore, ma sei in relazione con il padrone, così la tua unione è completa. Così, ogni aspetto di te stesso trova il giusto posto. Tutto è portato in allineamento e in armonia con uno scopo ed un traguardo. La tua vita è semplice perché è in armonia e in equilibrio. La Conoscenza ti indicherà tutte le cose che dovranno essere fatte—fisicamente, emotivamente e mentalmente—affinché tu sviluppi questo equilibrio e lo mantenga nelle tue attuali circostanze. Non pensare che qualche aspetto vitale sarà trascurato o lasciato irrisolto.

Congratulazioni per i risultati raggiunti finora. Rivisita gli ultimi sei giorni di pratica e calibra correttamente la tua comprensione del tuo progresso. Consenti a te stesso di essere uno studente principiante di Conoscenza così da poter ricevere il massimo. Da qui procederai con maggiore certezza, velocità e anche maggiore coinvolgimento mentre impari a utilizzare ogni cosa a tuo beneficio.

Pratica 140: *Un periodo lungo di pratica.*

Passo 141

OGGI SARÒ CERTO.

OGGI SII CERTO CHE SEI NELL'AMBITO DI UNA PREPARAZIONE sul sentiero della Conoscenza. Sii certo che La Conoscenza è con te e ti è vicina e che tu stai ora imparando passo per passo a ricevere la sua grazia, la sua certezza e la sua direzione. Sii certo in questo giorno che tu sei nato dall'amore di Dio e che la tua vita in questo mondo, questa breve visita qua, non è altro che un'opportunità per ristabilire la tua vera identità in un luogo dove è stata dimenticata. Sii certo oggi che gli sforzi che stai ora intraprendendo per te stesso ti porteranno al grande traguardo che sei venuto qui a cercare, perché questa preparazione arriva dalla tua Antica Casa per servirti mentre sei nel mondo, perché sei venuto al mondo per servire.

RIPETI QUESTA AFFERMAZIONE OGNI ORA e ponderala alla luce di tutte le cose che accadranno oggi. Nei tuoi due periodi di pratica più lunghi, ripeti l'affermazione e poi consenti a te stesso di entrare nella pace e nella calma. Consenti alla tua sicurezza in te stesso di dissipare la paura, il dubbio e l'ansia. Supporta i tuoi sforzi oggi, perché essi richiedono il tuo supporto, che rappresenta una grande certezza che stai ora imparando a ricevere.

PRATICA 141: *Due periodi di 30 minuti di pratica.*
Pratica oraria.

Passo 142

OGGI SARÒ COSTANTE.

ESERCITATI CON COSTANZA OGGI a prescindere da che cosa sta succedendo dentro o fuori di te. Questa costanza rappresenta una forza superiore dentro di te. Questa costanza ti darà certezza e stabilità di fronte a tutte le interferenze, di fronte a tutti gli eventi esterni e di fronte a tutti i tuoi stati emotivi interiori. Questa costanza ti stabilizzerà e ti bilancerà e nel tempo metterà nel giusto ordine tutto quello che è dentro di te. Tu eserciti la costanza al fine di impararla e di viverne l'esperienza. Mentre lo farai, ti elargirà il potenziamento di cui hai bisogno per essere una persona che dà il suo contributo in questo mondo.

ALLORA OGGI PRATICA CON COSTANZA. Pratica ogni ora, ricordando a te stesso di essere costante. Nelle tue due meditazioni, esercitati a mantenere la tua mente salda e focalizzata, consentendole di stabilirsi in se stessa così da poter vivere l'esperienza della sua natura. Non reprimere ciò che sta succedendo dentro di te. Non controllare ciò che sta succedendo al di fuori. Semplicemente mantieni la costanza e tutte le cose troveranno un giusto equilibrio e una relazione con questo. In questo modo stai portando avanti La Conoscenza nel mondo, perché La Conoscenza è interamente costante. Questo ti renderà una persona di grande presenza e forza. Nel tempo gli altri verranno da te per sentire la tua costanza, quando sarà da te ricevuta e sviluppata più pienamente. Essi troveranno rifugio nella tua costanza, e questo gli ricorderà anche del loro scopo, che aspetta anch'esso di essere scoperto.

PRATICA 142: *Due periodi di 30 minuti di pratica.*
Pratica oraria.

Passo 143

OGGI SARÒ CALMO.

Sii calmo oggi nei tuoi due esercizi di meditazione affinché tu possa ricevere dentro di te la presenza della Conoscenza. Dedica un momento di calma nella tua pratica ad ogni ora, così che tu possa riconoscere dove sei e che cosa stai facendo. In questo modo puoi accedere all'aspetto superiore della mente affinché ti possa servire ogni ora e tu lo possa portare avanti nel mondo. Sii calmo oggi affinché tu possa vedere il mondo. Sii calmo oggi affinché che tu possa sentire il mondo. Porta avanti i tuoi doveri quotidiani, ma dentro di te sii calmo. In questo modo, La Conoscenza si presenterà e inizierà a guidarti come è destinata a fare.

PRATICA 143: *Due periodi di 30 minuti di pratica.*
Pratica oraria.

Passo 144

OGGI ONORERÒ ME STESSO.

Onora te stesso oggi per il tuo retaggio, per il tuo destino e per il tuo scopo. Onora te stesso perché la vita ti onora. Onora te stesso perché Dio è onorato nella creazione di Dio in te. Questo eclissa tutte le valutazioni che hai fatto su te stesso. Questo è più grande di qualsiasi critica tu abbia mosso a te stesso. Questo è più grande di qualsiasi orgoglio che hai mai utilizzato per compensare il tuo dolore.

In semplicità e umiltà ricorda a te stesso ogni ora di onorare te stesso. Nelle tue due pratiche più profonde, consenti a te stesso di vivere l'esperienza della presenza della Conoscenza, perché questo ti onora e onora anche La Conoscenza. Onora te stesso in questo giorno affinché La Conoscenza possa essere onorata, perché in realtà tu sei Conoscenza. Questo è il tuo Vero Sé, ma è un Sé che stai iniziando soltanto adesso a ritrovare.

PRATICA 144: *Due periodi di 30 minuti di pratica.*
Pratica oraria.

Passo 145

OGGI ONORERÒ IL MONDO.

ONORA IL MONDO OGGI, perché è il luogo dove sei venuto per riconquistare La Conoscenza ed elargire i suoi doni. Ne consegue che il mondo, nella sua bellezza e nelle sue tribolazioni, offre l'ambiente giusto per portare a termine il tuo scopo. Onora il mondo perché Dio è nel mondo e sta onorando il mondo. Onora il mondo perché La Conoscenza è nel mondo e sta onorando il mondo. Onora il mondo perché senza i tuoi giudizi ti renderai conto che è un luogo di grazia, un luogo di bellezza e un luogo che ti benedice quando impari a benedirlo.

RIPETI LA TUA LEZIONE OGNI ORA. Nei tuoi periodi più lunghi di pratica, vivi l'esperienza di amare il mondo. Consenti alla Conoscenza di donare la sua grazia. Qui non serve che cerchi di essere amorevole, basta che rimani aperto e che lasci che La Conoscenza esprima la sua grande benevolenza.

ONORA IL MONDO OGGI affinché tu possa essere onorato per essere nel mondo, perché il mondo ti onora come tu onori te stesso. Il mondo è riconosciuto quando tu ti riconosci. Il mondo ha bisogno del tuo amore e delle tue benedizioni. Ha anche bisogno delle tue opere buone. In questo modo, tu sei onorato, perché sei venuto qui per dare.

PRATICA 145: *Due periodi di 30 minuti di pratica.*
Pratica oraria.

Passo 146

OGGI ONORERÒ I MIEI MAESTRI.

I tuoi Maestri, che sono misteriosi e che vivono al di là di ciò che è visibile, ti stanno vicino quando tu sei nel mondo. Ora che tu hai iniziato i passi verso la riconquista della Conoscenza, la loro attività nella tua vita diventerà più forte e più evidente. Inizierai a dare la tua attenzione a questo e il bisogno che avranno di farti evolvere sarà maggiore, così come il tuo bisogno di loro sarà maggiore.

Ogni ora e nelle tue due pratiche più lunghe, ricorda i tuoi Maestri e pensa attivamente a loro. Onora i tuoi Maestri, dunque, perché questo afferma che le tue antiche relazioni sono davvero vive e sono presenti ora per darti speranza, certezza e potenziamento. Onora i tuoi Maestri affinché tu possa vivere l'esperienza della profondità della tua relazione con loro. Nella tua relazione con i tuoi Maestri vive la scintilla di memoria che ti ricorda della tua Antica Casa e del tuo vero destino. Onora i tuoi Maestri affinché tu possa essere onorato, perché è il tuo onore che devi riconquistare. Se ciò viene fatto veramente, sarà fatto con umiltà e semplicità, perché quando onori te stesso, onori la grandezza della vita, della quale tu sei una parte piccola ma integrante.

PRATICA 146: *Due periodi di 30 minuti di pratica.*
Pratica oraria.

Passo 147

RIPASSO

Nel tuo Ripasso di questa settimana consenti a te stesso di comprendere le lezioni che ti vengono presentate. Poni particolare cura nel riconoscere il potenziamento che ti viene offerto mentre eserciti la tua volontà per il bene. Nota anche il requisito di accettare te stesso al di là del tuo attuale livello di comprensione, di onorare te stesso al di là della tua attuale valutazione di te stesso e di vivere l'esperienza della vita al di là dei tuoi pensieri e dei tuoi pregiudizi. Riconosci l'opportunità che ti viene data, e renditi conto che ogni momento che passi in sincera applicazione fa avanzare straordinariamente il tuo progresso e fissa un progresso permanente per te. Se stai pensando a che cosa vorresti dare al mondo, dai il tuo progresso. Da questo, tutte le cose che sei venuto a dare sulla base della tua natura e del tuo disegno, saranno date completamente. Dunque, il tuo dono al mondo ora è la tua preparazione, così che tu possa imparare a dare.

Nel tuo periodo lungo di pratica, rivisita la scorsa settimana—le tue lezioni, i tuoi esercizi, le tue esperienze, le tue conquiste e le tue difficoltà. Considerale oggettivamente e determina come potresti dare te stesso alle tue pratiche in modo più completo in futuro.

Pratica 147: *Un periodo lungo di pratica.*

Passo 148

LA MIA PRATICA È IL MIO DONO A DIO.

LA TUA PRATICA È IL TUO DONO A DIO, perché Dio vuole che tu riceva La Conoscenza affinché tu la possa dare al mondo. In questo modo, tu sei onorato quale ricevente e veicolo di Conoscenza, Dio è onorato quale fonte di Conoscenza, e anche tutti quelli che la riceveranno saranno onorati. Questo è il tuo dono ora—intraprendere la pratica della vera preparazione per la quale oggi ti stai impegnando.

PERTANTO, TRATTA OGNI PERIODO DI PRATICA OGGI come una forma di dono. Ogni ora, dona te stesso in ogni circostanza in cui ti trovi. Nelle tue due pratiche di profonda meditazione, dona te stesso completamente. Non venire a elemosinare idee e informazioni, ma vieni a ricevere e vieni a dare. Come dai te stesso, riceverai e in questo imparerai l'antica legge che dare è ricevere. Questo deve nascere in modo completo, nella tua esperienza, affinché tu possa capire il suo pieno significato e la sua applicazione nel mondo.

LA TUA PRATICA È IL TUO DONO A DIO. La tua pratica è il tuo dono a te stesso. Oggi presentati alla tua pratica per dare, perché nel dare tu capirai la profondità delle tue risorse.

PRATICA 148: *Due periodi di 30 minuti di pratica.*
Pratica oraria.

Passo 149

LA MIA PRATICA È IL MIO DONO AL MONDO.

Tu doni al mondo attraverso la tua evoluzione in questo momento, perché ti stai preparando a donare qualcosa di più grande di quanto tu abbia mai dato prima. Dunque, ogni giorno in cui intraprendi la pratica secondo ogni passo che ti viene dato, fai un dono al mondo. Perché è così? È così perché riconosci il tuo valore e la tua importanza. Riconosci la tua Antica Casa e il tuo Antico Destino. Riconosci coloro che ti hanno inviato qui e coloro che ti riceveranno quando lascerai questo mondo. Tutto questo viene dato al mondo ogni volta che ti eserciti nella tua pratica con sincerità, ogni giorno e ogni ora. Questo è un dono al mondo, un dono più grande di quanto tu possa ancora capire, ma nel tempo vedrai quale bisogno assoluto soddisfa.

Allora, la tua pratica è un dono al mondo, perché dona ciò che stai affermando dentro te stesso. Ciò che affermi dentro te stesso lo affermi per tutti gli individui, in tutte le circostanze, in tutti i mondi e in tutte le dimensioni. Ne consegue che affermi la realtà della Conoscenza. Dunque affermi la tua Antica Casa mentre sei qui.

Ogni ora, dai al mondo, attraverso la tua pratica del dare. Ricorda questo a te stesso. Nei tuoi due periodi di pratica più lunghi, dona te stesso completamente alla calma e al silenzio. Dona dal cuore e dona dalla mente. Dona tutto quello che riconosci di poter dare, perché questo è un dono al mondo. Anche se non riesci ancora a vederne il risultato, sii certo che questo dare si estenderà oltre la tua mente e toccherà tutte le menti dell'universo, perché in realtà tutte le menti sono unite.

Pratica 149: *Due periodi di 30 minuti di pratica.*
Pratica oraria.

Passo 150

OGGI IMPARERÒ A IMPARARE.

OGGI IMPARERAI A IMPARARE. Tu impari a imparare perché hai bisogno di imparare. Hai bisogno di imparare come si fa ad imparare affinché il tuo apprendimento possa essere efficace e utile, avere profondità e consistenza e produrre un solido progresso su cui tu possa contare in tutte le circostanze future. Non credere di essere già in grado di capire il processo di apprendimento, perché lo stai imparando ora, mentre stai imparando il significato di progresso, il significato di fallimento, il significato di incoraggiamento, il significato di scoraggiamento, il significato di entusiasmo e quello di mancanza di entusiasmo. È per questo che alla fine di ogni settimana ripassi i tuoi esercizi, in modo da capire il tuo progresso e capire il meccanismo dell'apprendimento. È essenziale che tu te ne renda conto, perché fino a quando non lo farai interpreterai male i tuoi passi, fraintenderai le tue azioni, non capirai come seguire un curriculum e non imparerai mai a insegnare a te stesso un curriculum.

OGGI, ALLORA, IMPARA A IMPARARE. Questo fa di te uno studente principiante della Conoscenza, cosa che ti dà tutti i diritti e tutto l'incoraggiamento per imparare tutto quello che serve, senza presunzione, senza vanità, senza negazione e senza falsità di qualunque genere. Mentre imparerai ad imparare, ti renderai conto del meccanismo dell'apprendimento. Questo ti darà saggezza e misericordia nei tuoi rapporti con le persone. Non puoi insegnare alle persone dall'idealismo, perché così imporresti su di loro il peso delle tue aspettative. Richiederesti a loro ciò che neanche la vita ti può dare. Ma la certezza della tua esperienza e della tua Conoscenza, che darai agli altri, sarà solida, ed essi saranno in grado di riceverla e utilizzarla a modo loro. Così non imporrai alcuna esigenza personale su di loro, nel corso del loro apprendimento, ma consentirai alla Conoscenza in te di dare alla Conoscenza in loro. Sarai così un testimone dell'istruzione e anche dell'apprendimento.

PERTANTO, SII OGGI TESTIMONE DEL TUO STESSO apprendimento e impara ad imparare. Ogni ora, ricorda a te stesso che stai imparando ad imparare. Nelle tue pratiche di meditazione, consenti a te stesso di entrare nella calma e nella pace. Osserva te stesso mentre vai avanti e mentre ti tiri indietro. Esercita la tua volontà con indulgenza verso te stesso e con fermezza, non giudicare il tuo progresso perché non sei nella posizione di giudicare, perché stai imparando ad imparare.

PRATICA 150: *Due periodi di 30 minuti di pratica.*
Pratica oraria.

Passo 151

NON UTILIZZERÒ LA PAURA PER SOSTENERE I MIEI GIUDIZI.

NON USARE LA PAURA PER SOSTENERE I TUOI GIUDIZI su te stesso e sul mondo, perché questi giudizi nascono dalla tua incertezza e dalla tua ansia. Dunque sono privi del fondamento della Conoscenza. Dunque sono privi del significato e del valore che solo La Conoscenza può conferire. Non affidarti ai tuoi giudizi su te stesso e sul mondo. Quando ti dissoci da loro, allora ti accorgi che la loro fonte è la paura, perché stavi solo cercando di confortare te stesso con i tuoi giudizi, stavi cercando di procurarti un falso senso di sicurezza, di stabilità, di identità che sentivi mancare. Sii, allora, senza sostituti della saggezza e della Conoscenza, e consenti alla saggezza e alla Conoscenza di emergere naturalmente.

OGNI ORA RIPETI QUESTA AFFERMAZIONE, consideralu alla luce di tutte le cose che stanno accadendo oggi. Nei tuoi periodi di pratica più profonda, considera il significato dell'idea di oggi mentre la ponderi attentamente. Metti la tua mente al lavoro mentre cerchi di penetrare il significato della lezione di oggi. Non ti accontentare di conclusioni premature. Indaga profondamente con la tua mente nei tuoi due periodi di pratica. Utilizza la tua mente in modo attivo. Considera molte cose dentro te stesso mentre mantieni la tua concentrazione sull'idea di oggi. Se farai questo, capirai molte cose in merito alla saggezza e all'ignoranza e la tua comprensione nascerà da misericordia e da vera stima di te stesso. Solo da una posizione di amore per te stesso puoi offrire correzione a te stesso ed agli altri.

PRATICA 151: *Due periodi di 30 minuti di pratica.*
Pratica oraria.

Passo 152

NON SEGUIRÒ LA PAURA NEL MONDO.

L'UMANITÀ È GOVERNATA DA ONDE di paura che trascinano la gente di qua e di là, onde di paura che dominano le loro azioni, il loro pensiero, le loro conclusioni, le loro convinzioni e le loro supposizioni. Non seguire queste onde di paura che si muovono attraverso il mondo. Invece, rimani determinato e calmo nella Conoscenza. Consenti a te stesso di osservare il mondo da questa posizione di calma e di certezza. Non essere governato dalle onde di paura. In questo modo, sarai in grado di dare il tuo contributo al mondo e non essere solamente la sua vittima. Tu sei qua per dare, non per giudicare, e nella calma sei privo di giudizi verso il mondo. Riconosci, dunque, le onde della paura, ma non lasciare che ti tocchino. Perché nella Conoscenza non ti possono toccare, perché La Conoscenza è al di là di qualsiasi paura.

RIPETI LA TUA IDEA DEL GIORNO OGNI ORA, e considerala alla luce di tutto ciò che sperimenti oggi. Nei tuoi due periodi di pratica più lunghi, applica attivamente la tua mente nel cercare di comprendere la lezione di oggi. Ancora una volta, questa è una forma di applicazione mentale. Non praticheremo la calma e il silenzio mentale oggi, ma l'applicazione mentale, affinché tu possa imparare a pensare in modo costruttivo, perché quando la tua mente non è calma, allora dovrebbe essere impegnata a pensare in modo costruttivo. Dovrebbe essere impegnata nell'indagare. Non affidarti a conclusioni premature. Non affidarti a idee auto-consolatorie. Consenti a te stesso di essere vulnerabile oggi, perché sei solo vulnerabile alla Conoscenza. La Conoscenza, però, ti farà scudo da tutto ciò che è nocivo nel mondo e porterà un conforto e una stabilità che il mondo non potrà mai cambiare. Impara questo oggi così che tu possa essere una fonte di Conoscenza nel mondo, così che la tua fonte si possa esprimere attraverso te.

PRATICA 152: *Due periodi di 30 minuti di pratica.*
Pratica oraria.

Passo 153

LA MIA FONTE DESIDERA ESPRIMERE SE STESSA ATTRAVERSO ME.

SEI STATO CREATO PER ESSERE UN'ESPRESSIONE della tua Fonte. Sei stato creato per essere un'estensione della tua Fonte. Sei stato creato per essere una parte della tua Fonte. La tua vita è comunicazione, perché la comunicazione è vita. La comunicazione è l'estensione della Conoscenza. Non è semplicemente la condivisione delle piccole idee di una mente separata con un'altra. La comunicazione è di gran lunga più grande, perché la comunicazione crea la vita e la estende, ed in questo contesto c'è solo gioia e realizzazione. In questo c'è la profondità di ogni significato. La comunicazione è molto più grande, perché la comunicazione crea la vita ed estende la vita, e dentro di essa ci sono solo gioia e realizzazione. Dentro di lei c'è la profondità di tutto il significato. Qui l'oscurità e la luce si mescolano e cessano la loro separazione. Qui gli opposti si combinano e si fondono l'uno nell'altro. Questa è l'unità di tutta la vita.

CONSENTI A TE STESSO, ALLORA, DI FARE ESPERIENZA di te stesso in quanto veicolo di comunicazione, e sappi che anche quello che vuoi veramente comunicare sarà espresso appieno, perché l'essere che tu autenticamente sei è un'estensione dell'Essere che è la vita stessa. In questo, sarai completamente affermato nella vita e la vita intorno a te sarà affermata. I tuoi doni saranno ricevuti e integrati dalla vita, perché il dare di questa natura può solo produrre un risultato superiore, che va oltre la comprensione umana.

RICORDA A TE STESSO OGNI ORA che sei fatto per esprimere la volontà della tua Fonte. Nei tuoi due periodi di pratica oggi, consenti a te stesso di entrare di nuovo nella calma. Consenti a te stesso di essere un veicolo aperto, attraverso il quale la vita possa fluire liberamente, attraverso il quale la vita si possa esprimere oggi.

Pratica 153: *Due periodi di 30 minuti di pratica.*
Pratica oraria.

Passo 154

RIPASSO

Ripassa la scorsa settimana di esercizi. Rivedi tutte le istruzioni che sono state date e anche le pratiche. Considera con quanta profondità sei entrato nella pace. Considera quanto profondamente hai utilizzato la tua mente per indagare. Ricorda che la tua pratica è una forma di dare. Pertanto, dedicati al Ripasso delle tue sessioni di pratica. Vedi come il tuo dare può diventare più completo e profondo, così che tu possa ricevere ricompense sempre più grandi, per te stesso e per il mondo.

Nel tuo unico periodo lungo di pratica oggi, ripassa la settimana di pratica che è appena terminata. Ricordati di non giudicare te stesso. Ricordati di essere il testimone del tuo apprendimento. Ricordati che la tua pratica è un modo di dare.

Pratica 154: *Un periodo lungo di pratica.*

Passo 155

IL MONDO MI BENEDICE QUANDO RICEVO.

Adesso stai imparando a ricevere. Il mondo ti benedice quando impari a ricevere, perché La Conoscenza fluirà dentro di te quando diventerai un recipiente aperto alla Conoscenza. Tu così attirerai a te ciò che è vita, perché la vita è sempre attratta da coloro che danno.

Comprendi questo nella sua piena profondità in questo giorno, mentre ricordi a te stesso ogni ora che la vita ti dà quando sei nella calma. Nei tuoi due esercizi di meditazione, entra nella calma ancora una volta e senti la vita che viene richiamata in te. Questa è un'attrazione naturale. Man mano che il tuo dare e la tua calma crescono, sentirai la vita che viene attratta verso di te, perché col tempo diventerai una fonte di nutrimento per la vita.

Pratica 155:   *Due periodi di 30 minuti di pratica.*
　　　　　　 Pratica oraria.

Passo 156

OGGI NON SARÒ PREOCCUPATO PER ME STESSO.

LA PREOCCUPAZIONE PER SE STESSI È UNA FORMA ABITUDINARIA DI PENSIERO, nasce dall'immaginazione negativa e dagli errori che non sono stati corretti. Questo consolida il tuo senso di fallimento, influenzando la tua mancanza di fiducia in te stesso e la tua mancanza di autostima. La nostra lezione oggi, dunque, è quella di fortificare quello che in te è invece autentico. Se sarai con La Conoscenza, La Conoscenza si prenderà cura di tutte le cose che necessitano della tua attenzione. Non pensare che qualcosa sarà trascurato se è per il tuo bene. Tutte le necessità di natura spirituale superiore e anche quelle di natura assolutamente materiale, saranno da te viste e capite, perché nella Conoscenza non c'è trascuratezza. Tu che sei abituato alla trascuratezza, tu che in passato non hai utilizzato al meglio la tua mente, tu che non sei stato in grado di vedere o sentire il mondo, puoi ora essere rincuorato, perché oggi non hai bisogno di essere preoccupato per te stesso.

PER QUESTO DEVI ESTENDERE LA TUA fede e la tua fiducia che La Conoscenza provvederà a te. Questo, nel tempo, ti consentirà di ricevere il dono della Conoscenza che dissiperà tutti i dubbi e la confusione. Ti devi preparare per questa esperienza. In questo devi estendere la tua fede e la tua fiducia. Sii certo in questo giorno. Riconosci quelle cose che richiedono la tua attenzione, anche se sono di natura materiale, ed occupatene bene, perché La Conoscenza non sta cercando di portarti fuori dal mondo ma di portarti nel mondo, perché qui sei venuto per dare.

FORTIFICA LA TUA COMPRENSIONE dell'idea di oggi ripetendola ogni ora e dandole un momento di vera considerazione. Fortifica la tua pratica oggi utilizzandola nelle due sessioni più profonde di pratica, dove entri nella calma e nel silenzio. Puoi entrare nella calma e nel silenzio solo se sei senza preoccupazioni per te stesso. Ne consegue che il tuo impegno a donare te stesso alla tua pratica è un'affermazione della sicurezza e della certezza che sono con te.

PRATICA 156: *Due periodi di 30 minuti di pratica.*
　　　　　　　Pratica oraria.

Passo 157

NON SONO SOLO NELL'UNIVERSO.

Tu non sei solo nell'universo perché sei parte dell'universo. Tu non sei solo nell'universo perché la tua mente è unita a tutte le menti. Tu non sei solo nell'universo perché l'universo è con te. Tu stai ora imparando a essere con l'universo affinché il tuo rapporto con la vita possa essere totalmente recuperato e affinché possa esprimere se stesso nel mondo. Il mondo offre un esempio scadente di questo, perché l'umanità ha perso la sua relazione con la vita e ora cerca disperatamente nelle vie dell'immaginazione e della fantasia di trovare quello che è andato perduto. Sii allora felice oggi, che i mezzi per il ritrovamento della vita ti sono stati dati e che ti puoi dedicare alla tua pratica e al tuo destino. In questo modo sei affermato. Tu non sei solo nell'universo. La profondità di quest'idea è molto superiore all'apparenza iniziale. È una dichiarazione di assoluta verità, ma deve essere sperimentata per essere compresa.

PERTANTO, RICORDA A TE STESSO OGNI ORA questa affermazione. Cerca di sentirla in qualsiasi circostanza ti trovi. Nelle tue due pratiche più lunghe di meditazione, cerca di vivere la tua completa inclusione nella vita. Non hai bisogno di pensare a idee o vedere immagini, ma solo di sentire la presenza della vita della quale fai parte. Tu sei nella vita. Tu sei immerso nella vita. La vita ti sta abbracciando. Oltre a qualsiasi immagine che il mondo può presentare, oltre a qualsiasi azione che il mondo può dimostrare, tu sei nell'amorevole abbraccio della vita.

PRATICA 157: *Due periodi di 30 minuti di pratica.*
Pratica oraria.

Passo 158

SONO RICCO PER POTER DARE.

SOLO I RICCHI SONO IN GRADO DI DARE, PERCHÉ NON SONO BISOGNOSI. Solo i ricchi possono dare, perché non sono a proprio agio con un patrimonio se non lo possono donare. Solo i ricchi possono dare, perché non sanno capire il valore del loro patrimonio fino a quando non lo hanno dato. Solo i ricchi possono dare, perché essi desiderano vivere la gratitudine come loro unico premio.

TU SEI RICCO E PUOI DARE. Tu possiedi già un patrimonio di Conoscenza, e questo è il dono più grande che ci sia. Qualsiasi altra azione, qualsiasi altro favore, qualsiasi altro oggetto che sia un dono, ha significato solo se è intriso di Conoscenza. Questa è l'essenza invisibile di tutti i veri doni e di tutto il vero dare. Tu hai una grande riserva di questa essenza, che devi imparare a ricevere. Tu sei ricco, oltre la tua stessa comprensione. Anche se sei finanziariamente povero, anche se credi di essere solo, tu sei ricco. Il tuo dare dimostrerà questo oggi. Il tuo dare dimostrerà la fonte, la profondità e il significato della tua ricchezza e permeerà tutto il tuo dare dell'essenza stessa del dare. Col tempo, ti scoprirai a dare senza sforzarti, scoprirai che la tua vita stessa sarà un dono. La tua vita allora dimostrerà la ricchezza che ogni persona possiede ma che non ha ancora imparato a ricevere.

RIPETI QUEST'IDEA OGNI ORA, e nelle tue due pratiche più lunghe di meditazione, vivi l'esperienza della tua stessa ricchezza. Vivi l'esperienza della presenza e della profondità della Conoscenza. Sii il ricevente della Conoscenza e dona te stesso alla Conoscenza, perché dando te stesso alla tua pratica, tu già confermi la tua ricchezza, che ha solo bisogno di essere affermata per essere pienamente riconosciuta.

PRATICA 158: *Due periodi di 30 minuti di pratica.*
Pratica oraria.

Passo 159

I POVERI NON POSSONO DARE. IO NON SONO POVERO.

I POVERI NON POSSONO DARE, PERCHÉ SONO BISOGNOSI. Loro sono tenuti a ricevere. Tu non sei bisognoso, perché il dono della Conoscenza è con te. Pertanto, sei nella posizione di dare e nel tuo dare ti renderai conto del tuo valore e qualsiasi senso di miseria ti abbandonerà. Sii fiducioso che La Conoscenza provvederà a tutte le cose materiali di cui hai veramente bisogno. Anche se potrebbe non procurarti ciò che desideri, ti procurerà quello di cui hai bisogno e nella giusta misura. Dunque avrai quello che ti serve per contribuire secondo la tua natura e la tua missione nel mondo. Ma non sarai appesantito da ciò che per te può essere solo un fardello. Avrai esattamente ciò di cui avrai bisogno e il mondo non ti appesantirà con le sue privazioni o con i suoi eccessi. Tutto avrà così un equilibrio perfetto. La Conoscenza ti darà quello di cui hai bisogno, e quello di cui hai bisogno è quello che davvero vuoi. Non sei ancora in grado di valutare correttamente le tue necessità, perché sei ancora perso in quello che vuoi, ma le tue necessità si riveleranno attraverso La Conoscenza, e col tempo capirai la natura del bisogno e come può essere colmato.

TU NON SEI POVERO, perché il dono della Conoscenza è con te. Ripeti la frase di oggi ogni ora e considerala alla luce delle tue osservazioni degli altri. Nei tuoi periodi di pratica più profonda, permetti a te stesso di sperimentare La Conoscenza che ora possiedi.

PRATICA 159: *Due periodi di 30 minuti di pratica.*
Pratica oraria.

Passo 160

IL MONDO È POVERO, MA IO NON LO SONO.

IL MONDO È POVERO, MA TU NON SEI POVERO. A prescindere dalle tue circostanze, questa è la verità perché tu stai riconquistando la ricchezza della Conoscenza. Comprendi, allora, il significato di impoverimento. Comprendi, allora, il significato di ricchezza. Non credere che quelli che posseggono più oggetti di te siano in alcun modo più ricchi di te, perché senza La Conoscenza loro sono poveri e acquisiranno beni solo per controbilanciare la loro miseria e la loro incertezza. Dunque, il loro impoverimento è aumentato dalle loro acquisizioni.

IL MONDO È POVERO, MA TU NON LO SEI, perché hai portato La Conoscenza con te nel mondo, dove La Conoscenza è stata dimenticata e negata. Così, nel ritrovare la tua ricchezza, il mondo ritroverà anche la sua ricchezza, perché tu stimolerai La Conoscenza in tutti e la loro ricchezza inizierà a rivelarsi in tua presenza e in presenza della Conoscenza che ti guida.

PERTANTO, NON CHIEDERE NULLA AL MONDO salvo quelle poche cose materiali che ti servono per compiere la tua missione. Questa è una piccola richiesta alla luce di quello che sei venuto a dare. Se le tue richieste non saranno eccessive rispetto a quanto ti serve, il mondo sarà felice di soddisfarle in cambio del dono superiore che possiedi.

CONSIDERA OGNI ORA L'IDEA DI QUESTO GIORNO. Non lasciare che passi un'ora senza che tu riconosca quest'idea. Rafforza la tua determinazione di utilizzare la pratica in ogni circostanza della giornata affinché la tua vita possa essere colma di significato in tutti i suoi eventi. Nei tuoi due periodi più lunghi di pratica oggi, immergiti nella calma e nella pace per imparare di più sulla ricchezza che possiedi.

PRATICA 160: *Due periodi di 30 minuti di pratica.*
Pratica oraria.

Passo 161

RIPASSO

Oggi nel tuo Ripasso, considera ogni lezione e ogni pratica di ciascuna giornata della scorsa settimana. Impara di più sul processo di apprendimento. Renditi conto che per imparare questo non puoi guardare la tua vita condannandola, perché stai imparando ad imparare. Renditi conto che la ricchezza nella tua vita è evidente grazie alle pratiche che stai intraprendendo, cosa che non potresti fare se fossi privo di Conoscenza. Stai intraprendendo questa preparazione grazie alla Conoscenza e ogni giorno ti impegni nella tua pratica per via della Conoscenza. Ogni giorno porti a termine quanto previsto dalla tua pratica per via della Conoscenza. Dunque, senza la tua negazione o la tua interferenza, La Conoscenza stessa ti guiderà nella tua preparazione ed emergerà mentre intraprendi ogni passo. Quanto è facile il successo in questo modo. Quanto è facile ricevere senza insistenza o negazione da parte tua. Perché senza l'immaginazione, la vita è evidente. La sua bellezza è evidente. La sua grazia è evidente. Il suo scopo è evidente. Il lavoro che richiede è evidente. Le sue ricompense sono evidenti. Anche le difficoltà di questo mondo sono evidenti. Ogni cosa diventa evidente quando la tua mente diviene calma e limpida.

PERTANTO, IN UN PERIODO LUNGO DI PRATICA, ripassa gli esercizi della scorsa settimana. Dai a questo la tua piena attenzione. Dona te stesso alla tua pratica e sappi che La Conoscenza dentro di te ti sta motivando.

PRATICA 161: *Un periodo lungo di pratica.*

Passo 162

OGGI NON AVRÒ PAURA.

Oggi non lasciare che la paura conquisti la tua mente. Non lasciare che l'abitudine dell'immaginazione negativa catturi la tua attenzione e le tue emozioni. Sii coinvolto nella vita per come è veramente, così che tu la possa percepire senza condannarla. La paura è come una malattia che arriva e prende il sopravvento. Tu però non devi arrenderti alla paura perché la tua fonte e le tue radici sono profondamente radicate nella Conoscenza, e ora stai diventando più forte nella Conoscenza.

Ricorda a te stesso ogni ora di non lasciare che la paura ti conquisti. Quando inizi ad avvertire i suoi effetti, qualunque sia il modo con cui essa esercita la sua influenza su di te, allontanati da lei e dichiara la tua fedeltà alla Conoscenza. Riponi la tua certezza nella Conoscenza. Nei tuoi due più profondi periodi di pratica oggi, dona te stesso alla Conoscenza. Dona la tua mente e il tuo cuore affinché tu possa essere rafforzato in quella certezza in cui la paura non può mai entrare. Il tuo essere libero dalla paura del futuro non deve nascere da finzione, ma deve nascere dalla tua certezza nella Conoscenza. In questo modo, sarai un rifugio di pace e una fonte di ricchezza per gli altri. Questo è ciò che dovresti essere. Questo è il motivo per cui sei venuto nel mondo.

PRATICA 162: *Due periodi di 30 minuti di pratica.*
Pratica oraria.

Passo 163

OGGI SENTIRÒ LA CONOSCENZA.

Senti la qualità della presenza stabile della Conoscenza, che è sempre disponibile per te oltre i tuoi pensieri e le tue preoccupazioni personali. Ogni ora, senti La Conoscenza oggi. Ripeti l'idea di oggi e prenditi un momento per sentire la sua presenza. La presenza della Conoscenza è qualcosa che ti puoi portare appresso dovunque tu vada, ad ogni incontro, in ogni circostanza. È appropriata ovunque. In questo, sarai in grado di vedere ogni circostanza e ogni evento. Sarai capace di sentire. Sarai capace di dare. Sarai capace di comprendere. Questa stabilità è qualcosa di cui il mondo ha enorme bisogno e tu, che sei ricco di Conoscenza, possiedi questa stabilità e la puoi donare.

Senti La Conoscenza in questo giorno, durante i tuoi periodi di pratica profonda. Dedicati a questo, perché questo è il tuo dono a Dio e al mondo. Lascia che questo giorno sia un giorno di potenziamento e di conferma. Non lasciare oggi che piccoli fallimenti ti distolgano dal tuo compito superiore. Renditi conto che ogni intoppo può solo arrestare il tuo progresso, e basta solo che tu faccia un passo avanti per continuare. La risposta a qualsiasi fallimento grande o piccolo, dunque, è semplicemente la decisione di continuare. Perché devi solo seguire i passi così come sono dati qui per conseguire i risultati che questa preparazione ha in serbo per te. Com'è semplice il percorso verso La Conoscenza. Com'è limpida la sua via quando segui le sue indicazioni passo dopo passo.

PRATICA 163: *Due periodi di 30 minuti di pratica.*
Pratica oraria.

Passo 164

OGGI ONORERÒ CIÒ CHE SO.

ONORA OGGI CIÒ CHE SAI. Attieniti a ciò che sai. Permetti alla tua Conoscenza di guidarti in modo specifico. Non cercare di usare La Conoscenza per realizzare te stesso, altrimenti così facendo useresti solo ciò che pensi essere Conoscenza e ti ritroveresti di nuovo a tessere per te stesso un'illusione che ti intrappolerebbe e ti svuoterebbe della vita, dell'entusiasmo e della certezza. Lascia che sia La Conoscenza a muoverti oggi. Porta avanti le tue normali attività. Segui le procedure della vita, quelle che sono il tuo dovere, ma lascia che La Conoscenza ti stia vicino in modo che ti possa dare il suo misterioso dono dovunque tu vada e ti possa dare direzione concreta là dove effettivamente serve.

RIPETI QUESTA AFFERMAZIONE OGNI ORA e considerala alla luce delle tue immediate circostanze. Nei tuoi più profondi periodi di pratica oggi, dà ancora te stesso alla calma ed alla pace. Onora La Conoscenza oggi, dando te stesso alla Conoscenza e rimanendo vicino alla Conoscenza.

PRATICA 164: *Due periodi di 30 minuti di pratica.*
Pratica oraria.

Passo 165

I MIEI COMPITI SONO PICCOLI. LA MIA MISSIONE È GRANDE.

I tuoi compiti nel mondo sono piccoli. Il loro scopo è quello di assicurare le riserve di cui hai fisicamente bisogno e di mantenere quelle alleanze, con altre persone che sono benefiche per il tuo benessere e anche per il loro benessere. Questi compiti sono importanti, ma la tua missione è più grande. Non compromettere la tua capacità di ricevere la tua missione essendo in difetto nei tuoi compiti. Questa sarebbe solo una forma di auto-negazione. Porta avanti i tuoi compiti oggi, in modo specifico, per quanto riguarda la tua occupazione lavorativa ed i tuoi impegni con gli altri. Non confondere questo con la tua missione, che è qualcosa di gran lunga più grande di quanto stai iniziando ora a ricevere ed a sperimentare. Dunque, i tuoi compiti ti daranno un fondamento mentre intraprendi la preparazione per la riconquista e il contributo alla Conoscenza.

Ricorda che tutta la confusione è la confusione dei diversi livelli. Non confondere la missione con i compiti. Questa è un'importante distinzione che devi fare. I tuoi compiti nel mondo sono specifici, ma la tua missione è di gran lunga superiore. Quando la tua missione inizierà ad esprimere se stessa dentro di te che stai imparando a riceverla, allora creerà un'influenza più specifica anche sui tuoi compiti. Questo sarà per te graduale e totalmente naturale. Questo necessita solo che tu sia autodisciplinato, costante e abbastanza fiducioso da seguire i suoi passi.

Porta avanti, allora, i tuoi compiti oggi, così che tu possa essere uno studente principiante della Conoscenza. Ricorda a te stesso della tua pratica ogni ora, e nei tuoi due più lunghi periodi di pratica, impegna attivamente la tua mente nel ponderare l'idea di oggi. Il suo vero significato non è superficiale, e lo devi indagare per capire il suo pieno valore. Non accontentarti di conclusioni premature. Non rimanere al di fuori della Conoscenza cercando di formulare un tuo giudizio. Entra dentro di lei così che oggi tu possa essere uno studente, perché ora sei uno studente della Conoscenza. Ti stai ora donando al mondo, con la tua preparazione.

Pratica 165: *Due periodi di 30 minuti di pratica.*
Pratica oraria.

Passo 166

LA MIA MISSIONE È GRANDE. DUNQUE, SONO LIBERO DI FARE PICCOLE COSE.

È SOLTANTO NELLE TUE IDEE GRANDIOSE, che sono una copertura per la paura, l'ansia e la disperazione, che eviteresti di fare le piccole cose che ti sono richieste dal mondo. Di nuovo, non confondere la grandezza della tua missione con la piccolezza dei tuoi compiti. La grandezza si può esprimere nelle più piccole cose, nel più minuscolo gesto, nel pensiero più transitorio, nel più semplice gesto e nelle circostanze più materiali. Dunque, continua nelle tue piccole azioni nel mondo affinché con il passare del tempo La Conoscenza si possa esprimere attraverso loro. Le azioni fatte nel mondo sono piccole in confronto alla grandezza della Conoscenza. Prima che arrivasse la tua preparazione, il mondo era considerato grande e La Conoscenza piccola, ma tu stai ora imparando che la verità è il contrario di questo—che La Conoscenza è grande e il mondo è piccolo. Questo significa anche che le tue attività nel mondo sono piccole, ma sono il veicolo attraverso il quale La Conoscenza può esprimere se stessa.

SII ALLORA CONTENTO DI FARE PICCOLE cose nel mondo. Sii semplice e umile nel mondo, affinché la grandezza possa fluire attraverso te senza ostruzione.

QUESTA PRATICA NECESSITERÀ DI ESSERE RIPETUTA ogni ora, unitamente a una profonda riflessione nei tuoi due più lunghi periodi di pratica, dove impegnerai attivamente la tua mente nel capire il significato dell'idea di oggi. Utilizza la tua mente per indagare. Concedi a te stesso di riflettere su queste cose. Non affidarti a conclusioni ma continua l'esplorazione. Questo è il giusto utilizzo della tua mente, che ti porterà a una maggiore comprensione. Facendo questo, la mente non sta semplicemente tessendo visioni e illusioni per sottrarsi alla sua stessa ansia. Qui la mente sta esaminando il proprio contenuto. Qui la mente sta lavorando a favore della Conoscenza, come è stata destinata a fare.

Pratica 166: *Due periodi di 30 minuti di pratica.*
 Pratica oraria.

Passo 167

CON LA CONOSCENZA SONO LIBERO NEL MONDO.

Con La Conoscenza sei libero nel mondo. Sei libero di unirti. Sei libero di andartene. Sei libero di stringere accordi. Sei libero di perfezionare e di cambiare gli accordi. Sei libero di concederti. Sei libero di svincolarti. Nella Conoscenza tu sei libero.

Affinché tu possa comprendere il vero significato di questo e comprenderne l'immediato valore nell'ambito delle tue attuali circostanze, devi capire che non puoi utilizzare La Conoscenza per realizzare te stesso. Questa deve essere una tacita intesa. Non perdere mai di vista ciò, perché se credi di utilizzare La Conoscenza per realizzare te stesso, fraintenderai La Conoscenza e non ne vivrai l'esperienza. Cercherai solo di fortificare le tue illusioni ed i tuoi tentativi di fuga. Questo può solo rendere più cupe le nuvole che già incombono sopra di te. Questo ti può solo deludere come una forma di stimolo temporaneo e aggravare il tuo senso di isolamento e di miseria.

Nella Conoscenza tu sei libero. Ora non esiste limitazione, perché La Conoscenza ti darà solo dove è giusto che ti si dia e si esprimerà attraverso te dove e giusto che si esprima. Questo ti libererà da qualsiasi coinvolgimento e impegno errato e ti condurrà da quelle persone che ti stanno aspettando. Questo ti condurrà verso quelle circostanze che sono per il tuo massimo beneficio e per il beneficio delle altre persone coinvolte. Qui La Conoscenza è la guida. Qui sei il destinatario. Qui sei il contributore. Non c'è libertà più grande di questa, perché in questo tu sei libero.

Rammenta te stesso di quest'idea ogni ora e nei tuoi due esercizi di profonda meditazione, ancora una volta entra nella calma e nel silenzio. Ancora una volta consenti alla tua mente di essere calma, perché in questo tu sei libero. Prepara te stesso per le tue pratiche ripetendo quest'idea e dedicando te stesso alla tua pratica. Senza il tuo dominio, la tua mente sarà libera e sperimenterà la sua stessa profondità nella Conoscenza.

PRATICA 167: *Due periodi di 30 minuti di pratica.*
Pratica oraria.

Passo 168

RIPASSO

Ripassa la settimana che è trascorsa. Ripassa ogni lezione nel modo in cui è stata data e ogni pratica che hai sperimentato. Ripassa l'intera settimana così che tu possa fortificare l'apprendimento in cui ti stai impegnando. Ricorda che stai imparando ad imparare. Ricorda che sei uno studente principiante di Conoscenza. Ricorda che la tua valutazione, se non nasce dalla Conoscenza, non sarà di aiuto. Senza questa valutazione ti sarà evidente il modo in cui rafforzare la tua preparazione e apportare gli aggiustamenti nella tua vita esteriore per sostenere te stesso nella tua impresa. Puoi fare questo senza condannare te stesso. Può essere fatto perché è necessario e tu sei in grado di rispondere a ciò che è necessario senza punire te stesso e il mondo. Questa preparazione è necessaria, perché rappresenta la tua volontà.

Nel tuo periodo lungo di pratica oggi, ripassa la settimana con sincerità e con profondità. Dà a questo la tua piena attenzione così che tu possa ricevere i doni che ora ti stai preparando a ricevere.

Pratica 168: *Un periodo lungo di pratica.*

Passo 169

IL MONDO È DENTRO DI ME. QUESTO LO SO.

IL MONDO È DENTRO DI TE. Tu lo puoi sentire. Attraverso La Conoscenza tu puoi sentire la presenza di tutte le relazioni. Questa è l'esperienza di Dio. Questo è il motivo per il quale le tue relazioni significative con altri individui serbano una così grande promessa, perché nell'unione genuina con un'altra persona puoi iniziare a provare l'esperienza di unione con tutto ciò che è vita. È per questo che cerchi genuinamente le relazioni. Questa è la tua vera motivazione nelle relazioni—vivere l'esperienza dell'unione ed esprimere il tuo scopo. La gente pensa che le relazioni servano a realizzare le loro fantasie ed a fortificare se stessi per difendersi dalla propria ansia. Questo va disimparato perché il vero scopo delle relazioni possa essere rivelato e capito. Ne consegue che disimparare è la prima cosa nel processo di apprendimento. In questo impari ad imparare. In questo impari a ricevere.

ESERCITATI OGNI ORA IN QUESTO GIORNO, ricordando la tua idea di oggi. Oggi, nelle tue meditazioni più profonde, ancora una volta usa la parola RAHN per farti portare più profondamente nella profondità della Conoscenza. Ripeti l'idea all'inizio della tua pratica e poi, ogni volta che espiri, ripeti piano la parola RAHN a te stesso. Consenti a questo di focalizzare la tua mente. Consenti a questo di connetterti con la profondità della Conoscenza. Qui andrai più in profondità di prima. In questo, troverai tutto quello che cerchi e non ci sarà confusione riguardo al mondo.

PRATICA 169: *Due periodi di 30 minuti di pratica.*
Pratica oraria.

Passo 170

OGGI STO SEGUENDO L'ANTICO RITO DI PREPARAZIONE.

QUESTA PREPARAZIONE CHE STAI INTRAPRENDENDO è antica nelle sue origini. Viene utilizzata da secoli, in questo mondo e anche in altri mondi. È stata solo adattata nel linguaggio e nella sua rilevanza per il vostro tempo attuale, tuttavia prepara le menti nel modo in cui le menti sono sempre state preparate nella Via della Conoscenza, perché La Conoscenza non cambia e le preparazioni semplicemente si adattano agli eventi correnti ed alla comprensione corrente, al fine di poter essere applicabili alle realtà di chi le riceve. E tuttavia il vero meccanismo della preparazione rimane immutato.

TI STAI IMPEGNANDO IN UN ANTICO RITO di riconquista della Conoscenza. Nata dalla grande volontà dell'universo, questa preparazione è stata costruita per l'avanzamento degli studenti della Conoscenza. Tu stai ora lavorando in cooperazione con molti altri individui, in questo mondo e anche in altri mondi. Perché La Conoscenza viene insegnata in tutti i mondi dove esiste la vita intelligente. Ne consegue che i tuoi sforzi sono sostenuti e alimentati dagli sforzi di coloro che si stanno preparando insieme a te. In questo, tu rappresenti una comunità di discenti. Non pensare, dunque, che i tuoi sforzi siano individuali. Non pensare, dunque, di essere il solo nel mondo, che sta intraprendendo la riconquista della Conoscenza. Non pensare, dunque, di non essere parte di una comunità di discenti. Questo ti diverrà più evidente nel tempo, quando inizierai a riconoscere quelli che si stanno preparando insieme a te. Questo ti diverrà più evidente nel tempo, quando la tua esperienza del sentire la presenza dei tuoi Maestri diverrà più profonda. Questo ti diverrà più evidente nel tempo, quando i risultati della tua Conoscenza diverranno evidenti anche a te. Questo ti diverrà più evidente nel tempo, quando inizierai a considerare la tua vita come una parte della Comunità Più Grande dei mondi.

RICORDA A TE STESSO DELLA TUA PRATICA OGNI ORA. Nei tuoi esercizi più profondi nella calma, ricevi il beneficio di tutti quelli che stanno praticando insieme a te. Ricorda a te stesso che non sei solo e che le loro ricompense sono date a te così come le tue ricompense sono date a loro. Ne consegue che state condividendo le vostre conquiste. La potenza della tua impresa è sostenuta a tal punto dall'impresa e dal dare degli altri, che il tutto supera di molto le tue abilità. Quando te ne rendi conto, questo ti dà ogni genere di incoraggiamento ed elimina per sempre l'idea di essere inadeguato per i compiti che ti sono dati, perché il tuo dare riceve il supplemento del dare degli altri, e questo rappresenta il volere di Dio nell'universo.

PRATICA 170: *Due periodi di 30 minuti di pratica.*
Pratica oraria.

Passo 171

IL MIO DARE È UN'ATTESTAZIONE DELLA MIA RICCHEZZA.

IL TUO DARE È UN'ATTESTAZIONE DELLA TUA RICCHEZZA perché tu dai, prelevando dalla tua ricchezza. Non è il dare materiale ciò di cui parliamo, perché potresti anche dare via tutto quello che possiedi e rimanere con nulla. Ma quando dai Conoscenza, La Conoscenza aumenta. Quando permei di Conoscenza il tuo dono di un oggetto, La Conoscenza aumenta. È per questo che quando ricevi Conoscenza, ti viene la voglia di darla perché questa è l'espressione naturale della tua stessa ricettività.

COME PUOI ESAURIRE LA CONOSCENZA QUANDO LA Conoscenza è la potenza e la volontà dell'universo? Quanto piccolo è il tuo veicolo, quanto grande è la sostanza che esprime se stessa attraverso te. Quanto grande è la tua relazione con la vita, quanto grande, allora, sei tu che sei con la vita. Qui non c'è presunzione. Qui non c'è auto-esaltazione, perché semplicemente ti rendi conto di essere piccolo e grande allo stesso tempo, e prendi atto della fonte della tua piccolezza e della fonte della tua grandezza. Tu prendi atto di tutta la vita, a quel punto, e nulla viene lasciato fuori dalla tua grande valutazione di te stesso, che nasce dall'amore e dalla vera comprensione. Questa, dunque, è la comprensione che devi coltivare nel tempo, ancora una volta comprendendo che i tuoi sforzi per farlo sono nutriti dagli sforzi degli altri, che sono anche loro studenti di Conoscenza nel tuo mondo. Anche studenti in altri mondi alimentano i tuoi sforzi, perché nella Conoscenza non esiste tempo e distanza. Ne consegue che in questo momento hai un grande sostegno a disposizione, e in questo ti rendi conto della tua vera relazione con la vita.

ESERCITATI OGNI ORA E NELLE TUE MEDITAZIONI PIÙ PROFONDE, consenti alla parola RAHN di portarti dentro alla

Conoscenza. Silenziosamente e nella calma, mentre ti immergi nelle profondità della Conoscenza, ricevi la pace e la conferma che sono il tuo diritto di nascita.

Pratica 171: *Due periodi di 30 minuti di pratica.*
              Pratica oraria.

Passo 172

DEVO RICONQUISTARE LA MIA CONOSCENZA.

TU DEVI RICONQUISTARE LA TUA CONOSCENZA. Questa non è semplicemente una preferenza in competizione con altre preferenze. Il fatto che sia un requisito nella vita, dà a questo la necessità e l'importanza che davvero merita. Non pensare che la tua libertà sia in alcun modo ridotta da questa necessità, perché la tua libertà è il risultato di questa necessità e nascerà da questa necessità. Qui entri in un mondo di direzione vitale al posto di scelte casuali. Qui diventi davvero coinvolto nella vita, anziché essere un osservatore distaccato che può solo essere testimone delle proprie idee.

LA NECESSITÀ DELLA CONOSCENZA, dunque, è rappresentata dall'importanza che riveste per te e per il tuo mondo. Accogli benevolmente la necessità, dunque, perché ti libera dal peso e dalla disabilità dell'ambivalenza. Ti porta in salvo dalle tue scelte prive di significato e ti indirizza verso ciò che è veramente vitale per il tuo benessere e per il benessere del mondo.

SE RIESCI A COMPRENDERE QUESTA VERITÀ, questa sovrasterà qualsiasi senso di inadeguatezza o indolenza che potrebbe ancora esistere in te. Perché se la tua vita è una necessità, allora ha uno scopo, un significato e una direzione. Se la tua vita è una necessità, allora anche tutte le altre vite sono una necessità. In questo modo non vorrai nuocere a nessuno, vorrai piuttosto cercare di affermare La Conoscenza in ognuno. Questa necessità, allora, porta con sé la forza e la direzione di cui hai bisogno e ti fornisce la grazia e la profondità che devi ricevere per te stesso. Una vita necessaria è una vita di significato. La Conoscenza è una necessità. Dona te stesso alla tua necessità, e sentirai di essere tu stesso una necessità. Questo disperderà il tuo senso di inadeguatezza e di colpa e ti riporterà nella tua relazione con la vita.

ESERCITATI DI NUOVO OGNI ORA, e nelle tue due pratiche di meditazione lascia che la parola RAHN ti porti più profondamente dentro la presenza della Conoscenza stessa. La potenza di questa parola, una parola sconosciuta nella tua lingua, risuonerà con la tua Conoscenza e la stimolerà. Questo mezzo è misterioso, ma il risultato è concreto.

PRATICA 172: *Due periodi di 30 minuti di pratica.*
Pratica oraria.

Passo 173

OGGI FARÒ CIÒ CHE È NECESSARIO.

Fare quello che è necessario ti renderà impegnato con vigore nella vita, perché la vita nel mondo, in tutte le sue forme, è impegnata in ciò che è necessario. Questo inizialmente sembra opprimente agli esseri umani, perché sono abituati a vivere nella fantasia, dove tutto è basato su preferenze e nulla è essenziale.

Tuttavia, è quando qualcosa è veramente necessario nella vita, anche se si tratta di una circostanza drammatica, che la gente riesce a liberarsi dalle proprie fantasie e a sentire un senso di scopo, di significato e di direzione. La necessità, allora, è un dono per l'umanità, ma la gente in genere si concede questo dono solo quando si trova in circostanze drammatiche.

È nelle circostanze più felici che devi ora imparare a ricevere e a dare il benvenuto alla necessità come una grazia redentrice nella tua vita, perché tu vuoi essere necessario, tu vuoi essere incluso, tu vuoi essere vitale e vuoi essere una parte essenziale della comunità. Tutto questo è necessario. Non è una tua preferenza. Non può nascere da una scelta casuale, perché il tuo dare deve nascere da una profonda convinzione se vuole essere profondo e completo. Altrimenti, alla vista della prima avversità o della prima delusione, saresti messo da parte e ti ritireresti nella fantasia e nell'illusione.

Dai il tuo benvenuto, dunque, alle necessità di questo giorno. Intraprendi i piccoli doveri senza protestare, perché essi sono piccoli. Segui oggi la tua procedura nella preparazione, perché è necessaria ed è grande. Non confondere ciò che è grande con ciò che è piccolo, perché ciò che è piccolo è fatto solo per esprimere ciò che è grande. Non cercare di rendere grande ciò che è piccolo o piccolo ciò che è grande. Comprendi la loro vera relazione dell'uno con l'altro, perché dentro di te si trovano entrambi, ciò che è grande e anche ciò che è piccolo. Dentro di te, ciò che è grande vuole esprimere se stesso attraverso ciò che è piccolo.

PORTA AVANTI, DUNQUE, LE TUE ATTIVITÀ MATERIALI OGGI. Fa' ciò che è necessario oggi. Ricorda a te stesso ogni ora l'idea di oggi e dona te stesso alla tua pratica affinché la tua giornata possa essere un giorno per dare e per ricevere. Nelle tue pratiche di meditazione più profonda, entra nella calma usando la parola RAHN, per farti portare nel profondo della meditazione. Fallo perché è necessario. Fallo per necessità e sentirai la forza della tua volontà.

PRATICA 173: *Due periodi di 30 minuti di pratica.*
Pratica oraria.

Passo 174

LA MIA VITA È NECESSARIA.

LA TUA VITA È NECESSARIA. Non è un incidente biologico. Non sono un caso fortuito le circostanze in cui sei arrivato in questo mondo. La tua vita è necessaria. Se tu potessi solo ricordare quello che hai passato per venire in questo mondo e la preparazione che è stata necessaria—sia in questo mondo che oltre—per farti emergere qui, allora ti renderesti conto dell'importanza del tuo essere qua e l'importanza della Conoscenza che ti porti dentro. La tua vita è necessaria. Qua non c'è alcuna forma di presunzione. È semplicemente riconoscere la verità. Nella tua valutazione di te stesso, la tua vita può essere patetica oppure grandiosa. Tuttavia, il fatto che la tua vita sia necessaria non ha nulla a che fare con le tue valutazioni, anche se le tue valutazioni ti possono portare più vicino o allontanarti da questa vera presa di coscienza.

LA TUA VITA È NECESSARIA. Comprendilo e questo eliminerà il tuo senso di giudizio e di condanna verso te stesso. Comprendilo e questo porterà umiltà nelle tue idee di personale grandezza. Comprendilo e i tuoi progetti potranno nel tempo essere adattati alla Conoscenza stessa, perché la tua vita è necessaria.

RIPETI QUESTA AFFERMAZIONE OGNI ORA e considerala a prescindere dalle tue emozioni, dalle tue circostanze e dai pensieri prevalenti nella tua mente, perché La Conoscenza è più grande dei pensieri e ha lo scopo di governare i pensieri. Nelle tue due pratiche di meditazione, consenti alla parola RAHN di portarti nel profondo della pratica. Senti la necessità della tua stessa vita—il suo valore e la sua importanza. Questa è un'esperienza che puoi provare direttamente. Non richiede la tua valutazione. Non richiede che tu ti consideri superiore agli altri. È semplicemente una profonda esperienza di realtà, perché la tua vita è necessaria. È necessaria per te. È necessaria per il tuo mondo. È necessaria per la vita stessa.

Pratica 174: *Due periodi di 30 minuti di pratica.*
Pratica oraria.

Passo 175

RIPASSO

Nel tuo Ripasso delle pratiche di questa settimana, ancora una volta renditi conto del valore del donare se stessi alla pratica. Donare te stesso alla pratica, dunque, è il primo passo nel comprendere il vero significato del dare e il vero significato di uno scopo nel mondo.

Nel tuo unico periodo più lungo di pratica, ripassa la settimana che è appena trascorsa. Rivisita il tuo impegno negli esercizi di ogni giornata e considera il significato dell'idea di ogni giornata. Dai a questo la tua totale attenzione durante il tuo periodo di pratica di oggi e renditi conto, nel testimoniare la tua stessa evoluzione, che ti stai preparando per dare agli altri.

Pratica 175: *Un periodo lungo di pratica.*

Passo 176

OGGI SEGUIRÒ LA CONOSCENZA.

Ogni ora di questo giorno vivi l'esperienza di te stesso mentre segui La Conoscenza. Prendi piccole decisioni per piccole cose a seconda delle necessità, ma non prendere decisioni grandi senza La Conoscenza. Possiedi una mente personale per prendere decisioni piccole e insignificanti, ma decisioni più grandi dovrebbero essere prese con La Conoscenza.

Segui La Conoscenza ogni ora oggi. Consenti alla sua pace e alla sua certezza di dimorare con te. Consenti alla sua direzione generale di essere riconosciuta da te. Consenti alla sua potenza di influenzarti. Consentile di donarsi a te, così come tu ora stai imparando a donarti a lei.

Nei tuoi due più lunghi esercizi di meditazione oggi, utilizzando la parola RAHN, entra profondamente nella Conoscenza. Entra profondamente nella presenza della vita. Entra profondamente in quest'esperienza. Continua a indirizzare la tua mente verso questo traguardo. Continua a mettere da parte qualsiasi cosa ti condiziona o ti trattiene. In questo modo alleni la mente e la prepari anche per ciò che è naturale che le accada.

Segui La Conoscenza in questo giorno. Se La Conoscenza ti indica qualcosa e ne sei veramente certo, seguila e sii attento. Vedi che cosa succede e cerca di distinguere La Conoscenza dai tuoi impulsi, dai tuoi desideri, dalle tue paure e dalle tue elusioni. Questo va imparato tramite l'esperienza. In questo modo, La Conoscenza e tutto ciò che finge di essere Conoscenza sono separate per contrasto. Questo ti porterà maggiore certezza e maggiore sicurezza in te stesso, cose che ti serviranno nei tempi a venire.

Pratica 176: *Due periodi di 30 minuti di pratica.*
Pratica oraria.

Passo 177

OGGI IMPARERÒ AD ESSERE ONESTO.

C'È UN'ONESTÀ SUPERIORE CHE STA ASPETTANDO di essere scoperta da te. C'è un'onestà superiore che devi utilizzare a tuo favore. Non è sufficiente il solo sapere come ti senti. Un requisito superiore è sentire ciò che sai. Questa è un'onestà superiore e un'onestà che è in armonia con la vita stessa, un'onestà che riflette il vero avanzamento di tutti gli esseri nel mondo. Questo non significa semplicemente esprimere e chiedere che il tuo intento personale sia realizzato. Questo invece significa chiedere che la necessità della vita dentro di te si possa esprimere in un modo che sia autentico per la vita stessa. La forma e il modo di questa espressione saranno contenute nei messaggi che dovrai portare ad altri quando sarà il momento di farlo.

IMPARA, ALLORA, A SENTIRE CIÒ CHE SAI. Questa è un'onestà superiore. Richiede sia apertura che controllo. Richiede auto-analisi. Richiede oggettività circa la tua vita. Richiede calma e pace, così come richiede la capacità di impegnare la tua mente attivamente nell'esplorazione. Così tutto ciò che hai imparato fino ad oggi porta il proprio contributo e viene utilizzato nella pratica di oggi.

RICORDA A TE STESSO OGNI ORA LA PRATICA DI OGGI e considerala seriamente nel momento in cui ti trovi. Nelle pratiche più lunghe oggi, ancora una volta entra nella calma ed impegna la tua mente in questa significativa attività. La mente deve essere portata in prossimità della sua Antica Casa affinché possa trovare conforto e pace. Questo richiede autodisciplina al principio, ma una volta che l'impegno è iniziato, il processo avviene naturalmente in sé e per sé.

IMPARA A DIVENTARE PIÙ ONESTO OGGI. Impara a riconoscere un livello superiore di onestà, un livello autentico di onestà, che afferma la tua stessa natura e non tradisce il tuo scopo superiore.

PRATICA 177: *Due periodi di 30 minuti di pratica.*
Pratica oraria.

Passo 178

OGGI RICORDERÒ COLORO CHE MI HANNO DATO.

Questo è un giorno speciale di riconoscimento della presenza di relazioni autentiche nella tua vita. È un giorno speciale di riconoscimento dei doni che ti sono stati dati. È un giorno di gratitudine.

Ogni ora, dunque, ripeti quest'affermazione e prenditi un momento per richiamare alla mente coloro che ti hanno dato. Cerca di pensare molto attentamente alle persone che ti hanno portato un beneficio, sia dimostrandoti la loro saggezza che i loro errori. Pensa a quelli che ti hanno mostrato la via da percorrere ed anche la via da non percorrere. Mentre approfondisci ulteriormente questi aspetti nei tuoi due periodi più lunghi di pratica oggi, cerca di pensare più attentamente e consenti a qualsiasi persona che ti viene in mente di essere il soggetto della tua indagine. Questo è un momento di pratica attiva nel corso dei tuoi periodi di meditazione.

Nei tuoi periodi più lunghi di pratica, ripeti l'affermazione all'inizio della pratica e consenti alle persone di venire a te. Impara a riconoscere il loro contributo per la riconquista della Conoscenza. Impara a riconoscere il loro contributo per il tuo benessere fisico ed emotivo. Impara a riconoscere come ti hanno servito. In questo modo, la tua intera concezione del dare, del ricevere e del servizio nel mondo, si può espandere e si può sviluppare. Questo ti darà una visione autentica del mondo in modo che tu possa imparare ad essere compassionevole con te stesso e con gli altri.

Questo, quindi, è un giorno di affermazione ed è un giorno di gratitudine. Consenti alle tue pratiche di essere significative ed efficaci così che tu possa ricevere la loro ricompensa.

Pratica 178: *Due periodi di 30 minuti di pratica.*
Pratica oraria.

Passo 179

OGGI RINGRAZIERÒ IL MONDO PERCHÉ MI INSEGNA CIÒ CHE È VERO.

IL MONDO NELLA SUA GRANDIOSITÀ E NELLA SUA FOLLIA ti insegna a che cosa dare valore e a riconoscere ciò che è vero. Il contrasto deve essere una cosa evidente nell'apprendimento, affinché tu possa fare queste distinzioni. Per poter distinguere ciò che è vero da ciò che è falso e ciò che ha significato da ciò che ne è privo, deve esserci contrasto in ciò che impari. Devi assaporare ciò che è insignificante per scoprire la sua vera natura e il suo contenuto e devi assaporare ciò che è significativo, per scoprire la sua vera natura e il suo contenuto. Il mondo ti fornisce l'opportunità di fare entrambe le cose.

IN QUESTO MOMENTO LA TUA necessità è quella di assaporare sempre di più il vero, ecco perché ora noi poniamo l'enfasi su questo nella tua pratica giornaliera. Hai già indugiato abbastanza nel falso, tanto che ha dominato la tua mente e la tua attenzione. Ora ti nutriamo di vero, ma devi anche imparare a trarre beneficio da quello che il falso ti ha dato, dopo di che non ti servirà più indagare il falso. Il falso si è già presentato a te. Ora stai imparando a riconoscere il suo modo di presentarsi e ad utilizzare il beneficio che ti può offrire. L'unico beneficio che il falso ti può offrire è quello di farti imparare a riconoscere la sua mancanza di sostanza affinché tu possa desiderare di conoscere ciò che è vero e avere una maggiore capacità di riceverlo.

ALLORA, RINGRAZIA OGGI IL MONDO per il supporto che ti da, per la sua grandiosità e la sua follia, per i suoi momenti di ispirazione e per la sua grande dimostrazione di illusione. Il mondo che vedi finora è in larga parte costituito dalla fantasia degli individui, ma c'è per te un mondo più grande da vedere, un mondo che c'è veramente, un mondo che stimolerà in te La Conoscenza, l'ammirazione e anche la vera applicazione personale. Perché è il tuo scopo quello di servire l'evoluzione di questo mondo, così com'è lo scopo del mondo quello di servire la tua evoluzione.

Nei tuoi due più lunghi periodi di pratica oggi, indaga attivamente con la tua mente su quest'idea. Applica la tua mente nel capire come il mondo ti ha supportato. Pensa a questo molto attentamente. Questa non è un'indagine superficiale. È un'indagine che devi condurre con senso di necessità e con serietà, perché determinerà la tua esperienza nella vita, sia nel presente che in futuro.

Ogni ora, ricorda la nostra affermazione di oggi e tienila in mente quando guardi il mondo. Non lasciare che per te questo giorno vada sprecato. Questo giorno è un giorno di riconoscimento, un giorno di gratitudine e un giorno di saggezza.

Pratica 179: *Due periodi di 30 minuti di pratica.*
Pratica oraria.

Passo 180

IO MI LAMENTO PERCHÉ MI MANCA LA CONOSCENZA.

Quando ti lamenti della vita, stai chiedendo di avere Conoscenza. La Conoscenza ha la sua propria affermazione riguardo alla vita, ma è qualcosa di molto diverso dal lamento che ascolti dentro di te e intorno a te. Dunque, mentre approcci La Conoscenza oggi, riconosci la natura della lamentela—come questa enfatizza le tue debolezze, come enfatizza il dominio del mondo su di te e come tutto questo è in contrasto con quello che stai imparando ora. Ora stai imparando a scoprire la tua grandezza e la tua sovranità sul mondo. Tu hai una relazione con il mondo. Lascia che questa relazione diventi sana e significativa. Lascia che ti sia dato il contributo del mondo. Lascia che il tuo contributo sia dato al mondo.

Ringrazia, dunque, ancora una volta il mondo, oggi, per quello che ti ha dato. Nei tuoi esercizi di meditazione più profonda di oggi, entra nella calma e nel silenzio. Utilizza la parola RAHN per aiutarti ad arrivare in profondità. Utilizza la parola RAHN per orientare la tua mente e il tuo pensiero affinché la tua mente si unisca al suono di questa antica parola.

Questo è un giorno di importante contributo. Non lamentarti di questo giorno. Riconosci che tutto quello che succede è un'opportunità per te di applicare la tua pratica e sviluppare le tue vere facoltà mentali. Il tuo lamentarti sarebbe solo una negazione del contributo del mondo nei tuoi confronti. Pertanto, non negarlo. Non lamentarti del mondo, oggi, così che tu possa ricevere i suoi doni.

PRATICA 180: *Due periodi di 30 minuti di pratica.*

Passo 181

OGGI RICEVO L'AMORE DELLA CONOSCENZA.

La Conoscenza possiede il vero seme dell'amore, non l'amore che è un semplice sentimento, non l'amore che è una forma di intossicazione che circonda un desiderio urgente generato dalla paura. La Conoscenza è il seme del vero amore, non l'amore che cerca di conquistare, di possedere e di dominare, ma l'amore che vuole servire, che vuole potenziare e liberare l'altra persona. Diventa il destinatario di quest'amore oggi affinché possa fluire nel mondo attraverso te, perché senza il tuo rifiuto lo farà sicuramente.

Ogni ora, ripeti quest'affermazione e senti il suo pieno impatto, a prescindere dalla circostanza in cui ti trovi. Consenti ad ogni circostanza di sostenere la tua pratica e troverai che la potenza dell'effetto della tua pratica, sulla tua vita esteriore, aumenterà continuamente. Nelle tue pratiche più profonde oggi, entra nella presenza della Conoscenza e ricevi il suo amore. Afferma il tuo valore e la tua ricettività. Abbandona le tue presunzioni su te stesso e sul mondo e consenti a te stesso di avere un'esperienza che dimostrerà la verità oltre qualsiasi supposizione. Questa è la tua pratica di oggi. Questo è il tuo dono a te stesso, al tuo mondo e al tuo creatore affinché tu possa ricevere il dono dell'amore.

Pratica 181: *Due periodi di 30 minuti di pratica.*
Pratica oraria.

Passo 182

RIPASSO

La giornata di oggi segna una svolta importante nella tua preparazione. Oggi si segna il completamento della prima fase della tua preparazione e l'inizio di una nuova fase. Ripassa, in un periodo lungo di pratica, la settimana trascorsa e poi prenditi un po' di tempo per pensare a quanta strada hai fatto e quanta ne devi fare. Riconosci il tuo potere e la tua forza che stanno crescendo. Pensa alla tua vita esteriore e riconosci quanto dev'essere ancora realizzato, sia per il tuo beneficio che per il benessere degli altri. Riconosci quanto poco sai e quanto è a tua disposizione. Non lasciarti dissuadere dal dubbio su te stesso, mentre procedi in quest'impresa, perché è solo necessario che tu partecipi per ricevere il più grande dono che la vita può dare.

Ripassa la scorsa settimana e pensa, ora, a ciò che è emerso nel corso della tua preparazione fino ad oggi. Osserva l'evoluzione che c'è stata in te nell'ambito di questi pochi mesi trascorsi—il crescente senso di presenza, il crescente senso di certezza interiore, il crescente senso di forza interiore. Accetta il fatto che la tua vita esteriore abbia iniziato ad aprirsi. Certe cose che prima erano bloccate sono ora state allentate affinché possano essere riordinate. Consenti alla tua vita esteriore di essere riordinata, ora che non cerchi più di dominarla per la tua protezione personale. Quando una certezza superiore emerge dentro di te, le circostanze esteriori devono essere da te riordinate. Ne consegue che diventi una fonte di cambiamento e non solo il suo destinatario.

Riconosci quanta strada hai fatto, ma tieni a mente che sei uno studente principiante della Conoscenza. Lascia che questo sia il tuo punto di partenza così che tu possa supporre poco e ricevere molto. Da questo grande punto di riferimento, sarai in grado di vedere oltre il pregiudizio e la tendenza a condannare insita nell'umanità. Sarai in grado di vedere oltre un punto di vista personale e avere una visione del mondo che il mondo ha un disperato bisognoso di ricevere.

Pratica 182: *Un periodo lungo di pratica.*

Passi verso La Conoscenza

PARTE SECONDA

Nella seconda metà del nostro programma di preparazione intraprenderemo l'esplorazione di nuovi territori, al fine di coltivare ulteriormente la tua esperienza della Conoscenza e di prepararti ad essere un contributore di Conoscenza nel mondo. Nei giorni che verranno esploreremo cose che ti sono familiari e cose che non ti sono familiari, cose che hai riconosciuto già prima e cose che non avevi mai visto prima. Il mistero della tua vita ti chiama perché è dal mistero che arrivano tutte le cose di valore concreto nel mondo.

Pertanto, nei passi che verranno, dona te stesso con crescente dedizione. Placa il tuo senso di incertezza. Permetti a te stesso di procedere con maggiore certezza. È richiesta solo la tua partecipazione, perché quando stimolerai La Conoscenza La Conoscenza emergerà da sé. Emergerà da sé quando le condizioni mentali e fisiche della tua vita saranno state adeguatamente preparate e adattate.

Procediamo ora con il prossimo passo della tua preparazione.

Passo 183

IO CERCO ESPERIENZA, NON RISPOSTE.

Cerca oggi l'esperienza, perché l'esperienza risponderà a tutte le domande e renderà inutile fare domande. Cerca oggi l'esperienza affinché ti possa condurre verso esperienze sempre più grandi. È meglio per te fare domande alla Conoscenza e poi ricevere l'esperienza che La Conoscenza ti può dare. Tu sei abituato a ricevere così poco in risposta alle tue domande. Una risposta è così poco. Una vera risposta deve essere un invito a partecipare ad una preparazione superiore, una preparazione che non hai preparato per te stesso ma che è stata preparata per te. Cerca, dunque, non le piccole cose che ti danno solo un sollievo o un conforto temporaneo. Cerca ciò che è il fondamento della tua vita, ciò che ti può dare vita, più vita di quanta ti sia mai stata data.

Oggi, nelle tue due pratiche più profonde, diventa ricettivo verso quest'esperienza. Puoi utilizzare la parola RAHN se trovi che ti sia d'aiuto, ma entra profondamente nell'esperienza della Conoscenza. Non cercare risposte. Le idee verranno a te a modo loro e nel momento adatto a loro. Di questo puoi essere certo. Quando la tua mente sarà preparata, diventerà veramente ricettiva e veramente capace di portare alla luce quello che riceve. Questa è la presa di coscienza di cui hai bisogno. Deve nascere da grande esperienza.

Ogni ora ricorda a te stesso della tua pratica, renditi conto che ciò che cerchi è autentica esperienza e non solo delle risposte. La tua mente è piena di risposte, e fino ad ora non hanno dato risposta alle tue domande.

Pratica 183: *Due periodi di 30 minuti di pratica.*
Pratica oraria.

Passo 184

LE MIE DOMANDE SONO PIÙ GRANDI DI QUANTO MI ERO RESO CONTO.

Quello che stai veramente chiedendo è di gran lunga più grande di ciò che avevi considerato in precedenza. Anche se le tue domande potrebbero essere sorte da circostanze immediate, stai chiedendo molto di più di una soluzione immediata a cose immediate. Una soluzione immediata sarà data, ma da una fonte superiore. È questa fonte superiore che stai cercando, perché qui stai cercando di comprendere la tua natura e stai cercando di trovare la preparazione che ti consentirà di contribuire con i tuoi doni affinché il tuo lavoro nel mondo possa essere completo. Comprendi, dunque, che sei qui per servire. Tu sei qui per dare. Così facendo troverai la tua realizzazione. Questo ti porterà felicità.

Oggi, nei tuoi due più lunghi periodi di pratica, ancora una volta entra nella calma e nel silenzio, tenendo a mente che la calma coltiva la mente affinché possa ricevere. Nella calma trovi le cose che ti sono già note ma che fino ad oggi hai ignorato. Attraverso questi periodi di pratica la tua mente si affinerà e acquisterà maggiore profondità, maggiore concentrazione e una maggiore focalizzazione su tutti gli aspetti della tua vita.

Quello che stai cercando oggi è qualcosa di più grande di quanto hai mai considerato in precedenza. Tu stai cercando di conoscere il significato della tua Conoscenza attraverso la sua dimostrazione.

Pratica 184: *Due periodi di 30 minuti di pratica.*

Passo 185

SONO VENUTO NEL MONDO PER UNO SCOPO.

ANCORA UNA VOLTA AFFERMIAMO QUESTA grande verità, che nella tua Conoscenza saprai essere vera. A prescindere dal tuo attuale stadio di sviluppo personale, la realtà del tuo scopo nella vita resta vera. Per questo, di tanto in tanto, ripetiamo certe lezioni che sono essenziali per il tuo benessere e per la tua crescita. Usiamo di tanto in tanto parole diverse affinché tu possa farne esperienza sempre più intensamente. In questo modo possono trovare la strada per entrare nel tuo cuore affinché il tuo cuore possa trovare la strada per entrare nella tua consapevolezza.

TU SEI QUI PER SERVIRE. Tu sei qui per dare. Tu sei qui perché sei ricco di Conoscenza. A prescindere dalle circostanze della tua vita, il tuo senso di povertà sarà bandito per sempre quando La Conoscenza emergerà dentro di te, perché non ci può essere un senso di deprivazione quando La Conoscenza viene vissuta ed espressa. Questa è la promessa di questo programma di preparazione. Questa è la promessa della tua vita. Questo è il tuo destino e la tua missione in questo luogo. A partire da questo, la tua chiamata specifica nel mondo ti sarà data. Sarà molto specifica in base alle tue attività ed al tuo comportamento. Prima che questo possa accadere, la tua mente deve essere coltivata e la tua vita deve essere risistemata e riportata ad un autentico equilibrio affinché possa riflettere la tua Conoscenza e non solamente le tue paure e i tuoi desideri. Una vita superiore deve arrivare da una fonte superiore dentro di te. Una vita superiore viene ora resa possibile per te.

TU SEI QUI PER SERVIRE, ma per servire devi ricevere. Nei tuoi periodi più lunghi di pratica oggi, pratica la ricettività. Entra più profondamente nella tua pratica della calma. Coltiva questa pratica. Tu stai ora apprendendo le capacità specifiche

che ti aiuteranno a fare questo. Quando la tua volontà sarà sperimentata, i metodi seguiranno naturalmente. Noi diamo un metodo solo nella misura necessaria ad orientare la tua mente nella direzione giusta. Da qui in poi puoi affinare la tua pratica secondo i tuoi bisogni senza tradire le istruzioni che vengono date in questo corso.

ALLORA, SEGUI LE INDICAZIONI CHE ti sono date e apporta piccoli aggiustamenti dove necessario. Quando imparerai a lavorare con la tua natura imparerai a utilizzarla a tuo beneficio. Esercitati ogni ora affinché la tua pratica ti possa seguire dappertutto e affinché tutto quello che ti succede oggi possa essere parte della tua pratica.

PRATICA 185: *Due periodi di 30 minuti di pratica.*
Pratica oraria.

Passo 186

SONO NATO DA UN ANTICO RETAGGIO.

Tu SEI NATO DA UN ANTICO RETAGGIO. Questo emergerà nella tua mente naturalmente, anche se è qualcosa che va oltre le parole e oltre le descrizioni. In sintesi, è una pura esperienza di vita e di inclusione. Quello che viene ricordato in questa esperienza sono quelle relazioni che fin qui hai coltivato nella tua evoluzione, fino a questo momento. Solo la riconquista delle relazioni può essere portata avanti oltre la tua vita in questo mondo. Le persone che tu hai ritrovato e portato a te come tua Famiglia Spirituale ora esistono in qualità di tua Famiglia Spirituale. Esse formano il crescente corpo di Conoscenza e di inclusione nella vita che ora sei in grado di sentire.

TU SEI QUA PER SERVIRE LA TUA FAMIGLIA SPIRITUALE, il tuo piccolo gruppo di apprendimento, quelli che hanno lavorato, insieme, attraverso molte epoche e circostanze, al fine di coltivare e far evolvere i membri del gruppo affinché lo stesso si possa unire ad altri gruppi, e così via facendo, come torrenti che si uniscono formando corpi d'acqua in movimento, sempre più grandi. Così tu segui il tuo inevitabile corso fino alla fonte della tua vita. Questa è la via naturale, la via autentica, la via che esiste al di là di qualsiasi speculazione e filosofia, al di là di qualsiasi paura e ambizione dell'umanità. Questa è la via delle cose—perennemente misteriosa, al di là della tua comprensione ma pienamente disponibile per servirti nelle circostanze immediate della tua vita. Tale è la grandezza del mistero della tua vita, tale è anche la sua applicazione anche nel più minuto dettaglio della tua vita. Così, la tua vita qui è completa.

TU SEI NATO DA UN GRANDE RETAGGIO. Dunque, la grandezza è con te grazie alle tue relazioni. Ricevi questo retaggio nella calma delle tue due pratiche di meditazione oggi e prendine atto ogni ora. Consenti a questo giorno di dimostrare sia la realtà sia la negazione di questa grande verità, perché quando vedrai il mondo nella sua negazione, mentre cerca di esprimere i sostituti della Conoscenza, allora imparerai a dare valore alla Conoscenza e ti renderai conto che La Conoscenza è già qui.

PRATICA 186: *Due periodi di 30 minuti di pratica.*
Pratica oraria.

Passo 187

SONO UN CITTADINO DELLA COMUNITÀ PIÙ GRANDE DEI MONDI.

TU NON SEI SOLO UN ESSERE UMANO in questo singolo mondo. Tu sei un cittadino della Comunità Più Grande dei mondi. Questo è l'universo fisico che riconosci attraverso i tuoi sensi. È di gran lunga più vasto di quanto tu possa comprendere. L'ampiezza delle sue relazioni è di gran lunga più grande di quanto puoi immaginare, perché la realtà è sempre più grande dell'immaginazione.

TU SEI UN CITTADINO DI UN PIÙ VASTO UNIVERSO FISICO. Questo tiene conto non solo del tuo lignaggio e del tuo retaggio, ma anche del tuo scopo nella vita in questo tempo, perché il mondo dell'umanità si sta espandendo nella vita della Comunità Più Grande dei mondi. Tu sei a conoscenza di questo, anche se le tue credenze possono non averlo ancora registrato.

OGGI, OGNI ORA, afferma la tua cittadinanza nella Comunità Più Grande dei mondi, perché questo afferma una vita più grande che stai ora iniziando a scoprire. Nelle tue due pratiche di meditazione, ancora una volta entra nella calma e nella quiete. Questa crescente esperienza di calma ti consentirà di capire tutte le cose, perché la tua mente è stata creata per assimilare La Conoscenza, ed è così che emerge la comprensione. L'accumulo di idee e l'accumulo di teorie non costituiscono né La Conoscenza né la comprensione, perché la comprensione nasce dalla vera affinità e dall'esperienza. In questo, non ha uguali nel mondo e può dunque servire il mondo che percepisci.

PRATICA 187: *Due periodi di 30 minuti di pratica.*
Pratica oraria.

Passo 188

LA MIA VITA IN QUESTO MONDO È PIÙ IMPORTANTE DI QUANTO MI SIA MAI RESO CONTO PRIMA.

È QUESTA UN'IDEA GRANDIOSA? No, non lo è. Tradisce questa idea la tua necessità di umiltà? No, non lo fa. Tu sei qui per uno scopo più grande di quanto ti sei mai immaginato prima, perché la tua immaginazione non contiene il significato del tuo scopo nella vita. Nella vita c'è solo lo scopo e poi tutte le cose che sono i sostituti di questo scopo, quelle cose che nascono dalla pavida immaginazione. Tu sei qua per vivere una vita più grande di quanto non ti sia ancora reso conto, e la sua grandezza è quello che ti porti dentro. Può essere espressa nel più semplice degli stili di vita e nella più semplice delle attività. Le attività sono grandi per via dell'essenza che trasferiscono, non per via della stimolazione che possono provocare alla gente.

COMPRENDI QUESTA DISTINZIONE MOLTO ATTENTAMENTE, e inizierai a imparare a discernere la grandezza dalla piccolezza e imparerai come la piccolezza può servire la grandezza. Questo integrerà ogni aspetto di te stesso, perché parte di te è grande e parte di te è piccola. La tua mente personale e il tuo corpo fisico sono piccoli e hanno lo scopo di servire la grandezza della Conoscenza. Questo ti integra. Questo è ciò che integra anche la vita. Qua non c'è diseguaglianza, perché tutto insieme funziona per servire uno scopo superiore, che tu sei venuto a servire.

NEI TUOI PIÙ LUNGHI PERIODI DI PRATICA, OGGI, impegna la tua mente attivamente nel tentare di capire queste cose. La tua comprensione nascerà dalla tua indagine, non semplicemente da idee che trovi consolatorie o personalmente gradevoli. Utilizza la tua mente per indagare. Con gli occhi chiusi, pensa a queste cose. Concentrati con molta attenzione, e quando la tua concentrazione giunge al termine, lascia andare tutte le idee ed entra nella calma e nel silenzio. Così la mente è impegnata in modo costruttivo per poi essere portata nella calma. Queste sono le due funzioni della mente che allenerai oggi.

RICORDA A TE STESSO DELLA TUA PRATICA ogni ora e utilizza questo giorno per la tua crescita, che è il tuo dono al mondo.

PRATICA 188: *Due periodi di 30 minuti di pratica.*
                Pratica oraria.

Passo 189

LA MIA FAMIGLIA SPIRITUALE ESISTE IN TUTTI I LUOGHI.

LA TUA FAMIGLIA SPIRITUALE È PIÙ GRANDE DI QUANTO IMMAGINI. Esiste in molti mondi. La sua influenza è dappertutto. Per questo è insensato ritenere di essere solo, quando invece sei parte di un qualcosa così grande, che serve il più grande degli scopi. Devi abbandonare il tuo senso di auto-condanna e il tuo senso di piccolezza per comprendere questo, perché ti sei identificato con il tuo comportamento nel mondo, che è piccolo. Ti sei identificato con la tua mente personale e con il tuo corpo fisico, che sono piccoli. Tuttavia, ora stai iniziando a capire la tua relazione con la vita stessa, attraverso La Conoscenza, che è grande. Questo avviene senza punire la mente personale o il corpo fisico, perché essi diventano utili e godibili quando imparano a servire uno scopo superiore. Allora il corpo ha salute e la mente personale viene utilizzata, dando così ad entrambi il significato che ora gli manca.

LA TUA NECESSITÀ FISICA È DI AVERE SALUTE, ma la tua salute ha il fine di servire uno scopo superiore. Tu hai bisogno del giusto utilizzo della tua mente personale, che le darà significato e valore, perché cerca solo di essere inclusa in ciò che è significativo. Quello che consente alla tua mente personale e al tuo corpo fisico di trovare il loro giusto posto nella tua vita è La Conoscenza, che ti fornisce scopo, significato e direzione.

QUESTA È UNA VERITÀ IN TUTTI I MONDI. Questo è vero in tutto l'universo fisico del quale tu sei un cittadino. Espandi la tua visione di te stesso affinché tu possa imparare ad essere oggettivo riguardo al tuo mondo. Non limitarti a proiettare sul tuo mondo valori, presupposti e traguardi umani, perché questo ti rende cieco nei confronti dello scopo e dell'evoluzione del mondo e rende molto più difficile che tu possa apprezzare il fatto di essere un cittadino di una vita più grande.

Oggi, nelle tue pratiche più lunghe, impegna la tua mente in un'indagine attiva di quest'idea. Trascorri i primi quindici minuti impegnandoti in quest'indagine in entrambi i tuoi periodi più lunghi di pratica. Cerca seriamente di indagare il significato dell'idea di oggi. Dopo di che, quando l'indagine è completata, consenti alla tua mente di rientrare nella calma. Prendi atto del contrasto tra l'impegno attivo della mente e la calma mentale. Comprendi che entrambi sono importanti e si completano reciprocamente. Ogni ora ripeti quest'idea e considerala mentre guardi il mondo intorno a te.

Pratica 189: *Due periodi di 30 minuti di pratica.*
Pratica oraria.

Passo 190

IL MONDO STA EMERGENDO NELLA COMUNITÀ PIÙ GRANDE DEI MONDI ED È PER QUESTO CHE SONO VENUTO.

TU SEI VENUTO NEL MONDO in un momento di grande svolta, una svolta della quale vedrai solo una parte nella tua attuale vita. È una svolta nella quale il tuo mondo prenderà contatto con i mondi nelle sue vicinanze. Questa è la naturale evoluzione dell'umanità, così come è la naturale evoluzione di tutta la vita intelligente in tutti i mondi. Il tuo mondo sta cercando una Comunità Più Grande. Questo renderà necessario che la comunità interna del tuo mondo diventi unificata. Questa è una parte dell'evoluzione di tutta la vita intelligente di tutti i mondi. Tu sei venuto qui per servire questo. Ci sono molti livelli di servizio e molte cose con le quali sarà necessario contribuire—su base personale, comunitaria e mondiale. Tu sei parte di questo grande movimento di vita, perché non sei qui solo per i tuoi scopi. Tu sei qui per servire il mondo ed essere, in cambio, da lui servito.

OGGI NEI TUOI DUE PERIODI DI PRATICA più lunghi, indaga l'idea di oggi. Ponderala seriamente, osservando quelle idee che sono in armonia con essa e quelle idee che sono in disaccordo con essa. Esamina i tuoi sentimenti sia pro sia contro quest'idea. Esamina le tue preferenze, i tuoi pregiudizi, le tue credenze, le tue speranze, le tue paure e così via. Questo costituisce la prima metà di ogni periodo di pratica. Nella seconda metà, entra nella calma e nel silenzio, utilizzando la parola RAHN se trovi che sia d'aiuto. Ricorda che, come imparerai in futuro, entrambe queste attività mentali sono necessarie e si completano. Ogni ora ripeti l'idea di oggi. Consentile di procurarti quello che ti serve per vedere il mondo in modo nuovo.

Pratica 190: *Due periodi di 30 minuti di pratica.*
Pratica oraria.

Passo 191

LA MIA CONOSCENZA È PIÙ GRANDE DELLA MIA UMANITÀ.

La tua Conoscenza nasce dalla vita universale. Essa eclissa la tua umanità ma dà alla tua umanità un vero significato. Una vita superiore desidera esprimersi nel tuo mondo, nella tua era e nelle attuali circostanze. Ciò che è grande, però, si esprime attraverso ciò che è piccolo, e ciò che è piccolo vive l'esperienza di essere grande. Questa è la modalità di tutto ciò che è vita. La tua umanità è senza vita se non serve un contesto superiore e se non è parte di una realtà superiore. Senza questo, è più una forma di schiavitù—un vincolo, una segregazione e un'imposizione sulla tua natura, anziché un'affermazione della tua natura.

La tua Conoscenza è più grande della tua umanità. La tua umanità può così avere un significato, perché ha qualcosa da servire. Senza servizio, la tua umanità è semplicemente un vincolo che ti segrega e ti imprigiona. Ma la tua umanità è destinata a servire una realtà superiore che tu oggi porti dentro di te. Questa realtà è dentro di te, ma tu non la possiedi. Non la puoi utilizzare per la tua realizzazione personale. La puoi solo ricevere e puoi solo consentirle di esprimere se stessa. Si esprimerà attraverso la tua umanità, e ti darà un'esperienza più grande di te stesso.

Nei tuoi periodi più lunghi di pratica, oggi, consenti a te stesso ancora una volta di entrare nella calma, e ogni ora ripeti quest'idea affinché tu possa ponderare il suo vero significato. Non accettare semplici supposizioni o conclusioni premature, perché l'idea di oggi richiederà il tuo profondo coinvolgimento. La vita ha profondità. La devi penetrare. Devi entrarci dentro. La devi ricevere e devi rivolgerti a lei dal suo interno. È così che diventerai nuovamente impegnato nella tua naturale relazione con la vita.

Pratica 191: *Due periodi di 30 minuti di pratica.*
Pratica oraria.

Passo 192

OGGI NON TRASCURERÒ LE PICCOLE COSE.

Non trascurare, oggi, le piccole cose che è necessario che tu faccia. Fare piccole cose non significa in alcun modo essere piccolo. Se non ti identifichi con il tuo comportamento e con le tue attività, puoi consentire alla tua grandezza di esistere mentre intraprendi le piccole cose. Chi è grande può fare piccole cose senza lamentarsi. Chi è con La Conoscenza può intraprendere attività materiali senza alcun senso di disonore. Le attività sono solo attività. Esse non costituiscono la tua vera natura o il tuo Vero Sé. La tua vera natura, il tuo Vero Sé, è la fonte della tua vita che si esprimerà attraverso le tue piccole attività mentre imparerai a riceverla e a vederla dal punto di vista giusto.

Non trascurare le piccole cose. Abbi cura delle piccole cose affinché la tua vita nel mondo possa essere stabile e possa progredire correttamente. Oggi, nelle tue pratiche più profonde, ancora una volta entra nella grandezza e nella profondità della Conoscenza. Poiché ti sei occupato delle piccole cose, ora puoi trascorrere questo momento di devozione e dono. In questo modo, la tua vita esteriore viene gestita correttamente, e la tua vita interiore viene anch'essa seguita, perché sei un intermediario tra la vita nella grandezza e la vita nel mondo. Così, ti prendi cura di ciò che è piccolo e ricevi ciò che è grande. Questa è la tua vera funzione, perché tu sei qui per dare La Conoscenza al mondo.

Come in precedenza, ripeti la tua pratica ogni ora. Portala con te. Non ti dimenticare.

Pratica 192: *Due periodi di 30 minuti di pratica.*
Pratica oraria.

Passo 193

OGGI ASCOLTERÒ GLI ALTRI SENZA GIUDICARE.

Ascolta gli altri senza giudicarli, oggi. La Conoscenza indicherà se ciò che stanno dicendo ha valore o no. Lo farà senza alcuna forma di condanna, senza alcun confronto e assolutamente senza alcuna valutazione da parte tua. La Conoscenza è attratta dalla Conoscenza e non è attratta da quello che non è Conoscenza. Potrai così trovare la via giusta senza portare al mondo giudizio e ostilità. Questo è il tuo sistema interiore di guida che ti sta servendo. Ti condurrà dove dovrai essere e ti porterà a contribuire dove i tuoi contributi possono avere il più alto valore. Se ascolterai gli altri senza giudicare, sentirai sia La Conoscenza sia la richiesta di Conoscenza. Vedrai dove La Conoscenza esiste e dove è stata negata. Questo è naturale. Non hai bisogno di giudicare la gente per poterlo determinare. Semplicemente lo sai.

Ascolta gli altri affinché tu possa sentire te stesso che ascolti, perché non è il tuo lavoro quello di giudicare il mondo o di determinare dove e come i tuoi doni devono essere dati. Il tuo lavoro è di vivere l'esperienza di te stesso nella vita e di consentire alla Conoscenza di emergere, perché La Conoscenza darà se stessa come e quando sarà opportuno. Questo ti consente di trovare pace, perché non stai cercando di controllare il mondo.

Consenti alla tua pratica di essere profonda. Esercitati ogni ora come in precedenza. Ascolta gli altri oggi, per poter sentire te stesso in rapporto con loro, affinché il loro vero messaggio per te possa essere dato e compreso. Questo ti confermerà la presenza della Conoscenza ed il bisogno di Conoscenza nel mondo, tutto in una volta.

Pratica 193: *Pratica oraria.*

Passo 194

OGGI ANDRÒ DOVE C'È BISOGNO DI ME.

Consenti a te stesso di andare dove c'è bisogno di te, dove hai bisogno di andare. Questa necessità di azione darà valore e significato alle tue attività e affermerà il tuo valore, in tutti i tuoi impegni della giornata. Vai dove c'è bisogno di te, dove hai bisogno di andare. Discerni la vera motivazione per fare questo e distinguila da qualsiasi senso di colpa o di obbligo nei confronti degli altri. Non addossarti delle richieste artificiose. Non permettere agli altri di addossarti delle richieste artificiose che vanno oltre i tuoi semplici doveri di questo giorno. Vai dove c'è veramente bisogno di te.

Ogni ora, ricorda questo a te stesso, perché il suo significato deve essere penetrato per essere sperimentato. Se sei abituato alla colpa ed agli obblighi, l'idea di oggi sembrerà accrescere le tue difficoltà. Tuttavia l'idea di oggi è veramente un'affermazione della Conoscenza dentro di te, e sta offrendo alla Conoscenza l'opportunità di guidarti e di dimostrarti il suo valore. Non ha nulla a che fare con la dipendenza, perché devi essere indipendente dalle cose false per poter seguire quello che è vero. Questo è il valore di tutta l'indipendenza.

Nei tuoi più lunghi periodi di pratica, vai nel profondo della Conoscenza. Quando poi sei nel mondo, mantieni viva quest'idea. Consenti a te stesso di sentire una presenza più profonda dentro di te, quando sei là fuori nel mondo delle cose terrene, quando sei là fuori nel mondo delle piccole faccende. La grandezza è qui per servire ciò che è piccolo. Ricorda.

Pratica 194: *Due periodi di 30 minuti di pratica.*
Pratica oraria.

Passo 195

LA CONOSCENZA È PIÙ POTENTE DI QUANTO IO MI RENDA CONTO.

LA CONOSCENZA È PIÙ GRANDE DI QUANTO TU TI RENDA CONTO. È anche più straordinaria di quanto ti renda conto. Tu hai ancora paura di lei per via della sua grande potenza. Non sei sicuro se ti dominerà o controllerà, non sei sicuro di dove ti porterà e di che cosa dovrai fare, non sei sicuro di quello che sarà il risultato di tutto questo. Tuttavia, quando ti allontani dalla Conoscenza, ritorni nella confusione e nel mondo dell'immaginazione. Quando ti avvicini alla Conoscenza, entri nella certezza, nella conferma e nel mondo della realtà e dello scopo. Come puoi riconoscere La Conoscenza a distanza? Come puoi determinare il suo significato senza ricevere i suoi doni?

AVVICINATI ALLA CONOSCENZA OGGI. Consentile di dimorare silenziosamente dentro di te, mentre tu impari a dimorare silenziosamente dentro di lei. Nulla potrebbe essere così centrale, per la tua naturale esperienza, come l'esperienza della Conoscenza. Sii felice che sia più grande di quanto ti rendi conto, perché la tua valutazione è stata piccola. Sii contento di non riuscire ancora a capirla, perché la tua comprensione la limiterebbe e limiterebbe la sua utilità per te. Consenti a ciò che è grande di essere con te affinché la tua grandezza possa oggi essere dimostrata e vissuta.

PORTA CON TE QUEST'IDEA ED ESERCITALA OGNI ORA. Tienila a mente durante tutto il giorno. Nei tuoi periodi di pratica più lunghi, consenti a te stesso di vivere l'esperienza della profondità della Conoscenza. Senti la potenza della Conoscenza. Rafforza la tua determinazione nel farlo. Dedica la tua autodisciplina, perché in questo caso l'autodisciplina viene impiegata saggiamente. La Conoscenza è più grande di quanto tu ti renda conto. Dunque, devi imparare a ricevere la sua grandezza.

Pratica 195: *Due periodi di 30 minuti di pratica.*
Pratica oraria.

Passo 196

RIPASSO

OGGI RIPASSA LE DUE SETTIMANE DI PREPARAZIONE TRASCORSE. Leggi le istruzioni di ogni giornata e poi ripassa la tua esperienza della pratica per quella giornata. Inizia con il primo giorno del periodo bisettimanale e segui ogni giornata passo dopo passo. Inizierai ora a ripassare la tua preparazione con intervalli bisettimanali. Ti viene dato da fare questo adesso perché la tua percezione e la tua comprensione stanno iniziando a sbocciare e a crescere.

RICORDATI DI OGNI GIORNATA. Cerca di richiamare alla memoria la tua pratica e la tua esperienza. Le lezioni stesse richiameranno a te quest'esperienza, se l'hai dimenticata. Cerca di vedere la progressione del tuo apprendimento, affinché tu possa capire come si fa a imparare. Cerca di individuare quello che conferma La Conoscenza e quello che nega La Conoscenza dentro te stesso, affinché tu possa imparare a lavorare con queste tendenze.

PER DIVENTARE UN VERO STUDENTE di Conoscenza ci vorrà maggiore autodisciplina, maggiore costanza nell'applicarti e un maggiore livello di accettazione del valore, maggiore di qualsiasi cosa che hai mai intrapreso finora. Seguire qualcosa ti prepara a diventare un leader, perché tutti i grandi leader sono anche grandi seguaci. Se la fonte della tua leadership rappresenta il bene e la verità, allora devi sicuramente imparare a seguirla. Per seguirla, devi anche imparare a comprenderla, a riceverla e a darla.

LASCIA CHE OGGI IL TUO PERIODO lungo di Ripasso, che potrebbe superare le due ore di impegno, sia una revisione delle due scorse settimane; fallo mentre tieni in mente tutte queste cose. Diventa oggettivo riguardo alla tua vita. Qui non è necessaria alcuna condanna, perché tu stai imparando ad imparare, stai imparando a seguire e stai imparando a utilizzare La Conoscenza, così come La Conoscenza certamente utilizzerà te. Qui tu e La Conoscenza stessa vi unite in un vero matrimonio e in vera armonia. Allora La Conoscenza è più potente e tu sei più potente. Qui non c'è ineguaglianza, tutte le cose trovano il loro naturale corso di espressione.

UTILIZZA QUESTO RIPASSO PER ACCRESCERE e approfondire la tua comprensione della tua preparazione, tenendo a mente che la comprensione arriva sempre a posteriori. Questa è una grande verità nella via della Conoscenza.

PRATICA 196: *Un periodo lungo di pratica.*

Passo 197

LA CONOSCENZA DEVE ESSERE VISSUTA PER ESSERE CAPITA.

"OGGI NON PENSERÒ DI ESSERE IN GRADO di capire La Conoscenza con il mio intelletto, o di essere in grado di concettualizzare la grandezza della vita. Oggi non penserò che con una semplice idea, o con una supposizione, posso ottenere il pieno accesso alla Conoscenza stessa. Realizzando ciò, capirò quanto mi viene richiesto e che cosa devo dare, nelle mie pratiche, perché io devo dare del mio."

TU DEVI DARE DEL TUO. Non puoi semplicemente pensare a delle idee e sperare che queste diano una risposta al tuo più grande bisogno. Riconoscendo questo, oggi, ripeti la tua pratica ogni ora e nelle tue meditazioni più profonde dona te stesso completamente all'esperienza della Conoscenza. Entra nella calma. Consenti a te stesso di essere completamente coinvolto. In questo modo eserciterai il potere della tua mente a tuo vantaggio. Ti renderai allora conto che hai la forza per eliminare le distrazioni; hai la forza per eliminare la paura; hai la forza per eliminare gli impedimenti perché la tua volontà è di conoscere La Conoscenza.

PRATICA 197: *Due periodi di 30 minuti di pratica.*
Pratica oraria.

Passo 198

OGGI SARÒ FORTE.

Sii forte oggi. Segui il piano, così come ti viene dato. Non ti trattenere e non alterare in alcun modo le istruzioni. Qua non ci sono scorciatoie; c'è solo la via diretta. Ti vengono dati i passi. Seguili. Sii forte oggi. Solo le tue idee di te stesso parlano di debolezza. Solo la tua valutazione di te stesso dice che sei patetico, incapace o inadeguato. Tu devi avere fede nella tua forza ed esercitare questa fede per renderti conto della tua forza.

Ripeti ogni ora quest'affermazione e cerca di sentirla in qualsiasi circostanza ti trovi. Nell'ambito dei tuoi due periodi più profondi di pratica oggi, utilizza la tua forza per coinvolgere te stesso completamente nella calma. Consenti alla tua mente di essere libera dalle catene dei propri concetti. Consenti al tuo corpo di essere libero da una mente tormentata. In questo, la tua mente e il tuo corpo si assesteranno, calandosi nella loro funzione naturale, e tutto si disporrà nel giusto ordine dentro di te. La Conoscenza troverà così la propria espressione attraverso la tua mente e il tuo corpo. Così riuscirai a portare nel mondo quello che è più grande del mondo, e come risultato la tua vita sarà confermata.

Pratica 198: *Due periodi di 30 minuti di pratica.
Pratica oraria.*

Passo 199

IL MONDO CHE VEDO STA EMERGENDO NELLA COMUNITÀ PIÙ GRANDE DEI MONDI.

SENZA LA LIMITAZIONE DI un punto di vista puramente umano, sarai in grado di vedere l'evoluzione del tuo mondo in un contesto più vasto. Guardando il mondo senza la distorsione causata dai tuoi desideri personali e dalle tue paure, sarai in grado di osservare il suo movimento più ampio e discernere il suo corso universale. È perciò essenziale che tu individui la direzione del tuo mondo, perché questo è il contesto che dà significato al tuo scopo e alla tua specifica vocazione, mentre vivi in questo mondo, perché tu sei venuto per servire il mondo nella sua attuale evoluzione, e i tuoi doni sono destinati a servirlo nella sua vita che verrà.

IL TUO MONDO SI STA PREPARANDO A ENTRARE in una Comunità Più Grande. L'evidenza di ciò è dappertutto, basta guardare. Senza credenze o negazioni, le cose possono semplicemente essere riconosciute. In questo, la dimostrazione della vita è ovvia e non ha bisogno di essere distinta dalle complessità. Ciò che rende complessa la vita è che le persone vorrebbero che la vita fosse ciò che non è, loro vorrebbero essere ciò che non sono e vorrebbero che il loro destino fosse quello che non è. Cercano allora di ottenere dalla vita ciò che darebbe una conferma al loro idealismo e poiché la vita non può confermarlo, tutto diventa travagliato, conflittuale e complesso. Il meccanismo della vita può anche essere complicato nei suoi dettagli minuziosi, ma il significato della vita è perfettamente ovvio a chiunque guardi senza la distorsione dei giudizi o delle preferenze.

RICONOSCI IL FATTO CHE IL TUO MONDO si sta preparando per emergere nella Comunità Più Grande. Fallo senza abbellire con la tua immaginazione questa constatazione. Non serve che tu dia forma al futuro. Comprendi solamente l'attuale corso del tuo mondo. Così il significato delle tue capacità intrinseche e la loro applicazione futura ti diventeranno sempre più evidenti.

Ogni ora ripeti quest'affermazione e ponderala seriamente, perché è il fondamento assoluto della tua vita ed è necessario che tu la comprenda. Non è una semplice credenza; è l'evoluzione del mondo. Nell'ambito delle tue due pratiche di meditazione più profonde di oggi, impegna attivamente la tua mente nel ponderare quest'idea. Guarda dentro le tue convinzioni che parlano pro o contro quest'idea. Osserva i tuoi sentimenti al riguardo. Esamina te stesso oggettivamente mentre cerchi di farti coinvolgere da quest'idea molto potente. Questo è un momento per impegnare la mente. Utilizza i tuoi periodi di pratica con completa dedizione e fatti coinvolgere completamente. Consenti alla tua mente di penetrare la superficialità delle sue stesse idee esteriori.

Nella Conoscenza tutto diventa calmo e quieto. Tutto diventa conosciuto. Qui inizi a discernere la differenza tra sapere e pensare. Ti rendi conto di come pensare può solo servire alla preparazione per La Conoscenza, ma che La Conoscenza supera di molto la portata e la comprensione del pensiero di qualsiasi individuo. Qui capirai come la mente può servire la tua natura spirituale. Qui capirai l'evoluzione del mondo.

Pratica 199: *Due periodi di 30 minuti di pratica.*
Pratica oraria.

Passo 200

I MIEI PENSIERI SONO TROPPO PICCOLI PER CONTENERE LA CONOSCENZA.

I TUOI PENSIERI SONO TROPPO PICCOLI, perché La Conoscenza è più grande. I tuoi pensieri sono troppo limitati, perché La Conoscenza è più grande. Pertanto, tratta La Conoscenza come un mistero e non cercare di creare per lei una forma, perché è più grande di questo ed eccederà le tue aspettative. Consenti, allora, alla Conoscenza di essere misteriosa affinché possa elargirti i suoi doni senza limitazioni. Lascia che il tuo pensiero e le tue idee si applichino al mondo che vedi, perché qui il tuo pensare si può sviluppare in maniera utile, quando comprendi il meccanismo della tua vita fisica e il tuo coinvolgimento con gli altri. Tuttavia, consenti alla Conoscenza di essere al di là dell'applicazione meccanica della tua mente, affinché possa fluire in ogni situazione e darle, insieme alla sua benedizione, anche uno scopo, un significato e una direzione.

RICORDA A TE STESSO QUEST'IDEA ogni ora e vagliala con serietà in qualsiasi situazione ti trovi. Nei tuoi due esercizi di meditazione di oggi, consenti a te stesso ancora una volta di entrare nella calma, utilizzando la pratica RAHN se trovi che sia d'aiuto. Consenti a te stesso di andare oltre le idee. Consenti a te stesso di andare oltre gli schemi abituali di pensiero. Consenti alla tua mente di diventare se stessa, perché fu creata per servire La Conoscenza.

PRATICA 200: *Due periodi di 30 minuti di pratica.*
Pratica oraria.

Passo 201

LA MIA MENTE È STATA CREATA PER SERVIRE LA CONOSCENZA.

COMPRENDENDO QUESTO, TI RENDERAI CONTO DEL VALORE della tua mente, e non la disapproverai. Rendendoti conto di questo, capirai il valore del tuo corpo, e non lo disapproverai, perché la tua mente e il tuo corpo non sono altro che veicoli per esprimere La Conoscenza. In questo, diventi il destinatario della Conoscenza. In questo, torni a ricordare il tuo grande retaggio. In questo, sei confortato dall'assicurazione del tuo grande destino.

QUI NON C'È ILLUSIONE. Non c'è autoinganno. Qui tutte le cose trovano il giusto ordine. Qui comprendi la proporzione giusta di tutte le cose. Qui capirai il valore della tua mente e non vorrai assegnarle compiti per i quali non è idonea. Dunque la tua mente sarà applicata costruttivamente e sarà alleggerita dal peso di tentare l'impossibile. Rendendoti conto di questo, vedrai che il tuo corpo è stato creato per servire la tua mente e capirai il valore del tuo corpo e la sua grande applicazione come strumento di comunicazione. In questo, accetterai i suoi limiti, perché limitato deve essere. Apprezzerai anche il suo meccanismo. Apprezzerai tutti gli incontri che avrai con altri individui in questo mondo. Sarai contento, allora, di avere una mente e un corpo per poter comunicare la potenza e l'essenza della Conoscenza.

RIPETI LA TUA IDEA DI OGGI OGNI ORA e vagliala. Nei tuoi due più profondi esercizi di meditazione, consenti alla tua mente di diventare calma, affinché possa imparare a servire. Devi reimparare ciò che è per te naturale, perché hai imparato l'innaturale, che ora deve essere disimparato. Al suo posto ciò che è naturale sarà stimolato, perché quando ciò che è naturale è stimolato, viene espresso. La mente si impegna di nuovo nella propria vera funzione, e tutte le cose trovano il loro vero valore.

Pratica 201: *Due periodi di 30 minuti di pratica.*
Pratica oraria.

Passo 202

OGGI CONTEMPLO LA COMUNITÀ PIÙ GRANDE.

Puoi contemplare la Comunità Più Grande, perché stai vivendo nel mezzo della Comunità Più Grande. Solo perché sei sulla superficie del mondo, preoccupato dalle imprese umane e limitato dal tempo e dallo spazio, non significa che non puoi ammirare la grandezza della Comunità Più Grande. Puoi ammirarla guardando il cielo sopra di te e guardando il mondo sotto di te. Puoi renderti conto di questo comprendendo la relazione dell'umanità con l'universo e rendendoti conto che l'umanità è null'altro che un'altra razza che si sta evolvendo per sviluppare la propria intelligenza e la propria Conoscenza, al fine di trovare un vero coinvolgimento quando emergerà nella Comunità Più Grande. Guardare in questo modo ti dà una prospettiva più ampia. Guardare in questo modo ti consente di capire la natura del cambiamento nel mondo. Guardare in questo modo ti consente di avere comprensione verso te stesso e verso gli altri, perché la comprensione nasce dalla Conoscenza. La Conoscenza non depreca ciò che sta succedendo ma cerca di influenzare le cose per il bene.

OGNI ORA, PONDERA IL VALORE DELL'IDEA DI OGGI. Guarda là fuori, nel mondo, e consideráti un testimone della Comunità Più Grande. Pensa al tuo mondo come uno dei tanti, tanti mondi che si trovano in uno stadio evolutivo simile. Non tormentare la tua mente cercando di dare forma a quello che va oltre l'orizzonte della tua percezione. Consenti a te stesso di vivere in un grande e misterioso universo, che solo ora stai incominciando a capire.

NELLE TUE DUE MEDITAZIONI PIÙ PROFONDE, permetti a te stesso di applicare la tua mente attivamente nel considerare quest'idea. Cerca di guardare la tua vita da un punto di vista che non sia puramente umano, perché da un punto di vista puramente umano vedrai solo una vita umana, un mondo umano e un universo umano. Tu non vivi in un universo umano. Tu non vivi in un mondo umano. Tu non vivi una vita puramente umana. Comprendi che, dicendo ciò, la tua umanità non è negata ma le viene data un'inclusione superiore, in una vita superiore. Ne consegue che la tua umanità diventa una fonte e un mezzo di espressione, anziché una limitazione che imponi a te stesso. Consenti ai tuoi due periodi di pratica più profonda di diventare molto attivi. Usa la tua mente in modo costruttivo. Usa la tua mente oggettivamente. Guarda le tue idee. Non essere semplicemente persuaso da esse. Guarda le tue credenze. Non devi semplicemente seguirle o negarle. Impara quest'oggettività e imparerai a vedere con gli occhi della Conoscenza, perché La Conoscenza guarda a tutte le cose, fisiche e mentali, con equanimità.

PRATICA 202: *Due periodi di 30 minuti di pratica.*
Pratica oraria.

Passo 203

LA COMUNITÀ PIÙ GRANDE STA INFLUENZANDO IL MONDO CHE VEDO.

Se sei in grado di accettare il fatto che il tuo mondo fa parte di una Comunità Più Grande, cosa che è semplicemente ovvia se solo guardi, allora devi accettare il fatto che il mondo è influenzato da questa Comunità Più Grande, perché il mondo fa parte della Comunità Più Grande e non può essere indipendente da essa. Il modo in cui la Comunità Più Grande sta influenzando il tuo mondo è un qualcosa che va al di là della tua attuale capacità di comprensione, ma capire che il mondo viene influenzato ti consente di vederlo da un punto di vista più ampio, cosa che da un punto di vista puramente umano non riusciresti a realizzare, perché un punto di vista puramente umano non ammette l'esistenza di altre forme di vita intelligente. L'assurdità di questo punto di vista diventa piuttosto evidente quando inizi a guardare l'universo con oggettività. Questo susciterà in te meraviglia, maggiore interesse e allo stesso tempo prudenza. Questa è una cosa molto importante perché il mondo sta venendo influenzato dalla Comunità Più Grande e tu fai parte del mondo che è influenzato.

Così come il mondo fisico nel quale vivi è influenzato da forze fisiche superiori, che stanno oltre il tuo campo visivo, anche mentalmente il mondo viene influenzato dalle forme di vita intelligenti che sono attive nel tuo mondo. Questa vita intelligente rappresenta forze del bene ed anche forze di ignoranza. Qui devi comprendere una verità fondamentale: le menti più deboli sono influenzate dalle menti più forti. Questo è vero nel tuo mondo com'è vero in tutti i mondi. Oltre lo stato fisico, questo non è più vero, ma nella vita fisica questa è la realtà. È per questo che adesso sei impegnato nel rendere forte la tua mente e stai imparando a rispondere alla Conoscenza, che rappresenta la forza del bene ovunque nell'universo. Quando diventi più forte, inizi a capire e comprendere sempre di più. Dunque la tua mente deve essere coltivata nella Conoscenza per diventare più forte, affinché possa servire una vera causa.

Oggi, ogni ora, ripeti l'idea della giornata e nei tuoi due periodi più profondi di pratica cerca di concentrarti sulle parole che ti stiamo dando qui. Usa attivamente la tua mente. Non lasciarla deviare e trovare rifugio in cose insignificanti o piccole. Pensa alla grandezza di queste idee, ma non considerarle con paura, perché la paura non è richiesta. Quello che è richiesto è oggettività, affinché tu possa capire la grandezza del tuo mondo, del tuo universo e della tua opportunità nel suo ambito.

Pratica 203: *Due periodi di 30 minuti di pratica.*
Pratica oraria.

Passo 204

OGGI SARÒ IN PACE.

SII IN PACE OGGI. Non lasciare che la tua immaginazione negativa evochi delle immagini di perdita e di distruzione. Non lasciare che la tua ansia prenda il sopravvento sulla tua concentrazione sulla Conoscenza. Il fatto di considerare con oggettività il tuo mondo e la Comunità Più Grande nella quale vivi non dovrebbe suscitare paura ma solo rispetto—rispetto per la potenza del tempo in cui vivi e la sua importanza per il futuro, rispetto per le tue capacità emergenti e la loro utilità nel mondo che percepisci, rispetto per la grandezza dell'universo fisico e rispetto per la potenza della Conoscenza che è ancora più grande dell'universo che percepisci.

RICORDA A TE STESSO, OGNI ORA, di essere in pace. Utilizza la tua forza e la tua devozione per fare questo. Dona te stesso a questo. Nelle tue pratiche di meditazione più profonda, utilizzando la parola RAHN se necessario, consenti alla tua mente di diventare calma in modo che possa entrare nella grandezza della Conoscenza, che è destinata a servire. Sii in pace oggi, perché La Conoscenza è con te. Sii in pace oggi, perché stai imparando a essere con La Conoscenza.

PRATICA 204: *Due periodi di 30 minuti di pratica.*
Pratica oraria.

Passo 205

OGGI NON GIUDICHERÒ IL MONDO.

Non lasciare che la tua mente deprechi se stessa proiettando colpa sul mondo. Con la colpa il mondo diventa frainteso e la tua mente diventa per te un peso anziché una risorsa. L'idea di oggi ha bisogno di pratica, disciplina e applicazione, perché la tua mente e tutte le menti nel mondo sono state mal comprese, male utilizzate e male indirizzate. Ora invece stai imparando a utilizzare la mente in maniera positiva, dandole una vera funzione al servizio della Conoscenza.

Non incolpare il mondo, oggi. Non giudicare il mondo, oggi. Consenti alla tua mente di essere calma quando guardi il mondo. La Conoscenza riguardo al mondo emerge gradualmente. Emerge naturalmente. Un'idea ne può parlare, ma un'idea non la può contenere. La Conoscenza rappresenta un cambiamento radicale del tuo punto di vista, un cambiamento radicale nella tua esperienza, un cambiamento radicale delle tue priorità e una completa trasformazione del tuo sistema di valori. Questo è il segno della Conoscenza.

Oggi non incolpare il mondo. Esso è privo di colpa, perché sta semplicemente dimostrando che nel mondo non c'è adesione alla Conoscenza. Cos'altro può fare se non commettere errori e follia? Che cos'altro può fare se non sprecare le proprie risorse? L'umanità può solo essere in errore, se priva di Conoscenza. Può solo creare fantasia. Può solo impegnarsi nella sconfitta. Non merita, dunque, alcuna condanna. Merita l'applicazione della Conoscenza.

Esercitati ogni ora a non incolpare il mondo. Non lasciare che passino ore senza il tuo coinvolgimento. Dona questo giorno a servire il mondo in questo modo, perché senza la tua condanna, il tuo amore per il mondo emergerà naturalmente e si esprimerà. Nei tuoi due periodi più profondi di pratica, consenti alla tua mente di entrare nella calma. Senza incolpare e giudicare, la calma diventa accessibile perché è naturale. Senza l'imposizione del tuo condannare, alla tua mente viene concesso di essere calma. Nella calma non c'è condanna o giudizio. Nella calma l'amore fluirà da te in tutte le direzioni e continuerà ben oltre quanto riesci a percepire attraverso i tuoi sensi.

PRATICA 205: *Due periodi di 30 minuti di pratica.*
Pratica oraria.

Passo 206

ORA L'AMORE FLUISCE DA ME.

L'AMORE STA FLUENDO DA TE, e oggi puoi cercare di provare quest'esperienza e abbandonare le cose che la ostacolano. Senza giudizi, senza illusioni, senza fantasie e senza le limitazioni di un punto di vista puramente umano, vedrai che l'amore sta fluendo da te. Vedrai che la tua frustrazione nella vita è quella di non essere in grado di sentire e di esprimere quest'amore che desidera fluire da te. A prescindere dalle circostanze in cui emerge la tua frustrazione, essa è sempre dovuta al fatto che non riesci a esprimere il tuo amore. La tua valutazione delle difficoltà e dei problemi può certamente nascondere questo fatto, ma non può negare la sua esistenza.

OGNI ORA CONSENTI ALL'AMORE DI FLUIRE da te, rendendoti conto che non hai bisogno di adottare alcun genere di comportamento, perché l'amore emergerà da te in modo naturale, come la fragranza emanata da un fiore. Nelle tue pratiche più profonde, consenti alla tua mente di divenire calma, affinché l'amore possa fluire da dentro di te. Così capirai la funzione naturale della tua mente e la grandezza della Conoscenza, che sta dentro di te ma non è tua perché tu la possieda.

NON LASCIARE CHE ALCUN'IDEA di disapprovazione o che alcun dubbio su te stesso ti dissuada oggi da quest'opportunità. Senza la tua interferenza, l'amore fluirà naturalmente da te. Non serve che tu metta in scena alcuna finzione. Non serve che tu acquisisca alcuna forma di comportamento per far accadere questo. Il tuo comportamento, col tempo, rappresenterà ciò che fluirà da te naturalmente. Lascia che oggi l'amore fluisca da te naturalmente.

PRATICA 206: *Due periodi di 30 minuti di pratica.
Pratica oraria.*

Passo 207

IO PERDONO QUELLI CHE PENSO MI ABBIANO FATTO DEL MALE.

Questa frase rappresenta la tua intenzione di ottenere La Conoscenza, perché l'incapacità di perdonare è semplicemente l'applicazione della colpa in una situazione dove non sei stato capace di comprendere o di applicare La Conoscenza. In questo senso, tutti i tuoi insuccessi sono solo tuoi. Questo potrebbe a prima vista sembrare un fardello di colpa, fino a quando non ti renderai conto dell'opportunità più grande che ti offre. Perché se tutti gli insuccessi saranno attribuiti a te, allora ti renderai conto che tutte le correzioni ti sono date perché tu le applichi. L'insuccesso di un altro non è tuo, ma se lo condanni allora diventa un insuccesso tuo. Dunque, qualsiasi insuccesso che genera in te incapacità di perdonare diventa un tuo insuccesso, perché non è necessario che l'insuccesso di un altro generi in te incapacità di perdonare o rancore di sorta. Infatti, gli insuccessi degli altri susciteranno la tua misericordia e l'applicazione della Conoscenza in futuro, senza generare colpa ed infelicità dentro di te.

La Conoscenza non rimane sconvolta quando guarda il mondo. La Conoscenza non resta delusa. La Conoscenza non viene scoraggiata. La Conoscenza non viene oltraggiata. La Conoscenza si rende conto della piccolezza del mondo e degli errori del mondo. Si rende conto di ciò perché conosce solo se stessa e tutto ciò che non è Conoscenza è semplicemente l'opportunità per La Conoscenza di essere riapplicata. Ne consegue che la tua incapacità di perdonare è per te semplicemente l'opportunità di riapplicare La Conoscenza.

Ripeti l'idea di oggi ogni ora e non sottovalutare il suo valore, per te che ora cerchi di sgravarti dai pesi dell'angoscia e dello squallore. Nei tuoi due periodi più profondi di pratica, pensa, uno ad uno, a coloro verso i quali provi incapacità di perdonare—persone che hai conosciuto personalmente e persone di cui hai sentito parlare o alle quali hai pensato, persone che sono state associate ad insuccessi, a fallimenti. Ti verranno in mente mentre li richiamerai, perché tutti aspettano che li perdoni. Ora consenti loro di emergere uno per uno. Mentre lo fanno, perdona te stesso per non aver applicato la tua Conoscenza. Ricordagli, quando ti appaiono, che ora stai imparando ad applicare La Conoscenza e non soffrirai per loro, come loro non dovranno soffrire per te. L'impegno a perdonare, dunque, è l'impegno a realizzare La Conoscenza e ad applicare La Conoscenza, perché La Conoscenza disperde l'incapacità di perdonare come la luce disperde l'oscurità. Perché c'è solo La Conoscenza e il bisogno di Conoscenza. Questo è tutto ciò che puoi percepire nell'universo.

I TUOI DUE PERIODI DI PRATICA, dunque, sono dedicati a metterti di fronte a quelli che hai accusato e a perdonare te stesso per non aver applicato La Conoscenza nel comprenderli e nell'interagire con loro. Fallo senza alcuna forma di colpa o auto-svalutazione, perché come avresti potuto non fallire quando La Conoscenza non era disponibile per te o tu non eri disponibile per La Conoscenza. Accetta, così, le tue precedenti limitazioni e ora dedica te stesso ad una nuova percezione del mondo, senza imputazioni di colpa e con la grandezza della Conoscenza.

PRATICA 207: *Due periodi di 30 minuti di pratica.*
Pratica oraria.

Passo 208

TUTTE LE COSE CHE PER ME HANNO VALORE SI ESPRIMERANNO ATTRAVERSO LA CONOSCENZA.

TUTTE LE COSE CHE SONO TENUTE NELLA più alta considerazione nella vita umana—amore, pazienza, devozione, tolleranza, perdono, vera realizzazione, coraggio e fede—tutte scaturiscono naturalmente dalla Conoscenza, perché La Conoscenza è la loro fonte. Esse sono solo l'espressione esteriore di una mente che sta servendo La Conoscenza. Dunque, non hanno bisogno di essere imposte a se stessi attraverso un'ardua autodisciplina. Emergono naturalmente, perché la mente che è al servizio della Conoscenza è solo l'esempio della propria vera grandezza e delle proprie capacità. Ciò che richiede autodisciplina è un nuovo orientamento della tua attenzione, un nuovo orientamento della tua devozione e un nuovo orientamento del tuo servizio. Sarai al servizio della Conoscenza oppure al servizio dei sostituti della Conoscenza, perché in ogni caso devi essere al servizio di qualcosa.

OGNI ORA RIPETI A TE STESSO QUEST'IDEA affinché tu possa ponderarla durante l'intero giorno. Nei tuoi due periodi più profondi di pratica, impegna attivamente la tua mente per considerare la profondità di quest'idea. Qui devi pensare in modo costruttivo. Non limitarti a tessere delle immagini che trovi piacevoli. Non limitarti a esprimere giudizi graffianti su te stesso o gli altri. Impara ancora, attraverso la pratica, a diventare oggettivo nell'applicare la tua mente. Consenti alla tua mente di rendere più profondo il suo coinvolgimento. Non essere soddisfatto da risposte semplicistiche che trovi confortanti.

Pensa a degli esempi di quello di cui abbiamo parlato oggi, perché ci sono esempi che puoi riconoscere. Tutte le cose alle quali dai veramente valore saranno emanate dalla Conoscenza, perché La Conoscenza è la loro fonte.

Pratica 208: *Due periodi di 30 minuti di pratica.*
Pratica oraria.

Passo 209

OGGI NON SARÒ CRUDELE CON ME STESSO.

NON ESSERE CRUDELE VERSO TE STESSO, cercando di portare la tua corona di spine che rappresenta il tuo sistema di credenze e di supposizioni. Non proiettare su te stesso il peso della colpa e dell'incapacità di perdonare. Non cercare di forzare la tua mente ad essere l'esempio di quelle qualità che ti sono care, perché tali qualità emergeranno naturalmente dalla Conoscenza.

ENTRA INVECE NELLA CALMA, nei tuoi due più profondi periodi di pratica, rendendoti ancora una volta conto che tutte le cose alle quali dai il più grande valore saranno esemplificate naturalmente attraverso La Conoscenza. Tutte quelle cose che trovi aborrenti si dilegueranno naturalmente. Una mente così libera può elargire al mondo il più grande dono possibile.

CONSIDERA CIÒ, QUINDI, OGNI ORA, mentre cerchi di applicare l'idea di oggi a tutto ciò che vedi, che senti e che fai. Non essere crudele con te stesso oggi, perché non c'è giustificazione per questo. Consenti a te stesso di essere benedetto, affinché possa tu benedire il mondo. Consenti a te stesso di benedire il mondo affinché tu stesso possa essere benedetto.

PRATICA 209: *Due periodi di 30 minuti di pratica.*
Pratica oraria.

Passo 210

RIPASSO

Oggi ripassa le due scorse settimane di preparazione, leggendo ogni lezione così come ti è stata data e richiamando alla memoria la pratica per quella giornata. Nel tuo periodo lungo di pratica oggi inizia ancora una volta a verificare la progressione degli eventi e tutte le tue sessioni di pratica. Incomincia a vedere che c'è una relazione tra il modo in cui applichi la tua mente e l'esperienza che ne risulta. Guarda la tua vita con oggettività, senza colpe o accuse, così che tu possa capire come la tua vita sta veramente emergendo.

Il tuo periodo lungo di pratica, oggi, ti vedrà impegnare attivamente la tua mente nel suo interesse. Stai imparando a diventare oggettivo riguardo al tuo progresso in qualità di studente. Stai imparando a diventare oggettivo riguardo alla natura dell'apprendimento stesso. Stai imparando a diventare oggettivo per poter vedere. Consenti, allora, a questo Ripasso di darti un punto di vista superiore riguardo al lavoro della Conoscenza nel mondo ed alla presenza della Conoscenza nella tua vita.

Pratica 210: *Un periodo lungo di pratica.*

Passo 211

IO HO GRANDI AMICI AL DI LÀ DI QUESTO MONDO.

Tu hai grandi amici al di là di questo mondo. È per questo che l'umanità vuole entrare nella Comunità Più Grande, perché la Comunità Più Grande rappresenta, per le relazioni dell'umanità, un più ampio orizzonte. Tu hai dei veri amici al di là del mondo perché tu non sei solo, nella Comunità Più Grande dei mondi. Tu hai amici al di là del mondo perché la tua Famiglia Spirituale ha i suoi rappresentanti dappertutto. Tu hai amici al di là del mondo perché tu non stai solo lavorando per l'evoluzione di questo mondo ma stai lavorando anche per l'evoluzione dell'universo. Al di là della tua immaginazione, al di là delle tue capacità concettuali, questo è certamente vero nella maniera più assoluta.

Senti, allora, la grandezza dell'universo in cui vivi. Senti, allora, l'opportunità che hai di servire la Comunità Più Grande della quale il tuo mondo è parte. Tu servi i tuoi grandi amici nel mondo e i tuoi amici oltre, perché il lavoro della Conoscenza va avanti dappertutto. È l'attrazione di Dio. È l'applicazione del bene. È la forza che redime tutte le menti separate e dà scopo, significato e direzione all'universo. A prescindere dal meccanismo della vita fisica, il suo valore viene determinato dalla sua origine e dal suo destino, cose che, entrambe, vanno al di là della tua comprensione. Rendendoti conto che La Conoscenza è il mezzo che proietta il mondo nella sua vera direzione, puoi allora dar valore e ricevere ciò che dà alla tua vita uno scopo, un significato e una direzione.

Ogni ora di oggi, considera il fatto che hai amici al di là di questo mondo, in altri mondi e anche oltre ciò che è visibile. Considera il fatto di avere questa associazione superiore. Nei tuoi due periodi di pratica più profonda, oggi, consenti alla tua mente di entrare nella calma affinché queste cose possano essere sperimentate. Non indugiare su di esse nella tua immaginazione, ma piuttosto consenti alla tua mente di divenire calma affinché possa conferire Conoscenza alla tua consapevolezza e alla tua esperienza. Tu hai amici al di là di questo mondo, e oggi stanno praticando insieme a te.

PRATICA 211: *Due periodi di 30 minuti di pratica.*
Pratica oraria.

Passo 212

IO RICEVO FORZA DA TUTTI COLORO CHE PRATICANO CON ME.

TU VERAMENTE RICEVI FORZA DA TUTTI COLORO CHE PRATICANO con te, perché ogni mente che cerca di impegnarsi nella Conoscenza, rafforza anche tutte le altre menti che cercano di fare la stessa cosa. Così facendo, proietti la tua influenza sul mondo. Così facendo, tutti gli altri che cercano di servire uno scopo vero, proiettano la loro influenza su di te. Questo contrasta le forze dell'ignoranza che sono nel mondo. Questo contrasta le forze distruttive che sono nel mondo. Questo influenza l'inizio del risveglio di tutte le menti.

RICEVI FEDE DALL'IDEA di oggi, allora, perché fede ti darà quando ti renderai conto che il tuo impegno stesso riceve un supplemento così forte dall'impegno degli altri. Questo trascenderà qualsiasi senso di inadeguatezza che potresti avere. Questo ti aiuterà a superare qualsiasi senso di ambivalenza riguardo alla vera preparazione, perché tutte le menti che sono impegnate nella riconquista della Conoscenza sono disponibili per assisterti qui ed ora.

DUNQUE LA GRANDEZZA È CON TE, la grandezza della Conoscenza e la grandezza di tutti coloro che cercano di ritrovare La Conoscenza. Con loro condividi un vero scopo, perché il tuo vero scopo è mantenere viva La Conoscenza nel mondo. Dalla Conoscenza tutto ciò che è bene, sia esso di natura spirituale o di natura materiale, viene elargito alle razze alle quali è rivolto.

OGNI ORA RIPETI L'IDEA di oggi e nei tuoi più profondi periodi di pratica, cerca di ricevere l'influenza di tutti coloro che stanno cercando di riconquistare La Conoscenza. Consenti al loro dono di entrare nella tua mente affinché tu possa provare l'esperienza di una vera valorizzazione della vita ed iniziare a capire il significato e l'efficacia dei tuoi sforzi in qualità di studente di Conoscenza.

PRATICA 212: *Due periodi di 30 minuti di pratica.*
      Pratica oraria.

Passo 213

IO NON CAPISCO IL MONDO.

Tu non capisci il mondo. Tu formuli solo giudizi su di esso e poi cerchi di capire i tuoi giudizi. Il mondo si rivelerà a te quando lo guarderai senza questi vincoli e queste limitazioni. Così facendo, scoprirai che le tue credenze possono diventare utili nel consentirti di muovere ogni passo successivo nella vita. Esse non devono limitare la tua percezione dell'universo. Non puoi stare nel mondo senza credenze e supposizioni, però le tue credenze e le tue supposizioni hanno lo scopo di servire la tua mente, di darle una struttura provvisoria e di consentirle di attivare le sue capacità naturali in maniera positiva.

Tu oggi non capisci il mondo. Sii felice che sia così, perché le colpe che attribuisci non hanno fondamento. Oggi non comprendi il mondo. Questo ti dà l'opportunità di essere testimone del mondo.

Ogni ora ripeti quest'idea mentre guardi il mondo. Ricorda a te stesso che non comprendi ciò che stai vedendo, così sarai libero di guardare ancora. Se non sei libero di guardare, significa semplicemente che stai cercando di giustificare i tuoi giudizi. Questo non è vedere. Questo è solo indugiare nelle proprie fantasie. Nei tuoi due più profondi periodi di pratica, oggi, consenti alla tua mente di entrare nella calma, perché senza il peso del tentativo di giustificare le tue fantasie, la tua mente cercherà naturalmente il suo vero posto, al servizio della Conoscenza. Oggi tu non comprendi il mondo e così non comprendi te stesso.

PRATICA 213: *Due periodi di 30 minuti di pratica.*
Pratica oraria.

Passo 214

IO NON CAPISCO ME STESSO.

Questa non è una dichiarazione di fallimento e di limitazione. Questa è semplicemente un'affermazione per liberarti dai tuoi stessi impedimenti. Come potresti mai capire te stesso se La Conoscenza non ti stesse rivelando ogni cosa? Come potresti mai capire il mondo se La Conoscenza non ti stesse rivelando il mondo? Questa è pura esperienza, che va oltre tutti i concetti e le credenze, perché i concetti e le credenze possono solo seguire l'esperienza e cercare di procurare una struttura sulla quale l'esperienza possa di nuovo emergere. In nessun modo possono le convinzioni, le supposizioni o le idee imitare La Conoscenza stessa.

OVVIAMENTE NON CAPISCI TE STESSO O IL MONDO, perché capisci solo le tue idee ed esse non sono eterne. Pertanto, esse non sono in grado di procurare un fondamento solido sul quale devi invece imparare a poggiare. Dunque, ti possono solo deludere e ingannare se ti affidi ad esse invece che alla Conoscenza affinché ti rivelino te stesso e il mondo.

OGNI ORA RICORDA A TE STESSO CHE tu non comprendi te stesso. Liberati dal peso di giustificare i tuoi stessi giudizi. Guarda te stesso, nelle tue pratiche meditative più profonde, ricordandoti che tu non comprendi te stesso. Così sarai libero di entrare nella calma, perché non starai cercando di utilizzare le tue esperienze per giustificare le tue fantasie su te stesso. È qui che la tua mente diventa libera di essere se stessa, e tu diventi libero di apprezzare te stesso.

PRATICA 214: *Due periodi di 30 minuti di pratica.*
Pratica oraria.

Passo 215

I MIEI MAESTRI SONO CON ME. IO NON SONO SOLO.

I TUOI MAESTRI SONO CON TE, dietro le quinte. Essi sono molto attenti a non estendere la loro influenza su di te con troppa forza, perché non sei ancora capace di riceverla e di utilizzarla a tuo vantaggio. Renditi conto, dunque, che tu viaggi attraverso la vita con una grande assistenza, perché i tuoi Maestri sono con te per aiutarti a scoprire e a coltivare La Conoscenza.

PER PRIMA COSA, TI DEVONO AIUTARE A SCOPRIRE IL TUO bisogno di Conoscenza, perché il tuo bisogno di Conoscenza deve essere pienamente stabilito, prima che tu ti possa attivare nella riconquista della Conoscenza. Ti devi rendere conto che senza La Conoscenza la vita è priva di speranza, perché sei senza scopo, senza significato e senza direzione. Allora solo i tuoi errori ti possono insegnare qualcosa e solo loro possono sostenere la tua incapacità di perdonare.

RENDENDOTI CONTO DEL FALLIMENTO DELLE TUE IDEE nell'essere un sostituto della Conoscenza, puoi allora rivolgerti alla Conoscenza e diventare il felice destinatario dei suoi veri doni. Qui tutte le cose che hai desiderato veramente saranno soddisfatte in modo significativo. Qui avrai un vero fondamento nella vita. Qui il cielo e la terra si uniranno dentro di te e finirà ogni separazione. Qui potrai accettare le limitazioni della tua esistenza fisica e la grandezza della tua vita spirituale. Rivolgerti alla Conoscenza, dunque, ti porta il massimo beneficio.

RICORDA A TE STESSO QUEST'IDEA ogni ora, e nei tuoi due esercizi più profondi di oggi, entra nella calma, utilizzando la parola RAHN se ti è di aiuto. Sii felice, oggi, di poter ricevere ciò che ti libera.

Pratica 215: *Due periodi di 30 minuti di pratica.*
Pratica oraria.

Passo 216

C'È UNA PRESENZA SPIRITUALE NELLA MIA VITA.

La Presenza Spirituale nella tua vita è sempre con te, sempre a tua disposizione e sempre là a ricordarti di guardare oltre i tuoi giudizi personali. È sempre là per darti il supporto, l'assistenza e la guida necessari per minimizzare l'errata applicazione della tua mente e per rafforzare la giusta applicazione della mente per consentire alla Conoscenza di emergere dentro di te.

Tu stai ora imparando a ricevere e a rispettare questa Presenza Spirituale e, nel tempo, capirai la sua grande importanza per te e per il mondo. Questo genererà, contemporaneamente, grandezza e umiltà dentro di te, perché capirai di essere non la fonte della tua grandezza, ma il veicolo per la sua espressione. Questo ti manterrà nella giusta dimensione e relazione con ciò che stai servendo. Nella relazione, tu ricevi tutti i benefici di ciò che reclami come tuo. Tuttavia con La Conoscenza non diventerai auto-esaltato perché capirai i tuoi limiti e capirai la profondità del tuo stesso bisogno di Conoscenza. Con questa comprensione, capirai e accetterai la fonte della vita. Con ciò, capirai di essere nel mondo per servire La Conoscenza e che il mondo è fatto per essere il destinatario della Conoscenza.

C'è una Presenza Spirituale nella tua vita. Sentilo ogni ora, mentre ripeti l'idea di oggi. Nei tuoi due periodi più profondi di pratica, entra profondamente in questa Presenza, perché questa Presenza è più che certamente con te e desidera darsi a te in questo giorno.

Pratica 216: *Due periodi di 30 minuti di pratica.*
Pratica oraria.

Passo 217

OGGI DONO ME STESSO ALLA CONOSCENZA.

Dona te stesso alla Conoscenza, oggi, intraprendendo la pratica di oggi con vero impegno e dedizione, non lasciando che idee false o auto-limitanti interferiscano con la tua ricerca autentica. In questo modo doni te stesso alla Conoscenza, consentendo alla Conoscenza di donare se stessa a te. Quanto è piccolo, allora, ciò che ti viene chiesto, ma quanto è grande la tua ricompensa. Perché ogni momento che passi nell'esperienza della calma, o impegnando la tua mente in modo costruttivo, La Conoscenza diventa più forte e sempre più presente dentro di te. Ti potresti domandare, "qual è il mio dono al mondo?" Il tuo dono è ciò che ricevi qui oggi. Dona te stesso alla Conoscenza affinché lei si possa donare a te.

Ricorda l'idea di oggi ogni ora ed entra nella Conoscenza nei tuoi periodi di pratica più profonda. Nel corso di tutti i tuoi esercizi oggi, dimostra la tua intenzione di dare te stesso alla Conoscenza, cosa che richiederà calma e auto-accettazione.

Pratica 217: *Due periodi di 30 minuti di pratica.*
Pratica oraria.

Passo 218

OGGI TERRÒ LA CONOSCENZA DENTRO DI ME.

INSIEME ALLA CONOSCENZA VIENE LA SAGGEZZA nell'utilizzare La Conoscenza nel mondo. Dunque, La Conoscenza è la fonte della tua comprensione e la saggezza è imparare ad applicarla nel mondo con significato e in modo costruttivo. Tu non sei ancora saggio, perciò tieni oggi La Conoscenza dentro di te. Consentile di rafforzarsi. Consentile di crescere. Darà se stessa in modo naturale, senza che tu cerchi di forzare la sua espressione. Col tempo imparerai a diventare saggio, sia attraverso la dimostrazione della Conoscenza, sia attraverso i tuoi stessi errori. Hai già commesso un numero di errori sufficiente a dimostrarti ciò che ti stiamo dicendo.

MANTIENI LA CONOSCENZA DENTRO DI TE, OGGI, affinché possa crescere forte dentro di te. Consenti a te stesso di estendere la sua presenza a solamente una o due persone che sai che la riconoscerebbero e la apprezzerebbero, perché la tua consapevolezza della Conoscenza è ancora un tenero germoglio dentro di te e non può ancora reggere le vicissitudini di questo mondo. Non è ancora diventata forte abbastanza, nella tua comprensione, da poter contrastare la paura e l'odio rampante che imperversano nel mondo. La Conoscenza li può reggere senza difficoltà, ma tu che stai imparando ad essere un ricevente ed un veicolo per La Conoscenza non sei ancora forte abbastanza.

CONSENTI ALLA CONOSCENZA DI ESSERE TENUTA DENTRO DI TE OGGI affinché possa crescere. Ricorda questo a te stesso ogni ora, mentre porti questo gioiello nel tuo cuore. Nei tuoi periodi più profondi di pratica, che sono per te dei momenti di libertà dalle limitazioni, consenti a te stesso di tornare al tuo grande amore affinché tu possa entrare nella vera relazione con La Conoscenza. Nel tempo, tutte le limitazioni dell'espressione della Conoscenza saranno rimosse, mentre imparerai ad applicare con saggezza, nel mondo, la sua comunicazione. Per ora, però, mantieni La Conoscenza nel tuo cuore affinché possa crescere sempre più forte.

PRATICA 218: *Due periodi di 30 minuti di pratica.*
Pratica oraria.

Passo 219

OGGI NON LASCERÒ CHE L'AMBIZIONE MI INGANNI.

Ora che La Conoscenza sta incominciando a germogliare dentro di te, non permettere alla tua stessa ambizione di ingannarti. La tua ambizione nasce dal tuo personale bisogno di riconoscimento e di conferma. È un tentativo volto a contrastare la paura controllando le opinioni degli altri. In questo caso la tua ambizione è distruttiva, ma come tutte le altre facoltà mentali che ora sono utilizzate impropriamente, col tempo potrà servire la grandezza della Conoscenza. Non hai ancora raggiunto questo stato; pertanto, non cercare di fare nulla con la tua Conoscenza, perché La Conoscenza per te non è da utilizzare ma è da ricevere. È nella tua ricettività verso La Conoscenza che troverai che La Conoscenza può servirti ed essere della massima utilità per te.

Non permettere all'ambizione di trascinarti là dove non puoi andare. Non lasciare che utilizzi impropriamente la tua vitalità e la tua energia. Impara a diventare paziente e calmo con La Conoscenza, perché La Conoscenza ha il suo traguardo e la sua direzione nella vita, che ora stai imparando a seguire.

Nel corso della giornata, nei tuoi esercizi di ogni ora, e anche nelle tue meditazioni più profonde, consenti a te stesso di essere senza ambizione, perché non sai che cosa fare con La Conoscenza. Nelle tue meditazioni più profonde, consenti a questo di liberarti affinché tu possa entrare nella calma e lasciare il mondo delle cose fisiche.

Pratica 219: *Due periodi di 30 minuti di pratica.*
Pratica oraria.

Passo 220

OGGI USERÒ MODERAZIONE AFFINCHÉ LA GRANDEZZA POSSA CRESCERE DENTRO DI ME.

USA MODERAZIONE PER QUANTO RIGUARDA quelle facoltà che sai essere dannose o debilitanti nella riconquista della Conoscenza. Contieniti affinché La Conoscenza possa crescere dentro di te. Questa non è una limitazione che ti stai imponendo. Anzi, significa utilizzare in modo significativo la tua mente e la tua forza per coltivare una consapevolezza della forza superiore dentro di te e consentirle di emergere, di guidarti e di indirizzarti.

NELLA LEZIONE DI OGGI, come nelle lezioni passate, stai imparando a riconoscere la fonte della Conoscenza e il veicolo della Conoscenza, senza confondere le due cose. Impara oggi la moderazione affinché La Conoscenza possa crescere dentro di te. Non pensare che la moderazione semplicemente si riferisca al tuo comportamento precedente, dove hai limitato ciò che era autentico in te. No, il tuo obiettivo oggi è imparare la forma di moderazione intenzionale che rappresenta un'espressione della tua potenza e della tua autodisciplina. La tua potenza e la tua autodisciplina devono ora essere esercitate affinché diventino forti, perché la tua mente e il tuo corpo sono veicoli della Conoscenza e, come tali, devono essere sviluppati e rafforzati.

NELLE TUE PRATICHE PIÙ PROFONDE OGGI, così come nelle tue pratiche di ogni ora, modera quelle forme di pensiero e di comportamento che tradiscono la tua Conoscenza, affinché tu possa entrare nella Conoscenza in calma e in pace. Con questa moderazione, la libertà sarà scoperta, perché la libertà viene trovata al di là di questo mondo e viene portata in questo mondo, perché la libertà è il dono della Conoscenza.

Pratica 220: *Due periodi di 30 minuti di pratica.
Pratica oraria.*

Passo 221

OGGI SONO LIBERO DI ESSERE CONFUSO.

Non vedere la tua confusione come un fallimento. Non vedere la tua confusione come qualcosa che ti mette in pericolo o che ti sminuisce. Qui la confusione è semplicemente un segno che ti stai rendendo conto dei limiti delle tue idee e delle tue supposizioni. Devi rinunciare ad esse per consentire alla Conoscenza di manifestarsi a te, perché di fronte a tutte le decisioni importanti che oggi richiedono la tua attenzione, La Conoscenza ha già provveduto con una risposta. Non è una risposta che potrai trovare tra le tante risposte che già ti procuri da solo, o che supponi che altri possano fornirti.

Lascia perciò, che tutti i sostituti della Conoscenza svaniscano da te. Consenti a te stesso di essere confuso, perché nella tua genuina confusione La Conoscenza può emergere naturalmente. Questo, dunque, rappresenta la tua libertà, perché nella libertà sei libero di essere confuso.

Ricorda a te stesso quest'idea ogni ora e non ti accontentare di semplici spiegazioni o supposizioni sul suo grande significato per te. La devi ponderare con profondità e renderti conto che la vera comprensione che quest'idea serba per te ti sarà rivelata col tempo. Oggi consenti a te stesso di essere confuso, perché tu sei confuso e devi sempre partire da dove sei. La Conoscenza è con te. Tu sei libero di essere confuso. Nei tuoi più lunghi periodi di pratica oggi, entra nella calma, a prescindere che tu sia o non sia confuso, perché la calma, la grazia e la pace sono sempre disponibili per te.

Pratica 221: *Due periodi di 30 minuti di pratica.*
Pratica oraria.

Passo 222

IL MONDO È CONFUSO. IO NON LO GIUDICHERÒ.

L'UNICO GIUDIZIO CHE PUOI FORMULARE SUL MONDO è che è confuso. Questo giudizio non richiede rabbia, tristezza, perdita, risentimento, ostilità o vendetta. Non richiede alcuna forma di attacco. Il mondo è confuso. Non lo giudicare. Come potrebbe il mondo essere certo, quando è privo di Conoscenza? Puoi guardare la tua stessa vita, ad oggi, e capire il livello della tua stessa confusione. Come poteva essere altrimenti, quando eri senza Conoscenza? La Conoscenza ora è con te, come lo era allora. Tu stai iniziando a riconnetterti con La Conoscenza affinché la sua certezza possa esprimere se stessa, sempre di più, attraverso te. Questo è il grande dono che stai ora imparando a ricevere. È un dono che il mondo imparerà a ricevere attraverso te.

OGNI ORA, QUANDO GUARDI IL MONDO E VEDI tutte le sue attività, non lo giudicare, perché è semplicemente confuso. Se oggi sei sconfortato, non giudicare te stesso, perché sei semplicemente confuso. Nei tuoi più profondi periodi di pratica oggi, permetti a te stesso di entrare nella calma. Tu entri nella calma semplicemente volendo entrare nella calma. È un dono che ti concedi. Per fare questo, ti dedichi a ricevere il dono. Qui non c'è donatore o mittente del dono, perché il dono riverbera tra te e la tua fonte. La Conoscenza e il suo veicolo semplicemente si affermano reciprocamente.

IL MONDO È CONFUSO. È SENZA LA CONOSCENZA. Ma tu sei un dono al mondo, perché stai imparando a ricevere La Conoscenza in questo giorno.

PRATICA 222: *Due periodi di 30 minuti di pratica.*
Pratica oraria.

Passo 223

IO RICEVERÒ LA CONOSCENZA IN QUESTO GIORNO.

Ogni ora, ricevi La Conoscenza. Nei tuoi due periodi più profondi di pratica, ricevi La Conoscenza. Dedica te stesso a ricevere La Conoscenza. Questa è la tua pratica di oggi. Qualsiasi altra cosa è semplicemente una forma di confusione. Non c'è evento nella tua vita esteriore che debba sostituire la tua pratica di oggi, perché La Conoscenza benedice tutte le cose dentro e fuori di te. Disperde ciò che non è necessario e ti impegna intenzionalmente in ciò che è necessario e ha del vero potenziale per te.

Ritorna, allora, alla Conoscenza, a prescindere dalle circostanze della tua vita esteriore. Ricevi La Conoscenza affinché tu possa avere certezza nel mondo e tu possa capire il tuo stesso significato e il tuo valore.

Pratica 223: *Due periodi di 30 minuti di pratica.*
Pratica oraria.

Passo 224

RIPASSO

OGGI ESERCITATI CON OGGETTIVITÀ RIPASSANDO le ultime due settimane di pratica. Ancora una volta, leggi ogni lezione giornaliera e richiama alla memoria la tua pratica per quella giornata. Inizia dalla prima pratica del periodo bisettimanale, per poi seguire ogni giornata passo dopo passo. Rafforza la tua capacità di osservare con oggettività il tuo progresso. Guarda ciò che succede nei giorni in cui sei forte nella pratica e nei giorni in cui sei debole. Immagina per un momento, mentre lo fai, di guardare attraverso gli occhi dei tuoi Maestri che stanno guardando la tua vita da lassù. Essi guardano senza condannare. Essi semplicemente prendono nota delle tue forze e delle tue debolezze, rafforzando le prime e minimizzando gli effetti delle seconde. Quando imparerai a vedere la tua vita oggettivamente, imparerai a vedere la tua vita attraverso gli occhi dei tuoi Maestri. Questo significa guardare con La Conoscenza. Questo significa guardare senza giudizio. Fatto questo, la mente diventa un veicolo per La Conoscenza e così La Conoscenza ti elargirà tutte le idee e le attività che sono veramente benefiche per te.

CONSENTI OGGI AL TUO PERIODO PRATICA dedicato al Ripasso di essere indirizzato a tuo beneficio. Utilizza la tua mente costruttivamente e non permetterle di vagare. Spezza l'abitudine di pensare meccanicamente. Spezza l'abitudine di preoccuparti di cose futili e prive di significato. Consenti oggi al tuo Ripasso di dimostrarti che sei un vero studente della Conoscenza.

PRATICA 224: *Un periodo lungo di pratica.*

Passo 225

OGGI SARÒ SERIO E SPENSIERATO ALLO STESSO TEMPO.

Non vi è contraddizione nel messaggio di oggi per te, se tale messaggio è compreso. Prendere seriamente la tua vita significa ricevere la sua vera grazia, che ti renderà molto felice. Devi perciò essere molto serio con te sesso ora che stai imparando a divenire un veicolo per La Conoscenza e puoi essere molto felice e con il cuore leggero perché La Conoscenza è con te. Questa, dunque, è la vera applicazione della tua mente, perché tu sei spensierato con ciò che è spensierato, ma sei serio con ciò che è serio. Una mente che è seria nella sua direzione esteriore e spensierata nella sua felicità interiore, sarà una mente totalmente integrata. Questa sarà una mente dove il cielo e la terra si toccheranno.

La grazia che riceverai in questo giorno genererà felicità e vera riconoscenza, però il genere di applicazione alla quale si appella richiederà serio impegno, richiederà la tua sincera dedizione e la sincera applicazione delle tue facoltà mentali e fisiche. Qui le tue forze rappresentano la tua felicità e la tua felicità è rafforzata dall'applicazione delle tue vere capacità.

Pensa a questo ogni ora mentre ripeti l'idea di oggi. Mentre affronti le tue pratiche di meditazione più profonda, impegna seriamente la tua mente affinché possa provare la leggerezza del cuore e la grande gioia della Conoscenza. Così facendo, vedrai che l'idea di oggi è assolutamente lineare nel suo significato. Così facendo, non confonderai ciò che è felice con ciò che è serio. Questo ti darà una maggiore comprensione del mondo.

PRATICA 225: *Due periodi di 30 minuti di pratica.*
Pratica oraria.

Passo 226

LA CONOSCENZA È CON ME. IO NON AVRÒ PAURA.

La Conoscenza è con te e quando tu sarai con La Conoscenza, non avrai paura. Nel tempo, la paura diventerà sempre più estranea alla tua vera esperienza, mentre imparerai ad essere vicino alla Conoscenza. Il valore dell'idea di oggi deve essere riconosciuto alla luce del fatto che la tua mente è abitualmente impegnata nell'avere paura, a tal punto da far sembrare che la riconquista della Conoscenza e l'applicazione della Conoscenza siano cose molto difficili per te. Questo ti appare difficile solo perché in passato la tua mente è stata impegnata tanto abitualmente nella paura. Le abitudini si possono spezzare. Nuove abitudini di pensiero e comportamento possono essere instillate e rafforzate. È il semplice risultato dell'applicazione della tua mente. È il risultato della pratica.

OGGI ESERCITATI A STARE VICINO ALLA CONOSCENZA, questo smonterà tutte le abitudini che si sono incrostate su di te e sul mondo. Essere nella vita è una pratica ed è sempre una forma di servizio. Oggi esercita la verità e sii al servizio della verità, così tutti gli errori sono indeboliti. Il loro fondamento è rimosso, e al suo posto inizierai ad imparare un nuovo modo di essere nel mondo, un nuovo modo di impegnarti con il mondo e avrai una struttura più forte sulla quale applicare le tue facoltà mentali e fisiche.

OGNI ORA SII VICINO ALLA CONOSCENZA. Disperdi la paura e ricorda a te stesso che La Conoscenza è con te. Ricorda a te stesso che i tuoi Maestri sono con te. Ricordati che studenti impegnati nella riconquista della Conoscenza in ogni luogo sono con te. Così facendo, il mondo diventerà piccolo e tu diventerai grande. Nei tuoi esercizi più profondi, concediti la libertà di sentire La Conoscenza. Entra nella grande profondità e nella calma della mente, mentre si immerge nella presenza dell'amore.

PRATICA 226: *Due periodi di 30 minuti di pratica.*
Pratica oraria.

Passo 227

OGGI NON PENSERÒ DI SAPERE.

GLI STUDENTI PRINCIPIANTI PENSANO sempre di sapere cose che non sanno, e pensano sempre di non sapere cose che sanno. Questo richiede che si faccia un bel po' di chiarezza. Richiede la scoperta del vero e del falso e, attraverso questo contrasto, di imparare a separare le due cose. Nel tempo, capirai la distinzione tra il vero e il falso e non sarai ingannato dalla finzione che il falso è capace di costruire nella sua imitazione del vero.

RICORDA A TE STESSO OGNI ORA, OGGI, di non pensare di sapere. Pensare di sapere è solo una forma di sostituzione. Le cose o le sai o non le sai. Il tuo pensare, in questo caso, semplicemente supporta o nega ciò che sai. Pensare che sai, però, è pensare senza Conoscenza, che è sempre una cosa insensata che genera confusione e dubbi su te stesso.

NEI TUOI PERIODI DI PRATICA PIÙ PROFONDA OGGI, non ti ingannare pensando di sapere. Ancora una volta, ritorna all'esperienza pura della Conoscenza stessa. Nella calma e nella pace, concediti totalmente alla tua pratica di oggi. La Conoscenza è un'esperienza. Genererà le proprie idee. Stimolerà e supporterà quelle forme di comportamento e quelle forme di auto-applicazione che sono veramente di sostegno alla tua vera natura. Non accontentarti di cose che credi di sapere, perché questa è semplicemente un'altra forma di negazione che ti lascerà ancora una volta impoverito.

PRATICA 227: *Due periodi di 30 minuti di pratica.*
Pratica oraria.

Passo 228

OGGI NON SARÒ POVERO.

Tu non hai bisogno di essere povero, perché la povertà non è né il tuo retaggio né il tuo vero destino. Non essere povero oggi, perché La Conoscenza è la grande ricchezza, e una volta che le è consentito di emergere in qualunque mente, inizia a generare naturalmente la propria presenza nel mondo. Inizia ad equilibrare e ad armonizzare la mente che ne è il veicolo, e incomincia a donare, particolarmente a certi individui, in modi specifici. Questo è il genio che è con te. Come puoi essere povero quando hai un simile dono? Solo le tue idee auto-svalutanti e solo certe forme di comportamento possono generare povertà.

Oggi, allora, inizia a guardare più profondamente quelle cose che per te sono delle forme di impedimento. Pensa a questo ogni ora. Nei tuoi due periodi di pratica più profondi, impegna attivamente la tua mente nel cercare di discernere forme specifiche di auto-inganno ed auto-impedimento. Fallo senza condannarti, ma con l'oggettività necessaria a vedere con chiarezza. Non farti scoraggiare dal fatto che ci siano molte forme sottili di inganno. Sono semplicemente piccole variazioni di temi molto semplici. La loro apparente complessità e il loro numero non sono importanti, a patto che le riconosci. Tutte nascono dalla paura e dal tentativo di contrastare la paura coinvolgendosi nell'illusione e cercando di coinvolgere gli altri nel sostenere l'illusione. Tutte le idee senza La Conoscenza servono questo scopo, direttamente o indirettamente. Mentre il vero scopo è la grande forza che sta dietro alle idee che esistono per un vero servizio, perché è la forza dietro a tutte le forme di azione e di comportamento che esistono per un vero servizio.

Oggi guarderemo gli ostacoli, ma non con vergogna, colpa o con ansia. Guarda solo con lo scopo di rafforzare la

presenza e l'applicazione della Conoscenza e solo per
prepararti ad essere un veicolo più grande per La Conoscenza
nel mondo. Quello è lo scopo della pratica di oggi. Esercitati,
dunque, con vero intento. Tu sei più degli errori che
percepisci, ed essi non ti possono ingannare se li guardi
oggettivamente.

PRATICA 228: *Due periodi di 30 minuti di pratica.*
Pratica oraria.

Passo 229

NON DARÒ LA COLPA AL PROSSIMO PER IL MIO DOLORE.

L'IDEA DI OGGI RAPPRESENTA UN MUTAMENTO radicale nella comprensione. Deve nascere dalla Conoscenza, però, per avere vera efficacia. Il suo significato non è immediatamente evidente, perché presto scoprirai che ci sono molte circostanze in cui gli altri sembrano essere completamente responsabili per il tuo dolore. Sarà molto difficile, dato il tuo modo abituale di pensare e le supposizioni sulle quali basi la tua vita, negare che siano davvero gli altri la causa del tuo dolore. Non è così, però, che La Conoscenza ti vede e tu devi imparare a non vedere te stesso in questo modo.

IL DOLORE È SEMPRE UNA TUA DECISIONE, in risposta a degli stimoli presenti nel tuo ambiente circostante. Il corpo proverà dolore fisico se stimolato in tal senso, ma quella è solo una reazione sensoriale. Non è quello il vero dolore, non è quello che ti fa male. Il dolore che ti fa male è la corona di spine delle tue stesse idee e delle tue supposizioni, dei tuoi sospetti, delle tue informazioni errate e della tua incapacità di perdonare te stesso e il mondo. Questo produce dolore sia nella tua mente che nel tuo corpo. Questo è il dolore che desideriamo alleviare in questo giorno.

CONSIDERA, PERCIÒ, L'IDEA DI OGGI COME UNA FORMA di rimedio contro il dolore. Se un'altra persona è la causa del tuo dolore, non hai altro rimedio che aggredire o cambiare l'altra persona. Anche il tuo tentativo di cambiarla definitivamente, sarà una forma di aggressione, perché dietro il tuo altruismo ci sarà astio e risentimento. Non c'è, dunque rimedio contro il dolore se la sua causa è al di là di te stesso. Ma c'è rimedio a qualunque dolore perché La Conoscenza è con te.

Tutto il dolore, dunque, deve essere riconosciuto come il risultato di una tua personale decisione. Deve essere riconosciuto come il risultato delle tue stesse interpretazioni. Puoi anche ritenere di aver subito un torto da parte di qualcuno o dal mondo. Questo sentimento è effettivamente presente nella tua mente, perciò non è necessario negarlo, ma devi guardare oltre, devi guardare la sua fonte e il meccanismo che lo ha fatto emergere. Per fare questo, dunque, devi utilizzare le tue facoltà. Questo ti darà una grande forza. Riuscirai a farlo, perché con La Conoscenza sei in grado di fare tutte le cose che La Conoscenza ti chiede di fare.

Se non viene condannato, il mondo si sente talmente sollevato che può allora incominciare a riprendersi. Pertanto, ripeti quest'idea ogni ora e considera il suo significato. Va' in profondità, dentro di essa per scoprire quello che veramente tiene in serbo per te. Nei tuoi più lunghi periodi di pratica, entra nella calma e nella pace, perché senza condannare il mondo e te stesso, la mente è già in pace.

Pratica 229: *Due periodi di 30 minuti di pratica.*
Pratica oraria.

Passo 230

LA MIA SOFFERENZA NASCE DALLA CONFUSIONE.

LA TUA SOFFERENZA NASCE DALLA CONFUSIONE. Permetti a te stesso di essere confuso in modo che tu possa riconoscere il vero sentiero della riconquista. È un'idea che ti confonde questa? È possibile che confonda, perché le persone non accettano la propria confusione. Mentiranno al riguardo, dicendo di essere certi quando sono confusi, proiettando colpa sugli altri per giustificare se stessi o proiettando colpa su se stessi per giustificare gli altri. Tutto questo rappresenta confusione.

QUANDO TI RENDI CONTO DI ESSERE CONFUSO, allora puoi ritrovare i mezzi per riconquistare la tua certezza. Se non accetti di essere confuso, imporrai a te stesso e al mondo dei sostituti al posto della certezza, allontanandoti così dalla possibilità di ricevere la tua certezza. È per questo che devi renderti conto che la tua confusione è la fonte della tua sofferenza e devi permettere a te stesso di essere confuso per riconoscere il tuo vero dilemma. Riconoscendo il tuo vero dilemma vedrai il grande bisogno di Conoscenza e questo genererà in te la dedizione e l'applicazione personale necessarie perché tu riceva ciò che costituisce il tuo retaggio.

OGGI, RIPETI QUEST'IDEA OGNI ORA e non ti dimenticare di farlo. Nei tuoi due periodi più lunghi di pratica, coinvolgi attivamente la tua mente nel cercare di capire la profondità e il significato dell'idea di oggi. Riconosci oggettivamente tutte le sensazioni e i pensieri che le sono favorevoli e tutte le sensazioni e i pensieri che sono contrari ad essa. Poni particolare attenzione nel riconoscere qualsiasi obiezione che potresti avere nei confronti dell'idea di oggi. Poi riconosci la potenza di quest'idea nella tua mente. Questo ti permetterà di riconoscere e ti farà comprendere il vero significato di quest'idea. Questo aiuterà anche a farti capire oggettivamente l'attuale struttura della tua mente. Tutto questo fa parte della tua istruzione come studente della Conoscenza. Dona te stesso alla considerazione dell'idea di oggi, senza accontentarti di risposte e spiegazioni semplici, perché l'idea di oggi contiene un dono che non hai ancora sperimentato.

PRATICA 230: *Due periodi di 30 minuti di pratica.*
Pratica oraria.

Passo 231

IO HO UNA CHIAMATA IN QUESTO MONDO.

Tu hai una chiamata in questo mondo. Non è ciò che pensi che sia. Emergerà dalla tua Conoscenza non appena alla Conoscenza sarà consentito di emergere nella tua mente. Tu hai una chiamata in questo mondo perché sei venuto per fare delle cose molto specifiche. Il tuo scopo in questo mondo è quello di riconquistare la tua Conoscenza e di consentire alla tua Conoscenza di esprimersi. Questa è un'affermazione molto semplice del tuo scopo, ma è un'affermazione che contiene una notevole profondità e molto di ciò che nel tempo dovrà essere compiuto.

Tu hai una chiamata in questo mondo perché sei stato mandato qui per fare qualcosa. È per questo motivo che la tua mente è così com'è e tu hai una tua specifica natura che è distinta dagli altri. Quando emergerà la tua chiamata, capirai perché pensi ed agisci in un certo tuo modo, e tutto questo sarà portato ad un vero equilibrio ed una vera armonia. Questo cancellerà ogni motivo di auto-condanna, perché la tua natura rappresenta un'utilità che non hai ancora compreso. In altre parole, sei stato fatto in un modo specifico per fare qualcosa che non hai ancora compreso. Prima di capirlo opporrai resistenza alla tua natura, pensando che sia per te una limitazione. Nel tempo ti renderai conto che si tratta invece di un'inestimabile risorsa per la tua realizzazione, perché tu hai una chiamata in questo mondo.

Ogni ora ricorda ciò a te stesso e ricordati che non sai ancora quale sia questa chiamata. Senza presunzioni, sarai nella posizione di scoprire la verità. Nei tuoi periodi di pratica più profondi, oggi, entra ancora una volta nella calma e nel silenzio, utilizzando la parola RAHN se trovi che ti sia d'aiuto. Questo per te è un giorno di preparazione affinché tu ti renda conto di quale sia la tua vera chiamata nel mondo. È un giorno donato alla Conoscenza e un giorno che viene tolto alle false supposizioni e all'auto-inganno. Un giorno dato alla Conoscenza ti porta più vicino alla tua chiamata, che emergerà naturalmente, senza le tue presunzioni, appena tu e coloro con i quali devi essere coinvolto sarete pronti.

PRATICA 231: *Due periodi di 30 minuti di pratica.*
Pratica oraria.

Passo 232

LA MIA CHIAMATA NELLA VITA RICHIEDE LO SVILUPPO DI ALTRI.

Affinché la tua chiamata possa emergere nella tua vita, non è solo essenziale il tuo sviluppo, ma anche lo sviluppo di altri con i quali sarai direttamente coinvolto. Perché il tuo scopo nella vita comporta il tuo coinvolgimento con altri, non è una ricerca individuale. Non è una realizzazione individuale. Nella realtà, non c'è nessun individuo completamente separato da altri individui, perché l'individualità ha un significato solamente in termini della sua espressione di ciò che lega e unisce tutta la vita.

In questo giorno, allora, sviluppa la saggezza e la comprensione che il tuo vero traguardo dipende anche dal traguardo di altri. Non pensare di conoscere tutti questi altri, perché non li hai ancora incontrati tutti. Alcuni sono in questo mondo e altri sono al di là del mondo. Potrebbero non essere per nulla parte della tua sfera personale.

Come fai, allora, a procedere quando il tuo traguardo dipende, parzialmente, dagli altri? Tu procedi donando te stesso alla tua preparazione. La potenza di questa azione rinforzerà coloro con i quali sei impegnato nella chiamata della tua vita. Poiché la vostra applicazione vi rafforza a vicenda, voi siete già in relazione; vi state già influenzando a vicenda. Quanto più vicino arrivi al punto in cui La Conoscenza emerge, tanto più vicini saranno anche loro. Più ti trattieni, più tratterrai anche loro. Questo meccanismo non lo puoi vedere quando sei nel mondo, perché devi trovarti al di là del mondo per vedere come funziona. Ma puoi comprendere l'idea che tutte le menti si influenzano a vicenda, in particolare quelle menti che sono destinate ad essere impegnate in modo specifico le une con le altre nella vita.

Il tuo avanzamento, dunque, dipende dai tuoi sforzi e dagli sforzi degli altri. Gli sforzi degli altri, però, ricevono forza e supplemento dai tuoi sforzi. Dunque la tua realizzazione è veramente assegnata a te affinché tu la porti a compimento, ma quello che raggiungi ti unirà alla vita e renderà più profondo il contenuto e l'esperienza delle relazioni, oltre quanto eri prima in grado di sperimentare.

Nel tuo ricordare ogni ora e nelle tue meditazioni più lunghe di oggi, nella calma, consenti ai tuoi sforzi di dare supplemento agli sforzi degli altri, che a loro volta daranno supplemento ai tuoi. Consenti così alla combinazione della vostra comune dedizione di essere una fonte di forza che oggi sperimenterai e che sarà sperimentata da coloro che non hai ancora conosciuto in questa vita.

Pratica 232: *Due periodi di 30 minuti di pratica.*
Pratica oraria.

Passo 233

Io faccio parte di una Forza Superiore per il bene nel mondo.

Quest'affermazione è assolutamente vera, anche se da un punto di vista separato può essere molto difficile capirla. Non ci si aspetta che tu capisca l'idea di oggi, ma viene data affinché tu possa sentire la sua forza e la sua potenza, perché, essendo un'idea che rappresenta la verità, ti può portare alla verità, che è l'esperienza della Conoscenza. Questa è la massima possibilità per qualsiasi idea—poter essere la porta della Conoscenza.

Quest'idea, perciò, deve essere approcciata correttamente. Ti devi rendere conto dei limiti di un punto di vista separato e non devi cercare di giudicare il valore dell'idea di questo giorno. Non la puoi giudicare. Puoi solo rispondere ad essa o negarla, perché la sua verità è superiore alle tue attuali interpretazioni. Riconoscendo le tue attuali limitazioni in tal senso, puoi accedere alla grandezza, perché se non proteggi ciò che ti indebolisce puoi trovare la via verso ciò che ti rafforza e ti dà scopo, significato e direzione.

Tu fai parte di una Forza Superiore per il bene, perché questa Forza è unita e diretta dalla Conoscenza. La Conoscenza qui è al di là di ciò che qualunque individuo può possedere. Dunque non esiste una "tua" Conoscenza ed una "mia" Conoscenza; c'è solo La Conoscenza. C'è solo la tua interpretazione e la mia interpretazione, e in questo ci possono essere discrepanze, ma La Conoscenza è La Conoscenza. Mette insieme le persone; divide le persone. Se viene veramente compresa, attraverso la calma e l'oggettività, la sua vera direzione può essere riconosciuta e seguita.

Prendi forza, oggi, mentre ripeti quest'idea ogni ora. Sappi che tutti i tuoi sforzi a favore della Conoscenza ricevono un supplemento da coloro che si esercitano con te—quelli che puoi vedere e quelli che non puoi vedere. Nei tuoi esercizi più profondi, consenti alla tua autodisciplina, che ti prepara per entrare nella calma e nella pace, di ricevere anche lei un supplemento. Così il tuo conseguimento di oggi darà un supplemento agli sforzi di tutti gli altri che si esercitano, coloro che stanno disimparando il falso e imparando il vero insieme a te.

PRATICA 233: *Due periodi di 30 minuti di pratica.*
 Pratica oraria.

Passo 234

LA CONOSCENZA SERVE L'UMANITÀ IN TUTTI I MODI.

La Conoscenza attiva tutte le capacità mentali e fisiche per il bene. Dirige ogni genere di ricerca individuale che sia a beneficio dell'umanità. Nelle arti, nelle scienze, in tutte le imprese, nel più semplice dei gesti e nella più grande delle prodezze, La Conoscenza dimostra una vita superiore e rafforza tutte le più nobili qualità degli individui che sono coinvolti con essa.

Essendo La Conoscenza grande, non è necessario associarla solo a cose grandi, perché l'espressione della Conoscenza può permeare anche la parola più piccola e il più minuscolo gesto. Così anch'essi possono avere il massimo impatto sugli altri. La potenza della Conoscenza in un individuo deve attivare la potenza della Conoscenza in altri individui e, così facendo, stimolare e supportare la rigenerazione della vita nelle menti che stanno vivendo in fantasie di separazione. Nel mondo non puoi vedere la potenza di questo nel suo complesso, ma puoi farne esperienza nella tua stessa vita e vederne la dimostrazione nel contesto delle relazioni che ti vedono coinvolto in questo momento.

Non pensare di sapere. O sai o non sai. Ricordalo, perché l'occasione di auto-inganno è ancora con te, perché non sei ancora stato disposto a confrontarti con te stesso fino in fondo, perché temevi che ciò che avresti trovato ti avrebbe scoraggiato o distrutto. Tuttavia, quando ti confronterai con te stesso fino in fondo, tutto quello che troverai sarà La Conoscenza.

Nei tuoi più profondi periodi di pratica di oggi, consenti a te stesso ancora una volta di entrare nella calma, utilizzando i metodi che hai imparato fino ad oggi. Non permettere a nulla di distrarti dal tuo scopo. Tu fai parte di una forza superiore, e questa forza superiore ti sta dando sostegno.

PRATICA 234: *Due periodi di 30 minuti di pratica.*

Passo 235

LA POTENZA DELLA CONOSCENZA MI STA DIVENTANDO EVIDENTE.

IMPIEGHERAI DEL TEMPO PER RICONOSCERE la potenza della Conoscenza, perché è molto più grande di qualsiasi cosa tu possa immaginare. Tuttavia, è molto più semplice e molto più sottile di quanto al momento sei in grado di comprendere. Può essere vista nell'innocenza degli occhi di un bambino; la si può immaginare nell'immensità del movimento delle galassie. Nel più semplice dei gesti o nella più grande delle prodezze, essa si può manifestare.

CONCEDITI DI ACCETTARE IL FATTO che stai solo iniziando a renderti conto della presenza della Conoscenza nella tua vita e in tutto ciò che è vita. Questo viene determinato dalla tua capacità di Conoscenza, che, insieme al tuo desiderio di Conoscenza, stai ora coltivando. È per questo che, giorno dopo giorno, ti eserciti nella calma e nella pace, interrompendo solamente queste pratiche con la pratica dell'impegno attivo della tua mente per scopi superiori. Qui stai costruendo la tua capacità insieme al tuo desiderio, perché ogni giorno ti devi esercitare spinto dal desiderio di Conoscenza e ogni pratica sviluppa la tua capacità di sentire La Conoscenza.

TU STAI INIZIANDO A RICONOSCERE la presenza della Conoscenza, la potenza della Conoscenza e l'evidenza della Conoscenza. Ricordati di questo ogni ora e non ti dimenticare. Ancora una volta, nella profondità dei tuoi periodi più lunghi di pratica, concediti completamente per entrare nella calma e nella pace, perché questo disferà tutta la colpa e l'incapacità di perdonare che stanno dentro di te e ti mostreranno la potenza della Conoscenza, che stai ora incominciando ad accettare.

PRATICA 235: *Due periodi di 30 minuti di pratica.*
Pratica oraria.

Passo 236

CON LA CONOSCENZA SAPRÒ COSA FARE.

CON LA CONOSCENZA SAPRAI COSA FARE e la tua certezza sarà così forte che ti sarà difficile dubitare di lei o metterti a discutere con lei. Qui dovrai essere preparato ad agire e ad agire con coraggio. Se la tua preoccupazione dominante è proteggere le tue idee e il tuo corpo fisico, allora avrai paura della Conoscenza, temendo che ti possa portare a fare qualcosa che sarà pericoloso o dannoso per te. La Conoscenza può solo essere dimostrata. Il suo beneficio deve essere sperimentato. Può solo essere sperimentata accettando la sua presenza e portando avanti la sua direzione.

CON LA CONOSCENZA SAPRAI COSA FARE, la tua certezza supererà di gran lunga tutte le finzioni che hai costruito finora riguardo alla certezza. Il dubbio interiore potrà continuare ad esserci, anche di fronte alla Conoscenza ma La Conoscenza sarà di molto superiore, perché tutto il tuo essere sarà impegnato nell'azione. Solo la piccolezza del dubitare di te stesso, che nasce dalle tue false convinzioni, potrebbe metterla in discussione. Tuttavia, i suoi argomenti sono patetici, pietosi e mancano di profondità e convinzione.

LA CONOSCENZA SI MUOVERÀ DENTRO DI TE IN DETERMINATI MOMENTI, perché nella calma osserva tutte le cose fino al momento in cui è pronta ad agire e quando agisce, agisce! Ne consegue che con La Conoscenza imparerai ad essere in pace nel mondo, ma quando agirai, agirai con vera efficacia e con grande risultato. In questo modo, potrai essere una persona d'azione e allo stesso tempo di contemplazione, perché la tua contemplazione sarà profonda e avrà significato e la tua azione sarà anch'essa profonda e ricca di significato.

Con La Conoscenza saprai cosa fare. Non credere di sapere ciò che devi fare a meno che tu non sia con La Conoscenza e La Conoscenza ti stia indicando con grande forza di fare qualcosa. Non fare piccoli tentativi per risolvere i tuoi problemi, perché senza La Conoscenza i tuoi tentativi saranno privi di significato e accresceranno la tua frustrazione.

Ogni ora ripeti l'idea di oggi e vagliala. Nella profondità delle tue pratiche più lunghe, utilizza le capacità che hai coltivato fino ad oggi per impegnarti nella calma. Se La Conoscenza è calma, anche tu puoi essere calmo. Così, quando La Conoscenza stimolerà l'azione, sarai capace di agire, e nel farlo la risoluzione che porterai sarà più grande di qualsiasi cosa potresti mai concepire.

Pratica 236: *Due periodi di 30 minuti di pratica.*
Pratica oraria.

Passo 237

STO APPENA INIZIANDO A COMPRENDERE IL SIGNIFICATO DELLA MIA VITA.

TU STAI APPENA INIZIANDO A COMPRENDERE il significato della tua vita. Questo emergerà naturalmente nella tua comprensione senza i tuoi sforzi di concettualizzarlo. Il significato e lo scopo della tua vita semplicemente emergeranno e saranno espressi oggi e domani e nei giorni a venire, perché La Conoscenza è proprio così semplice e così indispensabile. Il tuo intelletto, dunque, può essere utilizzato per gestire le necessità fisiche della tua vita, i particolari della tua vita e il meccanismo della tua vita, perché questa è l'applicazione dell'intelletto. Ma la grandezza della Conoscenza fornisce scopo, significato e direzione, cose che l'intelletto non è mai in grado di fornire. L'intelletto, dunque, è una facoltà che ha una vera funzione qui, perché è al servizio della grandezza della Conoscenza.

STAI APPENA INIZIANDO A COMPRENDERE il significato della Conoscenza e la natura della Conoscenza. Non pensare che le conclusioni che hai tratto fino ad oggi siano adeguate alle tue necessità, perché sei uno studente principiante di Conoscenza e, come studente principiante, non farai lo sbaglio di affidarti solo alle tue supposizioni, perché studenti principianti fanno poche supposizioni e sono ansiosi di imparare tutto ciò che devono imparare. Sii uno studente principiante oggi. Riconosci quanto poco sai e quanto devi imparare. Hai una vita per impararlo, però la tua vita deve essere attivata e rafforzata oltre quanto è stato fatto ad oggi. Nel tempo, la grandezza che porti con te si esprimerà attraverso te in azioni grandi e piccole.

OGGI, NEI TUOI PERIODI DI PRATICA PIÙ PROFONDA dove entri nella calma, consenti alla tua consapevolezza della Conoscenza di essere coltivata ulteriormente. Segui la tua pratica come un paziente giardiniere che non esige che tutte le piante diano frutti oggi, ma che capisce le stagioni della crescita e del cambiamento. Consenti a te stesso di avere questa comprensione, perché col tempo capirai oggettivamente come gli esseri umani si sviluppano e crescono e quello che portano dentro di loro. Quando lascerai questo mondo, se avrai avuto successo nel coltivare La Conoscenza e nel consentirle di dare tutti i suoi doni al mondo, allora potrai diventare uno dei Maestri di coloro che sono rimasti indietro. In questo modo realizzerai, nel dare agli altri, il tuo apprendimento nel mondo, contribuendo con tutto ciò che avrai acquisito nel mondo. Così facendo, il tuo dono si compie e il loro si evolve.

Tu stai appena iniziando a comprendere queste parole. Rafforza, oggi, la tua esperienza di Conoscenza affinché la comprensione di queste parole possa divenire più profonda dentro di te. Ogni ora, ripeti l'idea di oggi, affinché tutte le tue attività e tutti i tuoi impegni, qualunque sia l'ambiente in cui ti trovi, siano favorevoli alla tua pratica, perché non c'è evento o interazione che non possa essere benedetto e armonizzato dalla Conoscenza.

Pratica 237: *Due periodi di 30 minuti di pratica.*
Pratica oraria.

Passo 238

RIPASSO

*I*NIZIEREMO IL TUO RIPASSO bi-settimanale con questa invocazione:

"SONO STATO INVIATO NEL MONDO per servire la mia Famiglia Spirituale la quale serve questo mondo e tutti i mondi nell'universo fisico. Faccio parte di una Forza Superiore per il bene, e sono uno studente principiante di Conoscenza. Sono grato per il dono che è stato dato, che sto ora iniziando a comprendere. In completa fede e devozione, continuerò la mia pratica oggi così che io possa apprezzare il valore della mia vita."

IN SEGUITO A QUESTA INVOCAZIONE, INCOMINCIA il tuo lungo Ripasso. Inizia dalla prima lezione del periodo di due settimane e poi procedi giorno dopo giorno. Quando avrai terminato il tuo Ripasso, ancora una volta ripeti l'invocazione di oggi e poi trascorri diversi minuti in silenzio. In questo periodo di calma, incomincia a sentire la potenza di quanto stai intraprendendo. La potenza della Conoscenza e la grazia che elargisce al mondo sono le cose che imparerai a ricevere ed a esprimere nei giorni e nelle settimane che verranno.

PRATICA 238: *Un periodo lungo di pratica.*

Passo 239

OGGI LA LIBERTÀ È MIA.

La libertà appartiene a te che vivi con La Conoscenza. La libertà appartiene a te che non hai bisogno di appesantirti con il logorio di pensieri e speculazioni inutili. La libertà appartiene a te che ti puoi dedicare ad uno scopo ed ai compiti specifici che emanano da questo scopo. Quale libertà può esserci, più grande della libertà di utilizzare la tua Conoscenza e di compiere il suo destino nel mondo? Nessun'altra cosa può essere chiamata libertà, perché qualsiasi altra cosa è semplicemente la libertà di essere nel caos e di degenerare nello squallore.

Tu sei libero, in questo giorno, di consentire alla Conoscenza di esserti vicina. Oggi, nella tua pratica di ogni ora e nelle tue più profonde meditazioni, ricordati che tu sei libero. Quando hai la libertà di essere con La Conoscenza, nei tuoi due periodi di meditazione, consenti a te stesso di entrare nella calma e non lasciare che alcuna sensazione, idea o pensiero ti dissuadano dal vivere l'esperienza della grande libertà che hai di sfuggire dal mondo ed entrare nella Conoscenza.

Questi momenti di pratica sono così importanti per il tuo benessere generale. Il risultato di questo coinvolgimento ti darà un accesso alla Conoscenza che sarà superiore, in tutte le tue imprese esteriori, quando imparerai a dimorare in pace con La Conoscenza e quando imparerai a seguire La Conoscenza mentre esercita la sua saggezza nel mondo. Sei libero, in questo giorno, di essere con La Conoscenza, perché in questo giorno tu sei libero.

PRATICA 239: *Due periodi di 30 minuti di pratica.*
Pratica oraria.

Passo 240

LE PICCOLE IDEE NON POSSONO COLMARE IL MIO BISOGNO DI CONOSCENZA.

GRANDI IDEE, IMMAGINI FANTASTICHE o splendidi sistemi di credenze non sono in grado di colmare il tuo bisogno di Conoscenza. Le idee da sole ti possono mettere sulla strada giusta, ma non ti possono portare in quel viaggio. Possono parlare di cose più grandi che ti attendono, ma non ti possono portare là, perché La Conoscenza deve essere la tua guida, verso il tuo destino e la tua realizzazione. Con le sole idee stai sulla linea di partenza, e puoi indicare la via ad altri, ma tu non puoi andare.

QUANDO VIAGGERAI CON LA CONOSCENZA, La Conoscenza estenderà se stessa attraverso idee. Si estenderà nelle azioni, nei gesti e attraverso tutti i veicoli di informazione che esistono nel mondo. Non accontentarti, dunque, solo di idee. Non credere che solo speculando sulle idee, stai comprendendo la natura della Conoscenza e la sua vera applicazione nel mondo. Queste cose possono essere vissute e osservate, ma gli individui che le vivono e le osservano devono essere mossi a livello del nucleo del proprio essere.

NON ACCONTENTARTI ALLORA DELLE PICCOLE cose al posto della grandezza del tuo Vero Sé e del tuo scopo nel mondo. Ritorna alla Conoscenza e sii grato per le idee che ti hanno orientato in questa direzione. Renditi conto, però, che la potenza che ti può spostare, la potenza che ti dà la forza di prepararti e di partecipare, nasce dalla grande Saggezza e dalla Conoscenza che porti con te. È necessaria La Conoscenza per seguire La Conoscenza. È necessaria La Conoscenza per prepararsi per La Conoscenza. Dunque La Conoscenza è impiegata anche quando la si approccia.

Non rimanere, allora, all'inizio del tuo viaggio, con le sole idee. Non accettare le piccole cose al posto della grandezza della tua funzione. Ricorda questo a te stesso ogni ora e nelle tue pratiche di meditazione più profonda, ancora una volta entra nella calma e nella pace. Vieni alla tua pratica senza domande. Vieni alla tua pratica senza richieste. Ricorda a te stesso che nella Conoscenza tutte le cose saranno date, tutte le cose saranno ricevute e tutte le cose saranno applicate secondo necessità. Quando la tua mente diventerà più semplice e più aperta, diventerà un veicolo per l'espressione della Conoscenza nel mondo.

Pratica 240: *Due periodi di 30 minuti di pratica.*
Pratica oraria.

Passo 241

LA MIA RABBIA È INGIUSTIFICATA.

La rabbia è ingiustificata, perché la rabbia in se stessa è semplicemente la tua reazione alla mancata applicazione della Conoscenza. Questo genera rabbia proprio alla radice. Non serve, però, che questo accada, perché la rabbia è una reazione. In quanto reazione, può generare rabbia negli altri e stimolare una reazione violenta interiormente ed esteriormente dovunque sia applicata. La Conoscenza, tuttavia, reindirizzerà la rabbia affinché non abbia qualità distruttive, perché quello che in verità vorresti esprimere è qualcosa che rafforza La Conoscenza negli altri. È nella forza della tua convinzione, e non nel tuo desiderio di ferire te stesso o gli altri che risiede la vera efficacia dell'emozione che è il nucleo della rabbia. Dunque, si può dire che la tua rabbia è una comunicazione vera che è stata distorta dalle tue stesse proiezioni di colpa e paura. Una volta che queste distorsioni saranno eliminate, la comunicazione reale, che è il seme di tutta la rabbia, potrà essere espressa. Questo può solo portare del bene.

La rabbia, dunque, non è giustificata, perché è una mancata interpretazione di una vera comunicazione. La tua rabbia non è giustificata perché la rabbia nasce dalla confusione. Tuttavia, la confusione è un appello alla preparazione e alla vera applicazione della Conoscenza. Ne consegue che i peccatori non saranno puniti ma saranno assistiti. I malvagi non saranno mandati all'inferno ma saranno preparati per il paradiso. Questa è la vera natura dello scopo di Dio nel mondo. È per questo che Dio non può mai essere in collera, perché Dio non si offende. Dio semplicemente applica Dio a una situazione dove Dio è stato temporaneamente dimenticato.

Nella visione superiore delle cose, anche la separazione di tutte le menti individuali è un'occorrenza molto temporanea. Tu non sei ancora in grado di ragionare a questo livello e non sarai in grado di farlo per molto tempo, perché devi passare attraverso i vari stadi di sviluppo che integrano la tua mente entro esperienze sempre maggiori di relazioni e di vita. Ma mano a mano che procederai e intraprenderai ogni passo vitale che espanderà i tuoi orizzonti, inizierai a capire che la rabbia è ingiustificata. Rappresenta semplicemente la mancata applicazione della Conoscenza in una particolare situazione. Questo richiede una soluzione e non una condanna. Qui ti renderai conto che la tua rabbia è qualcosa che va compreso. Non va rifiutata, perché se rifiuti la rabbia rifiuti anche il seme della rabbia, che è vera comunicazione. Dunque, noi vogliamo lavare via quello che ha rovinato la tua vera comunicazione, affinché la tua vera comunicazione possa risplendere, perché la vera comunicazione proviene sempre dalla Conoscenza.

Pensa a quest'idea ogni ora. Nei tuoi periodi di pratica più profonda, impegna attivamente la tua mente rivedendo ogni singola cosa che ti manda in collera, dalle piccolissime cose, molto specifiche, alle cose che in generale ti disturbano o scoraggiano. Ricorda a te stesso, mentre fai l'inventario della tua rabbia, che la tua rabbia è ingiustificata. Ricorda a te stesso che la rabbia richiede l'applicazione della Conoscenza e che in ogni esperienza o sentimento di rabbia c'è un seme di verità. Dunque, non serve che rifiuti la tua rabbia, basta che la purifichi, perché nel purificare la tua rabbia, sarai in grado di comunicare quello che intendevi comunicare al principio, quando inizialmente hai fallito. La tua espressione personale, così, sarà completa e non ci sarà più rabbia.

Pratica 241: *Due periodi di 30 minuti di pratica.*
Pratica oraria.

Passo 242

IL MIO DONO PIÙ GRANDE AL MONDO È LA MIA CONOSCENZA.

Questo è il tuo dono più grande. È il dono che permea ogni altro dare e gli infonde significato. Questo è il dono che dà valore a tutta l'espressione della vita umana, a tutte le imprese umane e a tutte le invenzioni umane che hanno la finalità di supportare il benessere dell'umanità nella sua evoluzione. La Conoscenza non è una cosa che puoi quantificare e poi dare, come se la mettessi in un pacchetto o la delineassi con le tue idee. È una presenza e una qualità della vita che rappresenta la vera essenza della vita. Rende significativo qualunque dono e contributo.

Questo è il tuo dono più grande, che ora stai imparando a ricevere. Quando lo riceverai, si donerà naturalmente, perché non puoi tenere La Conoscenza per te stesso. Una volta che emerge, inizia ad esprimersi in tutte le direzioni e in modo specifico in determinate direzioni e in determinati coinvolgimenti con determinate persone, sulla base del suo disegno e della sua saggezza. Dunque se ricevi La Conoscenza, essa dev'essere data. Lei darà se stessa, e tu vorrai darla perché possiedi una ricchezza e la ricchezza può essere aumentata solo donandola. Dunque, in sostanza, la vita consiste nel dare La Conoscenza. Dove questo dare non può realizzarsi, c'è ogni sorta di inganno, di delusione e di disperazione. Quando però viene riattivato il dare in tali circostanze, questi aspetti di negazione sono eliminati, e La Conoscenza inizia ancora una volta a esprimersi in modi molto specifici.

Allo scadere di ogni ora, perciò, ricorda a te stesso questa grande verità e nelle tue meditazioni più profonde permetti a te stesso di provare l'esperienza della Conoscenza. Permetti a te stesso di riceverla. Dona te stesso a quest'applicazione della tua mente e del tuo corpo. Così facendo, La Conoscenza donerà se stessa e tu sarai realizzato perché avrai dato alla vita il più grande dono che può essere dato.

PRATICA 242: *Due periodi di 30 minuti di pratica.*
Pratica oraria.

Passo 243

IO NON HO BISOGNO DI ESSERE SPECIALE PER POTER DARE.

Il TENTATIVO DI ESSERE SPECIALE è alla base di tutte le ambizioni umane. Tutta l'ambizione dell'umanità, quella che non nasce dalla Conoscenza, nasce dal tentativo di contrastare la grave delusione e la grande ansia della separazione. Il tentativo di essere speciale è il tentativo di rafforzare la separazione. È il tentativo di rendere te stesso più grande a spese degli altri. È una cosa che nega, sempre, La Conoscenza e porta continuamente maggiore confusione, frustrazione e disperazione.

DA OGGI, SEI LIBERO DAL VOLER TENTARE di rendere te stesso speciale, perché in questo modo troverai il vero sollievo che hai sempre cercato nelle tue precedenti imprese. Ciò che è speciale è la tua forma unica di espressione di quello che è inerente in tutto ciò che è vita. Quello che unisce la vita e che è vita, viene così affermato. Si afferma pure la tua individualità, ma non ad esclusione del valore di alcuna altra espressione della vita. Qui non sei speciale, sei semplicemente te stesso. Sei più grande di un individuo perché sei una parte di ciò che è vita, ma allo stesso tempo sei un individuo perché esprimi individualmente la vita. Così tutto il conflitto e tutta la confusione terminano. Ciò che è limitato esprime ciò che è illimitato, e ciò che è unico esprime ciò che è inerente ed intrinseco. Questa è la risoluzione che cerchi, perché tu non vuoi veramente essere speciale. Tu vuoi solo che la tua vita individuale abbia scopo, significato e direzione.

PENSA A QUESTO OGNI ORA dopo avere ripetuto l'idea di oggi. Nei tuoi esercizi più profondi, entra nella calma e nella pace ancora una volta. Non presentare richieste per avere delle risposte, perché non ti serve farlo nelle tue pratiche di meditazione. Questo è il momento di esercitarti a ricevere La Conoscenza, nella quale la tua individualità viene onorata e confermata per il suo vero scopo e dove il tuo voler essere speciale, che è stato per te solo un fardello pesante ed impossibile, viene delicatamente tolto dalle tue spalle. Non cercare, oggi, di essere speciale, perché questo non è lo scopo della tua vita. Così tutta la tua paura della morte e della distruzione ti abbandonerà. Così, tutti i giudizi ed i confronti con gli altri ti lasceranno. Sarai così in grado di onorare la vita e onorare le tue relazioni, che sono un'espressione di tutto quello che la lezione di oggi ti insegnerà.

PRATICA 243: *Due periodi di 30 minuti di pratica.*
Pratica oraria.

Passo 244

Io sono onorato quando gli altri sono forti.

Quando tu sei forte, gli altri sono onorati. Quando loro sono forti, tu sei onorato. In questo modo, La Conoscenza si afferma nel mondo, in un mondo dove La Conoscenza è stata dimenticata. La Conoscenza ha solo bisogno di essere affermata attraverso espressione ed esperienza da trasferire agli altri. Il tuo più grande insegnamento in questa vita è il contributo della tua vita stessa, che prende forma dal modo in cui essa viene dimostrata agli altri. Questo è certamente anche il tuo più grande dono a te stesso, perché quando il valore della tua vita si mostra a te, la tua autostima viene redenta e tu comprendi che cos'è il valore vero, rapportato alla vita stessa.

Così, quando gli altri sono forti, tu sei onorato. Così facendo, non cercherai di sminuire il prossimo per rafforzare te stesso. Non cercherai di affermare il tuo vantaggio sulla base dello svantaggio di un altro. In questo modo, nessuna colpa accompagnerà il tuo successo, perché nessuno sarà stato tradito mentre eri alla ricerca di esperienza e di evoluzione nella tua vita.

La lezione di oggi è molto profonda e necessiterà di molta riflessione. Ogni ora, ripeti l'idea di oggi e donale seria considerazione in ogni circostanza in cui ti troverai oggi. Nei tuoi esercizi più profondi di oggi, entra nella calma e nel silenzio. Consenti a te stesso di ricevere questo dono perché l'idea di oggi è molto semplice e molto vera. Non è in alcun modo complessa, anche se richiederà una seria riflessione, perché sei troppo abituato a considerare solo cose di valore superficiale. Nel corso della nostra preparazione, intrapresa insieme in questi giorni, queste settimane e questi mesi, tu stai imparando a impegnare la tua mente per riconoscere ciò che è ovvio ed evidente, ma che non è ancora stato evidente per te che ti sei intrattenuto in cose superficiali.

Lascia dunque che questo giorno sia donato alla Conoscenza. Lascia che questo tempo sia dedicato a ciò che rafforza te e tutti gli altri individui nell'universo. Quando gli altri sono forti, tu sei onorato. Così facendo, tutta la separazione termina, e il vero dare diventa evidente.

Pratica 244: *Due periodi di 30 minuti di pratica.*
Pratica oraria.

Passo 245

QUANDO GLI ALTRI FALLISCONO, MI VIENE RICORDATO IL BISOGNO DI CONOSCENZA.

QUANDO GLI ALTRI SBAGLIANO, LASCIA CHE questo ti rammenti del tuo bisogno di Conoscenza. Non lasciare che il tuo bisogno di Conoscenza sia sottovalutato. Dunque, non hai bisogno di reagire attribuendo condanne o giudizi su coloro che sbagliano, ma ti devi rendere conto del loro grande bisogno e del tuo grande bisogno. Questo potrà solo confermare la profondità con cui ti devi ora preparare. Perché ti prepari non solo per il tuo avanzamento, ma per l'avanzamento e la realizzazione di tutta l'umanità. Questa non è una pretesa o una dichiarazione vana. È assolutamente la verità. Perché per ogni passo che muovi verso La Conoscenza, doni la tua conquista al mondo e riduci il fardello di tutti coloro che si dibattono nelle proprie fantasie e nel proprio senso di fallimento.

Così, LA TUA VITA DIVENTA IL TUO INSEGNAMENTO, perché è una vita di Conoscenza. Una vita che dimostra la presenza della Conoscenza nel mondo, che è la presenza di Dio. Questo scaturisce dal risultato del tuo servizio, in qualità di veicolo evoluto della Conoscenza. Nel tuo avanzamento si accrescono tutte le capacità umane, tutti i pesi dell'umanità si dileguano e si esalta quello che è più vero e autentico nella vita umana nel mondo. Anche quello che sta oltre la vita umana, ma che contiene vita umana, si afferma. Dunque, l'errore di un altro è un appello al tuo coinvolgimento nella Conoscenza. È un appello per il tuo avanzamento e il tuo rafforzamento, perché sei venuto nel mondo per dare.

RICORDATI QUESTO OGNI ORA e nei tuoi due periodi più lunghi di pratica, impegna attivamente la tua mente nella comprensione di quest'idea. Pensa ad ogni persona che, secondo te, ha sbagliato e renditi conto del significato della lezione di oggi in relazione a quegli individui che ti stanno servendo. Renditi conto del bisogno di Conoscenza nella loro vita e nella tua vita. Loro stanno commettendo errori che sono la scintilla del tuo impegno verso La Conoscenza. Loro ti stanno servendo, in questo senso, perciò questo richiede la tua gratitudine e non una condanna. Loro ti stanno insegnando a dare valore a ciò che ha valore e a lasciare ciò che è privo di significato. Non credere che non ti stiano facendo risparmiare tempo. Ti stanno facendo risparmiare tempo e ti stanno dimostrando ciò che devi imparare e accettare. Impegnati, allora, per il loro benessere, perché loro ti stanno insegnando a dare valore alla Conoscenza. Quando darai valore alla Conoscenza, il risultato del tuo valore sarà restituito a loro, e loro saranno rafforzati e onorati dal tuo traguardo.

PRATICA 245: *Due periodi di 30 minuti di pratica.*
Pratica oraria.

Passo 246

NON C'È GIUSTIFICAZIONE PER NON RIUSCIRE A RITROVARE LA CONOSCENZA.

NON C'È GIUSTIFICAZIONE PER L'ERRORE. Non esiste giustificazione per la negazione della Conoscenza. Non esiste alcuna giustificazione. Non cercare di giustificare i tuoi errori proiettando la colpa su te stesso, oppure accusando la vita, per non averti dato quello di cui avevi bisogno. Non giustificare i tuoi errori dichiarando che la tua attuale situazione è una responsabilità della tua infanzia, dei tuoi genitori o di come sei stato cresciuto. Gli errori non possono essere giustificati. Tutto ciò che non può essere giustificato può essere abbandonato, perché manca di un vero significato e di valore.

LA GIORNATA DI OGGI, ALLORA, rappresenta una forma di libertà, un'espressione di libertà per te che, per abitudine o per compiacimento, cerchi di giustificare i tuoi errori attribuendo colpe e responsabilità. Fare questo è una cosa priva di significato, perché oggi devi solo venire alla Conoscenza e dare te stesso nel tuo approccio con La Conoscenza. Puoi solo giustificare gli errori per avere una scusa per non venire alla Conoscenza, visto però che non c'è giustificazione per gli errori, non c'è giustificazione per il fatto che tu non venga alla Conoscenza. Senza questa giustificazione, tu sei giustificato, perché tu sei l'espressione della Conoscenza. Quello è il tuo destino e il tuo scopo nel mondo. Se l'errore è ingiustificato, allora la verità riceve piena giustificazione.

CONSENTI A TE STESSO DI RIPETERE QUEST'IDEA OGNI ORA. Vieni ad essa nei tuoi periodi più lunghi di pratica nella calma e nella ricettività. Sii grato, oggi, che i tuoi errori sono stati perdonati. Sii grato oggi che il condannare non è giustificato. Sii grato oggi di avere questa opportunità di venire alla

Conoscenza, che affermerà tutto ciò che è più vero e più grande dentro di te. Sii grato oggi che non c'è giustificazione per negare questo, perché senza colpa e senza biasimo puoi solo ricevere ciò che la vita ha da offrirti.

LASCIA CHE QUESTO SIA UN GIORNO per celebrare la tua libertà. Lascia che questo sia un giorno per affermare il fatto che tu sei senza colpa, perché sei uno studente della Conoscenza. Lascia che questo sia un giorno in cui si afferma che tutti i problemi del mondo possono essere risolti senza condanne, perché senza condanne, tutti i problemi del mondo saranno risolti.

PRATICA 246: *Due periodi di 30 minuti di pratica.*
    Pratica oraria.

Passo 247

OGGI ASCOLTERÒ I MIEI MAESTRI INTERIORI.

Ascolta i tuoi Maestri Interiori, perché hanno saggi consigli per te. Accetta i loro consigli e lavora con loro, comprendendo che solo seguendo il loro consiglio capirai il suo significato e il suo valore.

Dedica del tempo, ogni ora, a ricordare a te stesso che i tuoi Maestri Interiori sono con te. Attendi con entusiasmo di arrivare alle tue due meditazioni, oggi, quando sarai libero da obblighi esterni e da coinvolgimenti, per poter trascorrere del tempo con i tuoi Maestri Interiori. In questo giorno, loro ti parleranno e ti aiuteranno a imparare ad ascoltare e a discernere la loro voce da altre voci che infestano la tua mente. Loro rappresentano l'unica vera voce che parlerà alla tua anima. Essi non sono i sostituti che crei per mantenere te stesso stimolato nella paura. Dunque, estendi ad essi la tua fiducia, così come loro l'hanno estesa a te, perché loro ti stanno affidando La Conoscenza nel mondo—una forma più grande di fiducia e di riconoscimento non la puoi immaginare. Per poter essere il veicolo della Conoscenza nel mondo, devi portare la testimonianza della grandezza della tua origine e del tuo retaggio e la grandezza della stima che Dio ha di te.

Pertanto, nei tuoi due più profondi esercizi di oggi, nella calma e nel silenzio, orienta il tuo ascolto verso l'interno. Ascolta intensamente. Consenti a te stesso di diventare ricettivo e saprai che i tuoi Maestri stanno dietro le quinte, osservandoti, amandoti e supportandoti. E in questo giorno ti parleranno di cose al di là del mondo e di cose nel mondo. Essi ti ricorderanno il tuo scopo e la tua funzione, mentre oggi impari ad ascoltare.

PRATICA 247: *Due periodi di 30 minuti di pratica.*
Pratica oraria.

Passo 248

IO MI AFFIDERÒ ALLA SAGGEZZA DELL'UNIVERSO AFFINCHÉ MI ISTRUISCA.

AFFIDATI ALLA SAGGEZZA DELL'UNIVERSO. Non affidarti solo a te stesso, perché da solo non sai nulla. Da solo non trovi né Conoscenza né relazioni. Affidati alla saggezza dell'universo, che è a tua disposizione nella tua Conoscenza, che viene stimolata dalla presenza dei tuoi Maestri. Non pensare di poter fare qualcosa da solo, perché da solo non fai nulla. Ma insieme alla vita tutte le cose che sono destinate alla tua realizzazione ed al tuo più grande contributo, sono indicate e dunque promesse.

DUNQUE, RICORDA A TE STESSO QUEST'IDEA ogni ora e, nelle tue pratiche di meditazione, ancora una volta cerca il rifugio della Conoscenza nella calma e nel silenzio. Consenti alla saggezza dell'universo di esprimersi davanti a te, che stai imparando a ricevere questa saggezza in apertura e in umiltà.

CONSENTI A QUESTO GIORNO DI ESSERE UN GIORNO di ascolto, un giorno di contemplazione e un giorno di ricettività. Non cadere preda dei soliti giudizi e delle solite preoccupazioni, ma consenti a questo giorno di essere un giorno di vero accesso alla vita, affinché la vita possa dare a te, che sei il suo servitore.

PRATICA 248: *Due periodi di 30 minuti di pratica.*
Pratica oraria.

Passo 249

DA SOLO NON POSSO FARE NULLA.

DA SOLO NON PUOI FARE NULLA, perché nulla nella vita viene fatto da soli. Questo è talmente ovvio se semplicemente osservi l'attività intorno a te. Nessuno sta facendo nulla da solo. Questo è talmente vero; non lo si può negare se si guarda il mondo con onestà. Anche se tu fossi da solo in cima a una montagna, senza anima viva a portata d'occhio, non saresti solo, perché i tuoi Maestri sarebbero con te e tutto ciò che conseguiresti là sarebbe frutto di uno sforzo congiunto, come tutto quello che consegui con gli altri è il frutto di uno sforzo comune. Questo afferma la natura intrinseca delle relazioni e dà completa evidenza del fatto che nulla può essere fatto da soli. In questo, devi imparare a dare valore alle tue relazioni, perché esse sono i veicoli per la realizzazione in tutti i campi e in tutte le forme di espressione.

DUNQUE SOTTOLINEIAMO IL VALORE che le tue relazioni hanno per te, per te che ora cerchi di riconquistare La Conoscenza. Queste relazioni devono essere permeate della Conoscenza che stai ritrovando. Allora avranno la stabilità, l'efficacia e la grazia che La Conoscenza contiene per te. Perché solo le relazioni basate sulla Conoscenza potranno portare la saggezza che La Conoscenza eserciterà nel mondo. Le relazioni basaste sull'attrazione personale o la fantasia personale non hanno il fondamento per portare La Conoscenza e falliranno bruscamente alla presenza delle esigenze e dei requisiti di una vita vera.

COSÌ, MENTRE RICONQUISTI LA CONOSCENZA, impari anche le lezioni delle relazioni. Ricorda questo a te stesso ogni ora e sii testimone dell'ovvietà della lezione di oggi, in qualunque contesto tu ti possa trovare. Se tu guarderai, vedrai che nulla si può fare da soli—a qualsiasi livello, in qualsiasi forma. Nulla si può fare da soli. Non esiste creatività individuale. Non esiste contributo individuale. Non esiste invenzione individuale. L'unica cosa che si può costruire da soli è la fantasia, e su questo molto è stato prodotto. Ma anche questa è condivisa e rafforzata, quando ogni individuo la rafforza con la propria immaginazione. Così, anche l'illusione è condivisa e convalidata attraverso le relazioni. Nulla può essere fatto da soli. Da questo non c'è scampo. Tuttavia il fatto che non ci sia via di fuga dalla vita è la vera promessa della tua redenzione, perché qui la vita ti redimerà e tutto ciò che hai portato nel mondo sarà attivato e dato in contributo.

Nei tuoi più profondi periodi di pratica, oggi, presentati alla Conoscenza e presentati ai tuoi Maestri nella calma e nell'umiltà. Renditi conto che da solo non puoi fare nulla. Anche il tuo tentativo di disciplinare la tua mente e di prepararti per la meditazione è qualcosa che condividi con altri che si stanno esercitando ed anche con i tuoi Maestri. Tutta la potenza di Dio può essere espressa attraverso te, perché nulla può essere fatto da soli.

Pratica 249: *Due periodi di 30 minuti di pratica.*
Pratica oraria.

Passo 250

OGGI NON MI MANTERRÒ SEPARATO.

PUOI ESSERE SEPARATO SOLO NELLA FANTASIA e la fantasia non ti porterà nulla di valore, nulla di permanente e nulla di significativo. Non tradire la tua Conoscenza, oggi, mantenendoti separato. Non punirti per errori che non hanno sostanza e che sono, di fatto, solo un'espressione della confusione. Non c'è giustificazione per gli errori, e non c'è giustificazione per mantenerti separato. Tu sei parte della vita ed avrai bisogno di affidarti alle relazioni con gli altri e con la vita nella sua totalità per raggiungere qualunque risultato, anche per sopravvivere.

MENTRE PENSERAI A QUESTO, la gratitudine emergerà naturalmente dentro di te e ti renderai conto che anche il suolo che calpesti e tutto quello che vedi e tocchi, che ti è utile e ti fa bene, è il risultato del dare e della cooperazione. La tua gratitudine, così, farà emergere naturalmente l'amore e dal tuo amore inizierai a capire come tutte le cose nell'universo sono realizzate. Questo ti darà la forza e l'incoraggiamento per quello che tu stesso devi imparare a fare.

RICORDA QUESTO OGNI ORA e nelle tue più profonde meditazioni consenti a te stesso di ricevere. Non tenerti separato dalla Conoscenza, che attende di benedirti durante le tue pratiche di meditazione. Così facendo vieni all'altare di Dio per presentarti e qui Dio presenta Dio a te che stai imparando a ricevere La Conoscenza.

PRATICA 250: *Due periodi di 30 minuti di pratica.*
Pratica oraria.

Passo 251

SE RESTO CON LA CONOSCENZA, NON CI SARÀ CONFUSIONE NELLE MIE RELAZIONI.

SE LA CONOSCENZA NON È CONFUSA, come puoi essere confuso tu, che dimori nella Conoscenza? Essere con La Conoscenza, tuttavia, significa che non stai cercando di risolvere, di capire, di controllare o di persuadere senza Conoscenza. Non stai cercando di realizzare il tuo desiderio di essere speciale utilizzando il tuo prossimo per sottolineare quanto sei speciale. Non stai cercando di convalidare i tuoi errori proiettando la colpa sul tuo prossimo.

CON LA CONOSCENZA NON C'È CONFUSIONE nelle relazioni. Sai con chi stare e con chi non stare, e in questo non c'è attribuzione di colpa. Tu sai a cosa dare la tua devozione e a cosa non dare la tua devozione, e in questo non c'è attribuzione di condanne. Tu scegli questo piuttosto che quello, non giusto o sbagliato. Vai di qua e non di là, perché è di qua è che devi andare. Quanto è semplice questo e quanto è totalmente efficace. Questo afferma La Conoscenza in tutti gli individui e nessuno viene condannato. Qui i cancelli dell'inferno si aprono e tutti sono liberi di ritornare alla Conoscenza, perché i cancelli dell'inferno sono già aperti e La Conoscenza sta chiamando tutti, tutti quelli che dimorano nell'inferno, affinché essi ritornino a Dio. Perché che cos'è l'inferno, se non una vita senza Dio e una vita senza La Conoscenza? È la vita immaginata, è solo questo.

RICEVI, COSÌ, LA CHIAMATA DELLA CONOSCENZA, che è la chiamata di Dio per risvegliarti e farti partecipare alla vita. Tu non puoi fare nulla da solo e le tue relazioni diventeranno limpide quando dimorerai con La Conoscenza. Ricorda questo ogni ora e nei tuoi due periodi più lunghi di pratica oggi, dedicati a osservare attivamente ogni singola relazione primaria che hai avuto. Riconosci in ciascuna le frustrazioni e la confusione, le grandi aspettative e le grandi delusioni, l'amarezza per gli errori, il senso di fallimento e le proiezioni di colpa. Dopo di che prendi atto che con La Conoscenza nulla di tutto ciò sarebbe necessario, perché con La Conoscenza il significato e lo scopo di ogni relazione sarebbe stato riconosciuto all'inizio del tuo coinvolgimento ed affermato alla fine.

RENDITI CONTO NELLE TUE ATTUALI RELAZIONI che con La Conoscenza tutte le cose saranno limpide e tu potrai procedere senza colpe o accuse e senza costrizione o bisogno. Con La Conoscenza puoi seguire ciò che è precisamente benefico per te e per i tuoi cari, perché tutte le relazioni sono onorate e benedette attraverso La Conoscenza e tutti gli individui trovano il proprio posto legittimo gli uni in relazione agli altri. Così facendo, ogni persona è onorata e la propria Conoscenza è confermata. Lascia che questa sia la tua comprensione oggi.

PRATICA 251: *Due periodi di 30 minuti di pratica.*
Pratica oraria.

Passo 252

RIPASSO

Lascia che il tuo Ripasso di ogni lezione delle due scorse settimane sia una conferma della presenza della Conoscenza nella tua vita. Ripassa ogni lezione e pratica. Ripassa con oggettività la misura del tuo coinvolgimento e prendi atto delle opportunità che hai di donare te stesso in modo più pieno e più completo. Renditi conto di quanto privo di significato sia il tuo rifiuto e quanto grande sia la promessa del tuo premio, data la tua partecipazione nella vita. Ti renderai conto di questo mentre ripasserai le tue pratiche, perché le tue pratiche dimostrano la tua ambivalenza verso La Conoscenza e la presenza della Conoscenza stessa.

Tu imparerai, nel tempo, che quando ti avvicini alla Conoscenza, tutte le cose che hanno significato e valore sono affermate, e quando ti allontani dalla Conoscenza, entri nell'oscurità della tua stessa immaginazione. Questo, allora, ti persuaderà ad applicarti dove ne hai bisogno. Questo ti convincerà della presenza superiore che è con te per assisterti. Questo ti convincerà che sei incluso nella vita e che i tuoi Maestri sono con te. Qualsiasi ostacolo o inadeguatezza che potrai riconoscere o immaginare può essere facilmente superato con La Conoscenza. Sono il tuo desiderio di Conoscenza e la tua capacità per La Conoscenza le cose che hanno bisogno di essere rafforzate. Una volta fatto questo, La Conoscenza si esprimerà e sarai il beneficiario del più grande dono della vita.

Nel tuo Ripasso più lungo di oggi, consenti a te stesso di intraprendere la tua pratica con grande profondità e sincerità. Consenti a questo giorno di affermare la tua condizione di studente. Consenti a questo giorno di affermare che tu sei stato salvato.

Pratica 252: *Un periodo lungo di pratica.*

Passo 253

TUTTE LE COSE DELLE QUALI HO VERAMENTE BISOGNO MI SARANNO FORNITE.

A QUESTA AFFERMAZIONE DEVI DARE la tua completa fiducia, anche se il tuo passato è stato una storia di scoraggiamento e delusione. Tuttavia anche qui puoi renderti conto che quelle cose delle quali avevi veramente bisogno per l'avanzamento della Conoscenza e per l'avanzamento delle tue vere capacità mentali e fisiche ti erano state date.

TUTTE LE COSE DELLE QUALI HAI VERAMENTE bisogno ti saranno fornite. È quando vuoi le cose di cui non hai veramente bisogno, che la tua consapevolezza di questo diventa confusa e questo ti porta ad oscure speculazioni e gravi delusioni. Quello di cui hai bisogno ti farà felice; quello di cui non hai bisogno ti renderà confuso. Tutto questo è molto semplice, molto lineare e molto diretto. La Conoscenza è sempre così. La Conoscenza afferma ciò che è essenziale. Qua il tuo approccio alla vita diventa semplice e diretto. Ne consegue che vivi la vita come una cosa semplice e diretta.

SE TU APPROCCI LA VITA IN MODO AMBIGUO, la vita ti sembrerà ambigua. Se tu approcci la vita con semplicità e onestà, la vita ti apparirà semplice e onesta. La Conoscenza indicherà quello che è veramente necessario e quello che è estraneo, le cose che devi portare con te e quelle che sono semplicemente un bagaglio extra che ti appesantirà. Se tu vorrai ciò che non è necessario e ti vorrai dedicare ad esso, perderai contatto con quello che è reale e autentico e la tua vita diverrà confusa e infelice.

PRONUNCIA QUESTE PAROLE OGNI ORA E PONDERALE. La vita intorno a te dimostrerà che sono vere. Nei tuoi più profondi esercizi di meditazione, entra ancora una volta nella calma.

Indirizza i tuoi sforzi a tuo beneficio e la tua mente risponderà al tuo comando. È il tuo desiderio di Conoscenza che consentirà a tutte le cose di venire a te. Questa fiducia nella vita ti darà la certezza per procedere. Questa fiducia nella vita ti darà la certezza che la tua vita è considerata preziosa nel mondo. Questa fiducia nella vita affermerà ciò che guida la vita stessa, perché nella vita c'è La Conoscenza e c'è la fantasia, ma la vita stessa è Conoscenza.

PRATICA 253:   *Due periodi di 30 minuti di pratica.*
 Pratica oraria.

Passo 254

MI FIDO DEI MIEI MAESTRI CHE MI SONO VICINI.

FIDATI DEI TUOI MAESTRI, perché essi sono completamente degni di fiducia. Essi sono qua per attivare La Conoscenza dentro di te, per ricordarti della tua origine e del tuo destino e per guidarti in faccende grandi e piccole. Fidati dei tuoi Maestri. Loro non prenderanno il posto della tua Conoscenza ma faranno un passo indietro quando La Conoscenza emergerà dentro di te. Fidati dei tuoi Maestri, perché loro hanno già raggiunto quello che tu ora stai cercando di raggiungere e lo stanno insegnando a te ora per poter portare a compimento il loro destino nel mondo. Fidati dei tuoi Maestri, perché loro non hanno altra ambizione o traguardo che La Conoscenza. Ne consegue che il loro approccio con te è interamente lineare ed onesto—senza inganno, confusione o conflittualità mentale.

QUANDO IMPARERAI A RICEVERE i tuoi Maestri imparerai a ricevere il loro approccio alla vita. Così facendo, ti daranno armonia, equilibrio, forza e direzione. Non puoi rispondere all'onestà con disonestà. Devi imparare a rispondere all'onestà con onestà. Devi imparare a rispondere alla direzione con un desiderio di direzione. Devi imparare a rispondere all'impegno con l'impegno. Dunque, nel rispondere ai tuoi Maestri impari a rispondere. Impari a dare valore a ciò che è di valore e impari ad abbandonare o trascurare ciò che non ha valore.

NELL'AVERE FIDUCIA NEI TUOI MAESTRI, avrai fiducia in te stesso. Ricorda questo ogni ora. Nelle tue due sessioni di grande rifugio e felicità, in meditazione, ritorna dai tuoi Maestri di cui ora ti fidi. Nella calma e nel silenzio loro ti staranno vicino e ti potrai immergere nella profondità del loro amore. Tu potrai provare il loro affetto universale e ricevere la loro grazia, che stimolerà solo la tua Conoscenza, perché solo la tua Conoscenza sarà stimolata.

PRATICA 254: *Due periodi di 30 minuti di pratica.*
Pratica oraria.

Passo 255

GLI ERRORI DI QUESTO MONDO NON MI DISSUADERANNO.

NON LASCIARE CHE LA CONFUSIONE TI DISSUADA, perché tutti gli errori nascono dalla confusione. Ricorda che quando gli individui sono senza Conoscenza, essi possono solo commettere errori ed esprimere la loro confusione. Possono solo praticare la confusione e possono solo servire la confusione. Questo, allora, ti insegnerà a dare valore a ciò che è di valore e a riconoscere ciò che è privo di significato. Questo ti insegnerà che sei sempre al servizio di quello a cui dai valore; dai sempre forza a quello a cui dai valore; pratichi sempre ciò a cui dai valore.

ADESSO STAI IMPARANDO A DARE VALORE ALLA CONOSCENZA. Stai imparando a praticare La Conoscenza. Stai imparando a riconoscere La Conoscenza e stai imparando a servire La Conoscenza. Questa è la dimostrazione di cui hai bisogno. Non lasciare che la confusione del mondo ti dissuada, perché ti ricorda del tuo grande bisogno. Come possono gli errori del mondo dissuaderti, quando invece ti dovrebbero incoraggiare? Visti correttamente ti possono solo preparare a darti alla tua preparazione in modo più pieno. Questa preparazione nella quale sei impegnato reca la promessa di attivare La Conoscenza in te. Tu devi solo seguire i suoi passi.

NON TROVERAI RIFUGIO NEL MONDO. Questo lo hai già tentato, fallendo volta dopo volta, così come falliresti ancora se ci riprovassi. Sei tu quello che deve donare al mondo, perché sei tu quello che ha La Conoscenza.

RICEVI DUNQUE LA CONOSCENZA IN QUESTO GIORNO, nelle tue pratiche di ogni ora e nei tuoi periodi di pratica più profonda. Non lasciare che gli errori del mondo ti dissuadano. Lascia che gli errori del mondo ti stimolino e ti ispirino verso La Conoscenza, perché questo fa parte del dono del mondo per te. L'altra parte del dono del mondo è essere l'arena dove permetti alla Conoscenza di donare se stessa attraverso te. Così il mondo è benedetto e tu sei benedetto. Allora sarai grato per gli errori del mondo e per le conquiste del mondo, perché gli uni stimolano La Conoscenza e gli altri realizzano La Conoscenza. In questo giorno, dunque, impara a pensare correttamente affinché la tua mente possa essere un utile servitore della Conoscenza e affinché tutti gli aspetti di te stesso possano essere onorati.

PRATICA 255: *Due periodi di 30 minuti di pratica.*
Pratica oraria.

Passo 256

IL MONDO STA EMERGENDO NELLA COMUNITÀ PIÙ GRANDE DEI MONDI.

QUESTA È UN'AFFERMAZIONE DI VERITÀ CHE RIGUARDA l'evoluzione del tuo mondo. Dà significato e direzione alla tua comprensione della tua partecipazione e del tuo contributo nel mondo. Non ha lo scopo di spaventarti o di creare incertezza e ansia, perché con La Conoscenza l'incertezza e l'ansia non sono essenziali. Con La Conoscenza non c'è incertezza, perché la calma della Conoscenza è la tua certezza, la voce della Conoscenza è la tua certezza e il movimento della Conoscenza è la tua certezza. Tutte le tue facoltà e abilità mentali e fisiche possono servire ad esprimere questo, in qualsiasi campo tu sia destinato a servire.

L'AFFERMAZIONE CHE IL MONDO STA EMERGENDO nella Comunità Più Grande dei mondi è un'affermazione del tuo scopo perché la tua percezione, la tua comprensione e il tuo apprezzamento del mondo devono crescere. La tua comprensione delle difficoltà e delle opportunità del mondo devono crescere. Non puoi mantenere una visione limitata del mondo e capire il significato della tua stessa Conoscenza. Devi pensare in un contesto più ampio. Non devi solo pensare a te stesso—ai tuoi desideri e alle tue paure—perché sei parte di una vita più grande che sei venuto a servire. Il mondo che stai servendo adesso e che imparerai a servire in futuro sta emergendo nella Comunità Più Grande dei mondi.

RIPETI QUEST'IDEA OGNI ORA e ponderala mentre guardi il mondo intorno a te. Nelle tue pratiche più profonde coinvolgi attivamente la tua mente nel cercare di comprendere la lezione di oggi. La pratica di oggi non è focalizzata sulla calma ma sulla comprensione. In questo caso la mente è utilizzata costruttivamente, la mente deve essere usata per qualcosa di significativo oppure non deve essere usata del tutto. Consenti a te stesso di considerare tutte le tue idee riguardo alla lezione di oggi. Preoccupati di capire le tue obiezioni, le tue credenze, le tue paure e le tue preferenze. Quando queste saranno state riconosciute, sarai nella posizione di sapere. La Conoscenza sarà stimolata dalla lezione di oggi, perché la lezione di oggi ha lo scopo di stimolare La Conoscenza.

Pratica 256: *Due periodi di 30 minuti di pratica.*
                    Pratica oraria.

Passo 257

LA VITA È PIÙ GRANDE DI QUANTO MI SIA MAI RESO CONTO.

La vita è più grande di quanto tu ti sia mai reso conto e certamente è più grande di quanto tu ti sia mai immaginato. La sua grandezza nasce dal fatto che vivi in una Comunità Più Grande di mondi. La sua grandezza nasce dal fatto che La Conoscenza è l'aspetto essenziale di te stesso che porti dentro di te. La grandezza della vita è affermata dalla presenza dei tuoi Maestri e dalla presenza di tutti quelli che si preparano per riconquistare La Conoscenza insieme a te.

Dunque tu hai uno scopo superiore in un universo più grande. In questo modo puoi vedere il tuo mondo nel suo giusto contesto. In questo modo puoi vedere te stesso nel giusto contesto, perché giocherai una piccola parte nella più grande evoluzione del mondo e la tua parte sarà essenziale. Sarà qualcosa alla tua portata e che è nelle tue possibilità conseguire. Qualcosa di piccolo fatto per qualcosa di grande significa che il più piccolo contributo porta in sé la grandezza di ciò che serve. Questo ti redime ai tuoi stessi occhi; questo ti redime agli occhi della vita. Questo spazza via tutta l'oscurità e disperde tutta l'immaginazione negativa, perché stai servendo una vita superiore.

Nelle tue pratiche più profonde, impegnati nel cercare di comprendere il significato dell'idea di oggi. Usa la tua mente in modo significativo. Usala attivamente e oggettivamente, perché è questo lo scopo della tua mente.

Pratica 257: *Due periodi di 30 minuti di pratica.*

Passo 258

CHI SONO I MIEI AMICI OGGI?

Tuoi amici, oggi, sono tutti coloro che stanno riconquistando La Conoscenza e tutti coloro che hanno riconquistato La Conoscenza. I tuoi amici, domani, saranno tutti quelli che riconquisteranno La Conoscenza. Pertanto, tutti sono tuoi amici oppure diventeranno tuoi amici. È solo una questione di tempo e il tempo può sembrare lungo solo a quelli che dimorano in esso senza uno scopo. Ma per quelli che dimorano nel tempo con uno scopo, il tempo si muove velocemente e porta questo grande risultato.

Chi sono i tuoi amici oggi? Tutti sono i tuoi amici o diventeranno i tuoi amici. Allora perché avere un nemico? Perché chiamare nemico qualcuno che si oppone a te, visto che diventerà tuo amico. La Conoscenza vi unirà. Tu stai ritrovando La Conoscenza, perciò stai preparando la strada affinché questo si realizzi.

Chi sono i tuoi amici oggi? I tuoi Maestri e la tua Famiglia Spirituale e tutti quelli che riconquistano La Conoscenza. Dunque la portata delle tue amicizie è enorme. Esistono tante vie nella riconquista della Conoscenza, ma l'essenza dell'apprendimento è sempre diventare impegnato nella Conoscenza stessa, lasciando che La Conoscenza esprima se stessa attraverso te. Allora l'universo è pieno di tuoi amici—alcuni dei quali potresti riconoscere e altri non riconoscere, con alcuni dei quali potrai coinvolgerti e con altri non sarai in grado di coinvolgerti, con alcuni dei quali potrai realizzare delle cose mentre con altri non sarai in grado di realizzare delle cose. È tutta una questione di tempo.

Ripeti quest'idea ogni ora. Sii testimone di essa come se fosse per te un segnavia di realtà. Nelle tue pratiche più profonde, entra nella calma e nel silenzio affinché tu possa provare l'esperienza della profondità della tua relazione con i tuoi amici. La tua vita è piena di amore. È piena del risultato di tutti coloro che ora stanno riconquistando La Conoscenza. Il tuo desiderio di Conoscenza è motivato da tutti coloro che ancora si rifiutano di riconquistare La Conoscenza, perché anche loro in futuro saranno tuoi amici. Da questo punto di vista, comprenderai che anche quelli che saranno tuoi amici in futuro sono in realtà tuoi amici oggi, perché essi ti stanno servendo e ti chiedono di servirli attraverso il risultato che hai raggiunto con La Conoscenza.

PRATICA 258: *Due periodi di 30 minuti di pratica.*
Pratica oraria.

Passo 259

SONO VENUTO NEL MONDO PER INSEGNARE.

Sei venuto per insegnare. Tutto ciò che hai fatto è stato insegnare sin da quando sei arrivato qui. I tuoi pensieri e il tuo comportamento sono i veicoli per insegnare. Anche quando eri un bambino piccolo insegnavi, allettavi e frustravi coloro che ti amavano. Attraverso ogni stadio della tua vita hai insegnato, perché insegnare è la funzione naturale della dimostrazione della vita. Dunque, hai naturalmente una funzione di insegnamento. Anche se non la porti avanti in senso formale con le persone, la tua vita è una dimostrazione e, pertanto, una forma di insegnamento.

Ecco perché man mano che la tua vita diventa alleata della Conoscenza e diventa un'espressione della Conoscenza, la tua vita diventerà l'insegnamento stesso. Così, per qualunque strada tu stia andando, nella scelta della tua auto-espressione che sarà fatta genuinamente in base alla tua natura, sarai in grado di esprimere il tuo insegnamento in gesti grandi e piccoli, a parole e senza parole e con i traguardi raggiunti in ogni campo ed aspetto della vita, perché sei venuto nel mondo per insegnare. Il mondo può solo insegnarti che hai bisogno di insegnare la verità. Quello è l'insegnamento del mondo per te. Ti insegna del grande bisogno di Conoscenza e ti insegna della presenza della Conoscenza. Dunque, il mondo serve e supporta la tua vera funzione, così come tu servi e supporti la vera funzione della vita.

Ricorda quest'idea ogni ora. Nelle tue due pratiche di meditazione più profonda, dedicati a ponderare molto, molto attentamente quest'idea. Adesso questi sono esercizi di impegno mentale. Pensa al significato dell'idea di oggi. Renditi conto che hai sempre insegnato, attraverso la dimostrazione. Pensa a quello che vuoi insegnare con la tua vita e pensa a cosa vuoi dare forza con la tua vita. Pensa a quello che vuoi dare e pensa a quello che il mondo ti ha dato per stimolare questo tuo autentico desiderio. Tutte queste cose genereranno il giusto modo di pensare e la giusta azione, poi attraverso il giusto pensare e il giusto agire La Conoscenza fluirà attraverso te senza sforzo, per benedire la vita intorno a te e portare scopo, significato e direzione nelle tue relazioni.

PRATICA 259: *Due periodi di 30 minuti di pratica.*
Pratica oraria.

Passo 260

OGGI SONO UN AMICO DEL MONDO.

OGGI SEI UN AMICO DEL MONDO e quando proverai quest'esperienza, sentirai il mondo come tuo amico, perché il mondo può solo riflettere il tuo scopo nel modo in cui tu lo esprimi e lo vivi. Così proverai l'esperienza di un mondo nuovo, con La Conoscenza, un mondo che non avevi considerato prima, un mondo che prima avevi sperimentato solo momentaneamente.

SII OGGI UN AMICO DEL MONDO, perché sei venuto per essere un amico del mondo. Il mondo ha un grande bisogno. Sta dimostrando grande confusione e grandi errori, tu però sei venuto per essere un amico del mondo, perché il mondo ha bisogno della tua amicizia. Così facendo, riceverai una ricompensa più grande di qualsiasi cosa ti potresti procurare da solo, perché qualsiasi cosa che ti procuri solo per te stesso la devi prendere dalla vita. Invece qualsiasi cosa dai e ricevi in qualità di amico del mondo, la vita te la restituisce e nello scambio non perde nulla. Allora non c'è alcun senso di colpa nel tuo dare e nel tuo ricevere. Qui il tuo coinvolgimento è sano e pulito. Con La Conoscenza questo diventa evidente e viene dimostrato giorno dopo giorno fino a quando finalmente impari che è una verità senza eccezioni.

AD OGNI ORA, SII UN AMICO DEL MONDO. Riconosci che tutta la rabbia deriva dalla confusione e che La Conoscenza sta ora emergendo per risolvere tutta la confusione. Dunque la tua vita ora è impegnata in un vero scopo e non contribuisce al dilemma del mondo. La tua è una vita con uno scopo, non un dilemma. Sii un amico del mondo. Nei tuoi due più profondi periodi di pratica nella calma, concediti all'amicizia col mondo, perché questo allevierà la confusione del mondo. Imparando a dare questo con saggezza e discernimento, consentirai al mondo di diventarti amico, perché anche il mondo desidera diventare tuo amico.

Pratica 260: *Due periodi di 30 minuti di pratica.*
Pratica oraria.

Passo 261

DEVO IMPARARE A DARE CON DISCERNIMENTO.

SE DARAI SENZA AMBIZIONE PERSONALE, darai in accordo con La Conoscenza e il tuo dono sarà specifico e sarà dato in modo da potenziare te e coloro che sono in grado di ricevere il tuo dono. Questa è La Conoscenza che ti sta guidando. Se cercherai di dare per la tua sicurezza personale o se cercherai di dare per alleviare un persistente senso di colpa o di inadeguatezza, allora non darai con discernimento. Il tuo dare, così facendo, sarà mal riposto e ti procurerà crescente conflitto e scoraggiamento.

LA VITA NON FA NULLA SENZA UN MOTIVO. Ogni cosa assolve a uno scopo. Pertanto, il tuo deve essere un dare con discernimento, ed il tuo discernimento è qualcosa che devi imparare passo dopo passo, giorno dopo giorno. Questa è saggezza all'opera nel mondo. Con La Conoscenza devi imparare questa saggezza, altrimenti non sarai in grado di dare i tuoi veri doni con efficacia e comprenderai male il loro risultato. La Conoscenza ti darà quello che deve essere dato con sincerità e ti guiderà a dare con sincerità. Se tu non interferirai con questo, o non aggiungerai un peso extra al tuo dare, il tuo dare sarà totalmente efficace e riconoscerà colui che dà e colui che riceve.

RICORDA QUESTO OGNI ORA. Esercita discernimento. Ci sono persone alle quali non dovresti dare in modo diretto. Ci sono persone alle quali dovresti dare in modo diretto. Ci sono situazioni dove non dovresti entrare. Ci sono situazioni dove devi entrare. Ci sono problemi nei quali non dovresti farti coinvolgere. Ci sono problemi nei quali dovresti essere coinvolto. Come puoi tu da solo discernere dove devono essere deposti i tuoi doni? Solo La Conoscenza può discernerlo, e tu puoi solo discernere con La Conoscenza. Oggi, dunque, fidati delle tue inclinazioni più profonde. Non lasciare che le compulsioni nate dal senso di colpa e dalla paura ti guidino e ti motivino nel tuo desiderio di dare. Esercitati in questo giorno a imparare il discernimento. Esercitati in questo giorno ad allinearti con La Conoscenza.

Nei tuoi più lunghi periodi di pratica, impegnati ancora una volta nel tentativo di comprendere la lezione di oggi. Non accontentarti di supposizioni false. Considera tutti i tuoi pensieri e le tue sensazioni a favore o contrarie all'idea di oggi. Inizia a osservare le tue ambizioni. Incomincia a osservare come esse nascono dalle tue paure. Inizia a discernere quanto sia semplice seguire La Conoscenza. Con la semplicità viene il potere. Devi imparare il discernimento. Ci vorrà del tempo per imparare questo. Così facendo, imparerai a utilizzare tutte le esperienze per il bene, perché nessuna esperienza va condannata. Deve sempre essere usata per l'apprendimento e per la preparazione. In questo modo, non giustificherai gli errori, ma li userai per il tuo sviluppo e per l'avanzamento del mondo.

Pratica 261: *Due periodi di 30 minuti di pratica.*
Pratica oraria.

Passo 262

COME POSSO GIUDICARMI QUANDO NON SO NEPPURE CHI SONO?

SE NON SAI CHI SEI, PUOI SOLO GIUDICARE ciò che pensi di essere. I tuoi pensieri su te stesso si basano in larga misura sulle tue aspettative e sulle tue delusioni. È molto difficile osservare te stesso dall'interno della tua mente personale, perché la tua mente personale è fatta dai tuoi pensieri personali, che non nascono dalla Conoscenza. Per vedere te stesso con Conoscenza, devi essere in relazione con La Conoscenza. Questo ti porterà a fare esperienza di te stesso in modo totalmente diverso. Quest'esperienza dovrà essere ripetuta ed espressa tante volte in molte, molte situazioni. Solo allora inizierai ad avere il vero senso e la vera esperienza di chi sei. Questo senso e quest'esperienza non nasceranno dall'attribuzione di condanne e dall'incapacità di perdonare, perché è solo un'idea di te stesso quella che può essere delusa. La vita, in quel modo, ti deluderà, perché la vita ti può solo realizzare sulla base della tua natura e del tuo Vero Sé. Rendersi conto di questo significa rendersi conto del valore e del significato della vita e della tua inclusione in essa. Questo richiede discernimento. Questo richiede saggezza. Questo richiede una preparazione svolta passo dopo passo. Questo richiede pazienza e tolleranza. Questo richiede che impari a utilizzare la tua esperienza per il bene e non per il male.

DUNQUE LA TUA CONDANNA A TE STESSO è priva di fondamento. Si basa semplicemente su supposizioni. Ricorda questo ogni ora e consideralo alla luce di tutti gli eventi del giorno, eventi che ti insegneranno il significato della lezione di oggi. Nei tuoi due periodi più lunghi di pratica, ancora una volta impegna attivamente la tua mente nel cercare di comprendere il significato della lezione di oggi.

Mentre penetri il tuo giudizio di te stesso, renditi conto che nasce dalla tua paura e si basa su delle supposizioni. Se ti renderai conto che non sai chi sei e che su questo sei completamente confuso, allora ti metterai nella posizione di diventare un vero studente della Conoscenza. Ti metterai nella condizione di imparare tutto, invece di cercare di difendere le tue supposizioni. Questo rappresenta la tua condizione di studente. La tua funzione nella vita ora è essere uno studente di Conoscenza. Utilizza la tua mente con uno scopo, oggi. Utilizza la tua mente oggettivamente. Utilizza la tua mente per renderti conto che non sai tutto quello che hai bisogno di sapere. Utilizza la tua mente per apprezzare e per utilizzare i passi che adesso ti vengono dati perché tu possa riconquistare La Conoscenza nel mondo.

Pratica 262: *Due periodi di 30 minuti di pratica.*
Pratica oraria.

Passo 263

CON LA CONOSCENZA TUTTE LE COSE DIVENTANO CHIARE.

PERCHÉ IMPEGNARSI IN ULTERIORI SPECULAZIONI? Perché proiettare ulteriore colpa e ulteriori giudizi? Perché rendere la tua vita più complicata e più frustrante quando tutte le cose diventano limpide con La Conoscenza? Perché rendere più complicata la tua mente? Perché attribuire a te stesso sempre più qualità? Perché inventare nuovi livelli mentali ed esistenziali, quando con La Conoscenza tutte le cose diventano chiare? Perché proiettare sul mondo sempre più distinzioni? Perché far sembrare il mondo così irrimediabilmente complesso e privo di significato quando con La Conoscenza tutte le cose diventano chiare?

DEVI SOLO IMPARARE AD ESSERE CON LA CONOSCENZA per vedere quello che La Conoscenza vede, per fare quello che La Conoscenza fa e per avere la pace della Conoscenza, la grazia della Conoscenza, l'inclusione della Conoscenza, le relazioni della Conoscenza e tutto quello che La Conoscenza contiene, che il mondo non può in alcun modo riprodurre.

NELLE TUE DUE PRATICHE PIÙ PROFONDE torna a essere con La Conoscenza, nell'umiltà e nella semplicità, nella calma e nel silenzio. Inspira La Conoscenza. Permetti alla Conoscenza di entrare e di colmare il tuo corpo. Permetti a te stesso di essere immerso nella Conoscenza e tutte le cose diventeranno chiare, perché con La Conoscenza tutte le cose diventano chiare e tutte le domande scompaiono.

PRATICA 263: *Due periodi di 30 minuti di pratica.*

Passo 264

IN QUESTO GIORNO, IMPARERÒ DELLA LIBERTÀ.

OGGI AVRAI L'OPPORTUNITÀ DI IMPARARE DI PIÙ a proposito della libertà. Il passo che intraprenderai oggi sarà molto rilevante nel darti un nuovo punto di vista sulla libertà, la schiavitù, la soluzione dei problemi e la natura del vero progresso.

OGGI PENSA ALLA TUA LEZIONE OGNI ORA e pensa a che cos'è la libertà. Nei tuoi più lunghi periodi di pratica, dedica la tua mente a pensare alla libertà. Questo è un punto focale molto importante oggi. In particolare, nelle tue meditazioni più lunghe, dedica interamente la tua mente a rivedere le tue idee sulla libertà. In cosa pensi consista la libertà? Che cosa, secondo te, impedisce alle persone di essere libere? Che cosa produce una libertà duratura e sicura? Come si fa a conseguirla? Che cosa la supporterà in futuro? Dopo aver trascorso circa trenta minuti pensando a tutto questo, nel corso di ogni pratica, entra nella calma e nel silenzio. Apriti per consentire alla Conoscenza di parlarti. Là rimani con i tuoi Maestri. Dopo aver esaurito le tue idee, entra nella calma e nella ricettività.

È MOLTO IMPORTANTE CHE TU SIA CONSAPEVOLE delle tue idee sulla libertà, perché finché queste non saranno riconosciute e corrette, continueranno ad esercitare la loro influenza su di te. Continueranno a dominare i tuoi pensieri e, di conseguenza, il tuo comportamento. Una libertà più grande è ora a tua disposizione, ma tu devi imparare ad approcciarla. Oggi imparerai di più sulla libertà—quello che pensi che la libertà sia e quello che la libertà è veramente.

PRATICA 264: *Due periodi di pratica di 40 minuti.*
Pratica oraria.

Passo 265

C'È UNA LIBERTÀ PIÙ GRANDE CHE MI ATTENDE.

La Conoscenza richiederà che tu sia libero dal passato e libero dall'ansia per il futuro. Richiederà che tu sia presente alla vita. Richiederà che tu sia aperto e onesto. Richiederà che tu abbia fede e una costante auto-applicazione. Richiederà che tu non sia in conflitto. Richiederà che tu abbia un grande amore e rispetto per te stesso e una grande riconoscenza verso il mondo. Richiederà che tu sia in grado di sentire la tua Famiglia Spirituale e riconoscere il tuo vero posto nell'universo.

La Conoscenza ti richiede questo affinché tu possa espanderti per accettarla. In questo modo, diventi libero imparando a diventare libero. Tu diventi guidato dalla Conoscenza imparando a diventare guidato dalla Conoscenza. Qui raggiungi il traguardo intraprendendo i passi. Non esiste una formula magica grazie alla quale tutto d'un tratto tu diventi libero. Non esiste un sistema magico di credenze che una volta adottato ti libera dai vincoli del tuo passato e dalle tue preoccupazioni per il tuo futuro. Questa libertà vera la si impara applicandosi, passo dopo passo. Dunque, quando impari a riconquistare La Conoscenza, La Conoscenza riconquista te. Quando impari che cos'è la libertà, diventi effettivamente libero.

La tua parte è molto piccola e la nostra parte è molto grande. Devi solo seguire i passi e utilizzarli. I passi che vengono dati garantiranno il risultato. Una libertà più grande ti attende e quando la approcci, ti assumi tale libertà e trai beneficio da tutte le qualità di quella libertà e dimostri tutti gli aspetti di quella libertà. Tale è la natura di un disegno perfetto, che è al di là della comprensione umana. Talmente perfetto che non puoi distruggerlo se lo segui fedelmente.

Questo ti risana e ti restituisce la tua fiducia in te stesso, la tua sicurezza in te stesso, il tuo amore per te stesso e la tua comprensione di te stesso nel mondo.

Pensa a quest'idea ogni ora oggi e, nei tuoi momenti di meditazione profonda, entra nella calma e nella libertà. È una grande libertà avere quest'opportunità di immergerti nella Conoscenza, di immergerti nella presenza e di immergerti nella vera sostanza delle vere relazioni nell'universo. Quando ti avvicinerai a questo, saprai che è la tua libertà e saprai che stai diventando libero in modo da poterla assumere. Oggi, pertanto, intraprenderai un grande passo verso la presa di coscienza che un futuro più grande ti sta aspettando. Questo grande passo ti libererà sempre di più dalla preoccupazione, dall'ansia, dal dolore e dalla delusione del tuo passato. Questo ti dimostrerà che una libertà più grande ti attende.

Pratica 265: *Due periodi di 30 minuti di pratica.*
Pratica oraria.

Passo 266

RIPASSO

Oggi, come in precedenza, ripassa le scorse due settimane di preparazione. Cogli quest'opportunità, nel tuo periodo di pratica lungo di oggi, per rivisitare tutto ciò che è emerso nelle scorse due settimane riguardo alle direttive date in questa preparazione, le tue esperienze della pratica e complessivamente i risultati nella tua vita. Porta avanti questo Ripasso con la maggiore oggettività possibile, specialmente riguardo ai risultati nella tua vita, molti dei quali non sei ancora in grado di valutare con oggettività.

Molte cose cambieranno mentre progredisci nei tuoi studi. Alcune cose scivoleranno via da te, altre cose inizieranno a edificarsi. Problemi del mondo che richiederanno il tuo coinvolgimento e la tua applicazione incominceranno a pressarti. Altre cose che credevi essere dei problemi diventeranno sempre più remote e sarà inutile che ti preoccupi di esse. Dunque, la tua vita esteriore si aggiusterà in modo che ora tu possa capire dove applicarti. Così, la tua vita interiore e la tua vita esteriore si potranno riflettere a vicenda. Questo è molto importante. Stai iniziando ad imparare come imparare e, come risultato, stai vedendo il mondo che cambia. La qualità della tua esperienza, nel tempo, si trasformerà in modo che tutte le cose, sia comuni sia straordinarie, saranno viste da un punto di vista diverso da prima. Potrai allora imparare a trarre vantaggio da tutte le opportunità e imparare così ad apprezzare la vita, anche nelle sue delusioni.

Esercita questo nel tuo Ripasso di oggi. Sii molto esaustivo nella tua indagine. Incomincia con la prima lezione del periodo bisettimanale e prosegui giorno per giorno. Riconosci ciò che è avvenuto nella tua vita ogni giorno. Cerca di ricordare. Cerca di concentrarti. In questo modo, sentirai il movimento della tua vita. È nel riconoscere questo movimento nel corso di un orizzonte di tempo e nel vedere come gli stadi della tua vita progrediscono, che ti renderai conto di essere saldamente sulla strada verso La Conoscenza. Allora vedrai che ci sarà sempre di meno dietro di te a trattenerti e che il futuro si aprirà per farti spazio sempre di più. Questa è la beneficenza della vita che tu, che stai diventando uno studente della Conoscenza, hai davanti a te.

PRATICA 266: *Un periodo lungo di pratica.*

Passo 267

C'È UNA SOLUZIONE SEMPLICE PER TUTTI I PROBLEMI CHE OGGI HO DI FRONTE A ME.

TUTTI I PROBLEMI CHE HAI DI FRONTE, COME INDIVIDUO, hanno una risposta molto semplice. Come troverai questa risposta? La troverai lottando contro te stesso? La troverai tentando qualsiasi soluzione ti venga in mente? La troverai preoccupandoti o agitandoti? La troverai negandola e cercando, al suo posto, degli stimoli piacevoli? La troverai sprofondando nella depressione e pensando che la vita per te è talmente difficile che non riesci neanche a soddisfare le esigenze delle tue stesse circostanze?

C'È UNA RISPOSTA SEMPLICE PER I PROBLEMI che hai di fronte a te oggi. Dev'essere trovata nella Conoscenza. Tuttavia, per trovare La Conoscenza devi diventare calmo e attento e devi imparare a sganciarti dalla paura e dall'ansia. Gran parte della tua vita comporterà la soluzione di problemi, ed è nell'imparare a farlo con efficacia, con responsabilità e anche con entusiasmo, che conseguirai quello che sei venuto qui per conseguire.

RAMMENTA A TE STESSO QUEST'IDEA NEL corso della giornata e non farti ingannare dalla complessità dei problemi. I problemi sono complessi solo quando stai cercando di trarre un beneficio dalla loro soluzione o stai cercando di evitarli. Quando hai una preferenza che sta governando la tua mente non riesci a vedere ciò che è ovvio. Ora che stai imparando a vedere ogni problema attraverso La Conoscenza, vedrai che la soluzione è evidente. Vedrai che prima non saresti stato in grado di capirlo perché in qualche modo avevi paura del risultato, oppure eri in ansia perché temevi che la soluzione del problema ti avrebbe lasciato privato di qualcosa e povero. Oggi avrai una visione diversa.

Nei tuoi due periodi di pratica più profonda, resta vicino alla Conoscenza. Non cercare di rispondere ai tuoi problemi, sii semplicemente calmo e ricettivo. La Conoscenza è consapevole delle cose che devono essere affrontate ed eserciterà la sua influenza su di te affinché tu possa risponderle e seguire la sua direzione. In assenza di un'interferenza continua da parte tua, ciò che è ovvio emergerà e tu imparerai cosa fare passo dopo passo. E in verità capirai che c'è una risposta semplice per tutti i problemi che hai di fronte. Questa sarà una conferma della Conoscenza, e tu sarai felice che la vita ti stia dando questi problemi così che tu possa rispondere esercitando le tue vere capacità.

Pratica 267: *Due periodi di 30 minuti di pratica.*
Pratica oraria.

Passo 268

OGGI NON SARÒ INGANNATO DALLA COMPLESSITÀ.

I PROBLEMI DEL MONDO DIVENTANO COMPLESSI quando c'è una difficoltà che richiede correzione ed evoluzione e tale difficoltà si mescola con le varie preferenze di ciascuno, con il desiderio di ciascuno di proteggere ciò che è suo e con la competizione di tutti contro tutti. Ne consegue che i problemi del mondo diventano complessi e a dispetto di qualsiasi cosa tu faccia per cercare di risolverli, qualcuno resta impoverito. Qualcuno ci resta male. Qualcuno perde. Nelle vostre società questa è una cosa manifesta. Tuttavia questo rappresenta solo le paure e le ambizioni delle persone, in contrasto con la loro Conoscenza. Nella Conoscenza sei disponibile a lasciar andare qualsiasi cosa intralci La Conoscenza. Sei disponibile a lasciar andare qualsiasi cosa possa nuocere a te o agli altri. Sei disponibile a sganciarti da qualsiasi situazione non si dimostri benefica per te e per gli altri. Questo è perché La Conoscenza rende possibile la vera onestà. Questa è una forma altruistica di coinvolgimento nel mondo e di conseguenza porta beneficio a tutti.

DUNQUE, QUANDO GUARDI UN PROBLEMA NEL MONDO e ti appare complesso, all'inizio è molto difficile vedere con semplicità quale sia il problema. La soluzione però è sempre molto diretta. È la paura che la gente ha di questo a rendere incapaci di riconoscere l'ovvio. In questo giorno ti viene accordato di comprendere che per ogni problema che richiede una soluzione esiste una soluzione diretta. Talvolta la soluzione è immediatamente evidente. Altre volte la si deve approcciare per gradi. Ma ogni passo è molto diretto se si segue La Conoscenza.

PER APPROCCIARE I PROBLEMI IN QUESTO MODO li devi approcciare senza paura e senza preferenze. Devi seguire La Conoscenza senza cercare di utilizzare La Conoscenza per risolvere le cose secondo i tuoi progetti. Non puoi usare La Conoscenza in questo modo, ma puoi seguire La Conoscenza, e nel seguire La Conoscenza seguirai un percorso risolutivo. Questo è un percorso che inizialmente poche persone saranno in grado di riconoscere, ma è un percorso che si dimostrerà oltremodo efficace nel tempo, perché libererà tutti gli interessati, fornendo al contempo un metodo efficace per l'auto-applicazione di tutti. Dunque, nel mondo, l'uomo o la donna di Conoscenza diventano una fonte di risoluzione e di restituzione per il mondo. Inoltre, la loro presenza e le loro attività influenzeranno sempre ogni situazione per il bene.

NON ESSERE INGANNATO DALL'APPARENTE COMPLESSITÀ dei problemi del mondo, perché con La Conoscenza tutte le cose si risolvono con semplicità. La Conoscenza non viene ingannata e quando imparerai a essere con La Conoscenza, neanche tu sarai ingannato.

RICORDA A TE STESSO QUEST'IDEA ogni ora e nelle tue due pratiche più profonde di meditazione, entra ancora una volta nel santuario della calma dentro di te. Abituati alla calma perché La Conoscenza è calma. Abituati alla calma perché nella calma tu affermi la tua bontà e il tuo valore. Una mente in pace è una mente che non è in guerra. Una mente in pace non è ingannata dal mondo.

PRATICA 268: *Due periodi di 30 minuti di pratica.*
Pratica oraria.

Passo 269

LA POTENZA DELLA CONOSCENZA SI ESTENDERÀ DA ME.

LA POTENZA DELLA CONOSCENZA SI ESTENDERÀ da te che stai ricevendo La Conoscenza. All'inizio questo avverrà in modo molto sottile, ma mentre continuerai a sviluppare e ad applicare te stesso, la potenza della Conoscenza diventerà sempre più vigorosa. Sarà una forza di attrazione per alcuni. Sarà una forza di repulsione per altri che non saranno in grado di risponderle. Influenzerà tutti. Per questo devi imparare a discernere molto nelle relazioni, perché nel corso del tuo progresso come studente di Conoscenza, la tua influenza sugli altri sarà sempre maggiore. Non dovrai utilizzare questa influenza per scopi egoistici, altrimenti le tue attività saranno distruttive per gli altri.

LA CONOSCENZA PROVVEDE A DARTI QUESTO autocontrollo del quale abbiamo parlato, e tu lo devi esercitare per tuo conto. Se sarai ambizioso con La Conoscenza, esporrai te stesso e gli altri a rischi molto grandi, perché la saggezza, la misericordia, il contegno e l'autocontrollo devono accompagnare lo sviluppo della Conoscenza. Se cercherai di utilizzare La Conoscenza per tuoi vantaggi egoisti o per quello di cui credi il mondo abbia bisogno, ti porterai fuori strada da solo e La Conoscenza non ti accompagnerà.

ACCETTA L'AUTOCONTROLLO E IL PERFEZIONAMENTO che adesso è necessario applicare, perché ti proteggeranno e ti metteranno in grado di rendere i tuoi doni con il minimo di disarmonia e di rischio personale. Garantiranno l'integrità ed il valore del tuo contributo, perché non sarà corrotto da motivazioni egoistiche. Esercitati ogni ora ed entra profondamente nella meditazione per due volte, oggi. Ripeti la tua idea della giornata ed entra ancora una volta nella calma. Consenti a questo giorno di essere un giorno in cui La Conoscenza viene rafforzata.

Pratica 269: *Due periodi di 30 minuti di pratica.*
Pratica oraria.

Passo 270

CON IL POTERE VIENE LA RESPONSABILITÀ.

Con il potere viene la responsabilità. La Conoscenza ti potenzierà e tu devi essere responsabile nei confronti della Conoscenza. Ecco perché devi diventare un seguace. Diventando un seguace diventi un leader, perché sei in grado di ricevere e sei in grado di essere guidato. Così insegnerai agli altri a ricevere e fornirai loro una guida. Questa è un'estensione naturale del dono che stai ora ricevendo, che nel tempo troverà la sua espressione attraverso te nella tua vita.

È MOLTO IMPORTANTE CHE TU RICONOSCA la relazione tra potere e responsabilità. La responsabilità richiede autodisciplina, contegno ed autocontrollo. Richiede un'obiettività sulla tua vita che estremamente pochi oggi in questo mondo hanno raggiunto. La responsabilità è un peso fino a quando non la si riconosce come una fonte di protezione. È la garanzia e l'assicurazione che il tuo dono troverà un'espressione autentica e bene accetta dentro di te e che ti evolverai e realizzerai nel dare il tuo contributo.

È MOLTO COMUNE NEL MONDO CHE LA GENTE VOGLIA IL POTERE senza la responsabilità, perché la loro idea di libertà è non essere obbligati verso alcunché. Questo è estremamente controproducente e porta con sé pericolose conseguenze per coloro che persistono nel provarci. Tu che sei uno studente della Conoscenza devi imparare ad accettare le responsabilità che ti vengono date, perché esse forniscono la protezione e la guida di cui hai bisogno per svilupparti nel modo giusto, positivo e completo. Esse sono l'assicurazione che la tua preparazione produrrà il grande risultato che è destinata a produrre.

PENSA A QUEST'IDEA OGNI ORA E NON DIMENTICARLA OGGI. Nei tuoi esercizi più profondi, pensa molto attentamente al significato di questa affermazione. Pensa alle tue idee in merito al potere e riconosci quanto esse hanno bisogno di rispondere ad una Fonte Superiore per essere utilizzate ed espresse opportunamente. Questi due periodi di pratica saranno momenti di attività mentale e di applicazione. Pensa molto attentamente a tutte le tue idee che gravitano intorno alla lezione di oggi. È davvero essenziale che esamini il tuo pensiero e le tue convinzioni, perché devi capire la tua attuale struttura mentale per renderti conto del suo impatto sulla tua vita esteriore. La lezione di oggi potrebbe sembrare inizialmente un richiamo alla cruda realtà, ma col tempo ti darà la sicurezza di cui avrai bisogno per avanzare senza riserve.

PRATICA 270: *Due periodi di 30 minuti di pratica.*
Pratica oraria.

Passo 271

OGGI ACCETTERÒ LA RESPONSABILITÀ.

ACCETTA LA RESPONSABILITÀ, che è la tua capacità di rispondere. Accettala, coltivala, celebrala e donale il benvenuto. È ciò che ti renderà forte. È ciò che ti renderà devoto. È ciò che ti condurrà alle relazioni che hai sempre desiderato. Questo è il potenziamento di cui hai così disperatamente bisogno e che ora stai imparando a invocare per te stesso. Con questo potenziamento arrivano le condizioni per il potenziamento—che tu risponda alla Conoscenza e segua La Conoscenza, che tu ti astenga da tutte le motivazioni che non nascono dalla Conoscenza, che tu diventi oggettivo con te stesso e con i tuoi moventi, che tu ti metti in discussione senza dubitare di te stesso e che tu ti circondi di individui che possano supportare l'emergere della Conoscenza dentro di te e siano liberi di dirti le loro percezioni. Questo è essenziale per il tuo benessere e il tuo sviluppo. Questo ti proteggerà dall'errore che puoi commettere, che quando diventerai più potente avrà un impatto sempre maggiore su di te e sugli altri.

ACCETTA LA RESPONSABILITÀ OGGI. Accettala, perché rappresenta la tua più vera e più grande necessità. La responsabilità ti consentirà di amare e di espandere te stesso nel mondo.

PENSA OGNI ORA all'idea di questa giornata e mentre oggi entri in meditazione per due volte, assumi la piena responsabilità di essere uno studente della Conoscenza ed entra nella calma e nel silenzio con tutto il tuo essere. Non lasciarti dissuadere da alcun pensiero. Non lasciare che l'ambivalenza ti trattenga. Prosegui. Apriti. Entra nel mistero della tua vita affinché tu possa rispondergli, perché è questo il significato di responsabilità.

PRATICA 271: *Due periodi di 30 minuti di pratica.
Pratica oraria.*

Passo 272

I MIEI MAESTRI MI GUIDERANNO MENTRE PROCEDO.

Avrai bisogno che i tuoi Maestri ti guidino mentre procedi lungo il cammino della Conoscenza, perché ti avventurerai ben oltre i tuoi concetti e le tue supposizioni. Sarai coinvolto in una vita che non hai ancora capito. Accederai a poteri e risorse che non hai ancora pienamente riconosciuto. Ti avventurerai nel più profondo della vita, al di là delle congetture umane, al di là delle convinzioni e delle convenzioni umane. Questo esigerà che tu riceva una guida forte, sia dalla Conoscenza che dalle tue relazioni primarie. I tuoi Maestri Interiori rappresentano la tua relazione primaria principale, poiché queste relazioni sono completamente basate sulla Conoscenza e ti vengono date affinché tu possa coltivare La Conoscenza in modo sicuro e completo.

Accetta dunque le tue limitazioni quale studente della Conoscenza, affinché tu possa procedere con l'assistenza che sarà necessaria. Sii grato che tale grande assistenza ti può essere data e che può permeare qualsiasi circostanza perché è invisibile ai tuoi occhi. Sii grato di poterne fare esperienza in qualsiasi circostanza e di poter ricevere il consiglio dei tuoi Maestri quando giungi presso quei crocevia della vita in cui è necessario.

Afferma la presenza dei tuoi Maestri oggi, in modo che tu possa avere grande coraggio ed entusiasmo nel tuo supporto all'emergere della Conoscenza. Ogni ora ricorda a te stesso che i tuoi Maestri sono con te. Nei tuoi due periodi più profondi di pratica, entra nella calma e nel silenzio insieme a loro, affinché ti possano dare la loro presenza ed il loro consiglio se questo fosse necessario. Accetta la tua condizione di studente affinché tu possa imparare a dare al mondo.

PRATICA 272: *Due periodi di 30 minuti di pratica.*
Pratica oraria.

Passo 273

I MIEI MAESTRI CONSERVANO PER ME LA MEMORIA DELLA MIA ANTICA CASA.

I TUOI MAESTRI RAPPRESENTANO LA TUA FAMIGLIA SPIRITUALE che si trova al di là del mondo. Loro conservano per te la memoria della tua origine e del tuo destino, che devi imparare a riconoscere attraverso la tua esperienza nel mondo. Loro hanno viaggiato per le vie del mondo. Loro conoscono le sue opportunità e le sue difficoltà. Loro conoscono i possibili errori che puoi commettere e sono consapevoli degli errori che hai già commesso. Loro sono pienamente preparati per guidarti. Loro hanno la saggezza e l'esperienza per farlo.

PERTANTO, NON SOTTOVALUTARE IL LORO VALORE per te e ricordati sempre che sono presenti nella tua vita per iniziarti nella Conoscenza. Loro desiderano che tu diventi forte nella Conoscenza, fino a diventare forte quanto lo sono diventati loro. Dunque essi servono il tuo più grande bisogno e scopo e tu devi seguirli, riceverli e onorare la loro presenza, come uno studente onora un Maestro. Questo ti consentirà di ricevere i loro doni completamente e ti libererà da qualsiasi falsa associazione che potresti avere con loro. Questa è una relazione molto responsabile e tu, in essa, maturerai.

ACCETTA, DUNQUE, LA PRESENZA DEI TUOI MAESTRI. Accettala ogni ora mentre ricordi a te stesso che essi sono con te, e accettala nelle tue due pratiche più profonde di meditazione mentre ti apri per riceverli. Questa è una grande opportunità per La Conoscenza. I tuoi Maestri ti inizieranno nella Conoscenza, perché essi possono solo essere conosciuti. Le tue immagini o i tuoi concetti che li riguardano sono relativamente privi di significato, eccetto per il fatto che potrebbero limitare il tuo approccio. Devi sperimentare l'essenza dei tuoi Maestri, che è la loro presenza, per conoscerli pienamente e scoprirai da quest'esperienza, mentre si sviluppa, che è così che puoi vivere l'esperienza della vita nel suo complesso.

ANCHE SE I TUOI SENSI PERCEPIRANNO la forma delle cose, il tuo cuore sperimenterà l'essenza delle cose ed è così che le cose diventeranno conosciute. Una volta che saranno conosciute, ti renderai conto di come devi partecipare con esse. In questo modo, tutte le tue facoltà mentali saranno utilizzate per un grande scopo, perché La Conoscenza utilizzerà tutte le tue facoltà e le facoltà del mondo per la redenzione del mondo, che è la redenzione della Conoscenza nel mondo.

PRATICA 273: *Due periodi di 30 minuti di pratica.*
Pratica oraria.

Passo 274

OGGI CERCO LA LIBERTÀ DALL'AMBIVALENZA.

Cerca libertà dall'ambivalenza, perché è la fonte di tutta la confusione, la miseria e la frustrazione umana. L'ambivalenza è l'indecisione nel partecipare alla vita. È l'indecisione nell'essere nella vita. È l'indecisione nell'essere vivo. Questa indecisione crea ogni genere di auto-imposizione, di attacco, di conflittualità. È a causa di questa indecisione che le persone vivono nella fantasia senza La Conoscenza.

Fa dunque attenzione all'ambivalenza. È un segnale che indica che stai funzionando senza La Conoscenza e che stai cercando di basare le tue decisioni puramente sulla speculazione, sulla preferenza personale e sulla paura. È il prendere decisioni senza fondamento che manda l'umanità fuori strada. È il prendere decisioni senza fondamento che ha mandato te fuori strada. La Conoscenza elimina l'ambivalenza, perché definisce una direzione chiara. Non si preoccupa delle scelte e delle decisioni, perché semplicemente sa che cosa è corretto e ti guida verso il tuo compimento, passo per passo, con certezza e con perenne convinzione.

Ricorda ogni ora che tu desideri fuggire dall'ambivalenza. Renditi conto, mentre ripeti la tua lezione, di quanta parte della tua vita va sprecata nel cercare di decidere tra questo e quello, nel domandarti, "cosa dovrei fare adesso?", nell'interrogarti su ciò che è giusto e ciò che è sbagliato e nel rimuginare e preoccuparti su quale sia la scelta migliore e le sue possibili conseguenze. La Conoscenza ti libera da questa faticosa e inutile applicazione della tua mente. La Conoscenza non pondera. Semplicemente aspetta il momento di agire e poi agisce. È assolutamente certa della sua direzione. È irremovibile nelle sue convinzioni. Se segui questo, che è il dono più grande di Dio a voi che vivete nel mondo dell'ambivalenza e della confusione, scoprirai di avere uno scopo, un significato e una direzione e che giorno dopo giorno queste cose saranno a tua disposizione.

Nelle tue meditazioni più profonde cerca di donare te stesso con tutto il cuore alla tua pratica. Non essere ambivalente nella tua pratica. Non trattenerti per via della paura o dell'incertezza, perché tu stai partecipando in questo tirocinio perché La Conoscenza ti ha chiamato a farlo e ti applichi, ogni giorno, perché La Conoscenza ti chiama a farlo. Dunque, mentre procediamo insieme nella nostra preparazione, la tua Conoscenza viene rafforzata giorno per giorno, perché qui sta la base della tua partecipazione. Quale altro motivo potresti mai avere, per diventare uno studente di Conoscenza?

Pertanto, nelle tue pratiche più profonde e nel tuo ricordare ogni ora, rafforza la tua convinzione che devi fuggire dall'ambivalenza. Guarda come mantiene le persone perse nelle proprie idee, negando il loro coinvolgimento nella vita. Guarda il costo per l'umanità intorno a te. È tremendo. Renditi conto che con la certezza ognuno troverà il suo giusto posto. Il mondo procederà senza l'attrito che ora deve sopportare. In questo modo, tutte le cose cercano la realizzazione insieme, nell'inclusione nella vita. Questa è la via della Conoscenza.

Pratica 274: *Due periodi di 30 minuti di pratica.*
Pratica oraria.

Passo 275

OGGI CERCO LA LIBERTÀ DALL'INCERTEZZA.

CERCARE LIBERTÀ DALL'INCERTEZZA SIGNIFICA cercare una libertà che è autentica, che è reale e che veramente merita di essere chiamata libertà. In sostanza, o sai che cosa stai facendo oppure non lo sai. Se non sai che cosa stai facendo, semplicemente aspetta La Conoscenza. Se sai che cosa stai facendo, semplicemente segui ciò che sai. È così semplice. Le speculazioni inutili, il tentativo di prendere decisioni premature basate sulla paura o sulla preferenza, il requisito di avere la certezza che ti manca e la proiezione di colpa su te stesso e sugli altri per i fallimenti dovuti al modo inadeguato di prendere decisioni sono le cose che hanno logorato la tua mente, il tuo corpo ed il tuo mondo. Questo è ciò da cui oggi vuoi fuggire, per trovare la libertà nella certezza che Dio ti ha dato. Questa è la certezza che devi scoprire e seguire. Seguendo questo raccoglierai tutte le sue ricompense e queste ricompense diventeranno il tuo contributo nel mondo.

RICORDA OGNI ORA L'IDEA DI OGGI e guarda la sua totale rilevanza rispetto al mondo intorno a te. Nei tuoi periodi di pratica più profondi, dona te stesso alla calma. Dona te stesso a quest'incontro con La Conoscenza. Dona te stesso completamente e non permettere né all'ambivalenza né all'incertezza di trattenerti. Così facendo, eserciterai la forza della Conoscenza seguendo La Conoscenza e nel tempo diventerai forte come La Conoscenza in verità è. Oggi, allora, cerca di fuggire dall'incertezza e da tutto quello che la accompagna. Perché questo ha distrutto l'ispirazione del genere umano e ha condotto il genere umano verso la guerra contro se stesso e contro il mondo.

PRATICA 275: *Due periodi di 30 minuti di pratica.*
Pratica oraria.

Passo 276

LA CONOSCENZA È LA MIA SALVEZZA.

LA CONOSCENZA È LA TUA SALVEZZA, perché ti conduce fuori dal tuo dilemma senza speranza che nasce dal cercare di vivere nella fantasia e nell'immaginazione. Ti porta nello splendore e nella limpidezza della realtà. Guida le tue azioni e i tuoi pensieri affinché entrambi possano essere efficaci e ti possano condurre verso una vera realizzazione di te stesso. Dunque, Dio ti ha dato il più grande dono possibile: i mezzi, dentro te stesso, per correggere tutti gli errori, risolvere tutta la confusione e il conflitto e mettere la tua vita su un vero percorso che conduce al tuo vero destino. Così sei potenziato e onorato ed il tuo valore personale viene riconquistato. È il tuo valore che deve essere riconquistato nei confronti di te stesso. Dio non esige che il valore di Dio sia riconquistato, perché non è mai stato perso, ma il tuo valore nei confronti di te stesso è stato perso e può essere riconquistato solo seguendo un progetto superiore che non hai fabbricato tu, ma che è stato creato per il tuo benessere totale.

QUANDO TI RENDERAI CONTO DI QUANTA PARTE della tua vita è stata sprecata nell'ambivalenza e quanto sono scarsi i risultati che questo ha prodotto, allora riconoscerai il grande bisogno di Conoscenza. Questo ti darà la forza e la convinzione per procedere nella tua preparazione con il massimo coinvolgimento possibile da parte tua. Quando riconoscerai il tuo vero bisogno, allora sarai in grado di riconoscere il vero rimedio che è stato fornito.

DUNQUE TU, IN QUALITÀ DI STUDENTE DELLA CONOSCENZA ti renderai conto, con chiarezza mentale e con la semplicità della verità, di quello che esattamente serve, perché La Conoscenza è la tua salvezza. Ricorda questo ogni ora e pensalo alla luce delle tue recenti pratiche. Nelle tue meditazioni più profonde, consenti a te stesso di entrare completamente nella calma, riconoscendo il fatto che ti stai impegnando con il mezzo stesso della tua salvezza e, attraverso te, della salvezza del mondo.

PRATICA 276: *Due periodi di 30 minuti di pratica.*
  Pratica oraria.

Passo 277

LE MIE IDEE SONO PICCOLE, MA LA CONOSCENZA È GRANDE.

COMPRENDERE LA VERITÀ CONTENUTA IN QUEST'AFFERMAZIONE ti consentirà di allinearti alla fonte di tutta La Conoscenza. Allora potrai fuggire dall'oscurità del mondo dell'immaginazione. L'immaginazione è instabile e anche nei suoi momenti di maggior splendore può trasformarsi in oscurità in un secondo. Anche le sue più grandi ispirazioni possono essere amaramente scoraggiate dalla minima provocazione. In essa non c'è certezza, non c'è realtà. In essa nulla è affidabile, perché ci si può solo aspettare dei cambiamenti. Quello che è ritenuto un dono di valore sarà sicuramente perduto. Quello che è tetro e distruttivo sicuramente ti seguirà.

COSÌ È UNA VITA VISSUTA NELL'IMMAGINAZIONE. Così è una vita vissuta nell'isolamento del proprio pensiero. Non sottovalutare la potenza della Conoscenza, che ti può liberare da questa situazione senza speranza, dove non si può discernere nulla di autentico, dove non si può ottenere alcun vero significato e dove nulla di permanente e di vero può essere realizzato e stabilito. È la tua salvezza dall'oscurità dell'immaginazione del tuo stato di separazione, la salvezza che ti porterà nella realtà della vita e là ti redimerà.

RENDITI CONTO CHE ANCHE LE TUE IDEE più grandi, anche quelle idee che nascono dalla Conoscenza, sono piccole in confronto alla Conoscenza stessa. La Conoscenza è la grande fonte del tuo essere che si sta esprimendo nella tua vita individuale. Onora, dunque, ciò che è grande e prendi atto di ciò che è piccolo. Comprendi che col tempo, quando La Conoscenza inizierà a emergere dentro di te e quando le permetterai di esprimersi ancora più liberamente, inizierai a riconoscere quei pensieri che sono emanazioni della Conoscenza e quei pensieri che sono semplicemente immaginazione. Tuttavia, anche i pensieri che provengono dalla Conoscenza, che sono molto più potenti ed efficaci di qualsiasi altro pensiero tu ti possa immaginare, anche quei pensieri, che sono i semi della vera comprensione nel mondo, sono piccoli in confronto alla Conoscenza.

RICORDATI OGNI ORA LA POTENZA DI QUEST'IDEA, perché ti viene data per liberarti dalla tua stessa confusione e dalle tue false supposizioni. Nei tuoi periodi di pratica più profonda di oggi, applica attivamente la tua mente. Cerca di guardare ogni idea che ti sta a cuore, sia essa positiva o negativa. Osserva qualsiasi idea alla quale credi o alla quale aderisci. Esamina la tua relazione con le idee primarie che governano la tua vita. Poi ricorda a te stesso, dopo che hai osservato ognuna di esse, che La Conoscenza è molto più grande di quell'idea. Così facendo ti renderai conto che c'è un modo in cui puoi fuggire dal mondo delle idee ed entrare nel mondo della relazione, dove tutto è attuabile, reale e basato su un fondamento che non può mai mutare.

PRATICA 277: *Due periodi di 30 minuti di pratica.*
Pratica oraria.

Passo 278

CIÒ CHE È IMMUTABILE SI ESPRIMERÀ ATTRAVERSO ME.

LA VERITÀ È IMMUTABILE, MA ESPRIME SE STESSA nell'ambito di un mondo di mutevoli circostanze e di mutevole comprensione. Ne consegue che la verità appare mutevole, tuttavia la fonte della verità non è mutevole. Tu che vivi in un mondo di cambiamento e stai anche tu intraprendendo dei cambiamenti, ti devi rendere conto che la tua fonte è immutabile. Renderti conto di questo ti darà un fondamento per fidarti della tua fonte. La fiducia può essere veramente fondata solo quando si basa su ciò che non può essere cambiato, aggredito o distrutto. In questo la tua fede e la tua fiducia avranno un vero fondamento. Comprendi che ciò che è immutabile, che è la fonte e il destinatario della tua fiducia, si esprimerà in modi mutevoli in un mondo mutevole. Ne consegue che la sua espressione verrà incontro ad ogni tuo bisogno. Ti presterà servizio in ogni circostanza. Funzionerà ad ogni livello di comprensione. Si concretizzerà in ogni campo dell'impresa umana. Sembrerà che la verità sia mutevole, perché opera in modi diversi in ambienti diversi ed è riconosciuta in modi diversi da punti di vista diversi. Però la verità stessa, che è La Conoscenza in sé, è perennemente immutabile, sempre amorevole e sempre autentica.

DUNQUE, COMPRENDI OGGI QUANTO siano relative e mutevoli le tue idee e quanto ti identifichi con ciò che è mutevole, che non può stare in piedi da solo. Man mano che la tua identità diviene fondata sulla Conoscenza e non semplicemente su idee, su speculazioni o convinzioni, inizi a provare la permanenza e la sicurezza che solo La Conoscenza può conferire. Quando ti renderai conto che la tua vera vita è inalterabile, allora ti sentirai libero di consentirle di esprimersi in circostanze mutevoli. Così facendo sfuggirai alla paura della morte e della distruzione. Così troverai pace nel mondo, perché il mondo è mutevole, ma tu non lo sei.

Pratica 278: *Oggi leggi la lezione tre volte.*

Passo 279

IO DEVO VIVERE L'ESPERIENZA DELLA MIA LIBERTÀ PER COMPRENDERLA.

La libertà non è un concetto o un'idea. È un'esperienza. Pertanto, deve essere sperimentata in molte, molte circostanze diverse, per poter vedere la sua applicazione universale. Per realizzare questo ti è dato tempo. Questo darà significato, scopo e valore a tutte le tue attività. Allora non avrai ragioni per condannare te stesso o il mondo, perché tutte le cose rafforzeranno la tua comprensione della necessità di Conoscenza e tutte le cose saranno destinatarie della Conoscenza.

Allora, dona te stesso alla tua pratica, alla tua preparazione e all'applicazione. Non riconoscerti semplicemente nelle idee, perché anche l'idea più grande ha lo scopo di essere un'espressione in circostanze mutevoli e sarà lei stessa instabile. Per avere una stabilità autentica nel mondo, ti devi identificare nella Conoscenza e consentire alla Conoscenza di dimostrare la sua potenza, la sua efficacia e la sua benevolenza nel mondo. Devi vivere l'esperienza della tua libertà per darle valore e per comprendere il suo significato nel mondo. È per questo motivo che sei uno studente di Conoscenza ed è per questo motivo che qui devi applicare tutto quello che stai imparando nella tua preparazione.

Ricorda questo ogni ora mentre sei indaffarato nel mondo. Ricorda questo nelle tue pratiche di meditazione più profonda, in cui sei impegnato nella tua vita interiore. In entrambi questi campi, La Conoscenza deve prevalere. In entrambi questi campi, la tua libertà deve essere esercitata per essere compresa. Nelle tue meditazioni più profonde, esercita la forza della tua mente per consentire a te stesso di giungere alla calma e alla quiete. Non lasciare che la paura e l'ambivalenza ti dominino in questo giorno. Stai praticando la tua libertà e la stai esercitando, perché puoi essere libero solo quando sei calmo interiormente e se sei calmo interiormente sei già libero.

Pratica 279: *Due periodi di 30 minuti di pratica.*
Pratica oraria.

Passo 280

RIPASSO

RIPASSA LE DUE SETTIMANE PRECEDENTI, iniziando il tuo periodo di Ripasso con la prima lezione, proseguendo poi con ogni giornata, fino all'ultima lezione. Cerca di ottenere una visuale generale di tutto ciò che è emerso nelle due settimane trascorse. Cerca di vedere come puoi migliorare e rendere più profonda la tua pratica. Riconosci quanto tempo e quanta energia sono sprecati nell'ambivalenza e in inutili speculazioni. Renditi conto di quanta della tua energia viene sprecata nel dubbio e nella confusione, quando invece devi solo stare vicino alla Conoscenza. La tua capacità, qui necessaria, di seguire ciò che sta oltre la tua comprensione, ti porterà alla più grande certezza che la vita ti può dare. Attraverso questa certezza, le tue idee, le tue azioni e le tue percezioni acquisiranno un'uniformità che consentirà loro di essere un'espressione potente nel mondo, dove l'umanità è confusa e persa nell'ambivalenza dell'immaginazione. È nell'atto di seguire che diventi capace di dare e capace di condurre. Nel tempo lo capirai, mentre eserciterai la tua libertà e consentirai alla tua libertà di esercitare se stessa attraverso te.

TU ORA SEI UNO STUDENTE DELLA CONOSCENZA. Dedica te stesso applicandoti nella tua preparazione con crescente devozione e coinvolgimento. Consenti agli errori del tuo passato di motivarti. Non serve che siano e non devono essere un motivo per recriminare su te stesso. Ora devono essere intesi come una dimostrazione del tuo bisogno di Conoscenza. Dunque, puoi essere molto grato che ti sia data La Conoscenza, perché ti stai rendendo conto che sopra ogni cosa è La Conoscenza che desideri.

PRATICA 280: *Un periodo lungo di pratica.*

Passo 281

AL DI SOPRA DI OGNI COSA IO CERCO LA CONOSCENZA.

AL DI SOPRA DI OGNI COSA, CERCA LA CONOSCENZA, perché La Conoscenza ti darà tutto quello che ti serve. Cercherai La Conoscenza con una convinzione totale quando ti renderai conto che qualsiasi altro campo d'impresa e qualsiasi altro utilizzo della tua mente e del tuo corpo saranno cose prive di speranza e ti condurranno in una confusione ancora più grande. Perché senza La Conoscenza puoi solo imparare che ti serve La Conoscenza e con La Conoscenza tutto il vero apprendimento proseguirà. Il tuo passato ti ha già insegnato che hai un grande bisogno di Conoscenza. Non serve che continui ad impararlo ancora ed ancora. Perché ripetere, volta dopo volta, la stessa lezione, pensando che produrrà un risultato diverso per te?

DA SOLO NON PUOI FARE NULLA. Senza La Conoscenza puoi solo generare ulteriore immaginazione. C'è dunque solo una risposta al tuo unico grande bisogno e quell'unica risposta soddisferà tutti gli altri bisogni che emanano dall'unico grande bisogno. Il tuo bisogno è essenziale e la risposta a tale bisogno è essenziale. Qui non c'è complessità, perché in sostanza hai bisogno della Conoscenza per poter vivere con significato. Hai bisogno della Conoscenza per progredire. Hai bisogno della Conoscenza per realizzare il tuo Vero Sé. Hai bisogno della Conoscenza per compiere il tuo destino nel mondo. Senza La Conoscenza, semplicemente vagherai senza meta per poi renderti conto ancora una volta che hai bisogno della Conoscenza.

QUESTO È UN GIORNO DI RINGRAZIAMENTO, perché le tue preghiere hanno ricevuto una risposta. La tua necessità ha ricevuto una risposta. Ti è stato conferito il dono di poter riconquistare la tua Conoscenza. Sopra ogni cosa, cerca quello che servirà il tutto attraverso te. Così facendo, il tuo bisogno ed il rimedio per la tua vita diventeranno semplici e sarai in grado di procedere con certezza e con pazienza, diventando uno studente costante della Conoscenza. Giorno dopo giorno, stai riconquistando il tuo Vero Sé. Giorno dopo giorno, stai sfuggendo a tutto ciò che cerca di tirarti dentro l'oscurità della confusione. Giorno dopo giorno ciò che è irreale inizia a disintegrarsi e ciò che è autentico inizia ad emergere.

Ogni ora della giornata di oggi ricorda e afferma questa grande verità—che tu cerchi La Conoscenza sopra ogni cosa. Nelle tue pratiche di meditazione più profonda, consenti a te stesso di entrare nella calma. Consenti alla tua vita di essere trasformata. Consenti alla Conoscenza di emergere affinché tu possa essere un veicolo per la sua espressione, perché in questo troverai la felicità.

Pratica 281: *Due periodi di 30 minuti di pratica.*
Pratica oraria.

Passo 282

IMPARERÒ AD ACCETTARE LA RESPONSABILITÀ DI PORTARE LA CONOSCENZA NEL MONDO.

PORTARE LA CONOSCENZA NEL MONDO esige responsabilità. La tua responsabilità è quella di seguire La Conoscenza e di imparare a esprimere La Conoscenza adeguatamente e con un vero scopo. Nel fare ciò, le tue capacità umane dovranno essere coltivate ed elevate. Il discernimento e tutti gli altri attributi di valore dentro di te dovranno essere coltivati, perché devi imparare a esprimere ciò che porti con te. Devi imparare a seguirlo e diventarne un degno veicolo. Questo è il vero significato di tutta l'evoluzione individuale. È qui che l'evoluzione individuale ha uno scopo autentico. È qui che la tua crescita e il tuo progresso hanno anche direzione.

PERTANTO, CONCEDI A TE STESSO DI VIVERE IL SIGNIFICATO dell'idea di oggi. Consenti a te stesso di accettare la responsabilità. Non è un peso che graverà sulle tue spalle. Per te è un rito di passaggio e in questo tutte le cose dentro di te che ti hanno confuso e che ti hanno frustrato riceveranno un'applicazione nuova e finalizzata. Renditi conto che La Conoscenza porta con sé la responsabilità. Nel farlo, la devi trattare con la serietà che esige, e con questa serietà, al contempo, riceverai la grandezza e la pace con la quale ti ricambierà. Nel tempo, diventerai un veicolo per La Conoscenza nel mondo molto, molto ben preparato. In questo, tutte le cose che richiedono di essere sviluppate troveranno sviluppo e tutte le cose che semplicemente intralciano il tuo progresso saranno abbandonate.

NELLE TUE PRATICHE PIÙ PROFONDE DI OGGI, nella calma, riconosci di avere la responsabilità di coltivare le tue facoltà mentali in qualità di studente di Conoscenza. Esercita queste responsabilità e non andare alla deriva nell'immaginazione.

Coinvolgi te stesso in quanto studente della Conoscenza, secondo i requisiti della tua preparazione, perché ora stai diventando una persona di responsabilità e una persona di potere.

PRATICA 282: *Due periodi di 30 minuti di pratica.*

Passo 283

IL MONDO È AMBIVALENTE, MA IO NON LO SONO.

GUARDATI INTORNO, NEL MONDO, e vedrai che il mondo dell'umanità è perso nella sua stessa ambivalenza. Vuole avere questo e vuole andare in quel luogo. Vuole tenere tutto quello che ha acquisito e non perdere nulla, e vuole pure più di quanto gli serve. È confuso riguardo al suo dilemma. È confuso sulla soluzione. È confuso sulla sua identità. È confuso riguardo a cosa dare valore e a cosa non darlo. Tutte le sue discussioni e i suoi dibattiti, tutti i conflitti e le guerre sono impegnati nell'esercitare questa ambivalenza.

QUANDO DIMORERAI NELLA CONOSCENZA, guarderai il mondo e riconoscerai la sua assoluta confusione. Questo sarà un insegnamento per te e ti ricorderà del grande bisogno di Conoscenza nel mondo. La Conoscenza non aggredirà mai se stessa, La Conoscenza non è mai in conflitto con se stessa. Pertanto, due individui, due nazioni, o anche due mondi, non avranno mai delle contese se saranno guidati dalla Conoscenza, perché La Conoscenza cercherà sempre di unire gli individui in un modo significativo e di rendere limpide le interazioni tra di loro. Non è possibile che La Conoscenza sia in conflitto con se stessa, perché all'interno della Conoscenza non esiste contrasto. Ha uno scopo e un obiettivo e sulla base di questo organizza ogni sua attività. Organizza ogni forma di contrasto mettendola al servizio di un solo scopo e un'unica direzione. Dunque è il grande creatore di pace nel mondo. Quando dimorerai con La Conoscenza, diventerai un veicolo per la sua espressione. Insegnerai così la pace, perché la pace stessa insegnerà attraverso te.

GUARDARE LA CONOSCENZA IN QUESTO modo ti permetterà di riconoscere il tuo vero coinvolgimento e la tua vera responsabilità in qualità di studente di Conoscenza. Il mondo si trova nell'ambivalenza. È nella confusione e ne sta soffrendo tutte le conseguenze. Ma tu che stai ora imparando ad essere un testimone del mondo, senza giudizio o condanna e stai imparando ad essere un testimone del mondo dalla certezza della Conoscenza, potrai semplicemente riconoscere il dilemma del mondo e sapere che stai portando dentro di te il rimedio per tutto questo.

Nelle tue pratiche più profonde entra ancora una volta nella calma e utilizza la parola RAHN, per aiutarti se necessario. Dal momento che stai imparando ad essere calmo, stai anche imparando ad essere certo. Qualsiasi individuo che nel mondo è in grado di acquisire la calma interiore, diventerà una fonte di Conoscenza nel mondo, perché La Conoscenza esprimerà se stessa nel mondo dovunque ci sia un'apertura in qualsiasi mente. La tua mente sta ora diventando aperta affinché La Conoscenza si possa esprimere.

Pratica 283: *Due periodi di 30 minuti di pratica.*

Passo 284

LA CALMA È IL MIO DONO AL MONDO.

Come può la calma essere un dono, ti potresti domandare. È un dono perché è un'espressione di certezza e di pace. Come può la calma essere un dono per il mondo? Perché la tua calma consente alla Conoscenza di esprimersi attraverso te. Come può la calma essere un dono per il mondo? Perché la tua calma consente a tutte le altre menti di essere calme così che possano conoscere. Una mente in conflitto non può essere calma. Una mente che cerca disperatamente una soluzione non può essere calma. Una mente che è presa dalla turbolenza delle proprie valutazioni non può essere calma. Dunque, quando presenti al mondo la calma che stai ora coltivando, offri a tutte le altre menti che ti riconoscono l'opportunità e la dimostrazione che consentirà anche a loro di entrare nella calma. Tu, in sostanza, stai comunicando il fatto che la pace e la libertà sono possibili e che c'è una grande presenza della Conoscenza nel mondo, che sta chiamando ogni mente separata e tormentata.

LA TUA CALMA È UN DONO. Calmerà tutte le menti. Appianerà tutte le contese. Avrà un effetto tranquillizzante e lenitivo su tutti coloro che soffrono sotto il peso della propria immaginazione. Questo, dunque, è un grande dono. Non è il tuo unico dono, perché darai anche attraverso le tue idee, le tue azioni e ciò che consegui nel mondo. Qui dimostrerai le qualità mentali evolutive che ti sono richieste in qualità di studente di Conoscenza. Tuttavia, tra tutte le cose attraverso le quali potrai contribuire a favore del mondo, la tua calma avrà l'effetto più grande, perché nella calma sarai in risonanza con tutte le altre menti ed estenderai nel mondo la vera pace e la libertà che la calma dimostra.

OGGI RICORDA L'IMPORTANZA DELLA CALMA ogni ora. Guardati intorno, in questo mondo di turbolenza e renditi conto della grande utilità della calma. Nelle tue due pratiche di meditazione più profonda, dona ancora te stesso alla calma. Consenti a te stesso di fuggire dall'ambivalenza e dall'incertezza che ti tormentano e ti bloccano. Avvicinati al regno della calma, che è il regno della Conoscenza, perché là troverai la pace e la certezza. Questo è il dono di Dio a te, e questo sarà il tuo dono al mondo.

PRATICA 284: *Due periodi di 30 minuti di pratica.*
   Pratica oraria.

Passo 285

NELLA CALMA TUTTE LE COSE POSSONO ESSERE CONOSCIUTE.

NELLA CALMA TUTTE LE COSE POSSONO ESSERE CONOSCIUTE, perché la mente è in grado di rispondere alla Conoscenza. La Conoscenza troverà allora un'espressione nei tuoi pensieri specifici e nelle tue attività. La tua mente è stata concepita per servire La Conoscenza, così come il tuo corpo è stato concepito per servire la tua mente. In questo, il contributo che proviene dalla tua Vera Casa è in grado di esprimere se stesso nel mondo dell'esilio. Qua il Cielo e la Terra si toccano, e quando si toccano, inizia a esistere una vera comunicazione e avviene il trasferimento della Conoscenza nel mondo.

TU TI STAI PREPARANDO PER ESSERE UN VEICOLO PER LA CONOSCENZA, affinché tutte le cose che consegui, grandi e piccole, uniche e terrene, esprimano la presenza della Conoscenza. Pertanto, la tua funzione nel mondo non è grandiosa; è semplice. Quello che è importante è ciò che viene espresso attraverso la tua attività, perché anche la più semplice azione, se fatta con La Conoscenza, è un grande insegnamento di Conoscenza che avrà un'impronta e un effetto su tutte le menti nel mondo.

PERTANTO, RICORDA A TE STESSO OGNI ORA, OGGI, l'importanza di coltivare la calma e l'immediata libertà dall'ansia e dal conflitto che questo ti procura. Consenti ai tuoi periodi di pratica più profonda di oggi di essere dei momenti di vera devozione, dove giungi all'altare di Dio per donare te stesso. Questa è in essenza la vera chiesa. Questa è la vera cappella. Qui è dove la preghiera diventa vera e dove la tua mente, che è un'espressione della mente di Dio, nella calma, nell'umiltà e nell'apertura, si concede alla sua grande fonte. In questo, Dio ti benedice e ti dà un dono da dare al mondo, che è il risultato della tua evoluzione.

Tutto questo si manifesta nella calma, perché nella calma il trasferimento della Conoscenza può essere completato. Questo è assolutamente naturale e totalmente al di là della tua comprensione. Pertanto, non ti serve spendere tempo ed energia speculando su questo, pensandoci sopra e cercando di capire il suo meccanismo. Questo non è necessario. Serve solo che tu sia un destinatario della Conoscenza. Non restare in disparte cercando di capirla.

Non restare in disparte, oggi, ma entra nella calma, perché questo è il dono di Dio per te. Nella calma il trasferimento della Conoscenza sarà effettuato. In questo modo diventi un veicolo per La Conoscenza nel mondo.

Pratica 285: *Due periodi di 30 minuti di pratica.*
 Pratica oraria.

Passo 286

OGGI PORTO CON ME LA CALMA NEL MONDO.

PORTA CON TE LA CALMA. Consenti alla tua vita interiore di essere silenziosa mentre ti muovi nel mondo della turbolenza e della confusione. Non c'è nulla che devi risolvere nei tuoi pensieri, ora, perché stai imparando ad essere con La Conoscenza. La Conoscenza organizzerà il tuo modo di pensare e gli darà coerenza e direzione. Porta con te la calma e sii certo che tutti i tuoi conflitti interiori saranno risolti attraverso La Conoscenza, perché stai seguendo la fonte della loro risoluzione. Ogni giorno ti porterà più vicino alla pace e alla realizzazione e quello che in precedenza ti ha perseguitato ed ha addensato grandi nuvole scure sulla tua mente semplicemente sarà da te evitato mentre camminerai lungo il percorso della Conoscenza.

PORTA CON TE LA CALMA NEL MONDO. Questo ti consentirà di essere veramente attento. Questo ti consentirà di vedere il mondo così com'è. Questo ti consentirà di dileguare il conflitto del mondo, perché tu stai insegnando la pace essendo in pace. Questa che insegni non è una pace falsa. Nasce da una vera associazione con La Conoscenza, perché qui stai seguendo La Conoscenza. Tu stai permettendo alla Conoscenza di fornire la direzione. Questo lo puoi fare solo nella calma.

NON PENSARE CHE LA CALMA TI RENDERÀ INCAPACE di svolgere un'attività autentica nel mondo. Tu sarai attivo nel mondo e parteciperai al suo meccanismo, ma mentre lo farai potrai essere calmo interiormente. Troverai, con tuo grande piacere, di essere di gran lunga più competente, più efficace e di gran lunga più sensibile verso gli altri, con maggiore coinvolgimento e produttività mentre porterai questa calma nel mondo. Qui la tua energia può essere espressa nel mondo in modo significativo. Qui tutti i poteri della tua mente e del tuo corpo sono usati per contribuire e non sono sprecati nel conflitto interiore. Dunque diventi più potente ed efficace, più certo e più produttivo mentre porti la calma nel mondo.

Durante la giornata, ricorda a te stesso che stai portando la calma nel mondo e, nelle tue due pratiche di meditazione, cerca il rifugio della calma. Fuggi dal mondo che i tuoi sensi ti presentano ed entra nella serenità e nel santuario della calma e della Conoscenza. Mentre procedi, scoprirai che i tuoi due periodi più lunghi di pratica saranno momenti di grande riposo e sollievo, grandi momenti di rigenerazione. Essi sono il luogo che frequenti ogni giorno come la santa cappella dello Spirito Santo. Essi sono il luogo dove tu e Dio vi incontrate attraverso La Conoscenza.

Questi periodi di pratica, dunque, diventano il momento saliente di ogni giornata, mentre impari a ricevere i doni che ti vengono offerti. Aspetterai con gioia le tue sessioni di pratica che saranno per te un'opportunità di rigenerare e di ristorare te stesso, per trovare una vera ispirazione e conforto, e permettendo alla tua mente di diventare sempre più forte con La Conoscenza così che tu possa portare pace e calma nel mondo.

Pratica 286: *Due periodi di 30 minuti di pratica.*
Pratica oraria.

Passo 287

CON LA CONOSCENZA NON POSSO ESSERE IN GUERRA.

CON LA CONOSCENZA NON PUOI ESSERE IN GUERRA. Tu non puoi essere in guerra con te stesso o con gli altri, perché con La Conoscenza c'è solo La Conoscenza e poi c'è la confusione nel mondo. La confusione non necessita di essere aggredita. Dunque con La Conoscenza non sei in guerra, perché hai un'unica mente, un unico scopo, una sola responsabilità, una sola direzione e un solo significato. Più la tua mente diventerà coerente, più la tua vita esteriore diventerà anch'essa coerente. Come fai ad essere in guerra dentro di te quando stai seguendo La Conoscenza? La guerra nasce dall'ambivalenza, dove dei sistemi di valori che sono in opposizione competono tra loro per ottenere il tuo riconoscimento. Idee in competizione tra loro, emozioni in competizione e valori in competizione, tutti si dichiarano guerra a vicenda e tu ti trovi nel mezzo di queste grandi battaglie.

CON LA CONOSCENZA SI SFUGGE a tutto ciò. Con La Conoscenza non puoi essere in guerra dentro di te. Col tempo, tutti i tuoi dubbi su te stesso, tutta l'incertezza, la paura e l'ansia si consumeranno. Mentre questo accadrà, sentirai sempre di più di non essere in guerra e godrai a pieno il beneficio dell'essere in pace. Questo ti consentirà di volgere lo sguardo al mondo con la piena forza del tuo coinvolgimento, perché tutta la tua energia mentale e fisica sarà allora disponibile per dare il tuo contributo al mondo. Il tuo contributo sarà più grande delle tue azioni o delle tue parole, perché porterai la calma e la pace nel mondo.

QUI NON SARAI IN CONTRASTO CON NESSUNO, anche se altri potranno scegliere di essere in contrasto con te. Qui non sarai in guerra con nessuno, anche se altri potranno scegliere di essere in guerra con te. Questo sarà il tuo più grande contributo e questo è ciò che la tua vita ti insegnerà attraverso la dimostrazione. Così La Conoscenza conferirà se stessa al mondo e insegnerà le grandi lezioni che ora stai imparando a ricevere per te stesso. Questo insegnamento avrà luogo naturalmente. Non servirà che tu lo imponga al mondo e non servirà che cerchi di cambiare gli altri, perché La Conoscenza adempierà al suo vero compito attraverso te.

OGNI ORA RENDITI CONTO DEL SIGNIFICATO DELL'IDEA di oggi e renditi conto del potere della Conoscenza nel porre fine a tutta la tua sofferenza e in definitiva alla sofferenza del mondo. Nei tuoi più profondi periodi di pratica, ritorna al tuo grande santuario e ancora una volta diventa un recettore della Conoscenza in apertura e umiltà. Così, sarai in grado di portare nel mondo la tua costante relazione con La Conoscenza con crescente certezza. Così, ciò che deve essere contribuito si irradierà da te senza sforzo.

PRATICA 287: *Due periodi di 30 minuti di pratica.*
Pratica oraria.

Passo 288

I NEMICI SONO SOLO AMICI CHE NON HANNO IMPARATO AD UNIRSI.

Non ci sono veri nemici nella vita, perché tutte le guerre e i conflitti nascono dalla confusione. Questo devi capire. Una vita senza La Conoscenza può solo essere confusa e deve creare il suo sistema di guida interiore, che è semplicemente composto dalle idee e dalle credenze con le quali si identifica. Dunque, gli individui hanno il proprio scopo e la propria identità. Queste valutazioni si scontrano con quelle di altri individui, così dall'uno all'altro, da un gruppo ad un altro gruppo, da una nazione ad un'altra nazione e da un mondo ad un altro mondo la guerra viene generata e intrapresa.

Nella Conoscenza questo non è possibile, perché nella Conoscenza tutti sono tuoi amici. Riconosci che ogni persona è allo stadio di sviluppo in cui è attualmente impegnata, qualunque esso sia. Puoi coinvolgerti con alcuni e non con altri. Alcuni potrebbero essere in grado di ricevere direttamente il tuo contributo, mentre altri dovranno riceverlo indirettamente. Tutti però sono tuoi amici. Non c'è contrasto nella Conoscenza, perché c'è solo una Conoscenza nell'universo. Esprime se stessa attraverso ogni individuo. Quando ogni individuo diventa più purificato in qualità di veicolo per La Conoscenza, quando ogni individuo diventa un maggiore destinatario di Conoscenza e quando ogni individuo segue La Conoscenza e diventa responsabile verso La Conoscenza, allora l'opportunità di essere in conflitto diminuirà e alla fine scomparirà.

Riconosci, allora, che tutte le guerre e i conflitti semplicemente esprimono una mancanza di capacità di unirsi da parte di coloro che sono coinvolti. Quando gli individui si uniscono riconoscono un bisogno comune che diventa un loro bisogno primario. Questo deve nascere dalla Conoscenza e non dall'idealismo se lo si vuole realizzare. Deve nascere dalla Conoscenza e non dalla sola filosofia se si vuole che conduca a vera azione e vero coinvolgimento. In questo modo, diventi un portatore di pace e un garante della pace nel mondo, mentre prosegui come studente della Conoscenza. Più forte è La Conoscenza dentro di te, più deboli saranno la tua paura e la tua ambivalenza. In questo modo, la guerra dentro di te avrà fine e la tua vita sarà una dimostrazione del fatto che la guerra non è necessaria.

DEDICA TE STESSO, OGGI, A PORRE FINE alla guerra nel mondo, ponendo fine alla guerra dentro di te, affinché tu possa essere un portatore di pace e un garante della pace. Ogni ora ricorda a te stesso la lezione di oggi e applicala al mondo che vedi intorno a te. Applicala a tutti i conflitti del mondo dei quali sei consapevole. Cerca di capire la sua assoluta rilevanza in questi conflitti. Questo richiederà che tu veda questi conflitti da un punto di vista diverso per renderti conto del pieno impatto e del significato dell'idea di oggi. Questo è il punto di vista che devi coltivare, perché devi imparare a vedere come La Conoscenza vede, a pensare come La Conoscenza pensa e ad agire come La Conoscenza agisce. Tutto questo lo raggiungerai più che certamente seguendo La Conoscenza ogni giorno.

NEI TUOI PERIODI DI PRATICA PIÙ PROFONDA ritorna alla calma e al silenzio, così che tu possa rafforzare la tua capacità di coltivare e di preparare te stesso ad essere un emissario di Conoscenza nel mondo. Questa è la tua responsabilità oggi. Questo permeerà tutte le altre tue attività e darà loro valore e significato, perché oggi tu sei uno studente della Conoscenza.

PRATICA 288: *Due periodi di 30 minuti di pratica.*
Pratica oraria.

Passo 289

OGGI SONO UNO STUDENTE DELLA CONOSCENZA.

SII UN VERO STUDENTE OGGI. Dona te stesso interamente al tuo processo di apprendimento. Non supporre nulla, perché i veri studenti non fanno supposizioni ed è questo che consente loro di imparare tutto. Renditi conto che tu non puoi comprendere La Conoscenza; la puoi solo ricevere. Puoi solo sentire la sua estensione attraverso la tua vita nel mondo.

PERTANTO, CONSENTI A TE STESSO DI ESSERE RICETTIVO verso La Conoscenza. Non permetterti di essere ricettivo verso l'ambivalenza che permea il mondo. Mantieni le distanze da questa ambivalenza, perché non sei forte abbastanza nella Conoscenza per affrontare l'ambivalenza e per conferire il tuo dono in un mondo ambivalente. Non essere ambizioso al riguardo, altrimenti andrai oltre le tue capacità e di conseguenza fallirai. Quando La Conoscenza crescerà e si svilupperà dentro di te, ti condurrà in aree dove sarai in grado di servire. Ti condurrà in situazioni dove sarai in grado di servire. Ti condurrà in situazioni dove avrai la giusta capacità di rendere il tuo servizio.

SII UNO STUDENTE OGGI. Non cercare di utilizzare l'apprendimento per realizzare le tue ambizioni. Non lasciare che le tue idee personali ti guidino oggi, ma sii uno studente della Conoscenza. Quando sei certo di qualcosa, portala avanti più saggiamente e più opportunamente possibile. Quando non sei certo di qualcosa, ritorna alla Conoscenza e semplicemente sii in pace con La Conoscenza, perché La Conoscenza ti guiderà. In questo modo, diventerai un vero e attivo agente della Conoscenza nel mondo. La Conoscenza si estenderà nel mondo attraverso te e tutto quello che riceverai sarà dato nel mondo attraverso te.

Nelle tue pratiche più profonde di oggi rafforza la tua capacità di entrare nel regno della Conoscenza. Oggi vai più in profondità di quanto tu non sia mai andato prima. Oggi sii uno studente della Conoscenza. Entra nella Conoscenza. Sperimenta La Conoscenza. In questo modo, diventerai sempre più coinvolto nella sua potenza e nella sua grazia. In questo modo, ti renderai conto del suo scopo nel mondo, che può solo essere concepito nella partecipazione.

Pratica 289: *Due periodi di 30 minuti di pratica.*

Passo 290

POSSO SOLO ESSERE UNO STUDENTE. PERTANTO, IO SARÒ UNO STUDENTE DELLA CONOSCENZA.

NEL MONDO TU SEI UNO STUDENTE—SEMPRE. Ogni giorno, ogni ora e ogni minuto tu stai imparando e stai cercando di assimilare il tuo apprendimento. Sei uno studente della Conoscenza oppure uno studente della confusione. Sei uno studente della certezza oppure uno studente dell'ambivalenza. Sei uno studente dell'onestà e dell'integrità oppure sei uno studente del conflitto e della guerra. Puoi solo imparare stando nel mondo e puoi solo dimostrare il risultato del tuo apprendimento.

DUNQUE, NON C'È SCELTA TRA ESSERE O non essere uno studente, perché sarai uno studente anche se deciderai di non esserlo. Se deciderai di non essere uno studente, semplicemente studierai un altro curriculum. In questo, non hai scelta, perché essere nel mondo significa imparare e dimostrare il risultato del proprio apprendimento. Compreso questo la tua decisione, dunque, consisterà nel determinare dove sarai uno studente e che cosa imparerai. Questo è il potere decisionale che ti viene dato. La Conoscenza ti guiderà naturalmente affinché tu prenda la decisione giusta e ti guiderà verso se stessa, perché ti viene data affinché tu la dia al mondo. Ne consegue che quando approccerai La Conoscenza, ti sentirai come se fossi impegnato in un grande ritorno a casa. Sentirai una grande integrazione dentro di te e sentirai che il tuo conflitto interiore e la tua guerra con te stesso inizieranno a diminuire e a svanire.

SII UNO STUDENTE DI CONOSCENZA OGGI, perché uno studente sei. Scegli il curriculum che ha scelto te. Scegli il curriculum che ti redimerà e attraverso te redimerà il mondo. Scegli il curriculum che realizza il tuo scopo qui e che è l'esempio della tua vita al di là di questo mondo, che desidera esprimersi qui. Diventa uno studente della Conoscenza.

RENDITI CONTO DELLA POTENZA DELL'IDEA DI OGGI e ricordala ogni ora. Ricordati sempre di leggere la lezione della giornata prima di entrare nel mondo, così che tu possa iniziare ad utilizzare la sua pratica per quella giornata. Conferma la tua condizione di studente della Conoscenza. Consolida il tuo coinvolgimento come studente della Conoscenza. Segui gli esercizi di oggi con crescente devozione.

NEI TUOI DUE PERIODI DI PRATICA PIÙ PROFONDA, coinvolgi attivamente la tua mente nel considerare cosa significa essere uno studente nel mondo. Impegna la tua mente nella comprensione del messaggio di oggi e cerca di renderti conto che in ogni circostanza sei uno studente. Cerca di renderti conto che qui non hai scelta, perché devi imparare, assimilare e dimostrare il tuo apprendimento. Questo è il fondamento del vero insegnamento. Renditi conto che il tuo scopo nel mondo è diventare uno studente di Conoscenza, assimilare Conoscenza e consentire alla Conoscenza di esprimere se stessa affinché tu possa dimostrare La Conoscenza nel mondo. Molto semplicemente, questa è un'espressione del tuo scopo e dal tuo scopo una chiamata specifica emergerà per guidarti in modi specifici nel mondo secondo la tua natura e il tuo disegno.

NE CONSEGUE CHE OGGI TU RAFFORZERAI te stesso come studente della Conoscenza. Nei tuoi periodi più lunghi di pratica, impegna attivamente la tua mente nel cercare di penetrare l'idea di oggi e di riconoscere la sua assoluta rilevanza nella tua vita.

PRATICA 290: *Due periodi di 30 minuti di pratica.*
Pratica oraria.

Passo 291

SONO GRATO VERSO I MIEI FRATELLI E LE MIE SORELLE CHE COMMETTONO ERRORI CONTRO DI ME.

Sii grato verso coloro che dimostrano il bisogno di Conoscenza. Sii grato verso coloro che ti insegnano che non c'è speranza nell'intraprendere qualsiasi attività nel mondo senza La Conoscenza. Sii grato verso coloro che ti fanno risparmiare tempo dimostrandoti il risultato di cose che anche in questo momento stai contemplando per te stesso. Sii grato verso coloro che ti mostrano il tuo grande bisogno nel mondo. Sii grato verso coloro che dimostrano ciò che tu devi dare al mondo. Sii grato verso quelli che sembrano commettere errori contro di te, perché loro ti mostreranno ciò che è necessario nella tua vita e ti ricorderanno che La Conoscenza è il tuo unico vero scopo, il tuo unico vero traguardo e la tua unica vera espressione.

In questo, tutti coloro che commettono errori contro di te diventano tuoi amici, perché anche nella loro miseria loro ti possono servire e ti chiameranno affinché tu serva loro. Qui tutta la follia, l'errore, la confusione, l'ambivalenza, il conflitto e la guerra nel mondo ti possono portare verso la convinzione della Conoscenza. In questo modo, il mondo ti serve, ti supporta e ti prepara a servirlo nel suo grande bisogno. Qui diventi un destinatario dei conseguimenti del mondo e ti vengono ricordati gli errori del mondo. In questo modo, il tuo amore e la tua misericordia per il mondo saranno generati.

Oggi, ricorda a te stesso ogni ora di questo messaggio e cerca di renderti conto del suo significato nel contesto di tutte le tue attività affinché tutto quello che succederà oggi dimostri il significato dell'idea di oggi. Nei tuoi periodi di pratica più profonda, impegna attivamente la tua mente nel cercare di penetrare l'idea di oggi. Ricordati di ogni persona che pensi abbia sbagliato contro di te. Vedi come quella persona ti ha servito e continuerà a servirti come avvertimento. Questo ti può risparmiare enormi quantità di tempo e di energia portandoti più vicino alla Conoscenza, aumentando la tua determinazione verso La Conoscenza e ricordandoti che non c'è alternativa per La Conoscenza. Nei tuoi periodi di pratica più lunghi pensa ad ogni persona che ritieni abbia sbagliato contro di te e renditi conto dell'enorme servizio che, da questo punto di vista, ti ha reso.

Consenti a questo giorno di essere un giorno di perdono e un giorno di accettazione in cui riconosci ed estendi la tua gratitudine verso coloro che hanno sbagliato contro di te. La vita tesse la sua trama per portarti alla Conoscenza. Quando entrerai nella Conoscenza, ti renderai conto del grande servizio che la vita ti sta rendendo, sia attraverso i suoi successi che attraverso i suoi fallimenti. Sii un destinatario di questo dono, perché nell'amore e nella gratitudine ti rivolgerai al mondo e desidererai contribuire con quella che è la più grande delle contribuzioni. Qui restituirai La Conoscenza nella gratitudine e nel servizio verso il mondo che ti ha servito.

Pratica 291: *Due periodi di 30 minuti di pratica.*
Pratica oraria.

Passo 292

COME POSSO ESSERE IN COLLERA CON IL MONDO QUANDO MI STA SOLO SERVENDO?

COME PUOI ESSERE IN COLLERA quando il mondo ti sta servendo? Quando riconoscerai quanto il mondo ti stia servendo, cosa che può solo essere riconosciuta nel contesto della Conoscenza, allora porrai fine a tutto il tuo astio verso il mondo, metterai fine a tutto il tuo rancore verso il mondo, a tutta la tua condanna del mondo e tutta la tua resistenza nei confronti del mondo. Questo confermerà il tuo vero destino, la tua vera origine e il tuo vero scopo per essere nel mondo.

TU SEI VENUTO NEL MONDO PER IMPARARE E PER disimparare. Tu sei venuto nel mondo per riconoscere ciò che è vero e ciò che non lo è. Tu sei venuto nel mondo per dare un contributo al mondo, sei un contributore che è stato mandato da oltre il mondo per servire qui. Questa è la vera natura della tua presenza qui e anche se questo potrebbe sembrare in conflitto con la tua valutazione di te stesso, è pur sempre la verità e sarà la verità a prescindere dal tuo punto di vista, a prescindere dai tuoi ideali e dalle tue convinzioni e a prescindere da qualsiasi obiettivo puoi esserti prefissato. La verità ti attende e aspetta che tu sia pronto per darle valore.

OGNI ORA RICORDATI L'IDEA di oggi e vedi la sua applicazione dappertutto mentre ti guardi intorno nel mondo. Nelle tue due pratiche più profonde, ancora una volta richiama alla mente ogni persona che ritieni abbia sbagliato contro di te e ancora una volta cerca di capire il loro contributo per te nel portarti alla Conoscenza, nell'insegnarti a dare valore alla Conoscenza e nell'insegnarti a renderti conto che non c'è speranza al di fuori della Conoscenza. Non c'è speranza senza La Conoscenza. L'idea di oggi genererà amore e gratitudine verso il mondo e rinforzerà questo punto di vista, che ti sarà necessario per poter guardare il mondo con certezza, con amore e Conoscenza.

PRATICA 292: *Due periodi di 30 minuti di pratica.*
Pratica oraria.

Passo 293

OGGI NON DESIDERO SOFFRIRE.

Rafforza la tua determinazione di non soffrire oggi essendo uno studente di Conoscenza, aderendo alla Conoscenza e dedicando te stesso alla Conoscenza. Non lasciare che il mondo ti tiri dentro alle sue corse prive di significato, alle sue imprese prive di speranza o ai suoi furibondi conflitti. Tutte queste cose esercitano ancora un'attrazione su di te, ma oggi non permettere a te stesso di arrenderti ad esse, perché le persuasioni del mondo nascono dalla grande ansia e dalla grande paura del mondo. L'ansia e la paura sono come delle malattie che influenzano le menti. Non consentire alla tua mente di esserne così influenzata oggi. Oggi tu non vuoi soffrire e soffrirai se seguirai le persuasioni del mondo. Partecipa nel mondo e adempi alle tue responsabilità terrene, ma rafforza la tua determinazione ad essere uno studente di Conoscenza, perché questo ti libererà da tutta la sofferenza e ti darà la grandezza che sei designato a dare al mondo.

Ogni ora conferma che non vuoi soffrire oggi, e renditi conto dell'inevitabilità della tua sofferenza se cerchi di coinvolgerti nel mondo senza La Conoscenza. Il mondo può solo ricordarti del tuo unico grande scopo e della tua unica grande responsabilità adesso, che è diventare uno studente di Conoscenza. Sii grato che il mondo ti supporterà nell'unico modo in cui può farlo, e sii grato che dalla tua Antica Casa, Dio ha esteso la grazia nel mondo affinché tu la riceva e impari a donarla.

Pratica 293: *Pratica oraria.*

Passo 294

RIPASSO

Inizia questo Ripasso bisettimanale con questa invocazione:

"Io sono ora uno studente di Conoscenza. Imparerò il significato e lo scopo della Conoscenza attraverso la mia partecipazione. Seguirò la mia partecipazione senza cercare di alterare i suoi metodi o le sue lezioni in alcun modo perché desidero imparare. Sono uno studente di Conoscenza in un mondo dove La Conoscenza sembra essere assente. Per questa ragione sono stato mandato qui per prepararmi a dare quello che La Conoscenza desidererà che io dia al mondo. Io sono uno studente di Conoscenza. Io sono sicuro nella mia responsabilità. In questo, riceverò tutto quello che veramente desidero, perché io desidero veramente amare il mondo."

In seguito a questa invocazione inizia il tuo Ripasso bisettimanale. Incomincia con il primo giorno di questo periodo di due settimane, leggi la lezione per quel giorno e ricorda la tua pratica. Continua in questo modo per coprire tutti i giorni di questo periodo di due settimane, e poi cerca di avere una visione d'insieme della tua vita durante questo periodo di pratica. Inizia a vedere quello che è accaduto nella tua vita in questo periodo di due settimane.

Quando avrai ottenuto una visione d'insieme, inizierai a vedere il movimento della tua vita. Forse all'inizio sarà sottile, ma presto inizierai a renderti conto che la tua vita sta progredendo rapidamente e che i tuoi valori e la tua esperienza di te stesso stanno cambiando. Stai cambiando in modo sostanziale. Stai finalmente diventando te stesso. Ti renderai conto che la guerra, che ancora di tanto in tanto infuria dentro di te, diminuirà e diventerà meno frequente. Solo con una visione d'insieme coscienziosa e oggettiva è possibile riconoscerlo e una volta riconosciuto, questo ti darà la sicurezza e la convinzione per procedere, perché saprai che stai seguendo il tuo vero corso e il tuo vero destino. Saprai che sei un vero studente di Conoscenza e che hai preso la decisione giusta riguardo alla tua condizione di studente.

PRATICA 294: *Un periodo lungo di pratica.*

Passo 295

STO ORA PENETRANDO IL MISTERO DELLA MIA VITA.

Tu stai penetrando il mistero della tua vita che cerca di rivelarsi a te. Il mistero della tua vita è la fonte di tutto ciò che è manifesto nella tua vita. Tutto ciò che sarà manifesto ed è destinato a essere manifesto è incorporato nel mistero della tua vita. Pertanto, il tuo attuale impegno come studente della Conoscenza è assolutamente fondamentale per qualunque cosa farai nel mondo e per tutto ciò che realizzerai e conseguirai in questa vita. È assolutamente fondamentale per la tua necessità.

Consenti al mistero di essere misterioso. Consenti a ciò che è manifesto di essere manifesto. In questo modo, entrerai nel mistero della Conoscenza con reverenza e apertura, e impegnerai te stesso nel mondo con un'enfasi pratica e un approccio concreto. Questo ti permetterà di essere un ponte tra la tua Antica Casa e questo mondo temporaneo. Allora, tratterai la vita nell'universo con reverenza e stupore e tratterai la tua auto-applicazione nel mondo in modo conciso e responsabile. Qui tutte le tue facoltà saranno adeguatamente coltivate e integrate, e sarai un veicolo per La Conoscenza.

Adesso inizieremo una sezione più avanzata del tuo curriculum. Ti potresti rendere conto che molto di quello che stai imparando non lo puoi ancora capire. Molti dei passi a seguire serviranno ad attivare la tua Conoscenza, per renderla più forte e più presente dentro di te e per evocare dentro di te l'antica memoria delle tue vere relazioni nell'universo e il significato del tuo scopo qui. Pertanto, inizieremo una serie di lezioni che non sarai in grado di comprendere, ma nelle quali devi impegnarti. Tu stai ora penetrando il mistero della tua vita. Il mistero della tua vita serba ogni speranza per la tua vita.

RICORDA LA TUA LEZIONE NEL CORSO DELLA GIORNATA.
Recitala ogni ora e nei tuoi due periodi di pratica più
profondi, entra nella calma e nella pace. Consenti a te stesso
di penetrare il mistero della tua vita affinché il mistero della
tua vita ti possa essere rivelato. Perché ogni significato, ogni
scopo e ogni direzione nascono dalla tua origine e dal tuo
destino. Tu sei un visitatore nel mondo, e la tua
partecipazione qui deve essere l'esempio della tua vita
superiore al di là del mondo. In questo modo, il mondo viene
benedetto e realizzato. In questo modo non tradirai te stesso,
perché sei nato da una vita superiore e La Conoscenza
dimora con te per ricordartelo.

PRATICA 295: *Due periodi di 30 minuti di pratica.*
Pratica oraria.

Passo 296

NASI NOVARE CORAM

Le parole antiche di oggi stimoleranno La Conoscenza. Il loro significato può essere tradotto così: "La presenza dei Maestri di Dio è con me." Questa è una semplice traduzione di queste parole, ma la loro potenza supera di gran lunga il loro significato palese. Esse possono evocare dentro di te una reazione profonda, perché sono un'invocazione alla Conoscenza, nata da una lingua antica che non ha avuto origine in alcun mondo. Questa lingua rappresenta la lingua della Conoscenza e serve tutti coloro che parlano una lingua e hanno ancora bisogno di una lingua per comunicare.

Ricordando la lezione di ieri, non cercare di capire l'origine di queste parole o il meccanismo per il loro servizio, ma sii il destinatario del loro dono. Ogni ora recita l'invocazione di oggi e nei due periodi di pratica più profonda, ripeti l'invocazione e poi entra nella calma e nel silenzio per sentire la potenza di queste parole. Consenti loro di assisterti nell'entrare nella profondità della tua stessa Conoscenza. Quando ogni periodo lungo di pratica è completato e quando ritorni nel mondo dell'azione e della forma, recita ancora una volta l'invocazione e sii grato che il mistero della tua vita viene penetrato. Sii grato che la tua Antica Casa è venuta con te nel mondo.

Pratica 296: *Due periodi di 30 minuti di pratica.*
Pratica oraria.

Passo 297

NOVRE NOVRE COMEY NA VERA TE NOVRE

L'INVOCAZIONE DI OGGI PARLA DEL POTERE DELLA CALMA NELLA tua mente e del potere che la calma nella tua mente avrà nel mondo. Fa in modo che la tua invocazione sia recitata ogni ora, con grande reverenza. Consenti al mistero della tua vita ora di rivelarsi a te, affinché tu lo possa contemplare e portare con te nella tua avventura nel mondo.

NEI TUOI DUE PIÙ PROFONDI PERIODI di pratica ripeti l'invocazione di oggi e ancora una volta entra nella profondità della calma, dedicandoti completamente alla tua pratica. Quando termini la tua pratica, ripeti l'idea di oggi ancora una volta. Consenti a te stesso di sentire la presenza che è con te mentre fai questo, perché la tua Antica Casa dimora con te mentre tu dimori nel mondo. L'antica memoria della tua casa e la memoria di tutte le vere relazioni che hai rievocato ad oggi nella tua intera evoluzione sono così ricordate con l'idea di oggi. Perché nella calma tutte le cose possono essere conosciute e tutte le cose che sono conosciute si riveleranno a te.

PRATICA 297: *Due periodi di 30 minuti di pratica.*
Pratica oraria.

Passo 298

MAVRAN MAVRAN CONAY MAVRAN

L'INVOCAZIONE DI OGGI SI APPELLA a coloro che esercitano La Conoscenza con te nella Comunità Più Grande, affinché la forza del loro impegno e le loro grandi conquiste possano abbellire tutti i tuoi tentativi e tutte le tue pratiche in qualità di studente di Conoscenza. L'invocazione di oggi coinvolge la tua mente con tutte le menti che sono impegnate nella riconquista della Conoscenza nell'universo, perché tu sei un cittadino di una Comunità Più Grande così come sei un cittadino del tuo mondo. Tu fai parte di una grande impresa che esiste sia nel mondo che al di là del mondo, perché Dio è all'opera ovunque. La vera religione, allora, è la riconquista della Conoscenza, che trova la sua espressione in ogni mondo e in ogni cultura, e lì acquisisce il suo simbolismo e i suoi rituali, ma la sua essenza è universale.

ESERCITATI OGNI ORA RIPETENDO L'INVOCAZIONE di oggi e mentre lo fai, prenditi un momento per sentire il suo impatto. Puoi trovare modo di farlo in tutte le tue circostanze di oggi e questo ti ricorderà della tua Antica Casa e della potenza della Conoscenza che porti dentro di te. Nei tuoi periodi di pratica più profonda, ripeti la tua invocazione e poi entra nel santuario della Conoscenza nella calma e nell'umiltà. Quando il tuo periodo di pratica sarà completato, ancora una volta ripeti l'invocazione di oggi. Consenti alla tua mente di essere coinvolta in ciò che sta oltre la portata limitata del coinvolgimento umano, perché La Conoscenza parla di una vita superiore nel mondo e oltre il mondo. È questa vita superiore che devi ora accogliere. È questa vita superiore che devi ora ricevere, perché tu sei uno studente di Conoscenza. La Conoscenza è più grande del mondo, ma La Conoscenza è venuta nel mondo per servire.

PRATICA 298: *Due periodi di 30 minuti di pratica.*
Pratica oraria.

Passo 299

NOME NOME CONO NA VERA TE NOME

L'INVOCAZIONE DI OGGI ANCORA UNA VOLTA CHIAMA IL POTERE degli sforzi di altri nella riconquista della Conoscenza ad assisterti nel tuo. Ancora una volta è una conferma della potenza di quello che stai facendo e della tua totale inclusione nella vita. Essa afferma la verità in un contesto più ampio e afferma la verità con parole che non usi da secoli, ma che ti diventeranno famigliari quando risuoneranno profondamente nella tua mente.

ESERCITATI OGNI ORA E PRENDITI UN MOMENTO per sentire l'efficacia dell'affermazione di oggi. Usala come un'invocazione per iniziare e come una benedizione per completare i tuoi due periodi più lunghi di pratica. Consenti a te stesso di penetrare il mistero della tua vita, perché il mistero della tua vita è la fonte di ogni significato nella tua vita ed è questo significato che stai cercando oggi.

PRATICA 299: *Due periodi di 30 minuti di pratica.*
Pratica oraria.

Passo 300

OGGI RICEVO TUTTI COLORO CHE SONO LA MIA FAMIGLIA SPIRITUALE.

Ricevi tutti coloro che sono la tua Famiglia Spirituale, che ti guidano e ti assistono, coloro i cui sforzi a beneficio della Conoscenza sono un supplemento ai tuoi e la cui presenza nella tua vita è una conferma che la vera comunità esiste al servizio della Conoscenza. Consenti alla loro realtà di chiarire la tua, di disperdere tutta l'oscurità dell'isolamento e tutta la debolezza dell'individualità, affinché la tua individualità possa trovare la forza del suo vero contributo. Non dimorare da solo nei tuoi pensieri oggi, ma entra nella presenza della tua Famiglia Spirituale, perché nasci dalla comunità e nella comunità ora entri, perché la vita è comunità—comunità senza esclusioni e senza opposti.

Ricorda questo ogni ora di oggi. Nei tuoi più lunghi periodi di pratica, coinvolgi attivamente la tua mente nel cercare di capire il messaggio che ti viene dato oggi. Cerca di capire che cosa significa veramente Famiglia Spirituale. Cerca di capire che ti è intrinseca. Tu non l'hai scelta. Tu semplicemente nasci da essa. Rappresenta le tue conquiste nella Conoscenza fino ad ora. Qualunque conquista raggiunta nella Conoscenza è la riconquista delle relazioni e la tua Famiglia Spirituale rappresenta quelle relazioni che hai ritrovato fino ad oggi nel tuo ritorno a Dio.

Questo sarà al di là della tua comprensione, ma la tua Conoscenza risuonerà con il messaggio di oggi e con le invocazioni che hai praticato nei giorni scorsi. La Conoscenza ti rivelerà quello che devi sapere e quello che devi fare. Tu non sei destinato a portare il peso di cercare di capire quello che è al di là della tua comprensione, ma ti viene data la responsabilità di rispondere alla comunicazione che ti viene data dal mistero della tua stessa vita e dalla potenza di Dio nella tua vita.

Tu fai parte di una Famiglia Spirituale. Tu ricevi questo attraverso la tua esperienza, un'esperienza che confermerà la tua partecipazione nella vita e il grande scopo che sei venuto a servire.

Pratica 300: *Due periodi di 30 minuti di pratica.*
               Pratica oraria.

Passo 301

OGGI NON MI PERDERÒ NELL'ANSIA.

Non permettere che l'abitudine di perderti nell'ansia catturi la tua mente in questo giorno. Accetta il fatto che stai entrando in una vita superiore con un senso di scopo superiore. Permetti a te stesso di affidarti alla certezza della Conoscenza dentro di te e alla sua conferma delle tue vere relazioni. Sii in pace in questo giorno. Consenti alla calma di dimorare con te mentre cammini attraverso il mondo.

Ogni ora ripeti l'idea di oggi. Nelle tue pratiche più profonde, usala come un'invocazione per iniziare e come una benedizione per completare la tua meditazione. Nelle tue meditazioni, permetti a te stesso di essere calmo. Oggi non lasciare che l'incertezza ti catturi. Non lasciare che l'ansia ti porti via. Tu stai dimorando con La Conoscenza, che è la fonte di ogni certezza nel mondo. Tu stai dimorando con essa e le stai consentendo di spandere la sua potenza e i suoi doni su di te, che stai imparando a riconquistare la certezza per te stesso. Consenti a questo giorno di essere una conferma della tua condizione di studente. Consenti a questo giorno di essere un'espressione della Conoscenza.

PRATICA 301: *Due periodi di 30 minuti di pratica.*
Pratica oraria.

Passo 302

OGGI NON RESISTERÒ AL MONDO.

Non resistere al mondo, perché il mondo è il luogo che sei venuto a servire. È il luogo dove La Conoscenza esprimerà se stessa mentre tu imparerai ad essere un veicolo per La Conoscenza. Consenti al mondo di essere così com'è, perché senza la tua condanna sarà molto più facile per te essere nel mondo, utilizzare le sue risorse e riconoscere le sue opportunità.

Non resistere al mondo, perché tu provieni da oltre il mondo. Il mondo per te non è più una prigione ma è il luogo dove puoi contribuire. Per quanto in passato tu possa non essere stato capace di adattarti al mondo e per quanto il mondo possa essere stato difficile per te, ora stai guardando il mondo in un modo nuovo. Hai cercato il mondo per sostituire La Conoscenza e ora ti rendi conto che La Conoscenza ti viene data dalla tua Fonte. Dunque, il mondo non viene più usato come sostituto della Conoscenza e il mondo può ora divenire la tela sulla quale puoi esprimere la potenza della Conoscenza. Così, il mondo diventa ciò che è giusto che sia nella tua vita. Per questa ragione oggi non hai bisogno di resistere al mondo.

Mentre attraversi il mondo, in questo giorno, ricorda quest'idea ogni ora e consenti a te stesso di essere presente a qualsiasi circostanza in cui ti trovi. Consenti alla tua vita interiore di essere calma, affinché La Conoscenza possa esercitare la sua influenza e la sua guida su di te. Consenti oggi a te stesso di portare con te la certezza—la certezza della Conoscenza. Questa è una certezza che non hai inventato o costruito per te stesso. Lei dimora con te, sempre, a prescindere dalla tua confusione.

Non resistere al mondo, oggi, perché La Conoscenza è con te. Nei tuoi periodi più lunghi di pratica, ricordati di quest'idea sia prima che dopo le tue meditazioni. Nelle tue meditazioni, fuggi dal mondo entrando nel santuario della calma. Più grande sarà il tuo coinvolgimento nel santuario della calma, più grande sarà la facilità che avrai ad essere nel mondo, perché non cercherai di utilizzare il mondo come un sostituto della tua Antica Casa. Qui il mondo diventa utile a te, e tu diventi utile al mondo.

PRATICA 302: *Due periodi di 30 minuti di pratica.*
Pratica oraria.

Passo 303

OGGI FARÒ UN PASSO INDIETRO DALLE PERSUASIONI DEL MONDO.

Fai un passo indietro dalle persuasioni del mondo. Riconosci ciò che è certo e ciò che è confuso. Riconosci ciò che è devoto e ciò che è ambivalente. Non lasciare che oggi la potenza delle frustrazioni e della confusione del mondo prenda il sopravvento su di te, ma tieni la luce di Dio nel tuo cuore. Lascia che arda dentro di te mentre ti avventuri in questo mondo. Così passerai attraverso il mondo illeso e senza essere influenzato perché dimori nella Conoscenza. Senza La Conoscenza, il mondo semplicemente ti trascina nella sua frenesia. Ti trascina nelle sue seduzioni e nel folle inseguimento dei suoi obiettivi.

Oggi, dimora con La Conoscenza, così sarai libero dalle persuasioni del mondo. Ripeti l'idea di oggi ogni ora e riconosci quanto sia importante nel mantenere il tuo equilibrio interiore, il tuo senso di te stesso e la tua certezza. Renditi conto di quanto sia importante l'idea di oggi nel consentirti di mantenere la calma viva dentro di te affinché le tue meditazioni più profonde, nelle quali oggi eserciterai la calma nuovamente, possano esercitare il loro influsso ed i loro risultati su tutte le tue attività, perché questo è il loro scopo.

Riconosci le persuasioni del mondo e fa' un passo indietro. Questo ti viene dato da fare, perché qui hai il potere di decidere. Puoi fare questo una volta che hai riconosciuto le persuasioni del mondo e ti sei reso conto di quanto importante sia La Conoscenza. Questo ti consentirà di esercitare per il tuo bene il tuo potere decisionale. In questo modo il mondo non ti reclamerà e così sarai una forza per il bene nel mondo, perché questo è il tuo scopo.

Nelle tue pratiche più profonde di meditazione, ancora una volta pronuncia l'idea di oggi come un'invocazione per prepararti. Nella calma e nel silenzio, entra nel santuario della Conoscenza affinché là tu ti possa rigenerare e ristorare. Trova riparo là dai tuoi conflitti interiori e dai conflitti che infuriano nel mondo. Quando ritornerai dal tuo santuario, ricorda a te stesso che non sarai richiamato dalla confusione del mondo. Ricorda a te stesso che non cadrai preda delle persuasioni del mondo. Così porterai nel mondo intorno a te la protezione che ora stai imparando a ricevere.

PRATICA 303: *Due periodi di 30 minuti di pratica.*
Pratica oraria.

Passo 304

OGGI NON SARÒ UNO STUDENTE DELLA PAURA.

RICORDA CHE SEI SEMPRE UNO STUDENTE—ogni giorno, ogni ora e ogni momento. Pertanto, mentre diventi più coscienzioso, devi selezionare quello che imparerai. Qua ti viene data una vera scelta, perché o sei uno studente della Conoscenza o tu sei uno studente della confusione. Non essere uno studente della confusione oggi. Non essere uno studente della paura oggi perché senza La Conoscenza c'è l'incertezza e c'è la paura. Senza La Conoscenza ci sono ricerche affannose che cagionano ancora più paura e ulteriore senso di perdita.

RENDITI CONTO DELLA TUA RESPONSABILITÀ IN QUALITÀ DI STUDENTE. Renditi conto di questo e accettalo con sollievo, perché qui hai di fronte una scelta significativa—essere uno studente della Conoscenza oppure uno studente della confusione. La Conoscenza proietterà il suo influsso su di te per renderti capace di fare la scelta giusta, di scegliere ciò che ti dà certezza, scopo, significato e valore nel mondo. Allora puoi diventare una forza per La Conoscenza nel mondo, per dissipare la confusione, il buio e la paura da tutte le menti che soffrono sotto il loro peso opprimente.

NON ESSERE UNO STUDENTE DELLA PAURA. Formula questo proposito dentro di te ogni ora mentre riconosci le terribili persuasioni del mondo, la confusione del mondo e il suo influsso oscuro su tutti coloro che sentono la sua oppressione. Consenti a te stesso di essere un'anima liberata, nel mondo. Tieni il gioiello dell'amore nel tuo cuore. Tieni la luce della Conoscenza nel tuo cuore. Quando ritorni nelle tue due pratiche di meditazione più profonda di oggi, ripeti l'idea di oggi affinché tu possa entrare nella calma e nel silenzio all'interno del tuo santuario. Rigenerati nella Conoscenza e ristorati, perché La Conoscenza è la grande luce che porti. Più entri nella sua presenza, più lei irradierà se stessa su di te e splenderà su di te e attraverso te sul mondo.

PRATICA 304: *Due periodi di 30 minuti di pratica.*
 Pratica oraria.

Passo 305

OGGI SENTO IL POTERE DELL'AMORE.

Se non sei preso dalle persuasioni del mondo, sentirai il potere dell'amore. Se non sei sedotto dall'ambivalenza del mondo, sentirai il potere dell'amore. Se sei con La Conoscenza, sentirai il potere dell'amore. Questo per te è naturale, per il tuo essere, per la tua natura e per la natura di tutti coloro che risiedono qui con te. Dunque, mentre il tuo stato di studente della Conoscenza diventa più profondo, così anche la tua esperienza dell'amore diventa più profonda.

Oggi, consenti all'amore di essere nella tua vita, perché La Conoscenza e l'amore sono una cosa sola. Consenti a te stesso di essere un destinatario di questo, oggi, perché in questo sei onorato e il tuo senso di indegnità viene dissipato. Ricevi la potenza dell'amore ogni ora e ricevila nei tuoi esercizi di meditazione profonda, dove eserciti la vera ricettività.

Consenti alla Conoscenza di rivelarti la natura dell'amore. Consenti al tuo amore per La Conoscenza di generare Conoscenza per te, perché La Conoscenza ti ama come suo e quando imparerai ad amare La Conoscenza come tua, il tuo senso di separazione dalla vita scomparirà. Così sarai preparato per dare un contributo nel mondo, perché allora vorrai solo contribuire dando quello che hai ricevuto. Allora ti renderai conto che non c'è altro dono che si possa in alcun modo paragonare al dono della Conoscenza, che è il dono dell'amore. Questo è ciò che vorrai conferire al mondo con tutto il tuo cuore. Qui i tuoi Maestri diventeranno più attivi per te, perché ti prepareranno per contribuire donando con efficacia, così che tu possa compiere il tuo destino nel mondo.

PRATICA 305: *Due periodi di 30 minuti di pratica.*
Pratica oraria.

Passo 306

OGGI RIPOSERÒ NELLA CONOSCENZA.

NELLA CONOSCENZA TU TROVERAI RIPOSO e tregua dal mondo. Nella Conoscenza troverai conforto e rassicurazione. Nella Conoscenza tutto ciò che è più vero nella vita dimorerà con te, perché nella Conoscenza il Cristo e il Budda sono uno. Nella Conoscenza tutti i grandi traguardi dei grandi emissari spirituali si uniscono e ti sono rivelati. In questo si compie la loro promessa, perché hanno donato loro stessi per questo scopo. Così, La Conoscenza che oggi ricevi è il frutto del loro dare, perché La Conoscenza è stata mantenuta viva nel mondo per te. È stata mantenuta viva da coloro che l'hanno ricevuta e donata. Così, le loro vite forniscono un fondamento alla tua. Il loro dare fornisce un fondamento al tuo dare. La loro accettazione della Conoscenza rafforza la tua accettazione della Conoscenza.

LO SCOPO DI TUTTO L'INSEGNAMENTO spirituale è l'esperienza e la manifestazione della Conoscenza. Questo può permeare il dono più semplice e il dono più grande, l'azione più banale e l'azione più straordinaria. Tu che pratichi La Conoscenza sei in ottima compagnia. Tu ricevi il dono del Cristo e del Budda. Tu ricevi il dono di tutti i veri emissari spirituali che hanno realizzato la loro Conoscenza. È così che la tua partecipazione oggi riceve forza e fondamento mentre tu porti avanti il grande scopo di mantenere viva La Conoscenza nel mondo.

OGGI, OGNI ORA e nelle tue due pratiche di meditazione profonda, riposati nella Conoscenza, che sta ora vivendo dentro di te.

PRATICA 306: *Due periodi di 30 minuti di pratica.*
Pratica oraria.

Passo 307

LA CONOSCENZA STA VIVENDO CON ME ADESSO.

LA CONOSCENZA STA VIVENDO CON te e tu stai imparando a vivere con La Conoscenza. Così tutta l'oscurità e l'illusione si diradano nella tua mente, mentre giungi alla comprensione di ciò che la tua vita è sempre stata e sempre sarà. Quando ti renderai conto dell'immutabilità della tua vera esistenza, ti renderai conto di come desidera esprimersi nel mondo del cambiamento. La tua Conoscenza è più grande della tua mente, più grande del tuo corpo e più grande delle tue definizioni di te stesso. È immutabile e allo stesso tempo perennemente mutevole nelle sue espressioni. Oltre la paura, il dubbio e la distruzione, lei dimora dentro di te, e quando imparerai a dimorare con lei, tutte le sue qualità diventeranno le tue.

NON C'È NULLA CHE IL MONDO POSSA PROCURARE che si possa in alcun modo paragonare a questo, perché tutti i doni del mondo sono momentanei e transitori. Se darai loro troppa importanza, la tua paura di perderli aumenterà. Se li terrai stretti a te, la tua ansia per la morte e la distruzione sarà accresciuta e tu entrerai di nuovo nella confusione e nella frustrazione. Tuttavia con La Conoscenza puoi possedere delle cose nel mondo, senza però identificarti con loro. Le puoi ricevere e lasciare andare in base alla necessità. Allora la grande ansia del mondo non avrà effetto su di te, ma la potenza della Conoscenza che porti con te avrà effetto sul mondo. In questo modo avrai influenza sul mondo più di quanto esso avrà influenza su di te. In questo modo, tu porterai il tuo contributo al mondo. In questo modo, il mondo sarà benedetto.

RIGENERA TE STESSO NELLA CONOSCENZA nei tuoi più profondi periodi di pratica nella calma e ricorda a te stesso, ogni ora, la potenza della Conoscenza che porti con te in questo giorno. Non lasciare che alcun dubbio o incertezza ti dissuadano, perché qui il dubbio e l'incertezza sono completamente innaturali. Stai imparando a diventare naturale perché che cosa potrebbe essere più naturale di essere te stesso? E che cosa potrebbe essere più te stesso della Conoscenza stessa?

PRATICA 307: *Due periodi di 30 minuti di pratica.*
Pratica oraria.

Passo 308

RIPASSO

Nel tuo periodo più lungo di pratica di oggi, intraprendi il Ripasso delle due scorse settimane di formazione secondo le Nostre precedenti istruzioni. Questo è un periodo di Ripasso molto importante, perché ripasserai le invocazioni che ti sono state date e ripasserai anche la potenza del compito che stai intraprendendo in qualità di studente della Conoscenza. Riconosci, in queste due settimane trascorse, la tua paura della Conoscenza. Riconosci la tua paura del mistero della tua vita. Riconosci qualsiasi tentativo che potresti aver fatto per rientrare nell'illusione e nell'immaginazione. Riconosci questo contrasto nell'imparare quello che è così essenziale per la tua comprensione.

Ripassa tutto ciò con oggettività e misericordia. Sii consapevole che la tua ambivalenza verso la vita deve essere compresa e che continuerà a esprimersi con una potenza sempre decrescente mentre ti avvicinerai sempre di più alla Conoscenza. Ricorda che La Conoscenza è la vita stessa, la vera essenza della vita. È immutabile ma esprime se stessa costantemente attraverso il cambiamento. Per viverla, devi rafforzare la tua partecipazione come studente di Conoscenza e ricordarti che sei uno studente principiante della Conoscenza, e dunque non puoi fare affidamento sulle tue supposizioni. Tu devi ricevere il curriculum ed essere guidato nella sua applicazione. In questo modo, sarai al riparo da qualunque applicazione errata, qualunque interpretazione errata e dunque al riparo dall'errore.

Questo Ripasso è molto importante, perché stai arrivando adesso ad una grande svolta nella tua partecipazione come studente della Conoscenza. La Conoscenza sta iniziando ad avere potenza ora. Tu stai iniziando a sentire la sua potenza. Stai iniziando a comprendere la sua importanza per te. Tu che sei stato solo in parte con la vita in passato ti stai ora rendendo conto che la vita è completamente con te e richiederà che tu sia completamente con lei. Questa è la tua salvezza e la tua redenzione, perché qui ogni separazione, paura e miseria sono dissipate. Che cosa potresti perdere nel ricevere un simile dono? Perdi solo la tua immaginazione, che ti ha tormentato, minacciato e spaventato. Tuttavia, con La Conoscenza anche alla tua immaginazione sarà dato uno scopo superiore, perché essa è destinata a servirti in modo diverso.

Porta avanti il tuo Ripasso con grande profondità e sincerità. Non ti preoccupare di quanto tempo questo richiede. Non potresti spendere il tuo tempo meglio di così. Ripassa le scorse due settimane in modo che tu possa osservare il progresso della Conoscenza dentro di te. Avrai bisogno di questa comprensione se vorrai supportare gli altri, in futuro, nella riconquista della Conoscenza per loro stessi.

Pratica 308: *Un periodo lungo di pratica.*

Passo 309

IL MONDO CHE VEDO STA CERCANDO DI DIVENTARE UNA COMUNITÀ.

IL MONDO CHE VEDI STA CERCANDO DI DIVENTARE una comunità, perché questa è la sua evoluzione. Come può evolversi il mondo quando è frammentato? Come può avanzare l'umanità, quando si oppone a se stessa? Come può il mondo essere in pace quando una fazione compete con un'altra? Il mondo che vedi è come la mente che sperimenti dentro di te—in guerra con se stessa, ma senza uno scopo e un significato. Il mondo che vedi sta cercando di diventare una comunità, perché tutti i mondi dove si è evoluta la vita intelligente devono diventare una comunità unica.

COME QUESTO SARÀ CONSEGUITO e quando sarà conseguito è al di là del tuo orizzonte attuale, ma quando guarderai il mondo senza giudicarlo vedrai in tutte le persone il desiderio di unirsi. Vedrai il desiderio di terminare la separazione. I problemi pressanti del mondo sono solo una rappresentazione del suo dilemma e un appello alla creazione di una comunità unica nel mondo. Questo è così ovvio se solo si guarda. Come anche tu stai diventando una persona unificata e stai guarendo tutte le ferite dentro di te in quanto studente della Conoscenza, allo stesso modo anche il mondo sta cercando di diventare un mondo unificato e di guarire tutte le sue ferite, tutti i suoi conflitti e le sue separazioni. Perché questo avviene? Perché La Conoscenza è nel mondo.

MENTRE STAI SCOPRENDO LA CONOSCENZA DENTRO di te, ricordati che La Conoscenza è latente all'interno di ogni persona e anche nella sua latenza sta proiettando la sua influenza ed estendendo la sua direzione. Anche il mondo contiene La Conoscenza. È una rappresentazione più grande di te stesso quella che stai vedendo. Così, quando diventi uno studente di Conoscenza e sei in grado di riconoscere oggettivamente la tua preparazione, incominci ad avere una vera visuale dell'evoluzione del mondo. Qua il tuo punto di vista non sarà distorto da preferenze personali o da paure, perché l'evoluzione del mondo ti sarà semplicemente ovvia. L'evoluzione del mondo è ovvia ai tuoi Maestri, che guardano il mondo da oltre i suoi vincoli. Ma tu che sei nel mondo, tu che senti l'influenza del mondo e che condividi i dubbi e le incertezze del mondo, devi imparare anche tu a guardare il mondo senza questi vincoli.

IL MONDO STA CERCANDO DI DIVENTARE UNA COMUNITÀ. Ricorda questo a te stesso ogni ora e, nei tuoi due più lunghi periodi di pratica, impegna attivamente la tua mente nel cercare di comprendere l'idea di oggi. Pensa ai problemi del mondo e le soluzioni che essi richiedono. Pensa ai problemi del mondo e all'esigenza che siano risolti. Renditi conto che se qualsiasi individuo o gruppo di individui si opponesse a queste soluzioni, questo li indurrebbe a dichiararsi guerra tra loro e contro il mondo. I conflitti che percepisci sono semplicemente il tentativo di preservare la separazione. Ma il mondo sta tentando di diventare una comunità e a prescindere dalla resistenza contro questo, cercherà di farlo incessantemente, perché questa è la sua evoluzione. Questo è il vero desiderio di tutti coloro che vi dimorano, perché ogni separazione deve cessare e ogni contributo dev'essere dato. Questo è il tuo scopo ed è lo scopo di tutti coloro che sono venuti qua.

RICORDATI, SEI STATO CHIAMATO e stai rispondendo al tuo unico vero scopo. Nel tempo, altri saranno chiamati e risponderanno. Questo è inevitabile. Tu stai conseguendo l'inevitabile, che richiederà molto tempo e molti passi. La Conoscenza è la tua fonte e La Conoscenza è il risultato. Dunque, puoi essere certo del risultato finale delle tue azioni. A prescindere da come il mondo procederà nella sua preparazione e nelle sue difficoltà, deve raggiungere questo unico vero traguardo. Dunque, puoi procedere con certezza.

NELLE TUE MEDITAZIONI PIÙ LUNGHE CERCA DI PENETRARE l'idea di oggi. Qui non ti accontentare, ma impegna attivamente la tua mente nel modo in cui è stata destinata ad essere impegnata. Cerca di riconoscere la tua stessa ambivalenza riguardo al fatto che il mondo sta diventando una comunità. Cerca di riconoscere le tue paure e le tue preoccupazioni al riguardo. Cerca anche di riconoscere il tuo desiderio di una comunità unica e la tua comprensione del fatto che questo è necessario. Una volta che avrai fatto l'inventario dei tuoi pensieri e dei tuoi sentimenti sull'idea di oggi, capirai meglio perché il mondo si trova nel suo attuale dilemma. Il mondo ha un preciso destino e un preciso corso da seguire, ciononostante rimane ambivalente su tutto. Dunque il mondo stesso deve disimparare l'ambivalenza, così come stai imparando a fare tu, e i tuoi conseguimenti lo assisteranno nella sua grande impresa, perché questo è il tuo contributo al mondo.

PRATICA 309: *Due periodi di 30 minuti di pratica.*
Pratica oraria.

Passo 310

IO SONO LIBERO PERCHÉ DESIDERO DARE.

LA TUA LIBERTÀ SARÀ REALIZZATA, la tua libertà sarà completata e la tua libertà sarà riconquistata per sempre attraverso il tuo contribuire con i tuoi veri doni al mondo. Tu che stai ora dedicando te stesso al dare e stai imparando la natura del tuo dono e la tua responsabilità in qualità di donatore, stai preparando il terreno per la tua libertà e mettendo al sicuro la tua libertà nel mondo. Non essere scoraggiato dal fatto che il mondo non è portatore dei tuoi valori e non essere sconcertato dal fatto che il mondo non condivide il tuo impegno, perché ci sono molti nel mondo e al di là del mondo che stanno intraprendendo la tua stessa preparazione. Ci sono molti che hanno completato la tua attuale preparazione che ora servono il mondo con tutto il loro cuore e tutta la loro anima.

DUNQUE, FAI PARTE DI UNA GRANDE COMUNITÀ di apprendimento. Quello che stai imparando ora, lo dovrà imparare tutto il mondo prima o poi, perché tutti devono ritrovare La Conoscenza. Questa è la volontà di Dio. Noi stiamo ora cercando di minimizzare il tempo necessario e le difficoltà che si incontreranno. Allo stesso tempo comprendiamo che l'evoluzione deve prendere il proprio corso nell'individuo come nell'umanità. Così, La Conoscenza si estende per supportare la vera evoluzione della vita affinché la vita si possa compiere e realizzare. Questo processo continua in te e nel mondo. Tu che stai riconquistando la tua condizione di studente di Conoscenza riconquisterai la tua funzione di sostenitore della Conoscenza. In questo, sempre di più diventerai una forza per il bene nel mondo—una forza che disperde l'ambivalenza, la confusione e il conflitto, una forza per la pace, una forza per la certezza e una forza per la vera cooperazione e la relazione.

Ricorda quest'idea ogni ora nel corso della giornata e, nei tuoi due più profondi periodi di pratica, impegna attivamente la tua mente pensando a questo. Lascia che la tua mente sia un utile strumento di indagine. Ancora una volta ripassa tutte le tue idee e le tue credenze associate all'idea di oggi. Ancora una volta renditi conto di quanto l'ambivalenza ti sta ancora derubando della tua motivazione, ti sta derubando del tuo coraggio e derubando della relazione. Rafforza la tua condizione di studente e di sostenitore della Conoscenza, affinché tu possa in questo giorno sfuggire ancora di più all'ambivalenza e ricevere la certezza che è il tuo retaggio.

Pratica 310: *Due periodi di 30 minuti di pratica.*
Pratica oraria.

Passo 311

IL MONDO MI STA CHIAMANDO. MI DEVO PREPARARE PER SERVIRLO.

Tu sei venuto per servire il mondo, però ti devi preparare per servirlo. Non ti puoi preparare da solo, perché non sai per che cosa ti stai preparando e non conosci i metodi di preparazione, perché questi ti devono essere dati. Tu però sai di doverti preparare e sai di dover seguire i passi della preparazione, perché questo è già nella tua Conoscenza.

Tu sei venuto per servire il mondo. Se questo venisse negato o trascurato piomberesti nel caos interiore. Se il tuo scopo non sarà servito e portato avanti ti sentirai alienato da te stesso e cadrai nell'oscurità della tua stessa immaginazione. Condannerai te stesso e crederai che anche Dio ti condanni. Dio non ti condanna. Dio ti chiama a riconoscere il tuo scopo ed a compierlo.

Non lasciare che l'ambizione ti porti prematuramente nel mondo. Ricorda che sei uno studente della Conoscenza. Tu segui La Conoscenza nel mondo perché ti stai preparando per essere un veicolo per il suo contributo e un destinatario dei suoi doni. Questo esigerà moderazione da parte tua. Questo richiederà l'adesione ad una preparazione superiore. Uno studente ha solo bisogno di seguire la guida dell'istruzione. Uno studente ha solo bisogno di fidarsi della potenza dell'istruttore. La tua Conoscenza confermerà ciò ed eliminerà la tua incertezza, perché la tua Conoscenza sta ritornando alla sua casa e alla sua fonte. Sta ritornando là dove deve ritornare. Sta rispondendo a ciò che deve compiere nel mondo.

Non odiare il mondo e non resistergli, perché è il luogo dove compirai il tuo destino. Ne consegue che merita la tua gratitudine e la tua stima. Ricorda però anche di rispettare la potenza della sua confusione e delle sue seduzioni. Qui devi essere forte con La Conoscenza e anche se apprezzi il mondo per il fatto che rafforza la tua determinazione per La Conoscenza, devi anche prendere nota della confusione del mondo ed entrare nel mondo con attenzione, con discernimento e con adesione alla Conoscenza. Tutte queste cose sono importanti e Noi ti rammenteremo di loro mentre procederemo, perché sono essenziali per il tuo apprendimento della saggezza in qualità di studente. È sia il tuo desiderio di Conoscenza sia la tua capacità di Conoscenza che dobbiamo coltivare e che tu devi imparare a ricevere.

PRATICA 311: *Leggi la lezione tre volte oggi.*

Passo 312

CI SONO PROBLEMI PIÙ GRANDI CHE DEVO RISOLVERE NEL MONDO.

MOLTI DEI TUOI PROBLEMI PERSONALI SARANNO RISOLTI quando donerai te stesso a una chiamata superiore. Di alcuni dei tuoi problemi personali dovrai occuparti in modo specifico, ma anche qui troverai che il loro peso su di te diminuirà quando entrerai in uno scenario più vasto di partecipazione nella vita. La Conoscenza ti dà da fare cose più grandi, ma non trascura alcun dettaglio di quello che devi conseguire. Pertanto, piccoli dettagli e grandi dettagli, piccoli aggiustamenti e grandi aggiustamenti, sono tutti inclusi. Niente viene trascurato. Tu da solo non potresti in alcun modo bilanciare la tua preparazione in questo senso, perché non sapresti come stabilire le tue priorità tra ciò che è grande e ciò che è piccolo. Il tuo tentativo di farlo da solo ti spingerebbe ancora più in profondità nella confusione e nella frustrazione.

SII ALLORA GRATO DI ESSERE STATO RISPARMIATO dal tentare l'impossibile per te stesso, perché ciò che è reale ti viene dato. Quello che devi fare è diventare uno studente e un veicolo per La Conoscenza. Questo attiverà tutto lo sviluppo individuale significativo e tutta la formazione individuale significativa. Ti richiederà più di quanto hai mai richiesto a te stesso e tutto quello che richiederà sarà ottenuto e ti elargirà la sua vera promessa.

OGNI ORA RICORDA QUESTO A TE STESSO e prendi a cuore la promessa che un coinvolgimento superiore ti fornirà una via d'uscita dalla tua miseria individuale. Nei tuoi periodi di pratica più profonda di oggi, impegna attivamente la tua mente in una revisione di tutti i tuoi piccoli problemi personali. Rivedi tutte le cose che pensi che ti trattengano e tutte le cose che credi di dover risolvere per te stesso. Mentre guardi ognuna di queste cose con oggettività, senza rifiuto, ricorda e rammenta a te stesso che ti viene data una chiamata superiore che correggerà queste cose o renderà superflua la loro correzione. Ricorda a te stesso che La Conoscenza assicurerà correzione a tutti i livelli quando la tua vita diventerà uniforme e direzionata, quando la tua Conoscenza inizierà a emergere e il tuo vero senso di te stesso incomincerà ad essere riconosciuto e ricevuto.

PRATICA 312: *Due periodi di 30 minuti di pratica.*
Pratica oraria.

Passo 313

CHE IO POSSA RICONOSCERE CHE CIÒ CHE È COMPLESSO È SEMPLICE.

Tu pensi che i tuoi problemi personali siano complessi. Pensi che i problemi del mondo siano complessi. Pensi che il tuo futuro e il tuo destino siano complessi. Questo è dovuto al fatto che hai vissuto nell'immaginazione e hai cercato di risolvere le questioni senza certezza. Questo è il risultato dell'utilizzo delle tue convinzioni personali per organizzare l'universo sulla base delle tue preferenze. Questo è il risultato del tentare l'impossibile e questo è il risultato del fallimento nel tentare l'impossibile.

Tu sei stato salvato perché La Conoscenza è con te. Tu sei stato redento perché stai imparando a ricevere La Conoscenza. Dunque tutti i conflitti si risolveranno e tu troverai vero scopo, significato e direzione nel mondo. Vedrai che cercherai ancora di risolvere da solo i tuoi problemi e questo ti ricorderà solo che hai bisogno che La Conoscenza ti guidi, perché tutto ciò che i tuoi sforzi possono fare senza La Conoscenza è ricordarti del tuo bisogno di Conoscenza.

Pertanto, ricorda oggi ogni ora che La Conoscenza è con te e che tu sei uno studente della Conoscenza. Abbi fiducia che tutti i problemi che percepisci—grandi e piccoli, dentro e fuori di te—saranno risolti attraverso La Conoscenza. Ricorda anche a te stesso che questo non ti mette in uno stato passivo. Questo esigerà il tuo coinvolgimento attivo come studente della Conoscenza e lo sviluppo attivo delle tue capacità per un vero scopo. Certamente sei stato passivo in precedenza per via del tuo tentare l'impossibile e dei tuoi fallimenti nell'impossibile. Ora stai diventando attivo e quello che è attivo dentro di te è La Conoscenza, perché stai ora ricevendo il tuo Vero Sé.

Nelle tue pratiche più lunghe, impegnati attivamente nell'idea di oggi. Cerca di penetrare il suo significato. Ripassa tutte le idee e le convinzioni che hai attualmente in relazione a tale idea. Consenti a te stesso di fare un inventario dei tuoi pensieri e delle tue convinzioni così che tu possa arrivare a riconoscere il lavoro che deve essere compiuto dentro di te. Tu sei il primo destinatario della Conoscenza e qui, appena avrai raggiunto un certo grado di successo, La Conoscenza fluirà in modo naturale attraverso te. Le tue attività saranno così sempre di più impegnate nel servire il mondo intorno a te e problemi più grandi ti saranno presentati affinché tu possa essere salvato dal tuo stesso dilemma.

Pratica 313: *Due periodi di 30 minuti di pratica.*
Pratica oraria.

Passo 314

OGGI NON AVRÒ PAURA DI SEGUIRE.

Non aver paura di seguire, perché sei un seguace. Non aver paura di essere uno studente, perché sei uno studente. Non aver paura di apprendere, perché sei un apprendista. Accetta semplicemente di essere quello che sei e utilizzalo per il bene. Qui termini la guerra contro te stesso, dove hai cercato di essere qualcosa che non sei. Impara ad accettare te stesso e ti renderai conto di essere accettato. Impara ad amare te stesso e ti renderai conto di essere amato. Impara a ricevere te stesso e ti renderai conto che sei ricevuto. Come puoi amare, accettare e ricevere te stesso? Essendo uno studente della Conoscenza, perché qui tutti questi traguardi sono naturali. Tu li devi raggiungere per essere con La Conoscenza, e La Conoscenza li raggiungerà. Così ti viene dato un mezzo semplice per risolvere un dilemma apparentemente complicato.

NON DUBITARE DELLA POTENZA DELLA CONOSCENZA DENTRO di te e di ciò che è in grado di conseguire, perché tu non puoi comprendere il significato della Conoscenza, la fonte della Conoscenza o il meccanismo della Conoscenza. Tu puoi solo ricevere i suoi benefici. In questo giorno ti viene solo chiesto di ricevere. Ti viene solo chiesto di essere un destinatario della Conoscenza.

OGNI ORA RICORDA LA TUA IDEA e dalle seria considerazione nel corso della giornata. Renditi conto di quante opportunità hai oggi per praticare, visto che ora la tua mente viene portata via dalla fantasia e dalla confusione. Renditi conto di quanto tempo ed energia sono a tua disposizione. Sarai stupefatto di quanto la tua vita si aprirà e di quali grandi opportunità inizieranno a emergere per te.

Nei tuoi più profondi esercizi di oggi, ancora una volta entra nella calma. Ancora una volta trova rifugio dalle vicissitudini e dalla confusione del mondo. Ancora una volta entra nel santuario della Conoscenza per donare te stesso. È in questo dare che tu ricevi. È in questo dare che troverai quello che cerchi in questo giorno.

PRATICA 314: *Due periodi di 30 minuti di pratica.*
 Pratica oraria.

Passo 315

OGGI NON SARÒ SOLO.

Oggi non essere solo. Non isolare te stesso nella tua paura o nella tua immaginazione negativa. Non isolare te stesso nelle tue fantasie. Non pensare che sei solo, perché questa è una fantasia. Oggi non essere solo. Renditi conto che coloro che sono con te non sono persuasi dai tuoi errori o sconfortati dai tuoi fallimenti, ma riconosci la tua vera natura e la tua Conoscenza. Quelli che sono con te oggi ti amano senza riserve. Ricevi il loro amore, perché questo confermerà che non sei solo, questo confermerà che tu non desideri essere solo. Per quale altro motivo potresti voler essere solo se non per nascondere il tuo dolore, il tuo senso di fallimento e il tuo senso di colpa? Queste cose, che sono il risultato della separazione, solo ti isolano ulteriormente.

Però, oggi tu non sei solo. Allora scegli di non essere solo e vedrai che non sei mai stato solo. Scegli di non isolare te stesso e vedrai che tu fai già parte della vita. Conferma questo ogni ora e renditi conto ancora una volta delle tante opportunità che avrai nel corso della giornata di oggi per considerare ciò. Nelle tue pratiche di meditazione più profonda, inizia con l'invocazione del messaggio di oggi. Dopo di che entra nella calma e nel silenzio dove non c'è separazione. Consenti a te stesso di ricevere i grandi doni dell'amore che ti spettano e che disperdono qualsiasi senso di inadeguatezza e di indegnità, che sono semplicemente il residuo della tua vita separata e immaginata. Oggi non sei solo. Dunque, c'è speranza per il mondo.

PRATICA 315: *Due periodi di 30 minuti di pratica.*
Pratica oraria.

Passo 316

OGGI MI FIDERÒ DELLE MIE INCLINAZIONI PIÙ PROFONDE.

Le tue inclinazioni più profonde sono emanate dalla Conoscenza. Quando la tua mente diverrà libera dai suoi vincoli e la tua vita inizierà ad aprirsi alla chiamata superiore che sta adesso emergendo per te, queste inclinazioni più profonde diventeranno più potenti e più evidenti. Sarai in grado di discernerle con più facilità. Questo richiederà una grande fiducia in te stesso, che ovviamente richiederà un grande amore per te stesso. Il fatto di fidarti delle tue inclinazioni più profonde, di seguire La Conoscenza ed essere uno studente di Conoscenza, ristabilirà il tuo amore per te stesso e lo porrà su un solido fondamento che il mondo non potrà scuotere.

QUI SEI REDENTO AI TUOI STESSI OCCHI. Qui sei portato ad entrare in relazione con la vita. Qui il tuo amore per te stesso genera amore per gli altri, perché non c'è ineguaglianza qui. Sei redento, e nella tua redenzione La Conoscenza incomincia a esprimere se stessa nel mondo. Tu sei il suo principale beneficiario ma ancora più grande di questo è il suo impatto sul mondo. Perché nel tuo dare, tu ricorderai al mondo che non è privo di speranza, che non è solo, che tu non sei solo, che gli altri non sono soli e che tutte le inclinazioni più profonde di speranza, di verità e di giustizia che gli altri sentono non sono prive di fondamento, ma nascono dalla Conoscenza dentro di loro. Sarai così una forza di conferma nel mondo e una forza che conferma La Conoscenza anche negli altri.

RICORDA LA TUA IDEA OGNI ORA e cerca di utilizzare tutte le situazioni che incontri oggi per lo scopo di riconquistare La Conoscenza. In questo modo, vedrai che la tua intera vita può essere utilizzata per praticare. Così facendo, tutto ciò che succederà ti servirà e proverai amore verso il mondo. Le tue inclinazioni più profonde accenderanno e incoraggeranno le inclinazioni più profonde negli altri, così sarai una forza per La Conoscenza nel mondo.

Nei tuoi due più profondi esercizi di meditazione, nella calma, trova rifugio nel tempio della Conoscenza dentro di te. Là, cerca di essere calmo e di sentire semplicemente la potenza della Conoscenza nella tua vita. Non portare le tue domande, perché a loro sarà data risposta dalla Conoscenza mentre emerge dentro di te. Vieni in apertura, cercando sollievo, cercando conforto, cercando potenza e cercando certezza. Sperimenterai queste cose perché sono emanate dall'essenza della Conoscenza dentro di te. Lascia che questo sia un giorno di fiducia in te stesso e dunque un giorno di amore per te stesso.

Pratica 316: *Due periodi di 30 minuti di pratica.*
Pratica oraria.

Passo 317

DEVO SOLO ABBANDONARE LA MIA AMBIVALENZA PER CONOSCERE LA VERITÀ.

QUANTO È SEMPLICE CONOSCERE LA VERITÀ quando si desidera veramente la verità. Quanto è facile riconoscere l'ambivalenza e vedere il suo impatto devastante sulla tua vita. Quanto è semplice vedere l'evidenza dell'ambivalenza nel mondo intorno a te e come essa scardina le inclinazioni più profonde di tutti coloro che dimorano qui. Cerca allora la via d'uscita dall'ambivalenza, perché essa è confusione. Cerca allora via d'uscita dal peso del costante prendere decisioni e scegliere, perché questi sono dei pesi.

L'UOMO E LA DONNA DI CONOSCENZA non hanno bisogno di appesantirsi con il peso della costante deliberazione di quello che devono fare, di come devono essere, di chi sono e dove stanno andando nella vita, perché queste cose sono conosciute nel momento in cui ogni passo viene anticipato e intrapreso. Così, il grande peso che porti nel mondo viene sollevato dalle tue spalle. Così inizi a fidarti di te stesso e del mondo. In questo modo la pace è possibile ed è assicurata anche per coloro che sono attivi nel mondo, perché essi portano con loro la calma e l'apertura. Essi adesso sono alleggeriti e sono nella posizione di poter veramente contribuire.

RICORDA A TE STESSO LA TUA LEZIONE OGNI ORA e quando guardi il mondo, riconosci l'effetto e l'influenza dell'ambivalenza. Riconosci quanto sia disabilitante e quanto supporti la confusione, oltre ad essere un'emanazione della confusione stessa. È il risultato del tentativo di dare valore a ciò che è privo di significato e ignorare ciò che è pieno di significato. Qui le cose prive di valore competono con quelle di vero valore, nella valutazione di coloro che le percepiscono. Riconoscilo questo, quando guardi il mondo.

Non lasciare, oggi, che passi neppure un'ora senza praticare perché in questo modo questo giorno ti insegnerà l'importanza della Conoscenza. Ti insegnerà che l'ambivalenza dev'essere evitata e che essa è la maledizione della confusione sul mondo.

Nei tuoi più profondi periodi di pratica, fuggi dalla tua stessa ambivalenza ed entra di nuovo nel santuario della Conoscenza dove nella calma e nella pace puoi sentire pienamente la potenza della Conoscenza e la verità della tua stessa natura. Questo è un giorno di libertà. Questo è un giorno di comprensione del tuo dilemma e di presa di coscienza che la via d'uscita è a tua disposizione. Intraprendi questo passo con certezza, perché oggi tu puoi fuggire dall'ambivalenza.

Pratica 317: *Due periodi di 30 minuti di pratica.*
Pratica oraria.

Passo 318

C'È UNA POTENZA SUPERIORE ALL'OPERA NEL MONDO.

C'È UNA POTENZA SUPERIORE ALL'OPERA nel mondo perché c'è una Potenza Superiore all'opera nella tua vita e questa Potenza Superiore è al lavoro nelle vite di tutti quelli che dimorano qui. Anche se la maggioranza degli abitanti del tuo mondo non sono ancora pronti per iniziare la riconquista della Conoscenza, La Conoscenza comunque dimora dentro di loro e proietta la sua influenza su di loro—un'influenza che per certi aspetti avrà effetto su di loro e per altri aspetti ignoreranno. Tuttavia, quando diventerai il destinatario e il rappresentante della Conoscenza e quando diventerai il veicolo per l'espressione della Conoscenza nel mondo avrai il potere di attivare e influenzare tutti coloro che hanno bisogno di ricevere La Conoscenza dentro di loro. In questo modo, tutto quello che fai, grande o piccolo, diventa una benedizione per il mondo. Tu che stai ora imparando a rinunciare a condannare te stesso e stai imparando a fuggire dall'ambivalenza, vedrai l'efficacia della tua guida interiore mandare la sua scintilla vitale sul mondo. Così tu diventi una forza per il bene, una forza che sta servendo una Potenza Superiore nel mondo.

IL MONDO DIMOSTRA I SUOI ERRORI gravemente ed ampiamente, ma questi errori sono contrastati dalla presenza di una Potenza Superiore nel mondo. Senza questa Potenza Superiore, l'umanità non si sarebbe evoluta fino a questo punto. Senza questa Potenza Superiore, tutto quello che è stato un bene nelle vostre manifestazioni, tutto quello che ha servito e ispirato l'umanità e tutto quello che ha parlato della grandezza della Conoscenza, direttamente o indirettamente, non sarebbe accaduto. La Potenza Superiore nel mondo ha consentito la continuazione dell'evoluzione e ha mantenuto La Conoscenza viva nel mondo attraverso individui come te che, attraverso la scintilla della loro Conoscenza, sono stati chiamati alla preparazione affinché La Conoscenza possa essere rinvenuta ed espressa e, così facendo, mantenuta viva.

Allora, abbi speranza perché una Potenza Superiore è nel mondo. Non pensare, però, che questo ti renda passivo. Ma non pensare che questo tolga dalle tue spalle la responsabilità che sempre accompagna la riconquista della Conoscenza. Questa Potenza Superiore nel mondo esige che tu sia preparato per riceverla e per esprimerla. La tua voce è la sua voce; le tue mani sono le sue mani; i tuoi occhi sono i suoi occhi; le tue orecchie sono le sue orecchie; il tuo movimento è il suo movimento. Lei si affida alla tua preparazione e alla tua dimostrazione, così come tu stesso ti affidi a lei per avere certezza e per avere scopo, significato e direzione. Dunque, è attraverso il tuo affidamento sulla Conoscenza e l'affidamento della Conoscenza su di te, che la tua unione con La Conoscenza è resa completa.

Ogni ora ricorda a te stesso che una Potenza Superiore è all'opera nel mondo. Pensa a questo mentre guardi il mondo nella sua ambivalenza e nei suoi errori. Pensa a questo mentre guardi il mondo nella sua magnificenza e nella sua espressione ispiratrice. Se guarderai senza giudicare, vedrai la straordinaria presenza della Conoscenza nel mondo. Questo ti darà fiducia nel mondo così come ora stai imparando ad avere fiducia in te stesso.

Nei tuoi più profondi periodi di pratica di oggi, rientra nel tuo santuario dove vieni a donare te stesso a una Potenza Superiore che è nel mondo e che è dentro te stesso. Consenti alla tua mente di essere calma affinché tu possa ricevere e sentire questa Potenza Superiore nella tua vita. Qui impari a ricevere quello che riceve te. Qui impari a riconoscere quello che riceve il mondo e che dà al mondo la sua unica vera speranza.

Pratica 318: *Due periodi di 30 minuti di pratica.*
  Pratica oraria.

Passo 319

PERCHÉ DOVREI AVER PAURA QUANDO UNA POTENZA SUPERIORE È NEL MONDO?

OGNI QUALVOLTA CADI NELL'OSCURITÀ DELLA PAURA, ti stai ritirando dalla Conoscenza per entrare nell'oscurità dell'immaginazione. Quando cadi nell'oscurità della tua stessa paura neghi la realtà di una Potenza Superiore nel mondo e di conseguenza perdi il beneficio che ti potrebbe dare. Quando cadi nell'oscurità della tua stessa paura, vuol dire che stai seguendo l'insegnamento della paura, che dilaga senza freni nel mondo. Vuol dire che stai permettendo a te stesso di essere uno studente della paura. Stai permettendo a te stesso di essere governato dalla paura. Riconosci questo, così ti renderai conto che non serve, che tu hai il potere di re-indirizzare il tuo essere studente e che hai la capacità di rientrare nella vera preparazione.

OGGI PENSA SERIAMENTE A QUESTO. Perché dovresti avere paura quando c'è una Potenza Superiore nel mondo? Questa Potenza Superiore che ora stai imparando a ricevere è la fonte della tua redenzione. Che cosa potresti in alcun modo perdere, quando questa fonte diventa riconosciuta, quando impari ad entrare in relazione con questa fonte e quando servi questa fonte e le consenti di servirti? Che cosa ti potrebbe portare via il mondo, quando la fonte della Conoscenza è dentro di te? Che cosa potrebbe fare a se stesso, il mondo, quando la fonte della Conoscenza è nel mondo?

QUESTA CONSAPEVOLEZZA RICHIEDE LA TUA COMPLETA PARTECIPAZIONE nel mondo e il tuo completo servizio alla Conoscenza. Richiede il tuo completo impegno verso gli altri nel contribuire perché tu sei un veicolo per la Potenza Superiore nel mondo. Allo stesso tempo, in questa tua partecipazione attiva comprendi anche che è solo questione di tempo prima che tutte le menti si risveglino alla luce della

Conoscenza dentro di loro. Questo potrebbe richiedere moltissimo tempo, ma il tempo è con te e nella pazienza e nella fiducia puoi procedere, perché che cosa potrebbe minare la tua preparazione e il tuo contributo se non il dubbio in te stesso e la paura? Che cosa ti potrebbe dissuadere dal procedere con certezza e con completo impegno se non il dubbio che La Conoscenza possa non esistere nel mondo?

Pertanto, ogni qualvolta entri nella paura, esercitati in questo giorno nel riconoscere che una Potenza Superiore è nel mondo. Utilizza questo riconoscimento per portare te stesso fuori dalla paura, ricordando che una Potenza Superiore è nel mondo e ricordando che una Potenza Superiore è nella tua vita. Pensa a questo ogni ora e nelle tue due pratiche di meditazione più profonda, entra di nuovo nel tuo santuario dove, nella calma e nella certezza, tu ricevi la Potenza Superiore che è nel mondo. Qui ti devi rendere conto che la tua preparazione richiede che ti allontani dalla paura e dall'oscurità e che tu faccia un passo avanti verso la luce della verità. Queste due attività confermeranno la tua natura e non tradiranno nulla di ciò che è vero dentro di te o nel mondo.

Mentre guardi il mondo senza giudicarlo e mentre guardi te stesso senza giudicarti, vedrai che una Potenza Superiore è al lavoro. Questo ripristinerà la tua felicità, perché ti renderai conto che hai portato con te la tua Antica Casa e che la tua Antica Casa è anch'essa qui. Questo alleggerirà la tua mente dal peso della paura, dall'oppressione dell'ansia e dalla confusione dell'ambivalenza. Allora ricorderai perché sei venuto e dedicherai la tua vita a contribuire con ciò che sei venuto a dare. Allora la tua vita sarà una dichiarazione di felicità e di inclusione e tutti quelli che ti vedranno ricorderanno che anche loro provengono dalla tua Antica Casa.

Pratica 319: *Due periodi di 30 minuti di pratica.*
Pratica oraria.

Passo 320

IO SONO LIBERO DI LAVORARE NEL MONDO.

Quando il mondo non ti opprime, sei libero di lavorare nel mondo. Quando il mondo non ti intimidisce, sei libero di lavorare nel mondo. Quando riconosci che il mondo è un luogo che sollecita il tuo contributo, sei libero di lavorare nel mondo. Così, più è grande la tua esperienza della Conoscenza nella tua vita, più sei libero di lavorare nel mondo. E nel mondo lavorerai, col tempo, e il tuo lavoro sarà molto più efficace, molto più coinvolgente e molto più completo di qualsiasi cosa tu abbia fatto finora. Nel tuo passato hai avuto paura del mondo, sei stato intimidito dal mondo, irritato dal mondo e depresso dal mondo. Pertanto, il tuo precedente contributo al mondo è stato limitato da queste reazioni. Sei stato ambivalente riguardo al tuo essere nel mondo perché avevi paura del mondo. Forse hai cercato rifugio nelle cose spirituali, ma la tua vera natura spirituale ti reindirizzerà nel mondo e là ti riporterà con maggiore potenza, maggiore certezza e scopo, perché tu sei venuto per essere nel mondo.

Nel capire questo, ancora una volta ti renderai conto dell'importanza della Conoscenza. Ancora una volta confermerai quanto vuoi dare al mondo e quanto è doloroso quando questo dare viene impedito o trattenuto. Tu sei venuto a lavorare nel mondo e vuoi fare questo in modo completo così quando te ne vai, te ne vai avendo dato i tuoi doni e consegnato tutto. Non avrai niente da portare a casa con te dal mondo eccetto la riconquista delle relazioni. Con questa comprensione, diventerai libero nel mondo.

Ogni ora ripeti l'idea di oggi e riconosci che, in qualsiasi misura tu sia ancora ambivalente sull'essere nel mondo, la tua ambivalenza è causata e viene perpetuata dal tuo essere intimidito e spaventato dal mondo. Ricorda questo ogni ora per imparare la grande lezione che viene insegnata oggi, la grande lezione che dice che stai diventando libero nel mondo. Qui porti con te la tua Antica Casa. Qui non cercherai di fuggire dal mondo semplicemente perché ti spaventa, ti minaccia o ti deprime.

Tu sei libero di dare al mondo, perché La Conoscenza è più grande del mondo—essendo il mondo solo un luogo temporaneo dove La Conoscenza è stata momentaneamente dimenticata. In questo, ti renderai conto di cosa dà e di cosa riceve, di cosa è grande e di cosa è piccolo. Il tuo lavoro nel mondo può ora avere la tua completa attenzione e devozione. Il tuo lavoro può ora avere il tuo completo coinvolgimento. Così, la tua vita fisica può diventare pienamente significativa, ricca di scopo e colma di valore.

Nei tuoi due più profondi esercizi di meditazione di oggi, riaccendi il fuoco della Conoscenza dentro di te entrando ancora nel tuo santuario. Ricordati di essere calmo. Ricordati di donare te stesso alla pratica. Questo è il lavoro da fare. Da questo lavoro, sarà data al tuo lavoro nel mondo la libertà di esprimersi e a te che sei nel mondo sarà data la certezza e il conforto che la tua Antica Casa è con te.

Pratica 320: *Due periodi di 30 minuti di pratica.*
Pratica oraria.

Passo 321

IL MONDO STA ASPETTANDO IL MIO CONTRIBUTO.

DAVVERO IL MONDO STA ASPETTANDO IL TUO CONTRIBUTO, ma ricordati che il tuo contributo si esprimerà in tutte le cose che fai, grandi e piccole. Perciò non immaginare per te stesso un ruolo grandioso perché sarebbe terribilmente difficile. Quella non è la Via della Conoscenza. La Conoscenza esprimerà se stessa attraverso tutte le tue attività, perché è una presenza che porti con te. Quando la tua mente e la tua vita diventeranno libere dal conflitto, questa presenza esprimerà se stessa sempre di più attraverso di te e sarai un testimone della Conoscenza all'opera, sia dentro di te che nella tua vita. Qui inizierai a capire che cosa significa portare La Conoscenza nel mondo.

LA TUA IMMAGINAZIONE HA DIPINTO SCENARI grandiosi e incubi rovinosi per te. Non è in armonia con la vita. Esagera la vita nella sua speranza e nella sua paura. Esagera la tua percezione di te stesso, principalmente svalutandoti. Quando la tua immaginazione sarà reindirizzata dalla Conoscenza, si impegnerà in un modo completamente nuovo. Servirà uno scopo interamente nuovo. Allora sarai in grado di essere libero e la tua immaginazione non ti tradirà.

IL MONDO TI STA CHIAMANDO. Ora ti stai preparando. Nel suo grande bisogno, riconosci il tuo grande contributo. Ma ricordati sempre che il tuo contributo dona da se stesso e il tuo desiderio che lui doni da se stesso è il tuo desiderio di dare. Il tuo desiderio che la tua vita diventi un veicolo di espressione è il tuo desiderio di fare sì che la tua vita sia libera dal conflitto e dall'ambivalenza. Il tuo desiderio di dare è il tuo desiderio di diventare libero e completo. Questo è il tuo desiderio—fare sì che la tua vita sia un veicolo per La Conoscenza.

Il tuo compito, dunque, è grande ma non tanto quanto la tua immaginazione potrebbe suggerire, perché il tuo compito è perfezionare il tuo veicolo affinché La Conoscenza si possa esprimere liberamente. Non hai bisogno di domandarti o immaginare come questo può essere fatto, perché si fa oggi e sarà fatto domani. Mentre seguirai i passi della tua attuale preparazione e imparerai a seguire i passi oltre questa preparazione, vedrai che ti serve solo seguire i passi così come sono dati per procedere.

Ogni ora ricorda a te stesso la tua lezione e non ti dimenticare. Guarda il mondo e renditi conto che ti sta chiamando a contribuire. Nelle tue meditazioni più profonde, entra nuovamente nel tuo santuario, nella calma e nella ricettività. Nel fare ciò, renditi conto che La Conoscenza ha bisogno che diventi il suo veicolo. Ha bisogno che diventi il suo destinatario. Ha bisogno di realizzare se stessa attraverso te. Così, tu e La Conoscenza vi realizzate insieme.

Ogni ora e nei tuoi più profondi esercizi di oggi, renditi conto dell'importanza del tuo ruolo. Renditi anche conto che tutta la vera assistenza ti viene data affinché ti prepari e che ti sarà vicino nel corso del tuo contributo, mentre impari a esprimere La Conoscenza e consenti alla Conoscenza di esprimere se stessa attraverso te.

Pratica 321: *Due periodi di 30 minuti di pratica.*
                Pratica oraria.

Passo 322

RIPASSO

Ora ripassiamo le due scorse settimane di preparazione. Ancora una volta, rivedi ogni passo, rileggendo attentamente le sue istruzioni e richiamando alla mente la tua pratica per quel particolare giorno. Porta avanti questo per tutti i giorni di questo periodo bisettimanale. Sii oggettivo e riconosci dove la tua pratica avrebbe potuto essere più profonda o consapevole. Riconosci come ancora permetti al mondo di sopraffarti e quanto hai bisogno di applicarti nuovamente con maggiore certezza e determinazione. Fa' questo con oggettività. Il condannare ti scoraggerà soltanto e ti porterà solamente ad abbandonare la tua partecipazione, perché condannare è semplicemente la decisione di non partecipare e la giustificazione per non partecipare.

Allora non scivolare in quest'abitudine, guarda invece la tua partecipazione con oggettività. Qui imparerai ad imparare ed imparerai a preparare te stesso e governare te stesso. Tu devi scegliere di partecipare e devi scegliere di approfondire la tua partecipazione. Ogni decisione che prendi a favore della Conoscenza è supportata dalle decisioni di tutti gli altri che stanno prendendo la stessa decisione e dalla potenza e presenza dei tuoi Maestri che sono con te. Così, la tua decisione a favore della Conoscenza, dovunque venga presa e sostenuta, è fortemente amplificata dalla presenza di tutti coloro che praticano con te e dalla presenza dei tuoi Maestri spirituali. Questo è sicuramente adeguato per superare qualsiasi ostacolo che vedi dentro di te o nel tuo mondo.

Ti viene dato il potere della decisione. Qui il potere della decisione è quello di vedere la tua partecipazione oggettivamente e di riconoscere dove può essere approfondita e rafforzata. Nelle prossime due settimane di pratica, sii determinato a portare avanti quello che in questo giorno hai riconosciuto come necessario. Qui agirai con forza per tuo conto e l'applicazione della tua forza sarà al servizio della Conoscenza, perché ti stai preparando a ricevere La Conoscenza. Qui si confermano la tua volontà e la tua determinazione, perché esse servono un bene superiore.

PRATICA 322: *Un periodo lungo di pratica.*

Passo 323

IL MIO RUOLO NEL MONDO È TROPPO IMPORTANTE PER ESSERE TRASCURATO.

IL TUO RUOLO NEL MONDO È TROPPO IMPORTANTE per essere trascurato. Pertanto, non trascurarlo in questo giorno. Porta avanti il proposito che ti è stato dato dal Ripasso di ieri. Porta avanti quello che ti serve fare per approfondire la tua pratica, per utilizzare la tua pratica, per portare la tua pratica nel mondo e per consentire al tuo mondo di supportare la tua pratica. Non trascurare di farlo, perché se lo trascuri, trascuri solo te stesso, la tua certezza, la tua realizzazione e la tua felicità.

NON TRASCURARE LA PREPARAZIONE che è in corso adesso. Ogni giorno la rafforzi e mentre lo fai sostieni La Conoscenza. Anche nella tua stessa preparazione, adesso, tu stai certamente insegnando La Conoscenza e stai rafforzando La Conoscenza nel mondo. Forse questo non lo puoi ancora vedere, ma col tempo ti diventerà talmente evidente che imparerai a dare valore ad ogni momento, ogni incontro con il tuo prossimo, ogni pensiero e ogni respiro. Darai valore a ogni esperienza nella tua vita perché sarai presente a tali esperienze e ti renderai conto che in ognuna di esse puoi esprimere La Conoscenza e vivere l'esperienza della Conoscenza che esprime se stessa.

RICORDALO, OGNI ORA DI OGGI. Prendi quest'impegno, all'inizio di questo giorno e all'inizio di tutti i giorni a seguire, di utilizzare i tuoi passi nel modo più completo possibile. Nei tuoi due periodi di pratica più profonda, entra ancora nella calma per rigenerare la tua mente. Rafforza la tua capacità e la tua determinazione a consentire alla tua mente di diventare calma e ricettiva. Devi rafforzare questo ogni giorno, perché fa parte della tua pratica. A questo devi dedicarti ogni giorno, perché è così che ti doni a te stesso e al mondo.

Non sottovalutare l'importanza del tuo ruolo, ma non caricarti del peso di pensare che il tuo ruolo sia al di fuori della tua portata, perché che cosa potrebbe essere più naturale per te se non realizzare il ruolo per il quale sei venuto? Che cosa potrebbe essere una più piena conferma dell'importanza e del valore della tua vita che portare avanti ciò che la tua vita è designata ad essere? Il potere della decisione ti è dato oggi per rafforzarti e per applicarti, tuttavia la Potenza Superiore che sta dietro alla tua decisione è ancora più grande della tua decisione. Questa Potenza Superiore dimora con te oggi. Non trascurare la tua preparazione. Non trascurare di muoverti verso il completamento del tuo ruolo nel mondo, perché quando lo approccerai, la felicità approccerà te.

Pratica 323: *Due periodi di 30 minuti di pratica.*
Pratica oraria.

Passo 324

OGGI NON GIUDICHERÒ IL PROSSIMO.

Ancora una volta esercitati affermando quest'idea. Ancora una volta applicala alle tue vere esperienze. Ancora una volta rafforza la tua comprensione che La Conoscenza è con te e non richiede i tuoi giudizi o le tue valutazioni.

Oggi non giudicare il prossimo. Impara a vedere. Impara a sentire. Impara a guardare. Non esiste una sola persona al mondo che non ti possa dare qualcosa di buono, se non la giudichi. Non esiste una sola persona al mondo che, attraverso i suoi successi o i suoi errori, non possa confermare l'importanza della Conoscenza e non possa dimostrare il bisogno di essa nel mondo. Così, coloro che ami e coloro che disprezzi ti offrono tutti dei doni di uguale valore. Coloro che ritieni virtuosi e coloro che non ritieni virtuosi tutti ti offrono ciò che per te è essenziale. Il mondo, nella sua verità, sta dimostrando tutto quello che questa preparazione ti sta procurando, se solo guarderai il mondo senza giudicare o condannare. Nella misura in cui guarderai al tuo prossimo giudicandolo giudicherai te stesso. Tu non vuoi il tuo giudizio su te stesso, perciò non giudicare il prossimo.

Ricorda, ogni ora. Non trascurare la tua pratica oggi, perché è essenziale per la tua felicità. È essenziale per il benessere e il progresso del mondo. Nei tuoi due più profondi periodi di pratica, entra ancora una volta nella calma. Vieni a dare te stesso alla pratica. Vieni a dare te stesso. Così facendo sentirai la tua forza. Qui il potere della decisione è tuo perché tu ne faccia uso. Nel farlo, diventerà più potente ed efficace nel disperdere qualsiasi cosa ti sbarra la strada. Ricorda che sei uno studente di Conoscenza e gli studenti si devono esercitare per avanzare e per procedere. Oggi non giudicare il prossimo e procederai nella verità.

Pratica 324: *Due periodi di 30 minuti di pratica.*
Pratica oraria.

Passo 325

IL MONDO STA EMERGENDO NELLA COMUNITÀ PIÙ GRANDE DEI MONDI. DUNQUE, DEVO PRESTARE ATTENZIONE.

IL MONDO STA EMERGENDO nella Comunità Più Grande dei mondi. Come fai a riconoscerlo se sei preso dalle tue preoccupazioni, le tue speranze e le tue ambizioni? Come fai a riconoscere quello che sta succedendo nel tuo mondo? Come fai a vedere quelle forze che stanno influenzando la tua vita esteriore e che governano le tue faccende in così ampia misura? Parte del diventare forte con La Conoscenza è diventare attento. Puoi diventare attento solo se la tua mente non è occupata con le sue stesse proiezioni di immagini e le sue fantasie.

IL MONDO SI STA PREPARANDO AD EMERGERE in una Comunità Più Grande di mondi, e questo oggi sta alla base della sua evoluzione e di tutti i suoi avanzamenti. È per questo che i conflitti stanno scoppiando nel mondo, perché coloro che si oppongono all'evoluzione del mondo lotteranno contro di essa. Coloro che desiderano portare avanti l'avanzamento del mondo cercheranno di rafforzare la bontà dell'umanità e la percezione dell'umanità come comunità che deve nutrire e sostenere se stessa al di là di ogni divisione in termini di nazioni, razze, religioni, culture e tribalismi. Dunque, stai diventando un rappresentante e un destinatario della Conoscenza, rafforzerai la pace, l'unità, la comprensione e la misericordia nel mondo. Tutto questo fa parte della preparazione del mondo per emergere nella Comunità Più Grande dei mondi, perché questo rappresenta l'evoluzione del mondo. Questo rappresenta La Conoscenza nel mondo.

La Conoscenza nel mondo non promuove in alcun modo il conflitto. Non promuove l'odio e la divisione. Non promuove nulla che sia divisivo o che sia crudele o distruttivo. È l'esperienza collettiva della Conoscenza nel mondo che muove il mondo verso l'unione e la comunità. Poiché il tuo mondo è parte di una Comunità Più Grande, si sta muovendo verso l'unione e la comunità, a causa della sua stessa evoluzione e poiché sta rispondendo alla Comunità Più Grande di cui è parte. Tu non puoi conoscere l'importanza di quest'idea se non sei attento al mondo, e tu che sei venuto a servire questa manifestazione non puoi sapere l'importanza che questo ha per te se non diventi presente a te stesso.

Ricorda ancora una volta che tu puoi solo perdere il contatto con te stesso se rientri nell'immaginazione o nella fantasia, perché questa è l'unica alternativa all'essere presente a te stesso e al mondo. Risvegliati dai tuoi sogni, allora, e diventa attento. Ricorda ogni ora di guardare il mondo senza giudicare e vedrai che il mondo sta tentando di diventare una comunità, perché cerca di espandersi nella Comunità Più Grande. La Comunità Più Grande rappresenta una comunità che sta chiamando l'umanità ad entrare e partecipare. Tu non puoi capire il meccanismo alla base di questo, perché è di gran lunga troppo grande per i tuoi occhi e per la tua capacità mentale attuale, ma il movimento alla base di questo è così ovvio ed evidente se solo guardi.

Ogni ora guarda, poi nei tuoi esercizi di meditazione più profonda, impegna attivamente la tua mente nel considerare quest'idea. La pratica di oggi non è una pratica di calma, ma una pratica di impegno attivo e utile della tua mente. Considera la tua risposta all'idea di oggi. Prendi nota dei tuoi pensieri pro o contro. Prendi nota delle tue ansie, specialmente in merito al mondo che diventa una comunità, nella sua manifestazione e la sua partecipazione nella Comunità Più Grande. Prendi nota di queste cose, perché qui capirai quello che dentro di te supporta il tuo avanzamento e quello che lo nega. Quando imparerai a guardare queste cose senza attribuire condanne ma con vera oggettività, capirai perché il mondo è in conflitto. Lo capirai e non lo vedrai con odio, cattiveria o invidia. Tu vedrai tutto questo con comprensione e misericordia. Questo allora ti insegnerà quanto devi imparare a lavorare nel mondo per compiere il tuo scopo qui.

PRATICA 325: *Due periodi di 30 minuti di pratica.*
　　　　　　　Pratica oraria.

Passo 326

LA COMUNITÀ PIÙ GRANDE È QUALCOSA CHE POSSO SENTIRE MA CHE NON POSSO COMPRENDERE.

COME FAI A COMPRENDERE LA COMUNITÀ PIÙ GRANDE quando riesci a malapena a capire la comunità nella quale vivi, per non parlare della nazione in cui vivi e del mondo in cui vivi? Qui devi solo capire che c'è una Comunità Più Grande e che è un contesto più ampio nel quale la vita si esprime. Mentre l'umanità cerca di diventare una comunità unica e tu cerchi di diventare una persona unica anziché molte persone, ti renderai conto che emergi nel mondo come una persona più grande e che il mondo emerge nella Comunità Più Grande come una più ampia comunità. Qui tutta l'individualità cerca la comunità, perché nella comunità trova la sua vera espressione, il suo vero contributo e il suo vero ruolo. Questo è vero per te come lo è per il mondo.

TU QUESTO LO PUOI SENTIRE. È così evidente. Questo lo puoi sapere, perché quest'idea nasce dalla Conoscenza. Non caricarti del peso di cercare di capire tutto ciò, perché qui non è necessaria la comprensione. Solo sii conscio di questo e sentine la realtà. Mentre lo farai, la tua comprensione crescerà naturalmente. Non nascerà dalla tua fantasia o dal tuo idealismo, nascerà invece dalla Conoscenza e dall'esperienza. In questo modo ti sarà di supporto, ti servirà e renderà la tua vita più reale ed efficace.

RICORDATI CHE CAPIRAI MENTRE PROCEDI, perché la comprensione nasce dallo sguardo retrospettivo e dalla vera applicazione. Abbi fiducia, dunque, che la tua comprensione crescerà quando crescerà la tua partecipazione. Non ti serve capire l'universo, lo devi però vivere come esperienza. Lo devi sentire dentro te stesso e intorno a te. Devi vedere te stesso come una persona, devi vedere il tuo mondo come una comunità e devi vedere il tuo universo come una Comunità Più Grande che, nell'ambito di una più ampia sfera di partecipazione, sta anch'esso cercando di unificarsi. Dunque La Conoscenza lavora in tutti gli scenari e a tutti i livelli di partecipazione—all'interno di ogni persona, all'interno di ogni comunità, all'interno di ogni mondo, tra un mondo e l'altro e nell'universo nel suo complesso. Ecco perché La Conoscenza è così grande ed ecco perché, anche se la ricevi dal tuo interno, è di gran lunga più grande di qualsiasi cosa che tu sei in grado di concepire.

È COSÌ, DUNQUE, CHE PUOI PROVARE L'ESPERIENZA della Comunità Più Grande senza separare te stesso nel cercare di capirla. La comprensione arriva attraverso la partecipazione. Ricorda a te stesso l'idea di oggi ogni ora e nei tuoi due più lunghi periodi di pratica, cerca ancora una volta di pensare attivamente a che cosa significhi questa lezione. Applicala alla tua esperienza. Applicala alla tua percezione del mondo. Riconosci quei pensieri che sono a suo favore e quelli contro. Riconosci l'ispirazione e la speranza che questo ti dà e riconosci le ansie che potrebbe suscitare. Fai un inventario dei tuoi pensieri e delle tue esperienze in merito all'idea di oggi, ma non giudicarla, perché è un'emanazione della Conoscenza. Ha lo scopo di liberarti dall'incapacità della tua stessa immaginazione. Ha lo scopo di liberare te e anche il mondo.

OGGI UTILIZZA LA TUA MENTE E IL TUO CORPO per diventare uno studente della Conoscenza. In questo, imparerai a comprendere il significato di te stesso, del tuo mondo e della Comunità Più Grande dei mondi.

PRATICA 326: *Due periodi di 30 minuti di pratica.*
Pratica oraria.

Passo 327

OGGI SARÒ IN PACE.

T**U PUOI ESSERE IN PACE OGGI**, anche mentre consideri cose più grandi nel mondo e oltre il mondo. Oggi puoi essere in pace anche mentre affronti la sfida di diventare uno studente della Conoscenza e la sfida di osservare il tuo mondo con oggettività. Come fai ad essere così attivo, avere una simile sfida e comunque essere in pace? La risposta è che La Conoscenza è con te. Quando dimorerai con La Conoscenza, sentirai La Conoscenza e porterai La Conoscenza là fuori nel mondo, dentro di te sarai calmo, anche se al di fuori potrai essere attivamente impegnato. Non vi è contraddizione tra la pace e il movimento, tra la calma interiore e il coinvolgimento esteriore. Anche se il mondo è un posto difficile e frustrante in cui vivere, è un destinatario naturale della Conoscenza. Le sue difficoltà e le sue frustrazioni non devono influenzare il tuo stato interiore, che sta diventando sempre più unificato e armonioso.

RICORDA A TE STESSO OGNI ORA di essere in pace mentre sei nel mondo. Lascia andare tutta la paura e l'ansia e mentre lo fai, rafforza la tua adesione alla Conoscenza. Nei tuoi due periodi più profondi di pratica, quando trovi riparo dal mondo, ravviva il Fuoco della Conoscenza e trova conforto nella sua calda presenza. Renditi conto che in questo fuoco si consumano tutte le cose che sono immaginarie e nocive. Il Fuoco della Conoscenza non ti brucerà, ma riscalderà la tua anima. Puoi entrare in questo fuoco senza paura del dolore o del male. Ti purificherà e ti pulirà, perché è il fuoco dell'amore. Oggi sii in pace, perché oggi è un giorno di pace e la pace ti viene data oggi affinché tu la riceva.

PRATICA 327: *Due periodi di 30 minuti di pratica.*
Pratica oraria.

Passo 328

OGGI ONORERÒ COLORO CHE MI HANNO DATO.

ANCORA UNA VOLTA AFFERMIAMO QUESTA LEZIONE che affermerà la realtà dell'amore e del dare nel mondo. Le tue idee riguardo al dare sono di gran lunga troppo limitate e piccole. Sarà necessario espanderle affinché tu possa riconoscere la dimensione del dare nel mondo.

OGNI ORA RICORDA A TE STESSO di ricordare coloro che ti hanno dato. Non pensare solo a coloro che sei sicuro che ti hanno dato, ma ricorda anche coloro che ritieni ti abbiano fatto male, che ti abbiano rifiutato o intralciato. Ricordali, perché anche loro ti hanno dato qualcosa. Loro ti hanno ricordato che La Conoscenza è necessaria e ti hanno dato dimostrazione di una vita priva di Conoscenza. Loro ti hanno dato dimostrazione che La Conoscenza sta cercando di emergere anche in loro. Che loro accettino oppure oppongano resistenza a questa emersione, è pur sempre presente e comunque si manifesta.

TU STAI AVANZANDO perché altri ti hanno dato dimostrazione della loro ispirazione o dei loro errori—della loro accettazione della Conoscenza e del loro rifiuto della Conoscenza. Se non ci fosse rifiuto della Conoscenza nel mondo, qui non potresti imparare nulla. Non potresti riconoscere l'importanza della Conoscenza. Il contrasto nell'apprendimento ti insegnerà cosa è di valore e che cosa non lo è, e questo ti insegnerà ad essere compassionevole e amorevole. Capire questo ti consentirà di servire nel mondo.

OGNI ORA RICONOSCI CHI TI STA DANDO in quel momento e riconosci chi ti ha dato in passato. In questo modo, questo sarà un giorno di gratitudine e di riconoscimento. Capirai quanto sia importante la tua preparazione e in quanti si siano dati a te per servirti in questo perché tu potessi intraprendere questa preparazione.

Nei tuoi due più profondi esercizi di meditazione, ripeti l'idea di oggi e poi consenti ad ogni persona che aspetta di essere riconosciuta e benedetta da te di venirti in mente. Mentre fai questo, tutte le persone che hanno bisogno di farlo si presenteranno a te. Guarda e vedi come ti hanno servito e ringraziali per il loro servizio a te. Ringraziali perché ti aiutano a riconoscere il tuo bisogno di Conoscenza. Ringraziali per averti mostrato che non esiste alternativa alla Conoscenza. Ringraziali anche per aver rafforzato la tua partecipazione nella Conoscenza. Benedici ognuno di loro e consenti alla persona successiva di venirti in mente. In questo modo, benedirai tutti coloro che sono stati nella tua vita e che sono in questo momento nella tua vita. In questo modo, imparerai ad apprezzare il tuo passato anziché condannarlo. In questo modo, l'amore scaturirà da te naturalmente, perché l'amore deve nascere dalla gratitudine e la gratitudine deve nascere dal vero riconoscimento. È il vero riconoscimento ciò che praticherai oggi.

Pratica 328: *Due periodi di 30 minuti di pratica.*
Pratica oraria.

Passo 329

OGGI SONO LIBERO DI AMARE IL MONDO.

Solo chi è libero può amare il mondo, perché solo le persone libere possono dare al mondo. Solo loro possono riconoscere appieno il bisogno del mondo e il loro personale contributo. Solo le persone libere possono amare il mondo perché solo loro possono vedere che il mondo li ha supportati e serviti per renderli in grado di diventare liberi e diventare dei contributori nel mondo. Poiché il mondo brama così tanto il tuo contributo, ha dato se stesso alla tua preparazione affinché tu possa imparare a dare il tuo contributo. Ha rafforzato ciò attraverso la verità che esiste nel mondo e attraverso il rifiuto della verità che esiste nel mondo.

In ogni modo, il mondo serve la manifestazione della Conoscenza. Anche se il mondo contraddice La Conoscenza e sembra negare, rifiutare e attaccare La Conoscenza, se lo vedi da questo punto di vista ti renderai conto che in realtà serve La Conoscenza. Come potrebbe qualcosa competere con La Conoscenza? Come potrebbe qualcosa negare La Conoscenza? Qualsiasi cosa che sembra negare La Conoscenza si sta solo appellando alla Conoscenza e pregando La Conoscenza di arrivare. Quelli che sono nella confusione, nell'oscurità e nella disperazione desiderano sollievo e conforto. Anche se non capiscono il messaggio proveniente dalla loro stessa condizione, coloro che invece sono con La Conoscenza lo possono percepire attraverso la Saggezza e impareranno a servire questi individui e tutti gli individui nel mondo nella sua interezza.

Oggi, ogni ora ricorda a te stesso che quando diventi libero, diventi capace di amare il mondo. Quando impari ad amare il mondo, diventi libero perché tu sei in questo mondo ma non sei di questo mondo. Per il fatto che sei nel mondo, rappresenti quello che hai portato con te dalla tua Antica

Casa. Quanto è semplice e chiaro questo quando c'è La Conoscenza, però quanto è difficile afferrarlo quando sei dentro la tua stessa immaginazione e ti intrattieni nelle tue idee di separazione. È per questo motivo che pratichi—per poter confermare ciò che per te è naturale e fare un passo indietro da ciò che per te è innaturale.

Nelle tue pratiche più profonde di meditazione ancora una volta ricevi la libertà che ti arriva dalla calma e dalla ricettività. Una mente che è calma è una mente che è senza impedimenti e libera. Si espanderà in modo naturale e in questa espansione esprimerà naturalmente ciò che per lei è più naturale. Così, nelle tue meditazioni più profonde, ti eserciti a ricevere e nelle tue pratiche di ogni ora tu ti eserciti a dare. Oggi sei libero di amare il mondo, e il mondo ha bisogno della tua libertà perché ha bisogno del tuo amore.

Pratica 329: *Due periodi di 30 minuti di pratica.*
　　　　　　 Pratica oraria.

Passo 330

IO NON TRASCURERÒ LE PICCOLE COSE NELLA MIA VITA.

ANCORA UNA VOLTA NOI AFFERMIAMO QUEST'IDEA che dice che non devi essere negligente in quei piccoli compiti pratici che ti consentono di essere uno studente della Conoscenza. Ricorda che non stai cercando di fuggire dal mondo, ma stai lavorando per diventare potente nel mondo. Pertanto, non trascurare quelle piccole e semplici cose che ti consentono e ti danno la libertà di diventare uno studente della Conoscenza. Qui tutte le tue attività, anche le più banali e ripetitive, possono essere viste come una forma di servizio e di contributo. In questo modo tutte le piccole cose, per quanto banali e ripetitive siano, possono servire il mondo perché rappresentano il fatto che tu stai onorando il tuo Vero Sé. Questo è il Sé che esiste in tutti gli individui, il Sé che esiste nel mondo e il Sé che esiste nella Comunità Più Grande dei mondi.

SII ATTENTO ALLE PICCOLE COSE CHE FAI in questo giorno e non trascurarle. Se non avrai paura di loro, non opporrai loro resistenza. Se non opporrai loro resistenza sarai in grado di sbrigarle. Così mentre le sbrigherai sarai in grado di concederti ad esse. Qui La Conoscenza esprimerà se stessa in tutte le attività e La Conoscenza sarà insegnata e rafforzata in tutte le attività. Il mondo ha bisogno di questa dimostrazione, perché il mondo pensa che Dio, l'amore, la vera potenza e l'ispirazione esistano solo in stati ideali e in situazioni ideali. Il mondo non capisce che Dio esprime Dio dappertutto e che La Conoscenza esprime se stessa dappertutto e in ogni cosa.

QUANDO ARRIVERAI A CAPIRE QUESTA GRANDE VERITÀ, vedrai la presenza della Conoscenza in ogni cosa. Vedrai La Conoscenza nel mondo. Vedrai La Conoscenza in te stesso. Questo ti darà completa fiducia nella tua partecipazione e nel tuo servizio alla Conoscenza. Allora ti renderai conto che stai facendo risparmiare tempo al mondo, nella sua evoluzione, nel suo progresso e nella sua salvezza. Questo è così importante per la tua fiducia, ma è ancora più importante affinché tu ti renda conto della grandezza della Conoscenza e la grandezza che proverai in te quando imparerai a riceverla.

OGNI ORA RICORDATI L'IDEA di oggi e applicala così che tu possa essere consapevole ogni ora. Nelle tue due pratiche di meditazione più profonda, entra ancora una volta nella calma così che tu possa riaccendere la tua esperienza del Fuoco della Conoscenza, affinché quel Fuoco della Conoscenza possa purificare e ripulire la tua mente e liberarla da tutti i vincoli. In questo modo, sarai in grado di essere nel mondo in modo più completo e le piccole cose non saranno trascurate.

PRATICA 330: *Due periodi di 30 minuti di pratica.*
Pratica oraria.

Passo 331

CIÒ CHE È PICCOLO ESPRIME CIÒ CHE È GRANDE.

GUARDA LA NATURA INTORNO A TE. Guarda la creatura più minuscola e renditi conto del mistero dell'esistenza di quella creatura, la meraviglia del suo meccanismo fisico e la verità della sua totale inclusione nella natura in tutta la sua interezza. La più piccola creatura può esprimere la più grande verità. La cosa più semplice può esprimere la potenza dell'universo. Può una creatura piccola esprimere la vita e l'inclusione nella vita meno di una creatura grande? Utilizzando quest'analogia, renditi conto che la più piccola delle attività può rappresentare il più grande degli insegnamenti. Renditi conto che la più semplice delle parole, il più comune dei gesti, possono esprimere il più profondo dei sentimenti e delle emozioni. Renditi conto che anche la cosa più semplice può aggiungere qualcosa alla tua pratica e confermare la presenza della Conoscenza dentro di te.

QUANDO DIVENTERAI ATTENTO NEI CONFRONTI DELLA VITA, inizierai a testimoniare il mistero della vita in ogni cosa. Quanto sarà straordinario questo per te che ti stai ora risvegliando dal sonno della tua immaginazione separata. Il mistero della vita ti ispirerà e ti chiamerà. Confermerà il mistero della tua stessa vita, che sta diventando sempre più reale e dimostrativa per te.

PUOI ANCHE SENTIRTI PICCOLO, ma esprimi ciò che è grande. Non hai bisogno di essere grande per esprimere il grande perché la grandezza è dentro di te e il tuo veicolo fisico è piccolo in confronto ad essa. La tua realtà nasce dalla grandezza che è con te e desidera esprimere se stessa nella semplicità del tuo piccolo veicolo. Qui comprendi che appartieni al grande e che stai lavorando attraverso il piccolo. Qui non negherai la relazione tra il grande e il piccolo, dove il piccolo deve esprimere il grande, cosa che fa in modo naturale. Deve una creatura piccola cercare di esprimere il grande? No. Il grande semplicemente si esprime attraverso la piccola creatura.

Dunque nella tua vita—che in qualunque momento può sembrarti piccola, che in qualunque momento può sembrare separata e delimitata—la grandezza è con te. Così, ciò che è piccolo viene utilizzato, confermato, onorato e benedetto. Così, non c'è alcun fondamento per l'auto-condanna e l'odio. Tutte le cose grandi e piccole vengono apprezzate, perché tutte le cose grandi e piccole sono insieme.

Ogni ora, dunque, nell'ambito di qualsiasi piccolo compito, nell'ambito di qualsiasi espressione o gesto e nell'ambito di qualsiasi piccola visione, consenti alla grandezza di esprimere se stessa. Nei tuoi due periodi di pratica più profonda, giungi ancora una volta in prossimità di ciò che è grande dentro di te. Entra di nuovo nel Fuoco della Conoscenza che ti purifica. Rifugiati nel santuario della Conoscenza. Qui incontri ciò che è grande completamente. Questo è al di là di ogni forma. Qui ciò che infonde ogni forma e le dà scopo, significato e direzione aspetta che tu lo riceva. Il piccolo esprime il grande e il grande benedice il piccolo.

Pratica 331: *Due periodi di 30 minuti di pratica.*
Pratica oraria.

Passo 332

STO APPENA INIZIANDO A COMPRENDERE IL SIGNIFICATO DELLA CONOSCENZA NELLA MIA VITA.

STAI APPENA INCOMINCIANDO A COMPRENDERE questo, perché la tua comprensione nascerà dall'esperienza, dal riconoscimento e dal risultato della tua applicazione. Poiché sei uno studente principiante della Conoscenza, possiedi una comprensione da principiante. Accettalo, perché questo ti libera dal tentativo di cercare di trarre conclusioni sulla tua partecipazione e sulla vita. Allora, non serve che cerchi di conseguire l'impossibile e puoi sollevare la tua mente da un grande peso che altrimenti oscurerebbe la tua felicità e disperderebbe il senso di pace e di attività significativa che hai oggi. Quando accetti che stai appena incominciando a comprendere il significato della tua vita e il significato della Conoscenza nella tua vita, questo ti dà la libertà di partecipare e di imparare di più. Senza il peso dei giudizi, che altrimenti caricheresti sulla tua vita, sei libero di partecipare e la tua partecipazione ti renderà libero.

RAMMENTA A TE STESSO OGNI ORA che stai appena iniziando a comprendere il significato della Conoscenza nella tua vita. Nei tuoi periodi più profondi di pratica, ancora una volta entra nel tuo santuario della Conoscenza affinché la tua capacità di Conoscenza possa crescere, il tuo desiderio di Conoscenza possa crescere e la tua esperienza della Conoscenza possa crescere. Solo quando queste crescono può crescere la tua comprensione. In questo modo, sei libero dai giudizi. Sei libero di partecipare, e così emergerà tutta la comprensione.

PRATICA 332: *Due periodi di 30 minuti di pratica.*
Pratica oraria.

Passo 333

C'È UNA PRESENZA CON ME. LA POSSO SENTIRE.

SENTI OGGI LA PRESENZA DEI TUOI MAESTRI che ti sono vicini e vegliano sulla tua preparazione di studente della Conoscenza. Senti la loro presenza oggi, e sentirai la tua stessa presenza, perché voi siete uniti in questa presenza che tu percepisci. Ricorda che non sei solo, così non sarai isolato nei tuoi stessi pensieri. Non diventerai isolato nelle tue stesse paurose considerazioni.

OGNI ORA, VIVI L'ESPERIENZA DI QUESTA PRESENZA, perché questa presenza è con te ogni ora. Senti questa presenza a prescindere da dove ti trovi oggi, che tu sia al lavoro o a casa, che tu sia solo o con qualcuno, perché questa presenza è con te dovunque vai.

NEI TUOI DUE ESERCIZI DI MEDITAZIONE PROFONDA consenti a te stesso di sentire la presenza dell'amore, che è la presenza della Conoscenza, che è la presenza della Saggezza, che è la presenza della certezza, che è la fonte del tuo scopo, del tuo significato e della tua direzione nel mondo e che contiene per te la chiamata nel mondo. Vieni nella vicinanza e nell'esperienza di questa presenza nelle tue meditazioni più profonde. Non trascurare questo, perché qui proverai l'esperienza dell'amore verso te stesso, della valorizzazione di te stesso e dell'inclusione vera nella vita. Prendi questa presenza con te oggi e ricevi questa presenza nelle tue meditazioni più profonde, e saprai che la presenza è con te ogni giorno.

PRATICA 333: *Due periodi di 30 minuti di pratica.*
Pratica oraria.

Passo 334

LA PRESENZA DEI MIEI MAESTRI È CON ME OGNI GIORNO.

Ogni giorno, a prescindere da dove sei, a prescindere da dove vai, la presenza dei tuoi Maestri è con te. Quest'idea ha lo scopo di ricordarti che non sei solo. Quest'idea ha lo scopo di darti un'opportunità per uscire dall'isolamento della tua stessa immaginazione, vivere l'esperienza di questa presenza e ricevere il dono di questa presenza. In questo dono, i tuoi Maestri ti daranno le idee e l'ispirazione di cui hai bisogno. In questo, esprimerai ciò che avrai ricevuto e così facendo confermerai ciò che avrai ricevuto.

Pratica il ricordo di questo ogni ora, concentrandoti ancora una volta sulla presenza che è con te. Per sentirla, basta che ti rilassi, perché più che certamente è con te. Nei tuoi esercizi più profondi, ancora una volta entra nella calma nel santuario della Conoscenza affinché tu possa ricevere questa presenza e la grande conferma ed il conforto che essa ti dona. Consenti a te stesso di lasciare da parte il dubbio su te stesso e il tuo senso di indegnità, perché queste cose saranno consumate nel Fuoco della Conoscenza e depurate dalla tua mente. Fatto questo, non servirà che ti crei idee grandiose di te stesso. Non ti servirà creare false rappresentazioni di te stesso per fuggire dal tuo senso di colpa e di inadeguatezza, perché la colpa e l'inadeguatezza si consumano nel Fuoco della Conoscenza. Allora, porta tutto ciò che ostacola la tua partecipazione e tutte le paure che ti tormentano e ti opprimono nel Fuoco della Conoscenza, affinché possano essere consumate; sentirai così che la tua mente viene immersa e purificata nell'amorevole Fuoco della Conoscenza. La presenza è con te ogni giorno. Il Fuoco della Conoscenza è con te ogni giorno.

Pratica 334: *Due periodi di 30 minuti di pratica.*
Pratica oraria.

Passo 335

IL FUOCO DELLA CONOSCENZA È CON ME OGNI GIORNO.

Dovunque vai, qualsiasi cosa fai, il Fuoco della Conoscenza arde dentro di te. Sentilo che arde. Ogni ora sentilo ardere. A prescindere da quello che vedi e da quello che pensi, senti il Fuoco della Conoscenza che arde. Questa è la presenza della Conoscenza che tu percepisci dentro di te mentre senti la presenza dei Maestri tutt'intorno a te. Il Fuoco della Conoscenza arde e mentre vivi quest'esperienza, esso consumerà tutto ciò che ti trattiene—tutto quello che ti tormenta e ti opprime, tutto il tuo senso di indegnità e di colpa, tutto il dolore e il conflitto. Tutte queste cose vengono consumate, non potranno più esercitare la loro influenza sulla tua vita e naturalmente la tua vita diventerà più uniforme e armoniosa.

OGGI FARAI UN PASSO FONDAMENTALE IN QUESTA DIREZIONE ricordando e vivendo l'esperienza del Fuoco della Conoscenza ogni ora. Nei tuoi due più profondi periodi di pratica entra ancora una volta nel Fuoco della Conoscenza che è nel santuario della Conoscenza. Ricorda che questo fuoco ti conforterà e ti libererà. Non ti brucerà, ma riscalderà solo la tua anima. Ti darà conforto e rassicurazione. Ti darà la conferma del significato e dello scopo della tua vita e della grandezza che porti dentro di te.

NON TRASCURARE LA TUA PRATICA OGGI, ma renditi conto del suo totale beneficio per te. Nulla che vedrai nel mondo ti potrà in alcun modo dare la certezza, la potenza, la pace e il senso di inclusione che ti può conferire il Fuoco della Conoscenza. Nulla ti può ricordare della tua totale inclusione nella vita più della presenza dei tuoi Maestri che ti sono vicini. In questo modo, avrai già l'esperienza di cui hai bisogno e da questa esperienza imparerai nel tempo a estenderla a tutte le tue relazioni—con gli altri, con il mondo e con la Comunità Più Grande dei mondi nella quale vivi.

PRATICA 335: *Due periodi di 30 minuti di pratica.*
Pratica oraria.

Passo 336

RIPASSO

Inizia il tuo Ripasso bisettimanale ripassando la prima lezione di questo periodo di due settimane, rileggendo la lezione e ricordando la tua pratica per quel giorno. Prosegui in progressione per ogni giorno che segue. Rivedi la tua pratica. Renditi conto dello scopo della tua pratica e riconosci che cosa la tua pratica sta rafforzando dentro di te. Riconosci quanto tu desideri che questo rafforzamento abbia luogo e renditi conto dell'enorme valore che stai ricevendo e stai cercando di ricevere mentre ti prepari in qualità di studente della Conoscenza. Fa' che il tuo Ripasso di oggi sia una conferma dell'importanza della tua preparazione. Riconosci quanto bisogno hai di rafforzare la tua partecipazione e quanto bisogno hai di mettere da parte idee che sono debilitanti o che negano l'esistenza della Conoscenza nella tua vita. Ricorda che La Conoscenza è con te e che i tuoi Maestri sono con te, affinché tu possa sentirli e riceverli ogni istante. Quando imparerai a ricevere questo, naturalmente lo esprimerai.

Nel tuo periodo lungo di pratica oggi, ripassa le due settimane di pratica trascorse e renditi conto di ciò che ti viene offerto. Renditi conto di quanto hai bisogno di ricevere. Renditi conto di quanto vuoi ricevere.

Pratica 336: *Un periodo lungo di pratica.*

Passo 337

DA SOLO NON POSSO FARE NULLA.

DA SOLO NON PUOI FARE NULLA, ma tu non sei solo. Sì, tu sei un individuo, ma sei più grande di un individuo. Ne consegue che non puoi essere solo e che la tua individualità ha grande speranza ed ha un grande scopo nel mondo. Dunque tu che sei parte della grandezza che è più grande della tua individualità e tu che sei anche parte della tua individualità diventi completo e unificato. In questo, tutto quello che hai costruito per te stesso viene rivolto al bene. A tutte le tue creazioni viene dato scopo, significato, direzione e inclusione nella vita. Ne consegue che la tua vita è redenta e riconquistata e tu diventi parte della vita e un veicolo per la sua espressione unica. Questo è il vero significato della lezione di oggi.

SOLO NELLE OMBRE E NELL'OSCURITÀ DELL'IMMAGINAZIONE ti puoi nascondere dalla luce della verità. Devi credere di essere solo, per poter pensare che le proiezioni della tua immaginazione siano reali. Imparare che non sei solo può inizialmente fare paura perché hai paura che le proiezioni della tua immaginazione e la tua colpa sarebbero rivelate. Tuttavia, se prendi tutto questo onestamente in considerazione senza condannare, ti rendi conto che significa che sei stato ritrovato, rigenerato e stai venendo ora preparato per ricevere la potenza che dimora con te, la potenza che è la tua Fonte e il tuo Vero Sé.

RIPETI L'IDEA DI OGGI OGNI ORA e renditi conto che è un'affermazione della tua forza e della tua inclusione nella vita. Nelle tue meditazioni più profonde consenti a te stesso di entrare ancora una volta nella calma del tuo santuario di Conoscenza, dove diventerà evidente che non sei solo. Qui sei in un vero matrimonio con la vita e in una vera unione con coloro che sono venuti per servirti e per guidarti e con coloro che si esercitano insieme a te adesso. Nella tua inclusione c'è la tua felicità. Nel tuo isolamento c'è la tua tristezza. La tua tristezza non ha fondamento, perché tu non sei solo e il tuo successo è garantito, perché da solo non puoi fare nulla.

PRATICA 337: *Due periodi di 30 minuti di pratica.*
 Pratica oraria.

Passo 338

OGGI SARÒ ATTENTO.

SII ATTENTO OGGI così che tu possa vedere ciò che sta accadendo intorno a te. Sii attento oggi così che tu possa vivere l'esperienza di te stesso nel mondo. Sii attento oggi così che tu possa vivere l'esperienza del Fuoco della Conoscenza che arde dentro di te. Sii attento oggi così che tu possa vivere l'esperienza della presenza dei tuoi Maestri che è con te. Sii attento oggi così che tu possa vedere che il Fuoco della Conoscenza sta ardendo nel mondo e che la presenza dei tuoi Maestri è anch'essa presente nel mondo. Queste cose arriveranno a te naturalmente se sarai attento, perché senza condanna vedrai quello che sta veramente accadendo. Questo confermerà la tua natura spirituale e il tuo scopo nel mondo. Questo confermerà la tua vera identità e darà significato alla tua vita individuale.

SII ATTENTO OGNI ORA OGGI e abbi fiducia che l'essere attento produrrà i suoi veri risultati per te. Senza giudicare e valutare, vedrai oltre tutte le apparenze spaventose che il mondo ti può presentare. Vedrai oltre tutte le apparenze spaventose che la tua immaginazione ti può presentare, perché tutte le apparenze spaventose nascono e sono convalidate dall'immaginazione. Nell'essere attento al mondo, riconosci la confusione del mondo e il suo bisogno di Conoscenza. Questo confermerà la tua stessa confusione e il tuo bisogno di Conoscenza e ti renderà felice che ti stai ora preparando a ricevere La Conoscenza stessa.

NELLE TUE PRATICHE PIÙ PROFONDE DI MEDITAZIONE SII ATTENTO, sii presente e dona te stesso nella calma nel santuario della Conoscenza. Serve solo che tu sia attento. Giudicare non è necessario. Sii attento così penetrerai il falso e riceverai il vero. Perché la vera attenzione ti darà sempre ciò che è vero e la falsa attenzione ti darà sempre ciò che è falso.

Oggi tu rafforzi questa facoltà mentale, questa capacità di essere attento. La rafforzi per te stesso e per il mondo, che ha bisogno di essere riconosciuto. Perché il mondo ha bisogno di essere amato e l'amore viene solo dal vero riconoscimento.

Pratica 338: Due periodi di 30 minuti di pratica.
                     Pratica oraria.

Passo 339

LA PRESENZA DELL'AMORE È ORA CON ME.

La presenza dell'amore è con te, dentro il Fuoco della Conoscenza che è dentro di te. Come esemplificato dalla presenza dei tuoi Maestri, questa presenza permea ogni cosa nel mondo. È il contesto in cui il mondo esiste. È calma; pertanto, dimora in tutto. Puoi tu che percepisci il mondo percepire questa presenza costante? Puoi tu che agisci nel mondo vedere l'effetto di questa presenza nel mondo? Se questa presenza non fosse nel mondo, il mondo avrebbe distrutto se stesso molto tempo fa e non ci sarebbe speranza per la tua salvezza. Non ci sarebbe speranza per una vera comunità e per tutte le cose di cui gli esseri umani sono capaci nella loro vita temporanea. Tutte le cose di vero valore non si diffonderebbero, perché l'oscurità dell'immaginazione e l'oscurità della paura coprirebbero il mondo permanentemente e vivreste in completa oscurità. Senza la presenza dell'amore nel mondo, questo accadrebbe. La tua vita qui sarebbe sigillata nell'oscurità e non potresti mai scappare.

Ecco perché la tua vita nel mondo è temporanea. Non potrebbe essere permanente, perché sei nato dalla luce, alla quale tornerai. Come potresti vivere permanentemente nell'oscurità quando sei nato dalla luce alla quale tornerai? Sei stato mandato nel mondo per portare la luce nel mondo, non per confermare l'oscurità del mondo. La volontà di Dio è che tu porti la luce nel mondo, non che tu sia esiliato nel mondo, nell'oscurità. Tu sei qui per portare la luce nel mondo.

Tu che sei uno studente di Conoscenza stai ora imparando passo per passo a ricevere la luce della Conoscenza e il Fuoco della Conoscenza. Quando proverai quest'esperienza dentro te stesso, vedrai il Fuoco della Conoscenza che arde nel mondo, perché questa è la presenza dell'amore. Questo è Dio nel mondo. Quello che Dio fa nel mondo, Dio lo farà attraverso te, ma la presenza di Dio nel mondo attiva La Conoscenza in tutte le menti e chiama tutte le menti al risveglio. Questo convalida, conferma e rafforza l'emergere della Conoscenza dovunque stia accadendo.

LA PRESENZA DI DIO È PERMANENTE. Il mondo stesso è temporaneo. L'universo fisico è temporaneo. La presenza di Dio è permanente. Riesci allora a vedere ciò che è grande e ciò che è piccolo? Puoi allora vedere ciò che dà e ciò che deve imparare a ricevere? Riesci allora a renderti conto dell'importanza della tua preparazione? Riesci allora a renderti conto dell'importanza del tuo servizio nel mondo?

OGNI ORA SII ATTENTO e vivi l'esperienza della presenza dell'amore nel mondo. Se sarai attento, la sentirai. Nei tuoi esercizi di meditazione più profonda, vivi l'esperienza della presenza dell'amore dentro te stesso, che è il Fuoco della Conoscenza. Ricorda, mentre la vedi nel tuo mondo e dentro di te, che dalla calma di questa presenza scaturiscono tutte le opere di bene, tutte le idee importanti e la motivazione per le attività importanti. Questo è ciò che conduce l'umanità e anche la Comunità Più Grande dei mondi verso La Conoscenza e, con La Conoscenza, verso il divenire un'unica comunità.

PRATICA 339: *Due periodi di 30 minuti di pratica.*
Pratica oraria.

Passo 340

IL MIO ESSERE STUDENTE È IL MIO CONTRIBUTO AL MONDO.

TU SEI UNO STUDENTE PRINCIPIANTE DELLA CONOSCENZA. In qualità di studente principiante, sei completamente impegnato nella tua pratica. Non immaginare per te stesso un ruolo grandioso di salvatore o di redentore del mondo, perché questo ti scoraggerà soltanto, perché non sei ancora preparato per portare avanti cose che comportano grandezza. Il tuo compito è seguire i passi così come ti sono stati dati. Questo è il requisito. Col tempo, la grandezza crescerà nella tua esperienza e tu sperimenterai la grandezza nel mondo. Tuttavia come abbiamo così spesso indicato nella nostra preparazione fino ad oggi, la grandezza che proverai si esprimerà in cose semplici e terrene. Dunque, non immaginare idee grandiose che ti dipingono come un salvatore. Non ti immaginare di essere crocifisso nel mondo, perché quelle immagini nascono dall'ignoranza e tu non comprendi il loro vero significato.

SEGUI OGNI PASSO, perché ogni passo richiederà la tua completa attenzione e il tuo completo coinvolgimento. Se non cercherai di aggiungere alla tua preparazione quello che non le serve, potrai allora diventare pienamente impegnato nella tua preparazione. Questo ti coinvolgerà completamente ed eleverà tutte le tue capacità fisiche e mentali dando loro uno scopo e una direzione uniformi. Il tuo essere studente è il tuo dono al mondo. Grazie al tuo essere studente tutti i doni che in futuro darai potranno essere dati con fiducia, con amore e con certezza.

OGNI ORA RICORDA A TE STESSO CHE il tuo essere uno studente è il tuo dono al mondo. Se veramente desideri servire il mondo e se vuoi veramente portare nel mondo l'esempio di ciò che ti è più caro e che onori dentro di te, allora dedicati alla tua pratica e non trascurarla in questo giorno. Nelle tue meditazioni più profonde dona te stesso alla tua pratica, perché essere uno studente è una condizione che comporta il dare e tu che ora stai imparando a ricevere stai anche donando te stesso, al fine di imparare a ricevere. Dunque stai anche imparando a dare. Se non sei capace di dare te stesso alla pratica, non sarai capace di dare al mondo, perché anche dare al mondo è una forma di pratica. Ricorda che tutto ciò che puoi fare è praticare qualcosa. A prescindere da ciò che fai, stai praticando qualcosa, stai asserendo qualcosa, stai confermando qualcosa e stai studiando qualcosa. Alla luce di questa comprensione, dona te stesso alla tua vera preparazione perché questo è il tuo dono a te stesso e al mondo.

Pratica 340: *Due periodi di 30 minuti di pratica.*
Pratica oraria.

Passo 341

IO SONO FELICE,
PERCHÉ ORA POSSO RICEVERE.

IMPARA A RICEVERE E IMPARERAI AD ESSERE FELICE. Impara a dare e la tua felicità sarà confermata. Detto nelle parole più semplici che ci siano, questo è quanto stai intraprendendo. Se non rendi tutto questo complicato con le tue idee e le tue aspettative personali, sarai in grado di vedere la verità sempre presente in questo, così imparerai esattamente che cosa questo significa e che cosa richiederà. Ricorda che la complessità è la negazione della semplicità della verità. La verità porterà avanti questa attività ogni giorno, passo dopo passo, mentre tu stai portando avanti la tua preparazione ogni giorno, passo dopo passo. Quando impari a diventare uno studente della Conoscenza impari a vivere la verità. La semplicità di questo ti è sempre presente, perché la verità è semplice ed evidente per tutti coloro che cercano la verità e tutti coloro che guardano senza il peso della condanna e del giudizio.

RICORDA LA TUA PRATICA OGNI ORA e nelle tue meditazioni più profonde, ancora una volta rafforza la tua capacità e il tuo desiderio di calma. Perché se sperimenti ogni giorno l'esperienza di un po' di calma in più, la calma crescerà e crescerà, colmerà la tua vita ed emanerà dalla tua vita come una grande luce, perché tu sei qui per essere una luce sul mondo.

PRATICA 341: *Due periodi di 30 minuti di pratica.*
Pratica oraria.

Passo 342

OGGI SONO UNO STUDENTE DI CONOSCENZA.

OGGI TU SEI UNO STUDENTE DI CONOSCENZA. Stai seguendo la tua preparazione passo dopo passo. Stai imparando ad essere libero dal fardello dei tuoi giudizi e delle tue ansie. Stai imparando ad essere confermato dalla presenza della Conoscenza dentro di te e dalla presenza dell'amore nella tua vita. Stai imparando ad onorare te stesso e ad apprezzare il tuo mondo. Stai imparando a riconoscere la tua responsabilità e imparando a riconoscere il bisogno che c'è nel mondo che questa responsabilità sia portata avanti. Stai imparando ad essere calmo interiormente e coinvolto costruttivamente esteriormente. Stai imparando a ricevere. Stai imparando a dare. Stai imparando a riconoscere che la tua vita viene redenta.

SII UNO STUDENTE DI CONOSCENZA OGGI e porta avanti le indicazioni di oggi nel modo più completo ed esplicito che puoi. Ricorda a te stesso ogni ora che sei uno studente di Conoscenza e concediti un momento ogni ora per pensare a ciò che questo significa, in particolare nelle tue attuali circostanze. Nei tuoi più profondi periodi di pratica, impegna attivamente la tua mente nel considerare cos'è uno studente di Conoscenza. Richiama alla mente quello che ti è stato insegnato fino ad oggi. Riconosci quello che viene rafforzato passo per passo e quello che vieni incoraggiato ad abbandonare. I tuoi due periodi di pratica sono periodi di attivo impegno mentale, dove guardi l'idea odierna e cerchi di vedere il suo significato in relazione alla tua vita. Quando pensi, pensa in modo costruttivo, perché il pensiero deve sempre essere costruttivo. Quando non è necessario pensare, La Conoscenza ti porterà avanti. Nel mondo devi avere La Conoscenza e devi imparare a pensare in modo costruttivo perché sei uno studente di Conoscenza. Oggi sii uno studente di Conoscenza e onorerai ciò che ti guida, che ti conduce e che ti benedice. Tu rappresenterai La Conoscenza, perché tu sei uno studente della Conoscenza.

PRATICA 342: *Due periodi di 30 minuti di pratica.*
Pratica oraria.

Passo 343

OGGI ONORERÒ LA FONTE DELLA MIA PREPARAZIONE.

ONORA LA FONTE DELLA TUA PREPARAZIONE, essendo oggi uno studente della Conoscenza. Ricorda questo ogni ora e pensa di nuovo a ciò che significa essere uno studente della Conoscenza. Cerca di ricordare tutto quello che ti è stato dato e tutto quello che viene rafforzato e cerca di riconoscere oggettivamente ciò che ti ostacola e ciò che ti trattiene. Rafforza la tua fede. Rafforza la tua partecipazione. Utilizza il tuo potere decisionale per farlo e ricorda mentre lo fai che onori e rappresenti ciò che ti guida e ciò che servi.

NEI TUOI DUE PERIODI PIÙ PROFONDI DI PRATICA, impegna attivamente la tua mente nel considerare il significato dell'idea di oggi. Ricorda che puoi solo servire quello a cui attribuisci valore. Se darai valore alla Conoscenza, servirai La Conoscenza. Se darai valore all'ignoranza e all'oscurità, servirai quelle. Quello a cui dai valore è il tuo padrone, ed il tuo padrone ti darà ciò che devi imparare. Tu sei uno studente della Conoscenza. Sei uno studente della Conoscenza perché hai scelto che il tuo stato di studente e che il tuo padrone riflettano La Conoscenza e la verità nel mondo. Qui hai due scelte, perché puoi solo servire La Conoscenza oppure quello che cerca di rimpiazzare La Conoscenza. Visto che in verità nulla può rimpiazzare La Conoscenza, il desiderio di servire quello che sostituisce La Conoscenza è il desiderio di servire il nulla, di essere nulla e di avere nulla. Quello è ciò che intendiamo quando parliamo di povertà. È uno stato in cui non si è al servizio di nulla, non si è nulla e non si ha nulla.

ALLORA, ONORA QUELLO CHE È AL TUO SERVIZIO. Onora quello che riconosce la tua realtà e il significato e il valore della tua presenza nel mondo, così servirai qualcosa che è vero, sarai qualcosa di vero e avrai qualcosa di vero. È così che tu che stai imparando a servire sarai colui che sta imparando a ricevere.

PRATICA 343: *Due periodi di 30 minuti di pratica.*
   Pratica oraria.

Passo 344

LA MIA CONOSCENZA È IL DONO CHE IO DÒ AL MONDO.

LA CONOSCENZA È IL TUO DONO AL MONDO, ma prima devi diventare un veicolo per la sua espressione. La devi accettare, ricevere, devi imparare da lei e dare ciò che ti dà da dare. Devi aprire te stesso affinché lei possa splendere sul mondo naturalmente attraverso te. Dalla tua Conoscenza arriverà tutto—tutte le attività costruttive, tutti i contributi importanti, tutti i pensieri importanti, tutte le espressioni significative delle emozioni e tutta la motivazione che spinge a riassicurare, confortare, amare, guarire, unire e liberare gli altri. Questo semplicemente significa che il tuo Vero Sé si sta finalmente esprimendo. Questo è il tuo dono al mondo.

OGNI ORA RICORDA QUESTO A TE STESSO E SENTI il Fuoco della Conoscenza che brucia dentro di te. Percepisci te stesso come un veicolo per portare La Conoscenza nel mondo. Sii felice che non hai bisogno di tormentare te stesso cercando di capire come darai La Conoscenza, come La Conoscenza darà se stessa e che cosa succederà di conseguenza. Tu semplicemente segui i passi. Come hai visto fino ad oggi, i passi richiedono che tu sviluppi le tue capacità mentali e le applichi nel modo giusto. Richiedono che tu sia mentalmente presente. Richiedono che tu equilibri e armonizzi la tua vita. Anche a questo punto della tua preparazione ti stai rendendo conto che sei cosciente di molte cose della tua vita che non hai ancora accettato o implementato. La Conoscenza è stata con te sin dall'inizio e anche ora nella tua preparazione iniziale, mentre avanzi insieme ad altri che stanno avanzando con te, la potenza e l'efficacia della Conoscenza stanno diventando sempre più vere per te. Questo è il tuo dono al mondo.

NEI TUOI DUE PIÙ LUNGHI PERIODI DI PRATICA, OGGI, nella calma e nella ricettività, esercitati a ricevere la potenza della

Conoscenza affinché possa crescere dentro di te e tu possa avere un'esperienza di essa sempre maggiore, mentre ti avventuri nel mondo. Questi periodi di pratica più lunghi sono così vitali per la tua preparazione perché accrescono la tua capacità, accrescono la tua comprensione, accrescono la tua esperienza e rendono sempre più facile per te vivere l'esperienza della Conoscenza mentre sei nel mondo. Perché la tua Conoscenza è il tuo dono al mondo e la tua Conoscenza è il tuo dono a te stesso.

PRATICA 344: *Due periodi di 30 minuti di pratica.*
Pratica oraria.

Passo 345

LA MIA CONOSCENZA È IL MIO DONO ALLA MIA FAMIGLIA SPIRITUALE.

LA TUA CONOSCENZA È IL TUO dono alla tua Famiglia Spirituale, perché tu sei venuto nel mondo non solo per far avanzare te stesso e il mondo, ma anche per far avanzare la tua Famiglia Spirituale. Il tuo specifico gruppo di apprendimento richiede che tu avanzi affinché esso stesso possa avanzare, perché anch'esso sta cercando un'unione superiore. Nel corso del tempo tu hai coltivato la tua sfera di relazioni e la tua capacità di relazione. Tutti i tuoi successi ad oggi sono incorporati nell'espressione e nell'evidenza della tua Famiglia Spirituale.

IL RITORNO A DIO È IL RITORNO ALL'INCLUSIONE nelle relazioni. Questo sta al di là della tua capacità di comprensione ed è certamente al di là delle tue idee e del tuo idealismo. Può solo essere vissuto nell'esperienza. Deve essere vissuto nell'esperienza e attraverso quest'esperienza capirai che non sei venuto qui solo per la tua personale redenzione e non solo per servire il mondo, ma per servire coloro che ti hanno mandato. In questo, il tuo ruolo diventa sempre più importante. Se ci pensi, saprai che è vero.

OGNI ORA OGGI PENSA a quest'idea e ricorda la tua Famiglia Spirituale, che stai ora imparando a ricordare. Nelle tue due pratiche più profonde di meditazione, entra ancora una volta nel tuo santuario di Conoscenza e cerca di sentire la presenza della tua Famiglia Spirituale. Se la tua mente sarà calma, ti renderai conto che loro sono con te adesso. Come potrebbero essere separati da te che non puoi essere separato da loro e, come tu sei nel mondo, loro sono con te adesso.

PRATICA 345: *Due periodi di 30 minuti di pratica.*
Pratica oraria.

Passo 346

IO SONO NEL MONDO PER LAVORARE.

Tu sei nel mondo per lavorare. Lavorare è quello che vuoi fare. Il lavoro è il motivo per il quale sei venuto. Ma che cos'è questo lavoro di cui stiamo parlando? È forse il tuo attuale impiego, al quale opponi resistenza e a causa del quale sei in difficoltà? Sono i tanti compiti che pensi che ti appartengano o che ti sei assegnato da solo? Il tuo vero lavoro potrebbe trovare espressione in qualunque di queste attività, ma in verità è qualcosa di più grande. Sarà la tua felicità e sarà la tua realizzazione portare a termine ogni passo del tuo vero lavoro. Il tuo vero lavoro nel mondo è quello di scoprire la tua Conoscenza e di consentirle di esprimersi attraverso te. Il tuo vero lavoro nel mondo è di rispondere alla tua specifica chiamata, che ti coinvolge con determinate persone in determinati modi affinché tu possa compiere il tuo destino individuale nel mondo.

Questo è il tuo lavoro. Non pensare in questo momento di poter comprendere che cosa sia questo lavoro e non cercare di dargli una definizione che vada oltre quella che ti abbiamo dato noi. Va bene non sapere completamente che cosa ciò significa. Va bene apprendere il mistero della tua vita senza cercare di renderlo concreto.

Tu sei nel mondo per lavorare. Pertanto, applicati affinché la tua applicazione ti possa rivelare la fonte del tuo scopo, del tuo significato e della tua direzione. È attraverso il tuo lavoro e le tue attività significative che sperimenterai il tuo valore—il valore della tua vita individuale e l'assicurazione del tuo vero destino. Il tuo vero lavoro ti garantisce tutte le cose di valore e ti fornisce una via di fuga da tutte le cose che ti oscurano e ti rendono disperato e miserabile.

Ricorda a te stesso dell'idea di oggi ogni ora. Nelle tue due pratiche più profonde, ancora una volta impegna attivamente la tua mente nel considerare l'idea di oggi. Considera come vedi il lavoro stesso e tutti i tuoi rapporti con il lavoro. Rivedi il modo con cui hai reagito al lavoro in passato—il tuo desiderio di lavorare, la tua ambivalenza riguardo al lavoro e la tua resistenza al lavoro. Riconosci come tutto il desiderio di fuggire dal lavoro è stato in verità un desiderio di scoprire La Conoscenza. Renditi conto che La Conoscenza ti coinvolgerà nel lavoro con uno scopo nuovo, un nuovo significato e una nuova direzione. Esamina i tuoi pensieri. Devi comprendere i tuoi pensieri, perché sono ancora molto efficaci nell'influenzare la tua percezione e la tua comprensione. Quando riuscirai a diventare oggettivo con la tua mente, riuscirai a consentire alla Conoscenza di splendere su di lei e riuscirai a utilizzare il potere decisionale per prepararti e per lavorare con il contenuto della tua mente. Questo è efficace nei limiti della tua partecipazione, perché non ti è concesso di determinare lo scopo, il significato o la direzione della Conoscenza, ma di diventare un destinatario della Conoscenza, di provare La Conoscenza e di consentire alla Conoscenza di esprimere se stessa attraverso te.

Dunque, nei tuoi due più lunghi periodi di pratica, impegna la tua mente attivamente. Concentrati su questa unica idea. Riconosci tutti i pensieri e le sensazioni che sono associate ad essa. Nell'ultima parte di ogni periodo lungo di pratica, consenti a tutti i pensieri di lasciarti. Entra ancora una volta nella calma e nella ricettività così che tu possa arrivare a sapere. La Conoscenza non esige che tu pensi quando stai provando l'esperienza della Conoscenza stessa, perché tutto il pensiero è un sostituto della Conoscenza. Tuttavia, La Conoscenza indirizzerà tutto il tuo pensiero a servire uno scopo superiore.

Pratica 346: *Due periodi di 40 minuti di pratica.*
Pratica oraria.

Passo 347

OGGI CONSENTO ALLA MIA VITA DI DISCHIUDERSI.

CONSENTI ALLA TUA VITA DI DISCHIUDERSI OGGI. Senza il tuo disorientamento interiore, senza l'oscurità della tua stessa immaginazione e senza la tua confusione e i tuoi conflitti, puoi essere testimone del dischiudersi della tua vita. La giornata di oggi rappresenta un passo verso il dischiudersi della tua vita, nell'emersione della tua Conoscenza, nella coltivazione della tua vera comprensione e nell'espressione dei tuoi veri traguardi. Sii attento in questo giorno e impara a osservare con oggettività la tua vita esteriore e la tua vita interiore. In questo modo puoi provare l'esperienza di quello che c'è veramente e amerai quello che c'è veramente, perché quello che c'è veramente è autentico e riflette l'amore stesso.

OGNI ORA RICORDA A TE STESSO di osservare la tua vita che si dischiude. Nell'ambito dei tuoi esercizi di meditazione più profonda, nella calma e nella ricettività, osserva la tua vita interiore che si dischiude. Osserva la tua vita esteriore e la tua vita interiore che si dischiudono insieme, così come devono fare. Qui sentirai il movimento della tua vita. Qui tu saprai che la tua vita viene guidata e indirizzata. Qui saprai che tutte le cose alle quali dai veramente valore e che ti sono più care e tutto quello che abbiamo indicato nella nostra preparazione fino ad ora stanno prendendo forma. Qui consenti a certe cose di scivolare via e ad altre di emergere. Qui governi la parte della tua vita che spetta a te governare, cioè il tuo pensiero e il tuo comportamento. Qui consenti a quella parte della tua vita che non puoi governare, cioè il tuo scopo, il tuo significato e la tua direzione, di emergere naturalmente ed esprimersi. Qui sei testimone della tua stessa vita, che in questo giorno sta emergendo e si sta dischiudendo.

PRATICA 347: *Due periodi di 30 minuti di pratica.*
Pratica oraria.

Passo 348

OGGI SARÒ TESTIMONE DEL MONDO CHE SI DISCHIUDE.

SENZA LE TUE CONGETTURE BASATE SULLA PAURA, senza le tue reazioni ansiose alle apparenze spaventose e senza le tue ambizioni e le tue negazioni, oggi puoi vedere il mondo che si dischiude. I tuoi occhi vedranno questo, le tue orecchie lo udiranno, la tua pelle lo sentirà e tu lo sentirai con tutto il tuo essere fisico e mentale. Questo lo saprai perché il tuo essere sa, mentre la tua mente pensa e il tuo corpo agisce. È così che la potenza della Conoscenza è la potenza dell'essere, del quale tu sei una parte.

È CON QUESTO POTERE che puoi osservare il mondo che si dischiude, perché il mondo ha un essere, una mente e un corpo. Il suo essere sa, la sua mente pensa e il suo corpo agisce. La natura è il suo corpo. Il vostro pensiero collettivo è la sua mente. La Conoscenza è il suo essere. Così, quando inizierai a renderti conto della Conoscenza nella tua vita, ti renderai conto della Conoscenza nel mondo. Quando vedrai La Conoscenza pulire e purificare la tua mente, vedrai La Conoscenza pulire e purificare tutte le menti nel tuo mondo. Quando vedrai La Conoscenza guidarti verso azioni efficaci, vedrai La Conoscenza nel mondo guidare gli altri verso azioni efficaci. Così, quando imparerai ad avere misericordia verso te stesso, imparerai ad avere misericordia verso il mondo. Quando sarai testimone del tuo stesso dischiudersi, sarai testimone del mondo che si dischiude.

OGGI, OGNI ORA, RIPETI QUEST'IDEA e sii testimone del dischiudersi del mondo. Nei tuoi due periodi più lunghi di pratica di oggi, con gli occhi aperti, guarda il mondo intorno a te. Trascorri questi momenti da solo, guardando il mondo intorno a te. Guarda senza giudizio. Senti il mondo che si dischiude. Non serve che cerchi di sentirlo. Lo sentirai perché è naturale. Senza blocchi o interventi da parte tua, quest'esperienza sarà sempre presente e a tua disposizione. Senti il mondo che si dischiude, perché confermerà tutto quello che stai ora imparando e tutto quello che ora stai imparando servirà il mondo nel suo dischiudersi.

PRATICA 348: *Due periodi di 30 minuti di pratica.*
Pratica oraria.

Passo 349

SONO FELICE DI POTER FINALMENTE SERVIRE LA VERITÀ.

È LA TUA PIÙ GRANDE GIOIA, è la tua più grande felicità ed è il tuo più grande appagamento quello di poter finalmente servire la verità. Il tuo passato è stato frustrato e squallido perché hai cercato di servire delle cose senza fondamento e senza significato. Hai cercato di identificarti con cose senza scopo e senza direzione. Questo ti ha dato la sensazione di non avere scopo, significato e direzione. Sentiti felice adesso che puoi rappresentare la verità e servire la verità, perché la verità ti dà tutto ciò che è vero. Ti dà scopo, significato e direzione, che sono le cose che hai sempre cercato in tutti i tuoi coinvolgimenti, nelle tue relazioni, nelle tue attività e nelle tue imprese. Questo è quello che hai cercato in tutte le tue fantasie, in tutte le tue preoccupazioni e in tutte le tue speranze.

TUTTO QUELLO CHE TU HAI VERAMENTE VOLUTO ti viene dato adesso. Impara adesso a ricevere quello che hai veramente voluto e ti renderai conto di ciò che è vero. Ti renderai anche conto di cosa hai sempre veramente voluto. Questo consente alla verità di diventare semplice ed evidente. Questo consente alla tua stessa natura individuale di diventare semplice ed evidente, perché nella semplicità tutte le cose sono conosciute. Nella complessità tutte le cose sono nascoste. Solo ciò che è meccanico nel mondo può essere complesso, ma la sua essenza è semplice e può essere vissuta in modo diretto. Solo nel controllare ciò che è meccanico nella vita, cosa che in una certa misura devi fare, ci sono delle complessità, ma anche quelle complessità sono semplici da calcolare, passo dopo passo. Dunque il tuo approccio verso la vita deve essere semplice, a prescindere dal fatto che tu stia trattando con delle cose semplici o complesse. La complessità di cui stiamo parlando, che è una forma di negazione, rappresenta la complessità del tuo stesso pensare e la difficoltà del tuo approccio.

Sii allora felice di poter servire ciò che è vero, perché questo semplificherà tutte le cose e ti renderà capace di trattare la complessità delle cose meccaniche in modo diretto ed efficace. Sii allora felice che la tua vita ha uno scopo, un significato e una direzione. Ricorda questo ogni ora e nei tuoi due periodi di pratica più profonda entra ancora una volta nella calma con grande ricettività e devozione. Ricorda che qui stai dando te stesso, che la pratica significa dare, che tu stai imparando a dare e che tu stai imparando a servire. Tu dai ciò che è vero e servi ciò che è vero e da questo deriva la tua esperienza di ciò che è vero e il tuo ricevere ciò che è vero. Questo è dunque un giorno di felicità perché tu servi ciò che è vero.

Pratica 349: *Due periodi di 30 minuti di pratica.*
Pratica oraria.

Passo 350

RIPASSO

*A*ncora una volta ripassa le due scorse settimane della tua formazione, leggendo ogni lezione e ripassando ogni giorno di pratica. Ancora una volta sviluppa la tua capacità di essere oggettivo. Ancora una volta riconosci il movimento complessivo della tua vita—i cambiamenti lenti ma molto importanti e concreti che stanno avendo luogo nei tuoi valori, nel tuo coinvolgimento con gli altri, nelle tue attività e, più importante di tutto, nell'intera tua percezione di te stesso.

Tieni a mente che il cambiamento importante è graduale e spesso non lo si nota fino a quando i suoi risultati non diventano evidenti. Renditi conto che un cambiamento minimo o insignificante spesso comporta grandi sconvolgimenti emotivi dove la gente pensa che qualcosa di tremendo sia appena successo. Il cambiamento più grande è più profondo e cambia tutto. Il cambiamento minimo, incrementale, ha effetto immediato sul tuo punto di vista, ma il suo effetto globale non dura così a lungo. L'unica eccezione è quando i tuoi Maestri intervengono nella tua sfera personale al fine di dimostrare la loro presenza o consegnare un messaggio potente di cui hai assoluto bisogno in quel momento. Questi interventi sono rari ma possono avvenire in occasioni in cui sono necessari nel tuo interesse.

Guarda, dunque, il movimento complessivo della tua vita. Guarda la tua vita che si dischiude. Questo ti sta preparando per il futuro, perché questo programma ti sta preparando per il futuro. Tutto quello che viene insegnato qui devi utilizzarlo e rafforzarlo e devi praticare sia nell'ambito della portata di questa preparazione che anche ben oltre. Nel tuo periodo lungo di pratica di oggi, diventa un saggio osservatore del tuo sviluppo personale. Riconosci dove la tua pratica ha bisogno di essere rafforzata. Renditi conto che è un'emanazione della tua Conoscenza. Seguila al meglio della tua capacità, ora che stiamo approcciando le lezioni finali in questo stadio di passi verso La Conoscenza.

PRATICA 350: *Un periodo lungo di pratica.*

Passi verso La Conoscenza

LEZIONI FINALI

Stai per iniziare i passi finali nella nostra preparazione. Questi non sono i passi finali nel tuo approccio complessivo alla Conoscenza o nel tuo utilizzo della tua esperienza della Conoscenza. Tuttavia, sono i passi finali in questo singolo grande stadio di sviluppo nel quale sei ora coinvolto. Pertanto, dedicati alla prossima sezione di pratica con maggiore desiderio e intensità. Consenti alla Conoscenza di indirizzarti nella tua partecipazione. Consenti a te stesso di essere così potente, così forte e così coinvolto. Non pensare al tuo passato ma renditi conto della realtà della Conoscenza nel momento presente e la sua grande promessa per il futuro. Tu sei onorato, tu che onori la fonte della tua preparazione. Tu sei onorato in questo giorno mentre inizi i passi finali in questo stadio essenziale della tua evoluzione.

Passo 351

IO SERVO UNO SCOPO SUPERIORE, CHE STO ADESSO INCOMINCIANDO A SENTIRE.

RIPETI QUEST'IDEA OGNI ORA e non ti dimenticare. Quando rinforzerai questa comprensione, ti diventerà sempre più reale ed evidente. Quando ti diventerà sempre più reale, tutte le altre idee e nozioni che competono con essa svaniranno nel nulla, perché questa unica grande verità ha sostanza. Tutte le altre cose, che fingono di essere la verità e sono in conflitto con essa svaniranno perché sono senza sostanza. Ciò che è vero esiste che tu lo voglia o no, che tu ci creda o no, che tu ti conformi ad esso o no. Questo è ciò che lo rende vero.

IN PASSATO HAI PENSATO CHE OGNI cosa esistesse perché lo volevi. Questo è vero solo nel regno dell'immaginazione, un regno che stai ora imparando ad evitare. Anche nel regno dell'immaginazione, impari a dare valore a ciò che è il più possibile vicino alla verità per evitare il regno dell'immaginazione. Perché il regno dell'immaginazione non è il regno della creazione. Ciò che crea, crea dalla Conoscenza. Questa è la creazione che è permanente, significativa ed ha vero potere e valore anche nel mondo. Non è il regno dell'immaginazione.

NEI TUOI PIÙ PROFONDI PERIODI DI PRATICA entra nella calma. Vieni con grande reverenza verso quello che stai cercando di fare. Ricorda a te stesso dell'importanza di questi momenti di calma. Ricorda a te stesso che questi sono momenti di venerazione, momenti di vera dedizione, momenti in cui ti apri e momenti in cui La Conoscenza si apre. Consenti a questo giorno di essere un giorno di maggiore comprensione. Consenti a questo giorno di essere un giorno di maggiore devozione, perché oggi tu sei un vero studente della Conoscenza.

Pratica 351: *Due periodi di 30 minuti di pratica.*
Pratica oraria.

Passo 352

OGGI SONO UN VERO STUDENTE DELLA CONOSCENZA.

AFFERMA QUESTO OGNI ORA e nei tuoi due esercizi di meditazione, entra nei tuoi periodi di silenzio con grande reverenza e devozione. Questi sono momenti di devozione. Adesso stai veramente andando in chiesa—non perché sei obbligato, non per paura o per ansia e non per un senso del dovere verso un Dio che non è amorevole, ma per un senso di grande gioia e un desiderio di donare te stesso a ciò che si dona a te. Sii un vero studente della Conoscenza. Ricorda tutto ciò che è stato detto fino ad ora e utilizzalo ogni ora. Impegnati nella pratica con significato, sia interiormente che esteriormente. Rafforzati, in questo giorno. Dona questo giorno alla Conoscenza, così come La Conoscenza dona questo giorno a te, affinché tu possa imparare della presenza della Conoscenza nella tua vita.

LA CONOSCENZA È IL DONO DI DIO PER TE, perché La Conoscenza è Dio che si estende verso di te. Dunque La Conoscenza per te sarà Dio, ma parlerà di una grandezza al di là di se stessa, perché La Conoscenza è qui per renderti capace di essere in relazione, in modo significativo, con te stesso, con gli altri e con la vita. Grazie a questo sarai in grado di riconquistare le relazioni e così ti muoverai verso la tua vera casa in Dio.

PRATICA 352: *Due periodi di 30 minuti di pratica.*
Pratica oraria.

Passo 353

LA MIA VERA CASA È IN DIO.

LA TUA VERA CASA È IN DIO. La tua Vera Casa è. La tua casa è vera. Tu sei vero. Tu sei a casa anche adesso che sei nel mondo, anche se il mondo non è la tua Vera Casa. Poiché sei a casa nel mondo e sei con La Conoscenza, puoi dare al mondo e procurargli esattamente ciò di cui ha bisogno e vorrai dare questo senso di essere a casa al mondo, che si sente senza una casa e smarrito.

OGNI ORA RIPETI QUEST'IDEA, guarda alla gente nel mondo e vedi come sembrano essere senza una casa. Ricorda come essi in verità sono a casa ma non se ne rendono conto. Come te, loro sono addormentati a casa loro. Tu adesso stai imparando a risvegliarti dal tuo sonno e ti stai rendendo conto che sei ancora a casa perché la tua Famiglia Spirituale è con te, La Conoscenza è con te e i tuoi Maestri sono con te.

DUNQUE TU SEI A CASA IN DIO, anche se adesso ti sembra di essere lontano dalla tua Vera Casa. Tu hai portato con te la tua Vera Casa. Come potresti essere dove non c'è Dio, se Dio è dappertutto? Come potresti non essere con i tuoi Maestri, quando invece essi ti accompagnano? Come potresti non essere con la tua Famiglia Spirituale se la tua Famiglia Spirituale è sempre presente? Potrebbe sembrare contraddittorio essere lontano dalla tua Vera Casa ed essere a casa, ma ti sembra di essere lontano da casa solo quando guardi il mondo e ti identifichi con il mondo che vedi. Ma, dentro di te, tu porti La Conoscenza che ti ricorda che sei veramente a casa e che sei nel mondo per estendere la tua Vera Casa nel mondo. Perché la tua Vera Casa desidera dare se stessa al mondo affinché il mondo possa trovare la sua via del ritorno a casa.

OGNI ORA, RICORDATI DI QUESTO E, nelle tue due profonde meditazioni, ritorna a casa dalla Conoscenza. Ritorna a casa nel santuario del tuo tempio interiore. Qui vivi l'esperienza della tua Vera Casa e qui essa diventa più reale per te. Quando diventa più reale per te, dimora sempre di più insieme a te nella tua esperienza. Tu devi vivere l'esperienza della tua Vera Casa mentre sei nel mondo.

PRATICA 353:   *Due periodi di 30 minuti di pratica.*
               Pratica oraria.

Passo 354

DEVO VIVERE L'ESPERIENZA DELLA MIA VERA CASA MENTRE SONO NEL MONDO.

NELLA TUA VERA CASA SEI FELICE, sei incluso, sei completo, sei in relazione, partecipi completamente, sei essenziale e sei significativo. La tua Vera Casa ti sarà incomprensibile mentre sei nel mondo. In verità, la tua Vera Casa ti sarà incomprensibile fino a quando non sarai completamente arrivato alla tua Vera Casa, fino a quando la tua Famiglia Spirituale non si sarà riunita a tutte le altre Famiglie Spirituali e tutta l'unione sarà completa nell'universo.

TUTTAVIA, ANCHE SE LA TUA VERA CASA È INCOMPRENSIBILE, non pensare che sia al di là della tua portata. In questo giorno ti viene concesso di provare l'esperienza della tua Vera Casa, perché tu porti La Conoscenza dentro di te. La tua sola limitazione qui è la tua capacità di sentire e di esprimere La Conoscenza. Quando però intraprendi ogni passo e ricevi ogni passo della tua preparazione, la tua capacità di sentire l'esperienza della relazione e della comunicazione cresce. Quando sempre di più cerchi la libertà dalla tua immaginazione e dal tuo pensare isolato vivi l'esperienza della tua inclusione nella vita ad un livello sempre più elevato. Dunque la tua evoluzione può essere misurata in termini della tua sempre crescente capacità di sentire ed esprimere La Conoscenza. Così sei a casa tua mentre sei nel mondo, perché nella tua esperienza la tua Vera Casa sta crescendo dentro di te. Il Fuoco della Conoscenza sta crescendo e diventando più potente e la sua irresistibile benevolenza è sempre più evidente ora che la tua mente diventa libera, integra e indirizzata.

OGNI ORA RICORDATI di questo e ritorna alla tua Vera Casa nei tuoi periodi di pratica più profonda. Tu sei a casa nel mondo. Dunque, puoi essere in pace nel mondo.

PRATICA 354: *Due periodi di 30 minuti di pratica.*
Pratica oraria.

Passo 355

IO POSSO ESSERE IN PACE NEL MONDO.

È POSSIBILE ESSERE IN PACE NEL MONDO perché hai portato con te la fonte della pace. Tu puoi essere in pace nel mondo, anche se il mondo è un luogo di coinvolgimento attivo, un luogo di difficoltà, un luogo di sfide e un luogo di traguardi necessari, perché tu porti la pace dentro di te e perché c'è il Fuoco della Conoscenza. Dalla Conoscenza emerge tutto il pensiero significativo e tutta l'attività—tutta la vera ispirazione, tutte le idee importanti e tutte le grandi espressioni. Tuttavia, La Conoscenza è più grande delle sue espressioni, perché è una luce sul mondo.

TU SEI IN PACE NEL MONDO perché sei con la luce del mondo, ma allo stesso tempo sei impegnato nel mondo perché sei venuto qui per lavorare. Solo attraverso la partecipazione, seguendo ogni passo, ti puoi rendere conto che non c'è contraddizione tra pace e lavoro. Non vi è separazione tra calma e attività. Di questo devi fare piena esperienza, perché questa è un'esperienza completa e la tua capacità di fare quest'esperienza si deve espandere sempre di più. La tua cognizione e la tua comprensione devono essere continuamene espanse. Il tuo coinvolgimento nella vita deve diventare sempre più armonioso e uniforme. Il tuo discernimento nelle relazioni deve essere incrementato ed effettivamente applicato. Tutte le qualità che sono associate al coltivare La Conoscenza devono anch'esse essere elevate. Questo renderà possibile per te trovare pace nel mondo. La pace nel mondo è un'espressione della tua Vera Casa nel mondo e in questo ti ritroverai.

PRATICA 355: *Oggi leggi la lezione tre volte.*

Passo 356

OGGI TROVERÒ IL MIO SÉ.

Il tuo Sé è più grande di quanto sia la tua attuale capacità di sentirlo. Tuttavia, nell'ambito delle tue attuali capacità puoi trovare il tuo Sé e farne esperienza. Ricorda che questo è il tuo grande desiderio. Ricorda questo ogni ora. Ricorda che tu vuoi trovare il tuo Sé, perché senza il tuo Sé sei perso nel tuo stesso pensiero e nel pensiero instabile del mondo. Senza il tuo Sé, ti sentirai provvisorio e mutevole quanto il mondo. Senza il tuo Sé, ti sentirai minacciato e minaccioso quanto il mondo. Pertanto, il tuo vero desiderio è quello di riconquistare il tuo Sé e, insieme al tuo Sé, ritrovare tutte le cose che sono inerenti al tuo Sé, che nascono dalla tua unica Vera Fonte, che sono espresse attraverso la tua Conoscenza e che vivono nella tua Antica Casa.

Oggi, nei tuoi periodi di pratica più profonda, ritorna alla Conoscenza. Vieni a donare te stesso. Vieni a venerare. Vieni con devozione e reverenza affinché tu possa accrescere la tua capacità dell'esperienza di te stesso, sia durante la tua pratica di meditazione che durante i tuoi momenti in cui sei nel mondo. Tu sei venuto nel mondo per rinvenire la tua Conoscenza e consentire alla tua Conoscenza di esprimere se stessa. Così allora esprimerai il tuo Essere, perché tu sei nel mondo per esprimere il tuo Essere.

PRATICA 356: *Due periodi di 30 minuti di pratica.*
Pratica oraria.

Passo 357

IO SONO NEL MONDO PER ESPRIMERE IL MIO SÉ.

TUTTO QUELLO CHE HAI DETTO AD OGGI e tutto quello che hai fatto ad oggi è stato un tentativo di esprimere il tuo Sé. Il tuo dilemma in passato è che hai cercato di esprimere un sé che non è il tuo Sé. Questo sé temporaneo, questo sé personale, è stato utilizzato come un sostituto del tuo Vero Sé, anche se è solo deputato ad essere un intermediario tra il tuo Vero Sé e il mondo. Per il fatto che è stato utilizzato come un sostituto, la sua intrinseca confusione e la sua mancanza di fondamento hanno debilitato la tua comunicazione e la tua espressione. Pertanto, non hai trovato la fonte della tua espressione o il miglior veicolo per la tua espressione.

IL FATTO CHE IL TUO VERO SÉ CERCHI DI ESPRIMERSI è evidente guardando tutte le tue attività precedenti, se le capirai con oggettività. Tutto ciò che in passato hai detto a qualcuno contiene un seme di vera espressione. Tutto quello ciò hai fatto o hai cercato di dimostrare contiene il seme della vera attestazione e della vera espressione. Ti serve solo purificare la tua espressione, per farla diventare completa e veramente rappresentativa della tua natura e, in quanto tale, veramente appagante per te.

POICHÉ SEI QUI PER ESPRIMERE IL TUO SÉ, devi anche imparare come fare ad esprimere il tuo Sé, come le tue espressioni autentiche avranno un effetto sugli altri e come questo effetto può essere utilizzato correttamente, per il tuo benessere e anche per il loro benessere. Qui impari ciò che desideri esprimere, impari ad esprimerlo e impari anche a renderti conto del suo impatto sul mondo. Questo necessita che sia coltivata La Conoscenza dentro di te, necessita che siano coltivate le tue capacità personali e la trasformazione del tuo sé personale dall'essere un sostituto della Conoscenza ad essere un intermediario per La Conoscenza. Come intermediario, il tuo sé personale deve essere sviluppato e attivato correttamente. Così esso è al servizio di un Sé Superiore dentro di te, perché il tuo Sé Superiore serve il Grande Sé dell'universo. Così tutto trova il suo giusto posto e la sua peculiare espressione.

Ricorda a te stesso, ogni ora, che desideri esprimere il tuo Sé, e nelle tue più profonde esperienze di meditazione, nelle quali vieni nella calma e nella devozione, consenti al tuo Vero Sé di esprimersi con te. Oltre le parole e oltre i gesti, il tuo Vero Sé esprimerà se stesso e tu conoscerai la sua espressione. Saprai di desiderare la sua espressione e di desiderare di estendere la sua espressione nel mondo. Il mondo è il luogo dove sei venuto a esprimere il tuo Sé perché il mondo è il luogo dove desideri sentirti a casa.

Pratica 357: *Due periodi di 30 minuti di pratica.*
Pratica oraria.

Passo 358

DESIDERO ESSERE A CASA NEL MONDO.

TU DESIDERI ESSERE A CASA NEL MONDO. Non sei venuto qui per fuggire dal mondo. Sei venuto qui per essere a casa tua nel mondo. La comprensione di questo ti consentirà di dare valore al tuo contributo e di essere completamente coinvolto nella sua espressione. Fuggire dal mondo senza contribuire al mondo può solo aumentare il tuo dilemma, per poi ritornare dalla tua Famiglia Spirituale con i tuoi doni ancora chiusi e non consegnati. Così ti accorgeresti che devi ritornare perché non è stato realizzato il lavoro che avevi stabilito di realizzare nel mondo.

SII CONTENTO, DUNQUE, CHE ADESSO SEI NEL MONDO e che non ti serve aspettare di rientrare nel mondo. Sei già qui. Sei arrivato fin qui. Sei nella posizione perfetta per compiere il tuo destino qui. Hai portato con te la tua Antica Casa—nel seme e nella luce della tua Conoscenza, che ora sta crescendo, emergendo e sbocciando.

IL MONDO NON È LA TUA CASA, ma sei destinato ad essere a casa tua nel mondo. Pensa a questo ogni ora e renditi conto di quanto vuoi essere a casa nel mondo. Renditi conto di quanto non vuoi condannare il mondo o semplicemente fuggire da esso. Quando sarai a casa nel mondo, sarai in grado di spostarti al di là del mondo per servire in modo superiore e potrai vivere una realtà superiore a quella che il mondo ti può presentare. Ma non te ne andrai con rammarico, con rabbia o con disappunto. Te ne andrai con felicità e soddisfazione. Questo completerà la tua esperienza qui. Questo benedirà il mondo e benedirà te che hai benedetto te stesso e il mondo, mentre eri nel mondo.

NELLE TUE PRATICHE PIÙ PROFONDE DI MEDITAZIONE, permetti a te stesso di considerare seriamente quello che casa significa per te. Ancora una volta, questa è una pratica di coinvolgimento mentale attivo. Utilizza la tua mente per considerare le cose importanti che ora ti vengono date. Servirà che esamini tutti i tuoi pensieri che hanno una relazione con l'idea di oggi per capire come stai approcciando l'idea di oggi e come stai reagendo ad essa. Il potere della decisione è tuo, ma devi capire quale sia l'attuale contenuto della tua mente. Con questo sarai in grado di prendere una decisione saggia ed appropriata per conto tuo, nell'ambito della tua responsabilità. Sei destinato ad essere a casa nel mondo. Porta casa con te affinché altri possano sentirsi a casa nel mondo. In questo modo, il mondo diventa benedetto perché non è più un luogo separato. Non fuggire dal mondo oggi, sii presente per servire il mondo.

PRATICA 358: *Due periodi di 30 minuti di pratica.*
Pratica oraria.

Passo 359

IO SONO PRESENTE PER SERVIRE IL MONDO.

Sii presente per servire il mondo e la presenza che serve il mondo parlerà attraverso te. Sii presente per servire il mondo e sarai presente nei confronti di quella presenza. Sarai coinvolto in ogni attività e ogni attività sarà importante e significativa. Così facendo, non cercherai la fuga dalla tua esperienza, non cercherai la fuga dal mondo e non cercherai un luogo buio dove nasconderti, perché capirai che la luce della Conoscenza è totalmente benefica. Desidererai immergerti in lei sempre di più ed esprimerla sempre di più nel mondo. Questo è il tuo dovere ed è il tuo grande amore in questo luogo.

Ogni ora, ricorda a te stesso che desideri essere presente per servire il mondo. Ricorda inoltre a te stesso che desideri essere presente affinché il mondo ti possa servire. Ricorda a te stesso che devi imparare a ricevere e a dare ed è per questo che sei uno studente principiante della Conoscenza. Non caricare su te stesso il peso di aspettative che vanno oltre quello che ti viene indicato nel tuo programma di preparazione. I tuoi Maestri riconoscono il tuo attuale livello e il tuo attuale passo. Essi non sminuiscono il tuo potere, ma neanche sovrastimano le tue attuali capacità. Per questo motivo avrai bisogno di loro per procedere con certezza, onestà e affidabilità.

Nelle tue pratiche più profonde, sii presente per dare te stesso alla tua pratica nella calma. Ricorda ancora che tutta la pratica è un dare. Stai dando te stesso affinché il tuo Vero Sé possa essere dato a te. Qui porti ciò che è piccolo a ciò che è grande e ciò che è grande porta se stesso a ciò che è piccolo. Qui ti rendi conto che anche tu sei grande e che il piccolo è designato ad esprimere la grandezza della quale sei parte. Il mondo lancia un disperato appello affinché sia rivelata questa grandezza, però tu devi imparare come si fa a rivelare la grandezza nel mondo.

PRATICA 359: *Due periodi di 30 minuti di pratica.*
 Pratica oraria.

Passo 360

DEVO IMPARARE A RIVELARE LA GRANDEZZA NEL MONDO.

Con semplicità, con umiltà e senza false supposizioni, ricordandoti di essere uno studente principiante di Conoscenza, sarai in grado di imparare a rivelare la grandezza nel mondo. Questa è una cosa decisamente essenziale perché il mondo è ambivalente nei confronti della grandezza, nei confronti della Conoscenza e dell'amore. Se presenti al mondo ciò che desidera quando è in uno stato di ambivalenza, non saprà come reagire. Pertanto, con la sua reazione dimostrerà di essere pro o contro il tuo contributo. Qualsiasi individuo, qualsiasi collettività o qualsiasi mondo che è appesantito dall'ambivalenza reagirà in modi diversi per il fatto che è ambivalente. Per questo motivo devi imparare ad approcciare l'ambivalenza con saggezza, perché coloro che sono ambivalenti devono imparare a ricevere la propria certezza, così come tu oggi stai imparando a fare.

Riconosci quanto ambivalente sei stato, fino ad oggi, in merito alla tua vita e in merito a questa preparazione. Renditi conto che per questo motivo, questa preparazione ti è stata data in passi molto graduali, un passo alla volta, giorno dopo giorno. Un passo alla volta impari a sviluppare e ad accettare il tuo desiderio e la tua capacità di Conoscenza e impari anche a esprimere La Conoscenza. Essere uno studente significa che sei qui per imparare e mentre imparerai, dimostrerai, insegnerai e produrrai i grandi risultati che La Conoscenza desidera produrre. Tuttavia, La Conoscenza non può eccedere i tuoi limiti perché La Conoscenza si prende cura di te e ti protegge quale suo veicolo. Per il fatto che sei parte della Conoscenza, anche tu desidererai prenderti cura del tuo veicolo. È per questo che devi prenderti massima cura della tua mente e del tuo corpo mentre procedi.

Oggi, nei tuoi più profondi periodi di pratica, consenti a te stesso di essere istruito su come rivelare la grandezza nel mondo. Renditi conto che il mondo è ambivalente e accettalo, perché questo è lo stato attuale del mondo. Renditi conto che devi dare con saggezza e discernimento e renditi conto che devi lasciare che La Conoscenza dia da se stessa, senza cercare di dare dalla tua stessa ambizione o dal tuo bisogno di superare un senso di inadeguatezza. Consenti al tuo dare di essere autentico ed il tuo dare sarà autentico. Il tuo dare, allora, darà da se stesso in un modo che sarà giusto, che preserverà te e onorerà coloro che riceveranno il tuo dono. Questo li porterà fuori dalla loro ambivalenza, così come tu stesso sei ora guidato verso la luce.

Pratica 360: *Due periodi di 30 minuti di pratica.*

Passo 361

OGGI SONO CONDOTTO NELLA LUCE DELLA CONOSCENZA.

TU PORTI LA LUCE. Portala con te ogni ora e in ogni circostanza. Utilizza il tuo intero giorno per esercitarti a portare La Conoscenza. Non cercare di esprimere La Conoscenza, perché La Conoscenza lo farà da sola quando sarà opportuno. Il tuo compito oggi è di portare con te La Conoscenza, di essere attento e di ricordare che La Conoscenza è con te. Che tu sia da solo o con altri, che tu sia al lavoro o a casa e che tu sia in una situazione piacevole o spiacevole, porta La Conoscenza dentro di te. Sentila che brucia nel tuo cuore. Sentila che riempie il grande spazio nella tua mente.

NEI TUOI DUE PIÙ PROFONDI PERIODI DI PRATICA, entra ancora una volta nel santuario della Conoscenza affinché tu possa essere rinfrancato e rinnovato, affinché tu possa essere benedetto e onorato e affinché tu possa trovare tregua e libertà. Più troverai questo nella tua vita interiore, più sarai in grado di portarlo nella tua vita esteriore, perché oggi sei designato a portare La Conoscenza nel mondo.

PRATICA 361: *Due periodi di 30 minuti di pratica.*
Pratica oraria.

Passo 362

IO STO IMPARANDO A IMPARARE PERCHÉ OGGI PORTO DENTRO DI ME LA CONOSCENZA.

TU STAI IMPARANDO A IMPARARE. Stai imparando a ricevere La Conoscenza. Stai imparando a dare valore alla Conoscenza. Stai imparando a portare La Conoscenza. Stai imparando a esprimere La Conoscenza. Stai imparando a coltivare tutte le tue facoltà mentali e fisiche che sono essenziali per questa preparazione esaustiva. Tu sei uno studente compiuto. Pertanto, sii oggi totalmente coinvolto nella tua condizione di studente, che ti libererà dalle false supposizioni e dall'imporre su te stesso pesi impossibili. Quello che sarà donato nella verità sarai capace di farlo naturalmente, perché sei stato naturalmente creato per farlo. I tuoi veicoli fisici e mentali, le cose che sono legate a questo mondo, saranno impegnate naturalmente nel tuo vero traguardo.

IMPARA AD IMPARARE. Imparare ad imparare significa che stai imparando a partecipare. Significa che stai seguendo e conducendo allo stesso tempo. Tu segui i tuoi Maestri e il loro programma di sviluppo e tu conduci i tuoi veicoli mentali e fisici. In questo modo, condurre e seguire diventano la stessa cosa, come dare e ricevere sono la stessa cosa. Così è, che coloro che riceveranno daranno e coloro che seguiranno condurranno. Così è, che coloro che danno avranno bisogno di continuare a ricevere e coloro che conducono avranno bisogno di continuare a seguire. Qui scompare la dualità di queste cose. La loro uniformità e la loro natura complementare sono riconosciute, perché questo è semplice, perché è evidente e perché è vero.

RICORDA QUEST'IDEA OGNI ORA e utilizza i tuoi due periodi di pratica per coinvolgere te stesso con La Conoscenza nella calma e nella semplicità. Consenti a questi periodi finali di pratica di avere una grande profondità. Concediti a loro nel modo più completo che puoi, perché così facendo aumenterai la tua capacità di Conoscenza e la tua esperienza della Conoscenza. Quando crescerà la tua capacità e la tua esperienza della Conoscenza, anche il tuo desiderio di Conoscenza crescerà, perché La Conoscenza è il tuo vero desiderio.

PRATICA 362: *Due periodi di 30 minuti di pratica.*
Pratica oraria.

Passo 363

LA CONOSCENZA È IL MIO VERO DESIDERIO PERCHÉ SONO UNO STUDENTE DELLA CONOSCENZA.

LA CONOSCENZA È IL TUO VERO DESIDERIO. Non pensare che i tuoi desideri siano falsi, perché tutti i desideri, se riconosciuti, sono per La Conoscenza. È perché hai frainteso i tuoi desideri, oppure hai cercato di utilizzarli per rafforzare altre cose, che essi ti hanno portato fuori strada. Non cercare di essere senza desiderio, perché la vita è desiderio. Il desiderio è scopo. Il desiderio è significato e direzione. Tuttavia, devi riconoscere il tuo vero desiderio, che è il desiderio che La Conoscenza si realizzi e sia riconquistata, il desiderio che La Conoscenza ti salvi e che tu salvi La Conoscenza. Come puoi tu salvare La Conoscenza? Tenendola dentro di te, essendo uno studente della Conoscenza, portando La Conoscenza dovunque vai, rafforzando la tua consapevolezza della Conoscenza, essendo semplice con La Conoscenza senza cercare di utilizzare La Conoscenza per soddisfare le tue mire ed i tuoi scopi personali.

PORTA AVANTI LE NORMALI ATTIVITÀ DELLA GIORNATA, ma porta La Conoscenza con te. Se La Conoscenza non è in dubbio, non serve che tu sia in dubbio. Se La Conoscenza non ha paura, non serve che tu abbia paura. Se La Conoscenza non sta cambiando la situazione, non serve che tu cambi la situazione. Tuttavia, se La Conoscenza ti trattiene, trattieniti. Se La Conoscenza cambia la situazione, tu cambia la situazione. Se La Conoscenza ti dice di abbandonare una circostanza, abbandona quella circostanza. Se La Conoscenza ti dice di rimanere in una circostanza, rimani in quella circostanza. Così diventi potente e semplice quanto La Conoscenza. Così diventi La Conoscenza stessa.

Ogni ora ripeti l'idea di oggi e fanne esperienza. Anche nella tua vita interiore, fanne esperienza, fallo nelle tue pratiche di meditazione più profonda. È nella tua vita interiore e in quella esteriore che ti applichi e dai te stesso. È lì che porti La Conoscenza. Col tempo, vedrai che La Conoscenza porterà te.

Pratica 363: *Due periodi di 30 minuti di pratica.*
Pratica oraria.

Passo 364

LA CONOSCENZA MI PORTA PERCHÉ SONO UNO STUDENTE DELLA CONOSCENZA.

MENTRE PORTERAI CON TE LA CONOSCENZA, sentirai che La Conoscenza sta portando te. Sentirai che La Conoscenza ti sta guidando e ti sta indirizzando, ti sta proteggendo dal male, ti sta tenendo lontano da coinvolgimenti difficili e nocivi, ti sta coinvolgendo con persone con le quali devi essere coinvolto e ti sta allontanando da coinvolgimenti che dividono e che non hanno scopo. Così diventi un leader e un seguace, perché segui La Conoscenza e conduci te stesso. Tu ti dai alla Conoscenza, ma allo stesso tempo eserciti il tuo potere decisionale per conto tuo. È così che diventi un grande seguace ed un grande leader. In questo modo, ti trovi nella posizione giusta per servire e sempre più sentirai come se La Conoscenza ti stesse portando attraverso la vita. Sentirai anche che tu stesso stai portando La Conoscenza. Guardando dal punto di vista giusto, ti renderai conto della tua vera relazione con La Conoscenza. Ti renderai conto che tu porti La Conoscenza in te e che La Conoscenza porta il tuo benessere in se stessa. Qui c'è una perfetta complementarietà. È perfetta perché nasce dalla perfezione stessa.

SII UN VERO STUDENTE DI CONOSCENZA. Sii coinvolto nella tua pratica. Dona te stesso alla pratica. Non alterare la tua pratica. Non trascurare la tua pratica. Tutto ciò che devi fare è praticare ed essere attento, praticare ed essere attento. Ogni ora e nelle tue pratiche di meditazione più profonda, dove giungi alla calma per essere con la calma stessa, esercitati a praticare, esercitati nell'imparare ad imparare. Oggi stai imparando ad imparare. Oggi sei uno studente della Conoscenza.

PRATICA 364: *Due periodi di 30 minuti di pratica.*
Pratica oraria.

Passo 365

SONO IMPEGNATO AD IMPARARE AD IMPARARE. SONO IMPEGNATO A DARE QUELLO CHE SONO DESTINATO A DARE. SONO IMPEGNATO PERCHÉ SONO PARTE DELLA VITA. SONO PARTE DELLA VITA PERCHÉ SONO TUTT'UNO CON LA CONOSCENZA.

COS'È L'IMPEGNO SE NON la naturale espressione del tuo vero desiderio? Ti libera; non ti vincola. Ti coinvolge; non ti obbliga. Ti rafforza; non ti limita. Il vero impegno nasce dalla vera Conoscenza, dalla quale tu stesso sei nato. In questo passo finale di questo stadio della tua preparazione, dona te stesso e il tuo intero giorno alla pratica.

ONORA TE STESSO per aver portato a termine un compito notevole e sostanziale nel completamento di questo anno di preparazione. Onora la tua Conoscenza per averti dato il desiderio di partecipare e la forza di partecipare. Onora la tua Conoscenza per averti dato la visione intuitiva che sta ora emergendo. Onora tutti coloro che hanno reso un servizio nella tua vita—la tua famiglia, i tuoi genitori, i tuoi amici e i tuoi apparenti nemici ed avversari. Onora tutti coloro che ti hanno consentito di dare valore alla Conoscenza e che ti hanno dato la forza e la determinazione di intraprendere la preparazione per La Conoscenza. Ricorda anche i tuoi Maestri, perché loro si ricordano di te e ti stanno vicino anche adesso. Ricorda che sei uno studente della Conoscenza e con questo sarai in grado di procedere nella tua preparazione.

OGGI, OGNI ORA e nelle tue pratiche più lunghe di meditazione, dona te stesso. Considera tutto quello che ti viene dato. Fa' che questo sia un giorno di realizzazione e di gratitudine. Fa' che questo sia un giorno per onorare il fatto che La Conoscenza è reale dentro di te e che tu sei reale nella Conoscenza. Apriti al prossimo passo che viene dopo questo programma. Il prossimo passo ti attende—un passo che ti impegnerà costruttivamente con altri studenti di Conoscenza, un passo che ti coinvolgerà costruttivamente con coloro che sono avanzati oltre quello che tu hai conseguito fino ad oggi, un passo che ti impegnerà nel servizio a coloro che stanno solo iniziando ad avanzare nello stadio che tu hai appena completato. Dunque, tu ricevi da coloro che sono più avanti di te e dai a coloro che sono indietro rispetto a te. Così, tutti sono nutriti e supportati nel loro ritorno a casa a Dio. Così è, che tu segui e tu conduci, tu ricevi e tu dai. Così è, che tutte le tue attività diventano uniformi e tu trovi la via d'uscita da tutta l'immaginazione negativa. Così è, che tu sei uno studente di Conoscenza e così è, che La Conoscenza benedice te che sei destinato a benedire il mondo.

Nasi Novare Coram

Indice Analitico

Ambizione: Passo: 219, 243, 269
Ambivalenza: Passo: 172, 252, 274, 280, 283, 310, 317, 360
Amici: Passo: 114, 211, 258, 288
Amore: Passo: 24, 48, 57, 61, 181, 205, 206, 258, 305, 328, 329, 339
Ascoltare: Passo: 15, 62, 64, 75, 193
Auto-Commiserazione: Passo: 123, 124, 127
Auto-Disciplina: Passo: 118, 177
Auto-Espressione: Passo: 357
Auto-Inganno: Passo: 81, 227, 228
Auto-Stima: Passo: 24, 144, 171, 172, 174, 276

Calma: Passo: 9, 48, 57, 69, 85, 143, 177, 184, 187, 235, 284, 285, 286,
Cambiamento: Passo: 84, 266, 294, 347, 348, 350
Casa: Passo: 353, 354, 358
Certezza: Passo: 141, 173, 230, 236
Chiamata nel Mondo: Passo: 185, 231, 232, 312, 323
Corpo: Passo: 201
Credenze: Passo: 5, 213
Complessità: Passo: 117, 267, 268, 313
Comunicazione: Passo: 153, 193, 201, 285
Comunità: Passo: 300, 309
Comunità dei Discenti: Passo: 170, 171
Comunità Più Grande: Passo: 187, 189, 190, 199, 202, 203, 211, 256, 325, 326
Confusione: Passo: 20, 165, 213, 214, 221, 222, 230, 267, 274, 283, 288
Costanza: Passo: 142
Costruttivo, Pensiero: Passo: 97, 127, 151, 152, 166, 179, 188, 189, 199, 200, 201, 208, 220, 226, 233, 237, 240, 256

Decisioni-Prendere: Passo: 176, 236, 322
Desiderio: Passo: 253, 363
Destino: Passo: 135
Disappunto: Passo: 66, 67, 262
Discernimento: Passo: 176, 179, 193, 261

Dio: Passo: 40, 43, 96, 103, 104, 127, 318, 319, 339, 353
Dio, Disegno di: Passo: 85, 92, 96, 186, 241, 276, 318
Donare: Passo: 53, 86, 101, 105, 121, 122, 147, 148, 149, 156, 158, 159, 171, 173, 178, 217, 237, 242, 244, 245, 260, 261, 284, 321, 329, 344
Dubbio: Passo: 20

Emozioni: Passo: 89, 241
Errore: Passo: 26, 27, 73, 77, 241, 245, 246, 255, 261
Essere Attenti: Passo: 338
Essere a proprio agio: Passo: 109, 111
Essere nel mondo: Passo: 118
Essere soli: Passo: 53, 78, 157, 249, 250, 315, 337
Essere uno Studente: Passo: 34, 42, 47, 100, 109, 150, 196, 230, 237, 262, 269, 270, 289, 290, 294, 304, 332, 342, 343, 352, 363, 364
Esperienza: Passo: 27, 183, 241
Evoluzione: Passo: 179, 190, 199, 325

Fede: Passo: 68, 156
Felicità: Passo: 85, 96, 107, 108, 124, 225, 341
Fiducia: Passo: 72, 83, 87, 164, 253, 254, 316
Fuoco della Conoscenza: Passo: 97, 334, 335, 338, 339, 344

Giudizio: Passo: 30, 49, 60, 76, 82, 99, 151, 193, 205, 213, 214, 262, 324
Gratitudine: Passo: 86, 178, 179, 245, 250, 291, 328
Grandezza: Passo: 46, 142, 191, 171, 234, 237, 257, 331, 360
Guarigione: Passo: 188, 189, 198, 206, 287, 309

Impegno: Passo: 365
Idealismo: Passo: 54, 55, 66, 67, 106, 125, 199

IDENTITÀ: Passo: 125, 356, 357
IMMAGINAZIONE: Passo: 95, 128, 277, 321, 351
IMPARARE: Passo: 47, 50, 77, 84, 91, 102, 119, 126, 133, 136, 138, 139, 150, 179, 254, 281, 282, 314, 362
INCERTEZZA: Passo: 79, 81, 275
INCLINAZIONI PROFONDE Passo 72, 316
INDIVIDUALITÀ: Passo: 11, 12, 13, 45, 232, 243
INFLUENZE: Passo: 113, 203, 212, 269, 303
INSEGNAMENTO: Passo: 237, 244, 259, 306
INTERIORE, GUIDA: Passo: 29, 128, 194, 215, 247, 248
INTERIORE, FORZA: Passo: 44

LAMENTARSI: Passo: 66, 180
LAVORO: Passo: 65, 165, 166, 173, 192, 218, 320, 330, 346
LIBERTÀ: Passo: 57, 94, 132, 167, 209, 220, 239, 246, 264, 265, 274, 275, 279, 310, 320
LIMITI: Passo: 44, 45, 46, 51, 233

MAESTRI: Passo: 22, 23, 36, 47, 48, 78, 114, 128, 129, 146, 215, 216, 224, 237, 247, 254, 272, 273, 333, 334
MAESTRIA: Passo: 106, 140
MATERIALI, BISOGNI: Passo: 159, 253, 330
MISSIONE: Passo: 33, 36, 165, 166
MISTERO: Passo: 36, 39, 110, 137, 138, 139, 186, 29
MODERAZIONE: Passo: 101, 220, 269
MONDO: Passo: 63, 65, 66, 67, 145, 160, 179, 190, 205, 213, 218, 255, 256, 259, 260, 283, 292, 302, 311, 312, 320, 348

NECESSITÀ: Passo: 172, 173

OBIETTIVITÀ: Passo: 63, 126, 189 202, 203, 204, 208, 210, 224, 228
ONESTÀ: Passo: 98, 110, 177
OSSERVAZIONE: Passo: 29, 30, 62, 202
ORIGINI: Passo: 6, 174, 186, 211

PACE: Passo: 74, 193, 204, 268, 287, 327, 355
PACE NEL MONDO: Passo: 288, 309

PREGHIERE E INVOCAZIONI: Passo: 28, 197, 238, 294, 296, 297, 298, 299
PAURA: Passo: 41, 51, 87, 103, 128, 151, 152, 162, 195, 219, 226, 228, 293, 319
PAZIENZA: Passo: 59, 79, 101, 116
PERDONO: Passo: 86, 123, 178, 205, 207, 209, 222, 229, 241, 245, 246, 255, 262, 291
PERSONALE, MENTE: Passo: 87, 200, 201
POVERTÀ: Passo: 117, 159, 160, 228, 343
POTERE: Passo: 269, 270
POTERE DI DIO: Passo: 39, 40, 41
PRATICA: Passo: 80, 91, 120, 148, 149, 170, 181, 197, 212, 226, 340
PREGHIERA: Passo: 28, 121, 122

REALIZZAZIONE: Passo: 95, 97, 320
RELAZIONI: Passo: 25, 129, 130, 131, 132, 157, 169, 170, 186, 211, 212, 232, 234, 244, 245, 249, 250, 251, 258, 260, 271
RESPONSABILITÀ: Passo: 270, 271
RICCHEZZA: Passo: 158, 160, 171, 185
RICEVERE: Passo: 24, 155, 159, 181, 223, 328, 341
RISOLUZIONE DEI PROBLEMI: Passo: 267, 268, 312, 313

SALVEZZA: Passo: 276
SCOPO: Passo: 20, 71, 92, 93, 94, 105, 131, 134, 136, 179, 185, 188, 190, 193, 212, 231, 290, 306, 345, 346, 351, 357
SÉ SUPERIORE: Passo: 88
SEMPLICITÀ: Passo: 117, 140, 166, 253, 313
SEPARAZIONE: Passo: 13
SERVIZIO: Passo: 60, 86, 89, 101, 139, 141, 190, 194, 195, 234, 255, 257, 292, 310, 311, 312, 319, 320, 331, 343, 349, 359
SOFFERENZA: Passo: 27, 229, 293
SPIRITUALE, FAMIGLIA: Passo: 186, 189, 211, 238, 300, 345
SPIRITUALE, PRESENZA: Passo: 69, 216, 339
STUDIARE IL CURRICULUM: Passo: 42, 58, 91, 98, 119, 138, 147, 161, 181, 182, 185, 196, 198, 224, 235, 244, 255, 265, 266, 308, 322, 344
SUPPOSIZIONI: Passo: 4, 6, 90

UMANITÀ: Passo: 190, 191, 202
UNIONE: Passo: 11, 140, 196, 288

VEDERE: Passo: 19, 23, 30, 31, 35, 48, 62, 99, 138, 179, 199, 213, 224
VENDETTA: Passo: 127
VERITÀ: Passo: 17, 18, 27, 196, 278, 317, 341, 349
VOLONTÀ: Passo: 43, 96, 197

La parola Conoscenza non è inclusa nella lista qui sopra perché quasi tutti i passi in *Passi Verso La Conoscenza* fanno importanti riferimenti ad essa.

Il Processo di Traduzione

Il Messaggero, Marshall Vian Summers, sta ricevendo un Nuovo Messaggio da Dio dal 1982. Il Nuovo Messaggio da Dio è la più grande Rivelazione mai data all'umanità, data oggi a un mondo letterato provvisto di comunicazione globale e una crescente consapevolezza. Non è data unicamente a una tribù, una nazione o una religione, ma è designata a raggiungere l'intero mondo. Questo ha reso necessarie le traduzioni nel maggior numero possibile di lingue diverse.

Il processo di Rivelazione è ora svelato per la prima volta nella storia. In questo importante processo, la Presenza di Dio comunica, al di là delle parole, all'Assemblea Angelica che veglia sul mondo. L'Assemblea poi traduce questa comunicazione nel linguaggio umano e parla, all'unisono, attraverso il proprio Messaggero, la cui voce diventa il veicolo per questa Voce superiore—la Voce della Rivelazione. Le parole sono parlate in inglese e registrate in formato audio, per poi essere trascritte e rese disponibili nei testi e nelle registrazioni del Nuovo Messaggio. In questo modo la purezza del Messaggio originale di Dio è preservata e può essere data a tutta la gente.

Tuttavia, esiste anche un processo di traduzione. Poiché la Rivelazione originale fu consegnata in lingua inglese, questa è la base di tutte le traduzioni della Rivelazione nelle molteplici lingue dell'umanità. Essendoci molte lingue parlate nel nostro mondo, le traduzioni hanno importanza vitale al fine di portare il Nuovo Messaggio alla gente di ogni luogo. Studenti del Nuovo Messaggio, nel tempo, sono venuti avanti offrendosi volontari per tradurre il Messaggio nelle loro lingue native.

In questo momento storico, La Society non si può permettere di pagare le traduzioni in così tante lingue e per un Messaggio così vasto, un messaggio che deve raggiungere il mondo con urgenza critica. Inoltre, La Society ritiene che sia importante che i propri traduttori siano studenti del Nuovo Messaggio affinché possano capire e sentire, il più possibile, l'essenza di quello che è tradotto.

Data l'urgenza e la necessità di condividere il Nuovo Messaggio in tutto il mondo, invitiamo ulteriore assistenza nella traduzione al fine di estendere la portata del Nuovo Messaggio nel mondo, portando più brani della Rivelazione nelle lingue in cui la traduzione è già iniziata e introducendo anche nuove lingue. Nel tempo, vogliamo anche migliorare la qualità di queste traduzioni. C'è ancora molto da fare.

La Storia del Messaggero

Marshall Vian Summers è il Messaggero per il Nuovo Messaggio da Dio. Per oltre tre decenni lui è stato il destinatario di una vasta Nuova Rivelazione, consegnata al fine di preparare l'umanità per il grande cambiamento economico, sociale e ambientale che sta arrivando nel mondo e per l'esordio dell'umanità in un universo pieno di vita intelligente.

Nel 1982, all'età di 33 anni, Marshall Vian Summers fu chiamato nei deserti del sud-ovest americano dove ebbe un incontro diretto con la Presenza Angelica che lo aveva guidato e preparato per il suo futuro ruolo e la sua vocazione. Questo incontro cambiò per sempre il corso della sua vita e lo iniziò a un rapporto più profondo con l'Assemblea Angelica, richiedendo che egli consegnasse la sua vita a Dio. Questo ha dato inizio al lungo e misterioso processo di ricezione del Nuovo Messaggio di Dio per l'umanità.

Da allora, nel corso dei decenni che seguirono, una vasta Rivelazione per l'umanità si è dispiegata, alle volte lentamente e alle volte in grandi torrenti. Durante molti di quei lunghi anni, egli dovette procedere con il solo supporto di pochi individui, senza sapere quello che significherebbe questa crescente Rivelazione e dove, in definitiva, essa avrebbe portato.

Il Messaggero ha percorso una lunga e difficile strada per ricevere e presentare la più grande Rivelazione mai data alla famiglia umana. Ancora oggi la Voce della Rivelazione continua a fluire attraverso il Messaggero mentre lui affronta la grande sfida di portare la Nuova Rivelazione di Dio a un mondo travagliato e diviso.

Per saperne di più sulla vita e la storia del Messaggero Marshall Vian Summers: www.newmessage.org/it/il-messaggero/la-storia-di-marshall-vian-summers

Leggi o ascolta (in inglese) la rivelazione originale La storia del Messaggero: www.newmessage.org/it/il-messaggio/volume-1/il-nuovo-messaggero/la-storia-del-messaggero

Leggi o guarda e ascolta (in inglese) gli insegnamenti mondiali del Messaggero: www.newmessage.org/it/il-messaggero/

La Voce della Rivelazione

Per la prima volta nella storia, si può ascoltare la Voce della Rivelazione, la stessa voce che ha parlato ai profeti e ai Messaggeri del passato e che ora parla di nuovo attraverso un nuovo Messaggero che oggi è nel mondo.

La Voce della Rivelazione non è la voce di un singolo individuo, ma quella di tutta l'Assemblea Angelica che parla all'unisono. Qui Dio comunica al di là delle parole con l'Assemblea Angelica, che poi traduce il Messaggio di Dio in parole umane e in un linguaggio che possiamo comprendere.

Le Rivelazioni di questo libro sono state originariamente espresse in questo modo dalla Voce della Rivelazione attraverso il Messaggero Marshall Vian Summers. Questo processo di Rivelazione Divina è iniziato nel 1982.

La Rivelazione continua ancora oggi.

Ascoltate le registrazioni audio originali in inglese della Voce della Rivelazione, che è la fonte del testo contenuto in questo libro e in tutto il Nuovo Messaggio: www.newmessage.org/it/il-messaggio

Per ulteriori informazioni riguardo alla Voce della Rivelazione e come questa Voce parla attraverso il Messaggero: www.newmessage.org/it/informazioni-riguardo-al-processo-di-rivelazione

LA SOCIETY FOR THE NEW MESSAGE FROM GOD

Fondata nel 1992 da Marshall Vian Summers, la Society for the New Message from God (Società per il Nuovo Messaggio da Dio) è un'organizzazione religiosa indipendente 501(c)(3) senza fini di lucro, sostenuta principalmente dai lettori e dagli studenti del Nuovo Messaggio, che non riceve alcuna sponsorizzazione o reddito da alcun governo o organizzazione religiosa.

La missione della Society è portare il Nuovo Messaggio di Dio alle persone in tutto il mondo, in modo che l'umanità possa trovare il suo terreno comune, preservare la Terra, proteggere la libertà umana e far progredire la civiltà umana mentre ci troviamo sulla soglia di un grande cambiamento e di un universo pieno di vita intelligente.

Marshall Vian Summers e la Society hanno ricevuto l'immensa responsabilità di portare il Nuovo Messaggio nel mondo. I membri della Society sono un piccolo gruppo di persone dedicate che si sono impegnate a compiere questa missione. Per loro è sia un impegno che una grande benedizione donarsi con tutto il cuore a questo grande servizio all'umanità.

THE SOCIETY FOR THE NEW MESSAGE
Per contattarci:
P.O. Box 1724 Boulder, CO 80306-1724
(303) 938-8401 (800) 938-3891
011 303 938 84 01 (Internazionale)
(303) 938-1214 (fax)
society@newmessage.org
www.newmessage.org/it
www.marshallsummers.com
www.alliesofhumanity.org/it
www.newknowledgelibrary.org

Venite a trovarci:
www.youtube.com/thenewmessagefromgod
www.youtube.com/c/IlNuovoMessaggiodaDio
www.facebook.com/newmessagefromgod

www.facebook.com/marshallsummers
www.facebook.com/IlNuovoMessaggioDaDio
www.twitter.com/godsnewmessage

Presso il seguente link potete fare una donazione per supportare la Society e unirvi a una comunità di persone che stanno aiutando a portare il Nuovo Messaggio nel mondo: www.newmessage.org/donate

La Comunità Mondiale del Nuovo Messaggio da Dio

Il Nuovo Messaggio da Dio è studiato e praticato da persone di tutto il mondo. In rappresentanza di più di 90 paesi e con uno studio del Nuovo Messaggio in più di 30 lingue, si è formata una comunità mondiale di studenti sia per ricevere il Nuovo Messaggio che per sostenere il Messaggero nel portare il Nuovo Messaggio di Dio nel mondo.

Il Nuovo Messaggio ha il potere di risvegliare la vitalità dormiente nelle persone in ogni luogo e portare nuova ispirazione e saggezza nella vita delle persone di tutte le nazioni e tradizioni di fede.

Scoprite di più su questa comunità mondiale di persone che stanno imparando e vivendo il Nuovo Messaggio e stanno intraprendendo i *Passi verso La Conoscenza* nella loro vita.

Leggete o ascoltate (in inglese) l'originale Rivelazione La Comunità Mondiale del Nuovo Messaggio di Dio: www.newmessage.org/it/il-messaggio/volume-2/la-comunita-mondiale-del-nuovo-messaggio-di-dio/la-comunita-mondiale-del-nuovo-messaggio-di-dio

Iscrivetevi al sito gratuito della Comunità Mondiale dove potrete incontrare altri studenti e interagire con il Messaggero: www.community.newmessage.org

Scoprite di più sulle opportunità formative disponibili nell'ambito della Comunità Mondiale:

Sito della Comunità - www.community.newmessage.org
Scuola gratuita del Nuovo Messaggio - www.community.newmessage.org/school
Trasmissioni in diretta su internet ed eventi internazionali - www.newmessage.org/events
Raduno - www.newmessage.org/encampment
Biblioteca online con testi e registrazioni - www.newmessage.org/experience

I Libri del Nuovo Messaggio da Dio

God Has Spoken Again (Dio Ha Parlato di Nuovo)

The One God (L'Unico Dio)

The New Messenger (Il Nuovo Messaggero)

The Greater Community (La Comunità Più Grande)

The Journey to a New Life (Il Viaggio verso una Nuova Vita)

The Power of Knowledge (Il Potere della Conoscenza)

The New World (Il Nuovo Mondo)

The Pure Religion (La Religione Pura)

Preparing for the Greater Community (Prepararsi per la Comunità Più Grande)

Steps to Knowledge (Passi verso La Conoscenza)

Greater Community Spirituality (Spiritualità della Comunità Più Grande)

The Great Waves of Change (Le Grandi Onde del Cambiamento)

Life in the Universe (La Vita nell'Universo)

Wisdom from the Greater Community I & II (Saggezza dalla Comunità Più Grande Volumi I & II)

Secrets of Heaven (Segreti del Cielo)

Relationships & Higher Purpose (Le Relazioni e lo Scopo Superiore)

Living The Way of Knowledge (Vivere La Via della Conoscenza)